JN440589

공주의 술과 향

공주의 술과 향

조 동 길 지음

한국문화사

공주의 숲과 향

1판1쇄 발행 2015년 6월 20일

지 은 이 조동길
펴 낸 이 김진수
펴 낸 곳 **한국문화사**
등 록 1991년 11월 9일 제2-1276호
주 소 서울특별시 성동구 광나루로 130 서울숲 IT캐슬 1310호
전 화 (02)464-7708 / 3409-4488
전 송 (02)499-0846
이 메 일 hkm7708@hanmail.net
홈페이지 www.hankookmunhwasa.co.kr

책값은 뒤표지에 있습니다.

ISBN 978-89-6817-233-5 93910

이 도서의 국립중앙도서관 출판예정도서목록(CIP)은 서지정보유통지원시스템
홈페이지(http://seoji.nl.go.kr)와 국가자료공동목록시스템(http://www.nl.go.kr/kolisnet)에서
이용하실 수 있습니다.(CIP제어번호: CIP2015015383)

■ 서문

필자는 공주와 인접한 논산의 북쪽 마을에서 태어나 초등학교를 마치고 중학교에 입학하며 이사를 와서 한 번도 공주를 떠나지 않고 지금껏 살아왔다. 중학교와 고등학교는 물론 대학까지 공주에서 다녔고, 공주에 있는 학교에 근무하면서 서울로 대학원을 다니며 공부를 했다. 당연히 공주에서 결혼하여 아이들을 낳아 길렀고, 직장 생활의 대부분도 공주에서 보냈다. 그래서 출생지는 달라도 어엿이 공주 사람이라고 당당하게 자부하며 살고 있다.

내가 공부한 고등학교와 대학은 원래 봉황산 아래 같은 캠퍼스에 있었다. 고등학생에서 대학생으로 신분만 바뀌어 1학년을 마쳤고, 2학년 때 현재의 신관 캠퍼스로 공주대학이 이전하였다. 대학을 졸업하고 인근의 노성과 정산에서 3년 동안 교사로 있다가 모교인 고등학교로 발탁되어 와서 9년 동안 근무했다. 그리고 모교인 대학의 전임 교수가 되어 만 30년 동안 봉직했다. 고등학교 3년, 대학 4년을 합치면 무려 46년 동안 공주대 캠퍼스에서 살아온 셈이다. 그러니 내 인생의 대부분을 공주대의 영역 안에서 보냈다고 해도 과언이 아니다.

오랫동안 공주대학과 공주 사람으로 살아오면서 대학과 지역 사회에서 받은 혜택도 많고 빚진 것도 적지 않다. 43년의 교직 생활을 마무리하면서 작으나마 그 고마움에 보답하기 위해 그 동안 학자로서, 또 공주 시민으로 살아오며 쓴 공주에 관한 몇몇 연구 논문과 공주를 걱정하고 염려하며 발표한 글들을 모아 작은 책을 하나 만들기로 했다.

책의 표제를 무엇으로 할까 오래 고심하다가 "공주의 숨과 향"으로 정했다. '숨'은 생명 있는 것들이 호흡을 하는 기운이다. 즉, 생명의 본질이자 원천이다. 생명체는 호흡을 하지 않으면 죽는다. 공주를 생명체에 비유한다면 공주를 살아 있게 하는 동력이 바로 공주의 숨이라고 할 수 있다. 거기에는 공주에 살았던 사람들과 그들의 말, 그들의 생각, 삶의 자취 등이 포함될 수 있을 것이다. '향'은 제사 때 정화 용도로 피우기도 하지만 달리 보면 음식이나 사물에서 나는 좋은 냄새다. 그 냄새가 없어도 본질에는 변함이 없지만 그것이 있음으로써 그 사물은 더 멋이 있고 완성에 가까워진다. 사람으로 치면 보다 인간답고 여유로운 삶을 가능하게 해 주는 힘이 곧 '향'이라고 할 수 있다. 공주 사람들의 삶을 한층 멋있게 만들어주는 풍류, 아등바등한 일상을 더 빛나게 해 주는 아름다움, 공동체의 정체성이나 지향성을 추구하는 자세와 태도 등이 바로 공주의 향에 해당된다고 할 수 있다.

이 책에 들어있는 글들은 오래 전에 쓴 것도 있고, 최근에 쓴 것들도 있다. 쓴 시기는 달라도 공주를 아끼고 사랑하는 마음에서 썼다는 점은 공통된다. 공주를 살아 있게 하는 원동력, 그리고 더 여유롭고 멋있는 삶을 추구한다는 면에서 '공주의 생명과 멋'이라고 해도 같은 의미가 될 것 같다.

제1부에는 공주의 말과 글에 대한 학술적 성격의 글을 모았다. 1920년대 공주에서 활동했던 <한글 연구회>의 성격과 의미를 분석한 논문, 지금은 세종시로 편입된 독락정의 기문을 번역하고 감상한 글, 공주 출신의 뛰어난 문장가였던 퇴석 김인겸이 일본에서 쓴 한시, 그리고 은진송씨의 내방가사 『금행일기』에 나타난 19세기 중엽의 공주 모습을 고찰한 글이 그것들이다. 이 책에는 수록하지 못했지만 1928년에 공주에서

발행된 ≪백웅≫이라는 종합 월간 문예지 자료를 발굴하여 창간호와 제2호의 내용을 분석하고 그 문학사적 위상과 지역문학으로서의 가치를 살핀 논문 두 편, 구비문학에서부터 현대문학 작품에 이르기까지 문학 작품에 나타난 계룡산을 통시적으로 살펴본 논문, 그리고 네 편의 동학농민전쟁 소설에 나타난 우금티 전투 장면을 분석 연구한 논문 등은 공주에서 문학을 가르치고 연구하는 학자로서 수행한 작업으로 지금까지 누구도 해 내지 못한 필자만의 학문적 성과라고 자부하고 싶다. 중복을 피하기 위해 이 책에 싣지 못한 이 논문들은 필자의 『한국근대문학의 지실』(푸른사상사, 2014)이라는 저서를 참고하기 바란다.

제2부에는 공주의 산천, 특히 계룡산에 관련된 글들과 공주의 풍류와 멋을 나타내는 글을 실었다. 동학사의 초혼단과 동계사, 삼은각, 숙모전에 이르기까지의 과정과 내용을 종합적으로 정리한 글, 그냥 스쳐 지나가기 쉬운 계룡산과 갑사의 숨겨진 미학과 의미를 살핀 수필, 잘 알려져 있지 않은 정안의 금란구곡에 관해 그 멋과 풍류를 소개하는 글, 그리고 1923년 동아일보에 36회 연재되었던 「계룡산기」라는 어느 기자의 글을 자세히 주석하고 그 문학적 가치를 살펴본 것 등이 그것들이다. 동학사는 유교와 불교가 공존하는 특이한 사찰이고, 갑사는 유명 관광지이면서도 사람들이 잘 모르는 숨겨진 아름다움을 간직한 절이며, 정안의 금란구곡은 선비들의 풍류와 정신을 엿볼 수 있는 곳임에도 정작 그곳에 사는 사람들조차 존재 자체를 잘 모르고 있고, 「계룡산기」는 공주의 중요한 역사와 문화의 자료적 가치가 있는 글인데 오래 전의 글이라 주석이 없이는 이해가 잘 안 되는 사정이 있어 그런 작업을 한 것이다. 겉으로만 보아서는 절대로 볼 수 없는 우리 주변 문화유산의 속살을 살펴 현재와 미래를 위한 자양분을 얻을 수 있는 내용이 담겨 있

다고 생각한다.

제3부에는 공주의 인물과 정신에 대해 정리한 글과 함께 공주의 현재와 미래를 염려하고 걱정하는 몇 편의 칼럼을 모아 놓았다. 그 동안 이런저런 인연과 청탁으로 일간신문과 지역 신문에 꽤 많은 칼럼을 써 왔다. 아마 책으로 모으면 두세 권 분량이 넘을 것이다. 욕심 같아서는 그런 글을 모은 책을 내고도 싶었으나 시의성에 맞춰 쓴 것들은 이미 시효가 지난 것도 많고, 또 그런 종류의 책들이 넘쳐나는 세상에 쓸데없는 공해가 될 것도 같아 아깝지만 포기하기로 했다. 대신 공주와 연관된 칼럼들만 골라 이 책에 싣기로 했다. 원고를 정리하면서 버리기 어려운 것들이 많았으나, 필자가 이사장으로 관여했던 우금티 관련 글 몇 편, 여러 해 동안 공주대 교명 변경 문제로 대학 구성원은 물론 시민들까지 합세하여 뜨겁게 투쟁했던 당시 썼던 몇 편의 글, 공주대와 관련하여 정책적 비판과 대안을 제시한 글, 공주 사람으로서 공주를 걱정하고 미래를 대비하는 데 도움이 될 만한 필자의 아이디어를 담은 글, 그리고 필자가 청소년 시절을 보낸 대추골에 관한 추억을 회상한 것들만 선택했다. 못난 자식에게 더 정이 가듯이 글 쓰는 사람들에게는 자신이 쓴 글 하나하나가 다 아깝기 마련이다. 선택 받지 못한 글들에겐 다른 방법으로 필자의 사랑을 표현해야 할 것 같다.

필자는 평생 동안 글을 쓰고 학생들을 가르치며 살아왔다. 가장의 역할을 제대로 해 내지 못하는데도 그렇게 살 수 있도록 인내하고 용인해 준 사랑하는 가족들에게 고마운 마음 그지없다. 스물일곱의 꽃다운 나이에 가난한 시골 농부의 자식인 내게 시집을 와서 초등학교 교사로 늘 힘든 생활을 하면서도 집안의 4대 봉사 제사를 모시며, 연로한 생가, 양가의 네 분 부모님을 정성껏 받들고, 아이 셋을 낳아 잘 키운 것은 물론 내가 뒤늦게 대학원 공부를 할 때 불평 없이 내조를 하여 박사학위를 받고 교수가 될 때까지 희생한 아내에게 그 무슨 말로 고마운 마음을 다 표현할 수 있으랴. 마음과 달리 사랑 표현을 하지 못하는 성격 탓에 한 번도 고맙고 사랑한다는 말을 하지 못한 못난 남편이다. 아이들에게는 더욱 미안한 마음이다. 카이스트 박사과정 재학 중 불의의 실험실 폭발 사고로 아비보다 먼저 세상을 떠난 아들에겐 후회되는 일이 참으로 많다. 목욕탕 한 번 같이 가지 못했고, 잘 놀아 주지도 못했고, 힘들 때 옆에 있어 주지도 못했다. 이제 와서 고쳐 보려 해도 불가능한 일이 되어 더욱 미안할 따름이다. 고등학교 교사인 큰딸에게도 미안한 마음이 크다. 두 곳에 합격한 대학 선택 때 치과 의사의 길을 포기하게 하고 내 뒤를 잇게 하고 싶어 국어교사의 길로 들어서도록 강권한 나만의 욕심, 막 기어 다니기 시작했을 무렵 혼자 애기를 보아야 했을 때 포대기 끈으로 의자에 묶어 놓고 논문 작성을 위한 작업을 했던 일 등 아비 노릇 제대로 못한 미안함뿐이다. 둘째딸이자 막내에 대한 감정은 그보다 더하다. 태어날 때가 셋째에게는 여러 불이익을 주던 가족계획이 강행되던 시절이라 덤으로 얻은 딸이라는 생각 탓에 위의 두 아이에 비해 관심이 적었던 까닭으로 어려서부터 모든 것을 스스로 알아 공부하고 결정하여 지금은 병리과 전문의로 살아가고 있지만 그 과정에서 얼마나 서운한 게 많았을 것인가. 내가 의사 세계를 잘 알지 못해 그 분야에서 당해야 했던 억울한 차별과 처우에 대해 아비로서 아무런 도움도 주지 못한 게 정말 미안할 수밖에 없다. 이 모두가 못나고 모자란 남편 탓이고, 부족하고 미흡한 아비 탓이다. 그럼에도 여전히 남편과 아버지로 나를 대접해 주는 가족들에게 한없이 고맙고 감사한 마음이다.

46년 동안 공부하고 또 근무해 온 공주대에도 정말 감사한 마음이다.

같이 학교를 다녔던 동기 친구들과 선후배님들, 30년 동안 인격적으로 미흡하고 덕도 부족한 사람을 스승과 선배로 지낼 수 있도록 용납해 준 제자이자 후배인 학부 학생들, 호되게 질책당하며 문학 석사, 교육학 석사, 문학박사, 교육학박사학위 논문 지도를 받았던 대학원 제자들, 힘든 일과 어려운 일을 함께했던 수많은 선후배 동료 교수님들, 묵묵히 도와 주셨던 일반직원 분들, 그리고 가족보다 더 자주 만나며 고락을 같이 했던 국어교육과 전 현직 교수님들, 모두에게 감사하고 고마운 마음을 전해 드린다. 혹시라도 서운하고 섭섭했던 일들이 있었다면 모두 용서하시기 바라며 사죄드린다.

마침 우리 대학에 공주시와 함께 설립한 공주학연구원이라는 기구가 문을 열었다. '공주학'이라는 생소한 분야의 학문 연구에 공주를 아끼고 사랑하는 글을 모은 필자의 이 작은 책자가 우리 대학과 공주의 미래를 위해 미력하나마 기여할 수 있기를 간절히 염원한다. 공주대에 와서 다섯 번째로 옮겨왔던 애환이 깃들었던 연구실을 떠나며, 공주대학교와 국어교육과의 끝없는 발전과 앞날의 찬란한 영광을 기원한다.

끝으로 어려운 출판 환경에도 선뜻 책을 만들어 주신 한국문화사 김진수 사장님과 임직원 여러분, 그리고 책이 출판될 수 있도록 도움을 아끼지 않으신 정덕준 교수님에게 깊이 감사의 말씀을 드린다. 원고 교정에 애를 쓴 오석균 박사에게도 고마운 마음을 전한다.

2015년 여름

금강과 계룡산이 보이는 연구실에서

조동길 씀

■ 차례

제3부

공주의 정신, 그리고 현재와 미래

제1부

공주의 말과 글, 그 삶의 자취

1920년대 공주에서의 한글 연구

「독락정기(獨樂亭記)」 소고

김인겸(金仁謙)과 그의 재일 한시

『금행일기(錦行日記)』에 나타난 19세기 중엽의 공주

1920년대 공주에서의 한글 연구

1. 푸는 말

한글은 우리 민족이 내세울 수 있는 세계적인 자랑거리의 하나다. 세계 여러 나라 가운데 자기 나라 말을 적을 수 있는 고유의 문자를 가진 나라가 얼마 안 되고, 특히 그 문자가 남의 문자 차용이 아닌 독창적 창조물인 경우는 우리나라가 거의 유일하다고 할 수 있다. 한글은 해당 분야의 많은 학자들이 이구동성으로 지적하고 있는 것처럼 인류가 만들어낸 문자 가운데 가장 과학적이고 탁월한 문자다. 사람이 낼 수 있는 소리는 물론 이 세상의 모든 소리를 원래의 소리에 가장 가깝게 표현해 낼 수 있는 문자 또한 한글밖에 없다. 그래서 아직 문자가 없는 동티모르 같은 나라에서는 한글을 그 나라의 음성언어를 적는 문자로 채택하기도 했다. 또한 유엔 문맹 퇴치 기구 같은 데서는 아직 문자가 없는 민족에게 가장 배우기 쉽고 활용하기 편리한 한글을 보급하는 운동을 전개하고 있기도 하다.

외국어를 공부하는 사람들 가운데는 알파벳 발음을 표기하는 국제음성부호보다 한글로 표기하는 것이 훨씬 편하고 유용하다고 말하는 사람도 많다. 그만큼 한글은 표음문자로서 그 어떤 문자보다 최고의 기능과 활용 가치를 갖고 있다. 또한 한글은 다른 문자의 차용이나 변환이 아니라 독창적으로 새로 만들어진 문자라는 특징도 있다. 사람의 발음 기관을 상형하여 조직적이고 과학적인 체계로 자음이 만들어졌고, 이 세상 만물의 구성 원리에 따라 모음이 만들어졌다. 따라서 한글에는 우주의 원리, 세상살이의 도리가 내재되어 있다. 한글을 배우게 되면 단순히 문자만 배우는 게 아니고 이 세상의 원리와 구조에 대한 공부도 아울러 수행되는 독특하고도 출중한 문자인 것이다.

그럼에도 불구하고 한글은 반포된 이후 오랜 세월 동안 방치되다시피 푸대접을 받아왔다. 세종 임금은 한글을 반포하면서 분명히 "우리말과 글이 중국과 달라서 고통을 겪고 있는 백성을 위해 한글을 만들었으니 이를 잘 활용하여 일상생활에 편하게 이용하라"고 가르쳤건만, 많은 사람들은 여전히 어려운 한자(文)를 배워 말과 글자가 다른 이중적인 언어생활을 영위해 왔다.

한글을 제대로 대접하자는 운동이 일어난 것은 19세기말 서세동점(西勢東漸)으로 우리 문화가 위기에 처했던 시기였다. 우리의 혼과 역사를 지키려는 주시경 같은 우국지사들은 국권 운동의 일환으로 한글 존중과 보급에 앞장을 섰다. 한문에 비해 언문이나 반절이라는 이름으로 박대를 받던 한글에 대한 연구, 신문과 잡지를 통한 보급의 확산, 체계적인 교육의 실시 등으로 한글은 우리 민족의 중심 문자로 발돋움을 하게 되었다. 하지만 그것이 전면적으로 시행되지는 못하는 아쉬움이 있었던 것도 사실이다. 그러나 한글이라는 당당하고 새로운 이름을 갖게 된 것은 물론 나라 문자로서 일부에서나마 자리를 잡았다는 것은 한글 역사에서 매우 획기적인 일이라 할 것이다.

하지만 일제의 강압에 의해 곧 치욕적인 식민지 체제가 되면서 우리 민족문화를 말살하려는 총독부의 정책으로 또 다시 한글은 천대 내지 무시를 당하는 신세가 되었다. 특히 이 시기에 한글을 연구하는 학자들은 독립운동을 하는 사람처럼 불온한 사람 취급을 당했다. 심지어 그 문제로 감옥에 갇히기도 했고 옥사를 하는 분도 나왔다.[1] 그러니 한글이 제대로 대접을 받게 된 것은 광복 이후라고 해야 할 것이다.

광복 이후에 정부가 새로 세워지고, 새로운 교육이 시작되면서, 한글이 우리말을 표기하는 문자로서 비로소 제 자리를 잡기 시작했다.[2] 그렇지만 아무리 정치적으로 광복이 되었다 해도 하루아침에 한글이 그런 지위를 차지하는 것은 미리 대비가 되어 있었기에 가능한 일이었을 것이다. 다시 말해 가혹한 탄압과 감시 속에서도 한글에 대한 연구와 보급에 목숨을 걸고 앞장섰던 선인들이 있었기에 그런 일이 가능했다는 것이다. 실제로 조선어학회 사건을 비롯하여 많은 한글 연구 관련 인사들의 투옥과 희생은 식민지 시대 내내 지속되었던 것이다. 당시는 한글 연구가 바로 독립 운동과 다를 바 없었던 시대였으니 말이다.

공주는 시세로 보아 소규모 지역 도시에 속한다. 그러나 과거 백제, 고려, 조선을 거치는 동안 오랜 세월 충청도 지방의 수부(首府) 도시 역할을 했었다. 당연히 정치, 경제, 문화의 중심지 역할을 담당했다. 따라서 1920년대 충청도의 도청소재지였던 공주에서 한글 연구가 시작된 것은 지극히 당연한 일이라고 할 수 있다. 그러나 그런 사실이 지금까지 거의 알려져 있지 않아서 많은 사람들이 그런 사실이 있었던 것조차 잘

1 1942년에 일어난 조선어학회 사건이 대표적이다. 이 사건으로 조선어학회 회원 33명이 검거되고, 가혹한 고문 끝에 재판을 거쳐 투옥을 당했다. 이윤재와 한징 두 분은 투옥 중 감옥에서 운명했다.

2 정부 수립 후 한글 전용에 관한 법률이 공포되어 모든 공문서를 포함한 정부 공식 문서에 한글만 쓰도록 한 것은 획기적인 일이라 할 것이다.(1948년 10월 9일 법률 제 6호 「한글전용에 관한 법률」). 이 법률에는 '대한민국의 공용문서는 한글로 쓴다. 다만, 얼마 동안 필요한 때에는 한자를 병용할 수 있다.'고 되어 있다. 이 단서 조항에 의해 오래 실질적인 한글전용은 이루어지지 못했다.

알지 못하고 있다. 이 작은 글에서는 1920년대 공주에서 한글 연구가 어떻게 수행되었는지 당시 한 신문 보도 기사를 중심으로 간략하게 고찰하고자 한다.

2. 한글 반포와 한글날

잘 알려져 있는 것처럼 한글은 조선 4대 임금인 세종대왕에 의해 1443년(세종 25년)에 창제되어 그 3년 후인 1446년에 반포되었다. 그러니까 올해 2014년은 한글 반포 568돌이 되는 해다. 우여곡절을 거쳐 국가기념일로 환원된 한글날은 10월 9일이다. 이 한글날의 유래도 기구한 사연을 가지고 있다.

한글날 기념식을 처음으로 거행한 것은 1926년이다. 이 해는 1446년 한글이 반포된 이후 8회갑(480돌)이 되는 해였다. 기념식은 <조선어연구회>(현 한글학회)와 <신민사>의 공동 주최로 식도원(食道園)이라는 요릿집에서 거행하였는데 수백 명이 참석하여 당시로서는 매우 성대하였다고 한다.

그런데 1926년에 처음으로 기념식을 거행한 날은 10월 9일이 아니라 11월 4일이었다. 이 날이 음력으로 9월 29일이었기 때문이다. 음력 9월에 『훈민정음』을 책자로 완성했다는 세종실록의 기록에 근거하여 9월 29일을 반포한 날로 보고 기념식을 거행했던 것이다.

기념식을 거행하는 중에 이 날을 부를 명칭이 있어야 하겠다는 의논이 나와서 논의한 결과 '가갸날'로 하기로 결정하였다. 당시에 한글을 배울 때 <가갸 거겨…> 하면서 배웠기 때문에 '가갸날'이라고 한 것이다. 당시는 아직 '한글'이라는 용어가 널리 사용되기 전이었다. 이후 여러 해 동안 신문 지상 등에서는 '가갸날'이라는 명칭을 사용하였는데, '가갸날'이란 명칭을 1928년부터 '한글날'이란 이름으로 고치고 날짜를 양력으로 바꾸어 기념식을 거행하였다.

그런데 한글날 기념식을 음력 9월 29일에 거행했기 때문에 이를 양력으로 하면 매년 기념식을 거행하는 날짜가 바뀌게 되는 불편함이 생겼다. 1931년에 들어 와서 모든 생활이 양력을 중심으로 삼는 데 비해 한글날은 음력으로 지내는 것이 불편하다는 의견이 제기되어 1446년 음력 9월 29일이 양력으로는 어느 날에 해당하는가를 계산하게 되었다. 이렇게 하여 나온 날이 10월 29일이다.

양력으로 기념식을 치르기 시작한 해는 1932년 무렵이었다. 조선어학회 회원이었던 이희승과 이극로의 기록에 따르면 1932년부터 양력으로 기념식을 했다고 하는데, 양력 계산 방법은 이미 1931년에 신문 기사로 소개되었고, 또 1931년부터 양력으로 지내기로 했다는 신문 기사도 있어서 정확한 것은 더 따져봐야 할 일이다.

그런데 한글날의 양력 계산을 둘러싸고 논란이 벌어져, 전문 기관에 문의한 결과 양력 계산은 맞지만 그레고리력으로 계산하는 게 좋겠다는 일치된 의견이 나왔다. 율리우스력에 따르면 10월 29일이지만, 양력은 1582년 이후 그레고리력으로 바뀌었으므로 양력 계산을 그레고리력으로 하는 게 좋겠다는 것이었다. 그렇게 해서 나온 날짜가 10월 28일이었다. 그래서 1934년부터는 10월 28일에 한글날 기념식을 거행하게 되었다.

이극로의 기록에 따르면 1937년 중일 전쟁이 일어난 이후로는 대부분의 집회를 금지하는 총독부의 정책과 시대적인 정황상 기념식을 거행하기 어려웠다고 한다. 더구나 1942년에는 조선어학회 사건으로 기념식을 주관할 사람들이 모두 체포되어 감옥에 가는 일이 일어나 한글날 기념식을 치를 수 없는 상황이 되어 버렸다.

10월 9일에 공식적으로 한글 반포 기념식을 거행하게 된 것은 광복 이후인 1945년부터이다. 한글날이 10월 9일로 된 것은 1940년 7월에 경북에서 발견된 『훈민정음』(해례본)에 나오는 기록에 의한 것이다. 이 책에 실린 정인지의 서문 말미에 "정통 11년 9월 상한(正統 十一年九月 上澣)"이란 기록이 나오는데 이 기록에 따라 한글이 9월 상한, 즉 상순(上旬)에 반포된 것으로 보고 9월 상한의 마지막 날인 9월 10일을 양력으로 다시 계산한 것이다.

훈민정음 반포 500돌이 되는 1946년에는 10월 9일 한글날을 정부에서 '공휴일'로 지정하여 조선어학회 주관으로 덕수궁 중화전 앞뜰에서 각계 대표를 비롯하여 시민과 학생 등 2만여 명이 모인 가운데 성대하게 거행하였고, 1949년 6월 4일 대통령령으로 '관공서의 공휴일에 관한 규정'을 제정하여 한글날이 명실 공히 법령상 공휴일로 되었다.

이후 한글날 기념식은 1956년까지 한글학회 주최로 거행하다가 1982년부터 2005년까지는 정부(문화부)에서 주최하였다. 그러다가 1990년 11월 5일에 공휴일이 많아서 경제 활동에 지장이 있다고 하여 한글날을 공휴일에서 제외하여 2005년까지는 기념일로만 되었다.

그러나 많은 학자들과 뜻있는 시민들이 한글날을 국경일로 환원해야 한다는 서명 운동과 청원을 한 결과 16대 국회에서 한글날을 국경일로 제정하는 문제를 발의하여 논의하였고, 드디어 17대 국회에서 다시 발의하여 2005년 12월 29일 법률 제7771호로 한글날을 국경일로 제정하게 되었다.[3]

---

3 이 부분의 작성에는 조남호(국립국어연구원)의 『새국어소식』 제3호(1998. 10.)

3. 1920년대의 공주

공주는 구석기시대부터 사람이 살았던 지역이다.[4] 이는 공주가 그만큼 물산이 풍부하고 자연 조건이 좋아 사람이 살기 적합한 지역이라는 증거일 것이다. 그 후로도 공주는 우리 역사에서 늘 중심지 역할을 담당해 왔다.

삼국시대에는 한성에서 밀린 백제가 이곳으로 도읍을 옮겨 나라의 기틀을 새로 짜고 쇠락하였던 국가를 부흥시키는 거점 역할을 하였다. 무령왕릉에서 발견된 4천 여 점의 유물들은 당시 백제가 얼마나 막강한 힘을 가진 나라였고, 그 힘을 바탕으로 당시 국제적인 교류가 얼마나 활발했고, 문화가 얼마나 찬란하게 꽃을 피운 나라였던가를 실증적으로 말해 주고 있다. 60여 년 동안 힘을 기른 백제는 곧 부여로 천도를 하여 막강하고 수준 높은 제국의 위상을 여실히 보여주었다.

나당 연합군에 의해 백제가 멸망하고 난 뒤 백제 부흥 운동의 거점도 공주였으며, 통일 신라 시대에도 공주에는 웅천주가 설치되어 무진주(광주), 완산주(전주)와 더불어 여전히 구백제권역의 행정 중심지로서 기능하였다. 당시 웅천주는 13개 군과 29개의 현을 통할했다.

고려 시대에 들어와서도 이러한 공주의 위상은 여전히 유지되었다. 고려 태조 23년 웅천주에서 공주로 이름이 바꾸어 그게 오늘까지 이어지게 되었다. 또 성종 2년 전국에 12목이 설치될 때 공주는 그 목의 하나였다. 잠시 부침이 있기는 했으나 고려 시대 말까지 공주는 절도사가

에 실린 「한글날의 유래」라는 글과 2007년 한글날 기념식에서 행한 당시 한글학회 충남지회장인 김진규 교수의 강연 원고를 참조하였음.

4 공주의 장기면 석장리 구석기 유적 발견은 한반도에 구석기가 존재하지 않았다는 식민사관의 역사를 뒤엎은 획기적인 사건이었다. 최근 이곳에 구석기문화를 전시, 체험하는 구석기박물관이 개관되었다.

근무하는 지방 행정의 중심지에서 벗어나지 않았다.

조선 시대에도 공주목의 위상은 계속 이어지다가 선조 31년 충주에 있던 충청감영이 공주로 옮겨오면서 공주는 명실 공히 충청도의 수부 도시가 되었다. 구한말에 공주에서 많은 천주교 신자가 처형되었다든가 또 우금티에서 수만 명의 동학농민군이 처절하게 사상자를 내고 패퇴하게 되었다든가 하는 일들은 공주가 그만큼 주요 거점 도시였기 때문이었을 것이다. 공주는 갑오개혁 후 행정구역 개편에 따라 공주부가 되어 27개 군을 거느렸는데, 이는 전국 23개 부 중에서 가장 많은 군을 포함하는 것이었다. 1896년에는 충청남도의 37개 군을 관할하는 관찰사 주재지가 되었다.

1910년에 관찰사가 도장관으로 바뀌고 1920년대에 다시 도지사로 명칭이 바뀌었다. 1932년 공주에서 대전으로 도청이 이전되면서 공주는 충남의 수부 도시로서의 위치를 내 주고 말았지만 그 후에도 공주는 여전히 충청도의 정치, 경제, 문화의 중심지로서 그 기능을 담당하였다.[5]

1908년까지만 해도 공주군의 인구(77,922명)는 충남(680,886명)의 약 11.4%를 차지했다. 1904년에서 1908년 사이 공주에 설립된 근대 사립학교는 모두 10개였다. 교원 38명에 생도 수는 446명이나 되었다.[6] 이런 통계는 공주가 충청도의 핵심 선두 도시였다는 증좌가 된다 할 것이다.

1920년대 중반까지만 해도 대전은 공주에 비교도 되지 못할 만큼 열세의 도시였다. 한 예로 도지사가 연초에 초도 순시를 할 때 면담해야 할 유력 인사 수에 있어서 1927년에 작성된 자료에는 공주가 77명이고

---

5 이상의 공주 역사 연혁에 관한 내용은 윤여헌의 「살아 있는 역사박물관 공주」라는 글을 요약한 것이다. 더 자세한 내용은 이 글이 수록된 『문화가 살아 있는 이야기 공주』(공주향토문화연구회. 1997.)라는 책자를 참고하기 바람.

6 지수걸, 『한말의 공주와 근대 사람들』 (공주문화원, 1999.) p.35와 p.51의 표 참조.

대전은 22명에 불과했다. 도청이 이전되던 해인 1932년에도 공주는 64명이었던 데 비해 대전은 35명에 불과했다.[7] 인구를 봐도 공주군의 1930년 인구는 약 12만 명으로 충남 전체 인구의 약 10%를 차지하고 있었다. 같은 해의 공주면 인구는 13,116명이고 대전면은 21,696명으로 대전이 많으나 이는 대전에 철도가 부설되고 도청 이전 소문에 따라 급격하게 인구 증가가 이루어진 결과라고 할 수 있다. 실제로 시가지 인구만을 보았을 때 1915년에 6,264(공주) 대 6061(대전), 1923년에 8,304(공주) 대 6,728(대전), 1930년에 10,116(공주) 대 16,442(대전) 명으로 1920년대 후반에 이르기까지는 공주 인구가 대전 인구보다 많았었고 도청 이전이 기정사실화되었던 1930년대 들어와서야 인구수가 역전되었던 것이다.[8]

1918년 공주에는 시가지 정비 계획이 수립되고 그에 따른 공사가 진행되어서 근대적인 도시 모습을 갖추게 되었다. 당시 공주의 구체적인 모습은 한 신문기자가 공주를 방문하고 나서 쓴 기행문에 자세히 나와 있다.[9] 이 기행문에 의하면 당시 공주는 도청 소재지로서 도시 기반 시설이 잘 갖추어져 있었고, 교통의 요지이며, 김갑순 등 신흥 부호들이 활약하는 도시로 묘사되고 있다. 이처럼 면모가 잘 갖추어진 근대 도시 공주는 근대적인 건물과 기관을 순례하는 견학 코스가 개발되어 있을 정도였다. 또한 도로가 잘 발달되어 전국에서 상업적인 자동차 운행이 가장 활발하게 이루어졌고, 학교도 많이 설립되어 1931년 공주읍의 인구가 1만 3천명이었을 때 학생 수가 무려 1732명이나 되었었다.[10]

---

7 지수걸, 위의 책, p.85 표 참조.
8 위의 책, p.119 표 참조.
9 富春山人, 公主一瞥記, 『웅진문화』 2 · 3합집 (공주향토문화연구회, 1990.) 참조. 부춘산인은 예전 교과서에 수록되었던 「청춘예찬」의 필자 민태원의 필명임.
10 지수걸, 앞의 책, p.111.

따라서 1920년대의 공주는 충청도의 수부 도시답게 최신 문명의 혜택이 가장 먼저 주어지는 곳이었고, 가장 새로운 지식이 제일 먼저 도착하는 곳이기도 했다. 특히 공주에는 일찍이 일본인이 많이 이주하여 살았고, 영명학교를 비롯한 기독교 계통의 학교 설립으로 인해 선교사를 비롯한 서양 사람도 적지 않게 들어와 살고 있었다. 아울러 공주에는 대지주들이 다수 분포하고 있었던 바 이들의 자제들이 일찍 고향을 떠나 신학문을 섭렵하고 귀국하여 자리를 잡기도 했다. 이들과 더불어 공주의 학교에 근무하며 학생들에게 근대적인 학문을 가르치던 교사들에 의해 공주에 근대적인 문화 예술의 도입과 더불어 신학문이 뿌리를 내린 것은 당연한 일이었을 것이다. 또한 이들 지식인들은 당연히 최신 소식을 전하는 신문을 구독했을 것인데, 이에 따라 공주에 세상의 새로운 소식들이 다른 곳보다 훨씬 빠르게 전파되었을 것은 지극히 당연한 일이었을 것이다.

이러한 전후 사정은 당시 서울을 중심으로 진행되고 있던 한글 연구에 대한 새로운 소식을 타 지역보다 먼저 접하게 했을 것이고, 동시에 이에 대하여 자연스럽게 관심이 촉발되어 뜻있는 인사들로 하여금 공주에서도 그런 추세에 따라 그에 선두로 동참해야 한다는 공감대를 형성했을 것이라고 여겨진다.

4. 공주에서의 한글 연구

동아일보(東亞日報) 소화(昭和) 2년 11월 18일 금요일 4면에 짤막한 기사 하나가 실렸다. 소화 2년은 서기로 1927년이고 이 날짜 동아일보는 제2593호였다. 그 기사의 원문은 다음과 같다.

한글 硏究會
公州에서 創立

忠南 公州에서는 지난 陰 九月 二十九日 한글 紀念 懇談會에서 是日을 記念할뿐 아니라 한글 硏究로 常設 機關을 組織하자는 意見이 一致되야 當席에서 한글 硏究會 創立 發起會를 開한 後 規約 起草 及 創立總會 準備委員을 選擧하고 今月 十五日에 創立總會를 開催한다 함은 當時에 旣報하엿거니와 豫定대로 지난 十五日 午後 八時에 當地 旭町 徐悳淳氏 家에서 創立總會를 開하고 臨時議長 洪範植氏와 書記 尹貴榮氏를 選擧한 後 洪範植氏 司會 下에 會議를 進行할새 準備委員의 經過報告와 規約 通過에 入하야 會名으로부터 二三條까지 甲論乙駁으로 論戰이 만타가 會名은 한글 硏究會로 改定되고 以下는 無事히 通過한 後 任員은 常務委員 三人과 執行委員 三人을 選擧하고 決議事項은 講座開催件과 事務所는 旭町 徐悳淳氏家에 置하기로 決議하고 同十一時에 閉會하는 同時에 當席에서 委員會를 開하고 會報雜誌 發刊件을 討議하고 散會하앗다는데 當會의 目的은 如左하더라(公州)

一. 한글의 硏究 發表
二. 한글의 雜誌 及 圖書 發行
三. 한글의 講演會 及 講座 開設

이 기사 내용을 중심으로 하여 몇 가지 중요한 사실을 추리해 볼 수 있다. 그것을 요약해 보면 다음과 같다.

1) 공주에 <한글 연구회>가 생겼다는 것
2) 서덕순 씨 집에서 창립총회를 개최했다는 것
3) 임원으로 상무위원 3인과 집행위원 3인을 선출했다는 것
4) 사업 계획(목적) 세 가지를 확정했다는 것
5) 기타(창립총회 임시의장 홍범식씨와 서기 윤귀영씨 선출, 사무소를 서덕순씨 집에 설치)

이런 내용을 중심으로 하여 공주에서 있었던 <한글 연구회>의 창립과 그 배경, 그리고 기사에 나타난 사실 중 몇 가지 부연 설명이 필요한 부분들을 논의해 보기로 하겠다.

첫째, 공주의 <한글 연구회> 창립과 운영에는 서덕순이라는 분의 지원과 후원이 절대적이었다는 사실이다. 창립총회가 열렸던 장소도 그의 집이고, 회의를 한 결과 사무소를 설치하기로 한 곳도 그의 집이다. 이는 개인적으로 이 단체에 대해 전적으로 그 경비를 비롯한 모든 것을 후원하고 또 부담한다는 말과 다름없을 것이다. 비록 명시적으로 그가 연구회의 임원에 선임되었다는 기록은 없으나 사실상 그에 의해 모든 것이 주도되었다고도 볼 수 있다는 말이다.

그러면 서덕순이라는 사람은 어떤 인물인가. 한마디로 그는 명문가 출신으로 많은 토지를 소유한 공주 부호 중의 하나인 대지주였다. 그러면서도 인심을 잃지 않은 존경받는 인물이었다. 그는 공주 4대 갑부(김갑순, 서덕순, 홍원표, 정한명)의 한 사람으로 대단한 재력가였던 서한보의 장남으로 1892년에 태어났다.[11] 그의 부친 서한보는 1853생으로 구한말 한양에서 시종원의 어사 벼슬을 지내다가 공주로 귀향하여

11 지수걸, 「避難實記(상) 해설」, 『웅진문화』 16집(공주향토문화연구회, 2003.) p.209 ( )안에 있는 서덕순이라는 이름은 그의 부친인 서한보의 誤記로 보인다.

1901년에 중추원의관을 지낸 것으로 보아 이 무렵에는 이미 대지주의 지위를 가졌던 것으로 보인다. 1917년 현재 그는 논 300여 정보, 밭 100여 정보, 임야 100여 정보 등 약 500여 정보의 토지를 소유한 대지주였다. 그 당시 그는 김갑순, 김윤환과 함께 공주 3대 지주의 한 사람으로 꼽혔다. 그는 슬하에 4남 3녀를 두었는데, 대구 명문가 출신의 민족시인 이상화는 그의 둘째 사위로 명문가 집안끼리의 혼맥 관계를 보여주는 사례라 할 것이다. 장남 서덕순은 1930년 기준으로 부친으로부터 상속받은 토지 약 159정보를 소유하고 있었다. 그 외에도 그의 가문에서 오랫동안 거주하고 있었던 반죽동의 건물 3동과 상당수의 고서화, 골동품을 상속받았다고 한다.[12]

그는 부친의 선견지명으로 경술국치를 당하던 해인 1910년에 일본으로 유학을 떠나 동경부기학교(東京簿記學校)와 와세다(早稻田)대학을 졸업했다. 귀국 후 당시 도지사로부터 관직을 제의받았으나 고사하고 지역사회의 발전을 위해 1917년부터 영명학교 교사, 공주청년회 부회장, 신간회 공주지회 부회장, 공주시민회 부회장 등을 지냈다. 해방 후에는 충남도의 내무부장과 도지사를 역임했다.

그가 신간회[13] 공주지회 임원을 역임한 사실은 그의 이념적 성향을 살피는 데 중요한 근거가 될 수 있을 것이다. 그는 그 후에도 취미였던 활쏘기 모임 사람들과 함께 1932년 충남도청 이전 반대 활동을 적극적

12 지수걸, 『한국의 근대와 공주 사람들』(공주문화원, 1999.) p.258.

13 신간회(新幹會)는 1927년 2월 15일 저녁 7시 서울 YMCA에서 이상재, 안재홍, 백관수, 신채호, 신석우, 유억겸, 권동진, 홍명희 등이 발기인으로 참여하여 창립하였으며, 민족/정치/경제의 예속을 탈피하고, 언론/출판/집회/결사의 자유를 쟁취하며, 청소년은 물론 여성의 권익을 향상시키는 당시로서는 획기적인 평형운동을 지원하고, 파벌주의를 배격하는 등 조선의 자주독립을 위한 활동을 활발히 전개했던 항일민족운동단체였다.

으로 펼쳤고, 해방 후 약 1년간 충남도지사 직을 역임했으며, 도립사범학교(현 공주대학교 전신) 설립에도 결정적으로 기여했다. 이렇게 그는 관직에 나가지 않은 채 사회 활동을 하면서 지내는 한편, 물려받은 토지를 경영하는 데도 소작료를 적게 받아 칭송이 자자했고, 도지사 재임 중에는 한 번도 관용차를 사적으로 이용하지 않았고, 이권 등에 개입한 일도 전혀 없었다고 한다.[14]

그러나 정부 수립 후 이루어진 토지 개혁과 한국전쟁으로 인한 피해로 인해 그의 가세는 급격하게 몰락했다. 스스로의 회고에 의하면 유엔군의 폭격으로 세거(世居)하던 가옥[15]이 전소되고, 또 토지개혁으로 고작 수십 두락의 자작 농지만 남은 상태가 되었다. 도지사를 역임한 인물이라는 점에서 이러한 몰락은 매우 이례적인 일이라 할 수 있을 것이다.[16]

서덕순은 이처럼 개인적으로 여유 있는 재산과 어느 한쪽에 치우치지 않는 처신, 그리고 지식인으로서 시대와 사회의 진보에 관심이 큰 인물이었기에, 한글 연구 같은 일에 적극적으로 후원을 아끼지 않았던 것으로 보인다. 당시 한글 연구는 일종의 민족 운동이고 그것은 동시에 항일 운동의 성격을 갖는다고 볼 수 있다. 다른 지역에 앞서 공주에서 이런 운동이 가능했던 것은 서덕순 같은 지사적 명망가가 있었기에 가능한 일이었을 것이다.

둘째, 1926년 한글날(당시에는 가갸날)이 제정되고 바로 1년 뒤 공주에서 <한글 연구회>라는 단체가 비교적 이른 시기에 창립될 수 있었던

---

14 지수걸, 위의 책, pp.259-263 참조.

15 당시 그의 가옥은 공주의 욱정(旭町)에 있었는데 욱정은 현재의 반죽동에 해당한다. 『공주 지명지』(공주대학교 지역개발연구소. 1997.) p.82.

16 지수걸, 위의 책, p.265.

것은 몇 가지 이유가 뒷받침되었을 것으로 보인다. 우선 공주는 당시 중부 지역 충청도 지역의 수부(首府) 도시로서 가장 앞선 신문물의 유입지라는 점과, 또 다른 이유로는 공주가 옛 백제의 도읍지로서 보수적인 성격이 강함과 동시에 민족적인 성격이 나타나는 도시였다는 점이다. 이런 두 가지 성격은 공주의 기질과도 관련되는 것으로 지정학적 운명이라고도 할 수 있을 것인데, 당시 서울(한양)에서 일고 있던 한글 연구 운동은 이런 성격에 잘 부합하는 일이었기에 재빨리 수용되었을 것으로 보인다.

거기에다가 전술한 것처럼 서덕순 같은 진보적 명망가인 든든한 후원자가 있었던 사실도 그 일을 더욱 촉진하는 계기가 되었을 것으로 판단된다. 그밖에도 몇 이유를 더 생각해 볼 수 있는데, 가령 당시 공주에 설립되어 있던 여러 학교의 국어 과목 교사나 학생들이 그 배경 역할을 했을 수도 있고, 외지에서 공부하고 돌아온 공주 지역의 청년들이 단체를 결성하여 지역민을 위한 계몽에 앞장섰던 사실 등도 주요 요인으로 꼽을 수 있을 것이다.

셋째, 연구회의 임원으로 상무위원 3인과 집행위원 3인을 선출했다는 것은 연구회의 성격과 관련하여 깊이 음미해 볼만한 일이라고 할 수 있다. 보통 어떤 단체가 결성되게 되면 회장 또는 대표를 선출하고, 실무를 추진하기 위해 총무나 간사를 뽑는 게 일반적인 모습이다. 그런데 이 <한글 연구회>는 회장이나 대표를 두지 않고 복수의 상무위원과 집행위원만 있는 조직으로 되어 있다. 이는 상명하복의 체제가 아니라 수평적인 동등성을 보여주는 체제다. 세종 임금이 한글을 반포하며 그 취지(훈민정음 서문)에 밝힌 대로 민주적인 정신을 반영한 제도라고도 할 수 있을 것이다.

넷째, 이 연구회의 사업(목적)이 매우 중요한 의미를 갖는다. 연구회는 창립총회에서 그 목적을 세 가지로 확정했다. 그것은 '한글의 연구 발표(硏究 發表), 한글의 잡지(雜誌) 급(及) 도서 발행(圖書 發行), 한글의 강연회(講演會) 급(及) 강좌 개설(講座 開設)'이다. 해방 직후의 현실을[17] 미루어 추정해 보면 당시 우리 민족의 문맹률은 매우 높았을 것으로 보인다. 문자언어를 습득하여 활용할 수 있는 능력의 보유 여부는 개인은 물론 그 개인이 속한 집단에게도 그 문화 역량 수준을 가늠하는 매우 중요한 일일 것이다. 문자를 활용한다는 것은 그만큼 지식의 전수와 확산, 그리고 지적 능력의 심화에 직결되는 문제이기 때문이다.

아마도 우리 민족의 문맹률이 높지 않았다면 식민지 상태를 안 겪었을 수도 있었을 것이다. 따라서 비록 식민지 상황이 되었지만 그 상태를 벗어나기 위해 지도자들은 백성의 교육을 주요한 수단으로 여기기도 했다. 백성 교육의 기본은 학교 설립과 문자 보급이다. 학교 설립은 비용이 많이 들지만 문자 보급은 뜻만 있으면 가능한 일이다. 그래서 당시 수많은 야학이 전국적으로 개설되고, 많은 젊은이들이 대대적으로 문자 보급 교육에 나섰다. 방학을 맞아 고향에 돌아온 학생들은 너나없이 고향의 나이 드신 어른들과 돈이 없어 학교에 가지 못하는 문맹자들에게 한글을 가르쳤다.

한글을 잘 가르치자면 무엇보다 한글에 대한 연구가 선행되어야 할

17 해방 직후 우리나라의 문맹률은 90%를 넘었다. 일제강점기에는 말기를 제외하고는 학교에서 조선어 교육이 이뤄졌다. 1920년대에는 매년 보통학교 이상의 졸업자가 10만 명에 이르렀고, 30년대 후반이 되면 25만 명에 달한다. 교육다운 교육이 전무하다시피 했던 조선조에 비해 글을 읽을 수 있는 숫자가 엄청나게 늘었음에 틀림없다. 그럼에도 불구하고 일제말기 상당 기간 조선어 학습을 금지했던 정책으로 인해 해방 당시 문자를 해득할 수 있는 사람은 전체 국민의 10% 정도에 불과했다.(중앙일보, 2006.4.25. 「조선조의 한문열풍」 참조)

것이다. 가르치는 사람이 한글의 원리나 구조를 잘 이해하고 있지 못하면 한글 교육이 제대로 이루어지기 어려울 것은 당연한 일이다. 물론 이런 일을 한글을 가르치는 모든 사람이 다 해야 하는 것은 아니다. 그런 일은 전문가들이 하고 가르치는 사람은 그 결과를 잘 활용하기만 하면 된다. 이런 점에서 공주의 <한글 연구회>가 한글 연구 발표회를 한다거나 한글 강좌를 개설하고 강연회를 개최한다는 사업을 결정한 것은 매우 시의적절한 일이라 할 수 있을 것이다. 아울러 이런 운동의 결과를 널리 알리기 위해 한글 잡지를 발간하고 도서 출판까지 계획했던 것은 이 연구회의 성격과 특성을 잘 말해 주는 사실이라 할 것이다. 다만 아쉬운 것은 그 결과물들이 아무 것도 전하지 않아 실상을 확인할 수 없다는 점이다.[18] 다만 이 연구회의 주요 임무를 맡았던 윤귀영[19]을 중심으로 공주의 청년들이 중심이 되어 인천의 문인들과 함께 1928년 3월과 4월에 근대 문예지 ≪백웅(白熊)≫을[20] 2호까지 간행하기도 했는데,

---

18 서덕순이 구술하여 기록된 「피난실기」에 의하면 피난 후 공주에 돌아왔을 때 "…3대 세거하던 80여 칸 3동 건물이 초토되고 서적은 백유여 년 간 수집 세전하여 오던 족보를 위시하여 신구 서책 셋 책장과 가보로 보존한 운현난병, 추사필첩, 겸재산수, 운미방서, 미수주련, 삼설액자 등 100여 점과 골동으로 도자기 기타 수십 점이 소진하고…"라고 하여 폭격으로 모든 것이 회진(灰塵)되었다고 했는데, 아마도 이 과정에서 혹 남아 있었을지 모르는 한글 연구회 관련 자료도 불에 타 없어버렸는지 모르겠다. 서덕순, 「피난실기(하)」, 『웅진문화』 18집(공주향토문화연구회, 2005.) p.239.

19 윤귀영은 공주 주재 신문기자를 하면서 소설을 썼던 사람이다. 그는 소년동맹 사건 등의 보안법 위반 혐의로 체포되어 재판에서 실형을 선고 받기도 했고, 공주 주재 신문기자들의 모임 회장 일을 맡기도 했다. 또 그는 ≪개벽≫이라는 천도교에서 발행하던 종합 잡지의 현상 소설 공모에서 당선된 소설가이기도 한데, 1920년대와 1930년대 초반까지 종종 그에 관한 신문 기사가 검색되나 무슨 이유인지 그 이후 종적은 알 수가 없다. 전해지는 말에 의하면 한때 공주고등학교 앞에서 서점을 운영하기도 했다고 한다.

20 이 잡지의 창간호와 2호 내용을 분석한 논문은 필자의 「공주의 근대 문예지 백웅 연구」(1)과 (2)를 참조하기 바람, 조동길, 『한국근대문학의 지실』(푸른사상사, 2014.) pp.323-379.

이는 <한글 연구회>의 목적 중 잡지 발간 사업에 부응하는 일이었다. 이 잡지는 공주의 근대문학 출발 기점을 앞당길 수 있는 획기적인 자료이며, 근대문학의 거점으로서의 공주를 전국적으로 자리매김하는 소중한 의미를 갖고 있다. 청년들이 이런 활동을 할 수 있었던 것은 전적으로 공주의 <한글 연구회>라는 단체가 있었기에 가능했다고 할 수 있다.

5. 맺는 말

공주는 선사시대 이래로 지역의 거점 역할을 하던 도시였다. 특히 조선 중엽 충청감영이 이전되어 오면서 공주는 충청도의 중심지가 되었다. 그리고 그 후는 물론 1920년대에도 공주는 여전히 충남의 도청 소재지로서 수부 핵심 도시였다. 이런 사실은 공주가 보수적인 성격과 함께 최신 지식과 문물이 가장 먼저 도착하는 앞선 도시의 면모를 갖게 하는 조건이라고 볼 수 있다.

일제는 경술년의 강압적인 조선 합병 이후 우민화정책으로 민족의식을 말살하는 일에 힘을 쏟았는데, 1926년 무렵 이에 대한 반발과 한글 반포 8회갑(480주년)을 맞아 한글날이 제정되고 한글 연구와 보급 운동이 일어났을 때, 공주는 재빨리 이 운동에 동참하게 된다. 이는 공주가 위치한 지정학적 특성의 발휘와 더불어 충청도 수부 도시다운 대응이라고 할 수 있을 것이다. 동시에 서덕순 같은 진보적 지식인의 명망이 이 운동에 크게 기여를 했을 것이고, 근대식 학교의 국어 교사나 외지 유학을 마치고 돌아온 지식인들이 든든한 배경이 되어 주었을 것이다. 이처럼 공주에서 창립된 <한글 연구회>는 당시 시대상을 반영하는 사건이고, 공주의 위상을 제대로 발휘한 일이라고 평가할 수 있을 것이다.

그 동안 1920년대에 공주에서 <한글 연구회>가 창립되어 활동했다는 사실은 잘 알려져 있지도 않았고 대부분의 사람들, 특히 해당 분야 전공 학자들조차 잘 모르고 있었다. 우리 역사에서 수많은 전란으로 귀중한 문화유산이 무참하게 파괴되고 멸실된 아픈 과거를 여기에서도 확인하게 되는 것이다. 이와 관련하여 공주에서 역사적 사실로 명확하게 존재하는 1920년대의 한글 연구가 자료의 인멸로 인해 지금 그 내용을 정확하게 알 수 없는 것은 매우 안타까운 일이라 할 것이다. 그러나 그런 일이 있었다는 사실의 확인만으로도 1920년대의 공주 모습을 정확하게 아는 동시에 공주를 비롯한 지역에서의 한글 연구 실상을 알 수 있게 해 주는 중요한 근거 자료가 된다 할 것이다. 천행으로 당시의 강연 자료나 한글 잡지, 도서, 한글 강좌 자료 등을 발견할 수 있다면 이는 1920년대 공주의 실상을 재확인하는 동시에 관련 학계에도 매우 획기적인 사건이 될 것이다.

참고문헌

공주대학교지역개발연구소, 『공주지명지』, 1997.

공주향토문화연구회, 『문화가 살아 있는 이야기 공주』, 1997.

부춘산인, 「공주일별기」, 『웅진문화』 2·3합집, 공주향토문화연구회, 1990.

서덕순, 「피난실기(상)」, 『웅진문화』 16집, 2003.

서덕순, 「피난실기(중)」, 『웅진문화』 17집, 2004.

서덕순, 「피난실기(하)」, 『웅진문화』 18집, 2005.

윤용혁, 『공주 역사문화론집』, 서경, 2005.

조남호, 「한글날의 유래」, 『새국어소식3』, 1999.

조동길, 『한국근대문학의 지실』, 푸른사상사, 2014.
지수걸, 『한국의 근대와 공주 사람들』, 공주문화원, 1999.

「독락정기(獨樂亭記)」 소고

1. 들어가며

예로부터 동양의 선인들은 자연에 동화되어 자연을 즐기면서 그를 통해 삶의 교훈을 되새기는 생활을 해왔다. 자연에 대한 이런 외경(畏敬)에 가까운 태도는 그것이 주는 폐해의 두려움에서 기인한다고도 할 수 있으나, 그보다는 말없이 변환하며 의연히 그 도를 지켜가는 꿋꿋하고 굳센 모습에서 인간들이 지녀 실천해야 할 덕목을 발견했기 때문이라 할 것이다.

그리하여 자연을 단지 아름다운 심미의 대상으로만 보지 아니하고, 부단한 자기 수양의 스승으로 삼아 그것의 덕성을 배우려 힘썼던 것이다. 또한 거기에서 그치지 아니하고 그러한 내용을 글로 써서 후세에 많이 전하고 있는 바, 그러한 글이 목적의식이 앞선 것이라 하여 비난할 수만은 없는 일이다. 물론 그런 글들이 천편일률적인 도식에 입각해 있음도 부인할 수는 없기는 하나, 선인들의 세계관에서 본다면 그것은 바로 그들의 삶 자체이며 생의 목표이기도 했다는 사실을 고려해야 할 것이다.

이렇게 자연을 즐기며 그 속에서 교훈을 찾으려 한 일맥의 흐름 가운데, 세상의 명리에 초연하면서 세속에 찌든 사람들을 경계하는 동시에 홀로 고고히 절조를 지켜가는 내용을 글로 쓴 작품들이 있으니, 우리 국문학사에서 하나의 뚜렷한 맥락을 형성하고 있는 '독락(獨樂)'이란 말이 붙어 있는 일련의 작품들이 바로 그것이다.

원래 이 용어는 북송의 정치가였던 사마광(司馬光, 1019~1086)이 대신을 그만두고 난 뒤 은거하던 곳에서 만든 정원의 이름에서 유래된 듯하다. 즉, 그는 당시 보수파의 수령으로서 진보적인 왕안석(王安石)의 개혁 정책에 반대했었는데, 벼슬을 그만둔 후 지금의 하남성 낙양현의 성남(城南)에 정원을 만들어 그 이름을 '독락원(獨樂圓)'이라 하였으며, 스스로 그 경과와 심회를 담은 「독락기(獨樂記)」라는 글을 지었던 것이다.

우리나라에서는 아마도 이의 영향을 받았음직한 '독락당'이란 이름의 정자가 전국 여러 곳에 건립되었고, 또 그와 관련된 작품이 여러 편 지어졌다. 그 가운데 대표적인 것을 들어보면 「독락8곡(獨樂八曲)」, 「독락당(獨樂堂)」 같은 것이 있다. 전자는 권호문(權好文, 1532~1587)이 지은 것으로 형식은 세련된 경기체가로서 모두 8수로 되어 있고, 후자는 박인로(朴仁老, 1561~1642)가 지은 것으로 형식은 가사이며 내용은 작자가 경주 옥산에 있는 이언적(李彥迪, 1491~1553)의 거처였던 '독락당'을 찾아가 그곳의 아름다운 경치와 선생을 추모하는 간절한 심회를 읊은 것이다. 두 편 모두가 형식은 서로 다르지만 자연의 아름다움을 읊고 있다는 점에서는 공통점을 지닌다.

선비의 고장이라 일컫는 우리 공주에도 꿋꿋한 절의를 실천한 분을 추모하며 아름다운 경관을 찬상하는 독락정(獨樂亭)이란 정자가 수백 년 전에 건립되어 오늘에까지 전해지고 있다. 또 그와 관련하여 지어진 「독락정기(獨樂亭記)」라는 글이 전해지고 있어 선인들의 생각과 정서를 짐작할 수 있게 한다. 비록 그 표기가 한문으로 되어 있어 아쉽기는 하지만, 이 작은 글에서는 한문으로 된 그 작품을 우리말로 옮기고 그 속에 담긴 선인들의 생각을 더듬어 요즘의 우리 생활을 되돌아보는 계기를 삼고자 한다. 문자의 장애 때문에 선인들의 얼에 접근하는 통로가 차단된 현실이 안타깝고, 또 급변하는 세태 속에서 세속의 명리 탐구에 급급하여 소중한 것을 자신도 모르게 잃어가는 현대인의 삶이 안타깝게 보이기 때문이다.

2. 독락정의 위치와 조성 년대

'독락정(獨樂亭)'은 현재의 행정 구역으로 보면 세종시 금강 변의 나릿재라는 곳에 위치하고 있다. 이곳은 최근 (1973년 1월 1일)까지 공주군에 속해 있던 곳이고, 그 후 연기군에 편입되어 공주군의 접경 지역이었다가 행정복합도시 건설로 인해 세종시 지역이 되었다.[1] 이곳 나성리는 해방 이후는 공주군 장기면, 조선시대에는 공주군 삼기면 소속이었던 것이다.(삼기면이 장기면으로 명칭만 바뀜) 이 정자는 금강의 강안(江岸) 구릉 사선(斜線)에 건축되어 강변의 경관을 조망할 수 있는 지점에 위치해 있는데 정면 3칸 측면 2칸의 규모이며 담장이 둘러져 있다.

「공주군지(公州郡誌)」의 기록에 의하면 이 정자는 여조전서(麗朝典書) 임난수(林蘭秀)가 조선 개국 때 충신불사이군이라 하여 퇴거하여 지내던 곳에 그의 차자(次子)인 양양도호부사(襄陽都護府使) 목(穆)이

1 이하 이 정자의 위치와 조성연대 등은 윤용혁 교수의 「연기군 나성리의 史蹟과 고려시대 逸名寺址」(『공주사대 논문집』 21집, 1983.)에 의거하여 설명하기로 한다.

건립한 것이다. 그 시기는 태종 7년(1407)에서 세종 4년(1422)의 사이로 아마도 태종 시대였을 것으로 보인다.[2]

현재의 건물은 물론 최근에 새로 지어진 것이지만, 이곳은 곧은 심지의 선비가 절의를 지킨 유서 깊은 고토요, 또 경관이 매우 뛰어난 아름다운 곳이어서 그 동안 많은 선비와 유생이 즐겨 찾았을 것으로 추측된다. 실제로 조선 시대 한문학의 대가였던 서거정(徐居正, 1420~1488)이 읊은 공주십경시(公州十景詩)[3]에도 이곳을 소재로 한 「삼강창록(三江漲綠)」이란 7언 율시의 시가 있고, 또한 서거정은 임중(林重, 평소에 잘 알고 지내던 사람으로 蘭秀의 孫)의 요청으로 독락정을 소재로 한 칠언율시 3수를 지어 보낸 적도 있다.[4] 임중(林重) 자신도 칠언율시 한 수를 남기고 있다.[5] 이처럼 이 정자는 건립 당시부터 최근에 이르기까지 주변의 경관이 수려하고 교통이 편리하여[6] 많은 시인묵객들이 즐겨 찾아 경관을 즐기고 선인의 곧은 뜻을 되새겼을 것으로 짐작된다.

3. 작자

「독락정기(獨樂亭記)」의 작자는 남수문(南秀文)이다. 그는 1408년(태종8년)에, 참판을 지낸 금(琴)의 아들로 태어났다. 자는 경질(景質)

---

2 위의 논문, p.41.

3 이에 관해서는 신용호 교수가 상세히 해설, 감상한 글이 있다. 『熊津文化』 창간호(공주향토문화연구회, 1988.).

4 『公州勝覽』(공주승람편집위원회, 1971.), p.107.

5 위의 책, 같은 곳.

6 이곳은 1번 국도에 바로 접해 있으며, 지금은 교량이 건설되어 있으나 예전엔 나루터였을 것이다.

또는 경소(景素)라 했으며 호는 경재(敬齋)라 했다. 본관은 고성(固城)이다. 1426년(세종8년)에 식년 문과에 급제하여 집현전 부교리가 되었고, 1436년에는 문과중시에 급제하였으며, 1438년에는 사가독서(賜暇讀書)하여 학문에 정진하였고 집현전에서 유의손(柳義孫), 권채(權採), 신석조(辛碩祖) 등과 어울려 문명을 떨쳤다. 당대의 대사업이었던 『고려사절요(高麗史節要)』 편찬에 관여하여 그 초고의 대부분을 집필한 것으로 알려져 있다. 벼슬은 집현전 직제학에까지 이르렀으며 1443년(세종25년)에 하세하였으니 36세의 젊은 나이였다. 저서로는 『경재유고(敬齋遺稿)』를 남기고 있다. 술을 과음하여 왕의 충고를 받았다는 기록으로 보아 풍류를 즐기던 성품이었던 것 같다. '독락정'과의 관계는 「독락정기(獨樂亭記)」의 내용으로 볼 때, 그의 부친이 함주 목사로 재임 시 이 정자의 건립자인 임목(林穆)이 통판으로 있어 교분이 매우 두터워 그를 아버지처럼 섬겼다는 말에서 충분히 짐작해 볼 수 있다. 또한 임목은 아들 같은 남수문에게 자기가 건립한 정자의 기문(記文)을 짓도록 요청한 것으로 보아 그의 학식과 글 짓는 솜씨가 비범했을 것으로 판단된다.

4. 글의 내용과 해석 및 감상

「독락정기(獨樂亭記)」는 『공산지(公山誌)』[7]를 비롯하여 『신증동국여지승람(新增東國輿地勝覽)』 등 여러 문헌에 수록되어 있다. 본고에서는 『공산지』 기미본(1859년 간)의 것을 본문으로 하고, 차이가 나는 것은

7 이에 관해서는 윤여헌 교수가 그 종류와 간행연대, 내용을 살핀 바 있다. "공주의 지나간 역사를 되돌아본다", ≪공주대 신문≫ 344호 (1990. 4. 2) 6면.

『공산지』 계해본의 글을 보완 자료로 활용하도록 하겠다. 글의 체제는 편의 상 글을 내용에 따라 몇 개의 단락으로 나누고, 그것을 우리말로 옮긴 다음 간략한 해설과 감상을 덧붙이는 방식으로 하도록 하겠다. 본문의 해석에는 『신증동국여지승람』의 번역문과, 공주에 거주하시며 한학의 교수에 힘쓰시고 계신 긍암(兢庵) 김연뢰(金淵雷) 선생의 가르침이 큰 도움이 되었음을 밝혀둔다.

> 前襄陽都護林侯早以政事蜚英中外昔先君牧咸州侯爲通判先契甚密余故父事侯有年一日語余日
>
> 전 양양도호부사인 林侯[8]께서는 일찍이 정사로써 영특함을 안팎에 날리시었다. 예전에, 돌아가신 나의 부친께서 咸州의 牧使로 계실 때 侯께서 通判[9]을 지내셨으므로 先代의 交分이 매우 친밀하셨다. 나는 이런 까닭으로 侯를 여러 해 동안 아버지처럼 섬기었다. 하루는 내게 말씀하시기를

이 부분은 작자와 임목과의 관계를 설명한 것으로 글 전체의 도입부이다. 임후의 인품을 '조이정사비영중외(早以政事 蜚英中外)'라고 하여 간략하면서도 모자람 없이 나타내고 있다. 지나친 공경은 예가 아니라는 말도 있지만, 아버지처럼 섬기는 분을 서술한 글귀로서는 지나침도 모자람도 없는 적절한 표현이라 하겠다. 또한 본인의 처지를 '부사후유년(父事侯有年)'이라 하여 그 분에 대한 공경과 예의를 다한 것도 단순한 인사치레가 아니라 진솔한 마음의 표현이라 할 것이다.

8　임목을 가리킴.

9　도호부의 판관. 임목은 함주의 判官을 지낸 것으로 그의 墓碑銘(承旨 金福漢 撰)에 기록되어 있다. 『公山誌(癸亥本)』 一卷 24張.

吾家世居公之錦江上遊慶尙全羅忠情之江至此合流故名其地曰三岐

우리 집안이 대대로 公州 錦江 上流에서 살아왔는데, 경상도·전라도·충청도의 江 물이 이곳에서 合流하는 까닭에 그 땅을 이름 하여 三岐라 한다.

이것은 후(侯)가 작자에게 한 이야기의 첫 부분으로 그의 집안이 여러 대에 걸쳐 금강 상류에 살아왔다는 사실과, 그곳 땅의 이름이 '삼기'로 붙여진 내력을 설명한 것이다. 앞에서 설명한 바 있지만, 이곳은 최근까지 공주 소속으로 장기면이었고 조선 시대에는 삼기면이라 불리었던 사실을 상기하면, 왜 이런 이야기를 했는지 이해할 수가 있을 것이다. 특히 경상도, 전라도, 충청도에서 발원한 세 물길이 이곳에 와서 합류한다는 것은 깊은 의미를 지닌다고 보인다.

산수의 형세에 따라 그곳에 사는 사람들의 기질이 영향을 받는다는 말이 있다. 오늘날 우리나라엔 영남, 호남 지역의 지역감정이 나라를 망칠 지경에 이르렀다고 개탄하는 사람이 많다. 물론 이는 정치하는 사람들이 인위적으로 조장하고 확산시켜 이용한 이유가 크지만, 근본적으로 보면 영호남 사람들의 언어나 풍속이 다른 것을 보아 그 기질에도 차이가 있다고 보는 것이 당연할 것이다. 그런 차이가 상호 보완적으로 작용한다면 그런 차이는 오히려 나라 발전의 중요한 동력이 될 수도 있는 것이다. 이를 악용했기 때문에 문제가 커지고 개탄스러운 지경에까지 이른 것이라 할 것이다. 세 물길이 합해진다는 것은 어느 면에서 화해와 융합의 상징이 될 수도 있다. 얼마 전 영호남 사람들이 모여 그 경계가 되는 산에 비석을 세우고 양쪽 지역의 우의를 다짐했다는 기사를 본 적이 있는데, 그런 의미에서라면 그 이름에서부터 세 지역의 융합을 의미하는 이곳 삼기가 더욱 적당하다고도 할 수 있다. 특히 산은 어쩔 수 없이 경계를 나타낼 수밖에 없지만 물이야 모든 것을 포용하며 넉넉한 모습으로 흘러가고 있으니 상징적 의미는 더욱 크다고 아니할 수 없다. 강물이야 무엇을 말하겠는가. 그러나 그 물 속에는 경상도의 씩씩함과 전라도의 온유함, 그리고 충청도의 넉넉함이 함께 섞여 하나가 되었으니, 무심히 흐르는 강물이지만 생각하기에 따라서는 고금의 반목과 질시, 적대감이 모두 녹아 없어져 버리고 새롭게 태어난 비단 가람, 신선이 노닐만한 이상적인 땅이 아니겠는가.[10] 딱히 지역감정 문제를 떠나서 보더라도 세 도의 물길이 합류하는 곳은 희귀할 것이니만큼, 이 지역의 숨겨진 의미는 크다고 할 것이다.

所居南五里許有斷山自北而南行可二里許岐爲小峰脩篁茂松葱蒨可愛三江蜿蜒自東蜿繞其下

내가 살고 있는 곳에서 남쪽으로 5리쯤 되는 곳에 끊어진 듯한 산이 있는데 북쪽으로부터 남쪽으로 2리쯤 가서 우뚝 솟아 작은 봉우리를 이루었다. (그곳에는) 길게 자란 대나무와 무성한 소나무가 빽빽하게 우거져 가히 사랑스럽고, 三江은 굼실거리며 동쪽으로부터 흘러와 그 아래를 둥글게 감싸며 흐른다.

이 부분은 독락정을 건립하기 전의 그곳 위치를 설명한 것이다. 산과 물이 어우러져 이루어낸 아름다운 경관을 담백하게 표현했을 뿐만 아니라, 그곳에 소나무와 대나무가 빽빽이 우거져 있다고 함으로써, 송죽의

10 앞의 공주십경시(公州十景詩)에서도 이곳을 무릉도원과 관련하여 선계(仙界)와 연관되는 시어들로 구성하였다.

절개와 지조를 은근히 이끌어 그의 조상과 자신의 선비 정신을 넌지시 암시하고 있다.

> 吾嘗過而異之試一登焉北瞻元帥山環如城郭南望鷄龍山拔出霄漢其東西諸山惑朝惑揖賈寄獻異者不一狀而村墟野壟碁布遐邇吾樂其奇勝悼前之遺遂於峯之左築別業亭[11] 其上

> 내가 일찍이 그곳을 지나다니며 이상스레 여기다가 시험 삼아 한번 올라가 보았다. (올라가) 북쪽을 바라보니 元帥山이 성곽처럼 둘러 있고, 남쪽을 바라보니 계룡산이 하늘의 은하수까지 솟아 있는데, 동서쪽의 여러 산들은 혹 (대궐의 신하들이) 조회하는 듯도 하고 혹 (허리를 굽혀) 읍을 하는 듯도 하여 기이하고 이상함을 나타내는 것이 한 모습이 아니고, 시골마을의 터와 들판의 언덕들이 바둑판처럼 멀리 가까이 펼쳐져 있었다. 내가 그 기이한 아름다운 경치를 즐거워하고 앞 사람들이 버려둔 것을 안타까이 여겨 드디어 그 봉우리의 좌측에 특별히 작업하여 터를 닦고 그 위에 정자를 세웠다.

이는 독락정을 세우게 된 직접적인 내력을 설명한 것이다. 평소 사람들이 가까이 하지 않던 봉우리에 올라, 그곳에서 바라보이는 경관을 버려두기가 안타까워 정자를 세웠다는 것이다. 그런데 여기서 눈길을 끄는 것은 남북의 계룡산과 원수산이 높이 솟아 있고 성곽처럼 둘러있다는 표현이 아니라 '동서제산혹조혹읍(東西諸山惑朝惑揖)'란 표현이다.[12] 물론 이는 한문으로 된 글의 상투적 표현이라고도 볼 수 있으나,

---

11 이 부분이 계해본(癸亥本)에는 "축별업차정기상(築別業且亭其上)"이라 하여 '차(且)'자가 한 자 더 들어 있다. 정자를 짓기 위해 터를 고르고 쌓아 올리는 작업을 한 후 그 위에 정자를 세웠다고 보는 것이 자연스러울 것이므로, 해석에는 계해본의 문맥을 따르고자 한다.

아주 높은 산 위에서 내려다보이는 광경에나 어울릴 듯한 표현을 이곳에 사용함으로써 논리적으로는 어그러짐이 있을지라도 자신이 서 있는 곳을 사물의 중심으로 생각하여 올곧은 주체 인식의 핵심을 보여주고 있다 할 것이다. 세속의 부귀나 공명에 초연한 사람의 입장에서 보면 주위의 소인배들이 설치고 다니는 꼴이 가엽고 연민스러울 것이 뻔하다. 그런 사람들 틈에서 굳건한 지조를 견지하는 스스로에 대한 긍지나 자부심 같은 것이 은연중에 그런 표현 속에 잠재되어 있는 것이 아닌가 한다. 따라서 정자 건립의 직접적인 동기로 제시된 '도전지유(悼前之遺)'는 표면적인 이유에 불과할 것이며, 보다 직접적인 이유는 앞서의 '송죽(松竹)'과 관련된다고 할 수 있는 동서 제산의 광경 및 그것의 주체적 인식이 더 컸다고 짐작해 볼 수도 있겠다.

於時江之平沙漫流天水一色風而綠皺月而銀波以至檣帆魚鳥之往來浮沈皆出屐舄之下山之層巒疊嶂巨麓長林邐延野綠遠混天碧與夫雲烟之變于朝暮者皆對几席之上至若耕牧漁樵歌謳相答遊人行旅傴僂絡繹於四野者亦可坐而觀也

이때에 강의 평평한 모래밭과 유유히 흐르는 물결이, 하늘과 물이 어울려 한 빛이었다. 바람이 불면 푸른 물결이요 달이 뜨면 은빛 파도였다. (강 위에 떠 있는 배의) 돛과 노, 물고기, 새들이 오락가락하는 모습이나 잠겼다 떴다 하는 광경이 모두 다 발밑에서 나오는 것 같았다. 산의 층층한 봉우리나 겹겹이 겹친 봉우리들, 큰

---

12 여러 우여곡절 끝에 이곳에는 세종특별자치시가 들어섰다. 현재 국무총리실을 비롯한 중앙정부의 여러 부처가 이곳에 입주하여 국가 행정의 중추적 기능을 수행하고 있다. 자연경관이 이곳을 중심으로 여러 신하들이 모여 조회하는 듯하다는 표현은 수백 년 후의 행정중심복합도시 건설을 예견한 것 같아 우연의 일치치고는 대단히 신기한 일이라고 할 수 있을 것 같다.

산의 기슭과 긴 수풀이 가까이는 들판의 푸름에 이어져 있고 멀리는 하늘의 푸름에 섞여 있다. (이러한 모든 것들과) 더불어 아침저녁으로 변하는 구름과 연기까지도 모두 앉은 자리에서 마주할 수 있다. (또한) 밭을 가는 사람, 가축 기르는 사람, 고기 잡는 사람, 나무하는 사람들의 노래하고 서로 화답하는 소리는 물론, 놀이하는 사람이나 길 가는 나그네들이 사방 들판에서 구불거리며 끊이지 않는 것도 가히 앉아서 (앉은 자리에서) 바라 볼 수가 있다.

이는 독락정에서 내려다 본 광경을 묘사한 것이다. 산, 강, 하늘, 바람, 파도, 물고기, 새 등의 자연물들이 아름답게 펼쳐져 있는 모습을 낭만적 필치로 세밀하게 그렸고, 특히 그러한 것들이 모두 발밑에서 나오는 것 같다고 하여 인간 중심의 사고를 보여 주면서 사실감을 나타내고 있다. 더구나 밭 갈고 짐승 기르며, 고기 잡고 나무하는 서민들을 지적하여 드러냄으로써 욕심 없이 평화롭게 살아가는 사람들을 내세운 것은 뜻이 깊다 할 것이다. 이는 한편으로 양반 사대부들의 환상적인 현실 몰각의 인식이라 하여 비판 받을 소지도 없지는 않으나, 정자에서 내려다보이는 무수한 사물들 가운데 유독 이들을 특정하여 기록한 것은 글쓴이의 성품이나 의식을 유추해 볼 수 있는 적절한 근거가 된다고도 할 수 있을 것이다.

吾今休官而歸幅巾藜杖日登斯亭心意俱閒身世兩忘獨釣于江獨採于山春朝之花秋宵之月吾獨詠之以爲樂雲峰之寄松雪之淸吾獨觀之以爲樂凡物化之可樂者吾獨而專之洋洋乎若蟬蛻汚獨遊於物外四時之景不同而吾之樂獨無窮焉[13]敢竊涑水園名獨樂二字以扁吾亭似爲

---

13 계해본(癸亥本)에서는 이 구절 다음에 '사죽지헌유시이오지락독무변언(絲竹之獻有時而吾之樂獨無變焉)'이란 구절이 하나 더 들어 있다. 계해본(癸亥本)이 기

僭矣然彼之所樂者理也吾之所樂者物也無嫌於同請子記之

내가 이제 벼슬을 그만두고 (고향에) 돌아와 幅巾[14]을 쓰고 靑藜杖[15]을 짚고 날마다 이 정자에 오르니 마음과 뜻이 함께 한가하여 나 스스로와 세상 모두를 잊게 되었다. 홀로 강에서 고기를 낚고, 홀로 산에서 나물을 뜯으며 봄날 아침의 꽃과 가을밤의 달을 나 홀로 읊어 즐거움을 삼고, 기이한 모습의 구름 봉우리와 소나무 위에 내린 깨끗한 눈을 나 홀로 보아 즐거움을 삼으니, 무릇 자연물이 변화하는 (것을 보는) 즐거움을 나 혼자서만 독차지한 것 같아서 그 洋洋함이 마치 매미가 더럽고 흐린 곳에서 벗어난 것 같고 (흐린 물속에서 살다가 허물을 벗고 날개 달린 매미가 된 듯하다는 말) 이 세상 밖에서 노니는 것과도 같았다. 4계절의 경치가 같지 않아 (계절에 따라 바뀐다는 말) 나의 즐거움이 홀로 다함이 없었다. 감히 涑水園[16]의 이름 獨樂 두 글자를 따서 나의 정자에 扁額하니 그것이 마치 좀 분수에 넘치는 것도 같으나 그 분이(사마광) 즐긴 바는 理요, 내가 즐기는 바는 物이니 (이름이) 같다고 해서 꺼릴 것은 없다. 청컨대 자네는 (이 정자에 관한) 記文을 지어주기 바란다.

여기까지가 임후(林侯)가 작자에게 한 이야기다. 벼슬을 그만두고 퇴거하여 자기가 지은 정자에 올라 대자연을 마음껏 즐기면서 홀가분하고 자유스러운 심정을 꾸밈없는 필치로 그리고 있다. 그리고 자신이 건

미본(己未本)을 모본(母本)으로 하지 않은 까닭인지, 편찬자가 임의로 넣은 것인지는 분명하지 않다. 동국여지승람은 본문(本文)과 같다. 그러나 계해본에 첨가된 구절이 바로 앞의 구절과 철저히 對句를 이루고 있어 오히려 문맥의 흐름으로 보면 기미본(己未本)에 이 구절이 누락된 것으로 보는 것이 옳을 것 같다.

14 도복(道服)에 갖추어서 머리에 쓰는 두건(頭巾).

15 명아주 대궁으로 만든 지팡이.

16 사마광이 만든 정원. 독락원(獨樂園)이라고도 함.

립한 정자의 이름을 사마광 선생의 것에서 따다가 붙인 이유를 설명하면서 그것이 비록 글자로서는 같으나 낙(樂)이라는 것에 차이가 있으므로 (리(理)와 물(物)의 차이) 참람(분수에 넘침)된 것은 아니라고 하였다. 다른 사람들이 하지 못하는 대자연을 즐기는 일을 자기 자신은 실천하고 있다는 은근한 자부심 같은 것이 글 속에 배어 있으며, 그것이 '독락(獨樂)'이라는 것을 특히 강조한 정자 이름에서도 내비치고 있다.

그러나 그 자부심은 자만심과는 현격한 차이가 있다. 스스로의 교만함을 드러내는 것이 아니고 보통 사람들이 실천하지 못하는 것을 해낸 용기나 단안에 가까운 것이라고 보아야 할 것이다. 그러기에 아들 또래의 작자에게 부끄러움이나 거리낌 없이 정자의 기문을 지어달라고 떳떳하게 요청할 수 있었던 것이 아니겠는가.

余於侯不可以文拙辭昔吾夫子嘗日飮水枕肱樂在其中稱顔子簞瓢陋巷不改其樂其所以樂則未嘗言而二程乃令學者尋孔顔所樂何事亦引而不發今侯乃獨樂其亭而徵余言夫旣曰獨樂則尤非他人之所得知矧余雖讀聖賢之書其所謂樂者漫不知何說敢記侯之亭哉雖然其言曰彼所樂者理吾所樂者物余聞理外無物物外無理天地之所以高深山川之所以流峙魚鳶之所以飛躍草木之所以榮悴與物乎平日者何莫非至理之所著者也是則由侯之樂可以尋聖賢之樂豈徒翫其景槪哉

내가 侯에게 글이 졸렬하다고 하여 사양할 수가 없었다. 옛적에 우리 선생님 (孔子님)께서 일찍이 말씀하시기를 '물 마시고 팔을 베고 있어도 즐거움이 그 속에 있다'고 하셨고 또 顔子를 칭찬하여 '대나무 그릇의 밥과 표주박의 물을 먹고 누추한 곳에 살면서도 그 즐거움을 고치게 않는다.'고 하셨으나 그 즐거움이란 것의 所以(속뜻)를 말씀하시지 않으셨으며, 二程[17]께서도 배우는 사람으로 하여금 孔子님과 顔子께서 즐겁다고 하신 바는 무엇인가 찾아보라 하고 그 말씀만 인용해 놓고 發說(설명) 하지는 않으셨는데, 이제 侯께서는 홀로 그 정자를 즐기시면서 내 말을 구하시니 (獨樂이란 것의 記文 짓기, 즉 그 설명을 하라는 뜻), 대저 이미 말씀하시기를 혼자서 즐긴다고 했으니 더욱 다른 사람이 능히 알 바가 아닌데 하물며 내가 비록 聖賢의 글을 읽기는 했으되 그 이른바 樂이란 것은 도무지 무슨 말인지 알 수가 없으니 감히 侯의 亭子에 관한 記文을 지을 수가 있겠는가. 비록 그러하기는 하나 그 말씀에 '그 분이 즐긴 것은 理요, 내가 즐기는 것은 物'이라 하셨으며, 내가 들으니 이치 밖에 물건이 없고 물건 밖에 이치가 없다 하니, 하늘과 땅의 높고 깊음이나, 산과 물의 우뚝함과 유유한 흐름, 물고기와 솔개의 나는 것과 뛰는 것, 풀과 나무의 무성함과 시드는 것 등 평일에 모든 만물이(존재하는 모습이) 어찌 지극한 이치가 나타난 것이 아님이 없다고 할 수 있으리오. 이러한즉 侯가 즐거워하는 것을 말미암아 가히 聖賢들께서 즐거움이라 하신 것을 찾을 수 있으리니, 어찌 한갓 그 경치만을 즐긴다고 할 수 있겠는가.

여기서는, 작자가 글 솜씨가 졸렬하다고 해서 후(侯)의 기문 짓기 요청을 거절할 수 없다는 이유를 설명하고 있다. 『논어(論語)』에 나오는 공자님의 말씀과 이정(二程)의 말씀을 인용하여 군자들이 즐기는 낙(樂)의 내용을 알기 어렵다 하고, 더구나 후(侯)는 '홀로 즐긴다'고 하여 독락(獨樂)이라 했으니 그 낙(樂)의 내용을 더욱 알기가 어렵다고 했다. 따라서 자신이 어찌 후(侯)의 정자에 관한 기문(記文)을 지을 수 있겠는가 하고 어려움을 토로한 후, 그러나 '이(理)'와 '물(物)'의 불가분성을 들어 모든 만물이 존재하는 모습 자체가 지극한 '이(理)'의 발현인

17 북송(北宋) 때의 정호(程顥), 정이(程頤) 형제 학자를 가리킴.

만큼, 후(侯)가 즐기는 '물(物)'이라는 것이 단순히 자연 경치를 즐긴다는 뜻은 아니라고 설파하였다. 그러하기 때문에 후(侯)께서 표면적으로 말씀하신 '독락(獨樂)'의 대상인 '물(物)'은 '이(理)'와 '물(物)'이 하나로 통합 일치된 것으로서 성현들이 말씀하신 '樂'의 대상이 될 수 있는 것이 아닌가라고 하고 있다. 이런 해석은 자칫 논리의 비약이라고도 할 수 있겠으나 천지, 산천, 초목 등 자연물의 예를 들어 '이외무물 물외무리(理外無物 物外無理)'의 이치를 설명하면서, 성현의 낙(樂)과 후(侯)의 낙(樂)을 동일시하여, 후(侯)의 인품을 드러냄과 동시에 그에 대한 작자의 존경심을 간접적으로 나타내는 복합적인 효과를 거두고 있다 할 것이다.

> 且余竊觀今世士大夫雖有田園可以自適者然皆爲名韁所係紲馳東騖西無已時至有終身不歸其鄉者間有歸者亦不過執牙籌計錢穀得不勞苦其形者乎.

> 또 내가 가만히 보건대 요즘 세상의 사대부들은 비록 가히 스스로 즐길만한 전원이 있더라도 모두 名利의 고삐에 얽맨 바가 되어 동으로 달리고 서로 달리는(분주하게 움직이는) 것을 그칠 때가 없어 몸이 다하도록 (죽을 때까지) 그 고향에 돌아오지 못하는 자들이 있고, 간혹 돌아오는 자가 있더라도 또한 산대를 잡아 돈과 곡식을 계산하는 데 지나지 않으니, (이는) 능히 그 모습(몸)을 피로하게 하고 고생스럽게 하는 것이 아니겠는가.

이 단락은 후(侯)와는 정반대의 입장에 있는 사람들의 모습을 그려 상대적으로 후(侯)의 덕을 드러내려 한 부분이다. 당시의 사대부들이 명예와 벼슬의 고삐에 얽매여, 자연의 아름다움을 즐기고 그 아름다움

속에 숨겨져 있는 덕성을 찾아 배우지 못하는 어리석은 세태를 날카롭게 비판하고 있다. 이는 귀향자가 많지 않은 세상에서 간혹 돌아온 자가 있다 하더라도 그들은 산가지(계산하는 도구)나 주무르며 곡식과 돈을 모으는 일에 열중하여 심신을 피곤하게 한다는 실감나는 표현에 이르러 아주 선명하게 부각되고 있다. 비단 이들 뿐이겠는가. 이 글이 작성된 시기와 600여 년을 격한 오늘에도 이런 세태는 계속되고 있지 아니한가. 돈과 권력과 명예에 눈이 어두워 '치동무서(馳東騖西)' 정도가 아니라 남의 생명과 재산까지도 가벼이 여기는 무리들이 우리 주변에 얼마나 많은가. 그 모든 것이 허무한 한 줌의 헛것에 지나지 않는 것을 모르지 않을 텐데도 눈에 불을 켜고 아웅다웅 사투를 벌이고 있는 중생들이 얼마나 많은가. 역사는 우리에게 둘도 없는 소중한 스승이라고 한다. 과거 선인들의 이러한 글에서 우리는 많은 것을 배워야 한다. 케케묵은 고리타분한 것이라고 도외시해서는 안 된다. 물론 요즘과 같은 생존경쟁의 시대에 완전무결하게 명리에 초연하여 유유자적하게 살아가기는 불가능할지도 모른다. 그러나 정도가 있고 분수가 있다. 가끔씩 맹목으로 달려만 가는 자신의 삶을 되돌아보고, 반성해 보는 여유가 필요하다. 그런 때에 이런 선인의 글과 말씀이 더할 수 없이 적절한 교훈이 될 수도 있을 것이다.

惟侯位不滿德年未至暮乃能謝榮宦脫世累自消遙於山水間者如此獨樂之扁不亦宜乎之亭也直與涑水之園儷美於不朽也無疑矣司馬公負天下之望故意不得優遊洛中今侯亦負一時之望則得以久擅斯樂乎未也

오직 侯께서는 그 (벼슬의) 지위가 (갖추고 계신) 덕에 차지 못하였고 연세도 아직 많지 않으신 데도 이에 능히 영화스런 벼슬을 사양하고 세상의 번거로움으로부터 벗어나 스스로 산수(자연) 사이에서 소요 자적하는 것이 이와 같으니 '獨樂亭'이란 편액이 마땅하지 아니한가. 이 정자가 다만 사마온공이 지은 정원과 더불어 썩어 없어지지 아니함에 아름다이 짝할 것임은 의심할 것이 없다. 司馬光은 세상의 명망을 짊어지고 있었기에 드디어 능히 落陽[18]에서 넉넉히 즐기지 못했는데 이제 侯는 또한 한 때의 명망을 짊어지고 있으니 능히 이 즐거움을 오래도록 마음대로 즐길 수 있을 것인가. 잘 모르겠다(그럴 것이다).

이 부분은 후(侯)의 덕과 인품을 찬양하면서 (바로 앞 단락의 금세(今世) 사대부들의 모습과 비교됨) 산수 간에 소요 자적하는 즐거움을 그리고 있다. 특히, 많지 않은 나이에 더 누릴 수 있는 벼슬을 과감히 버리고 전원으로 돌아온 후(侯)의 결단과 용기, 그리고 대자연의 품속에서 유유히 살아가며 그를 즐기는 고매한 인품 등을 들어 후(侯)의 높은 덕망을 찬송하였다. 정자의 이름을 따오기까지 한 사마광(司馬光)이 결국은 천하의 명망 때문에 '독(獨)'을 제대로 누리지 못한 사실을 빗대어, 이제 후(侯)께서도 많은 사람들의 기대와 존경을 고려하다 보면 독락정에서 자연을 즐기는 것이 오래 가지 못할지도 모른다는 염려는, 거꾸로 사람들과 세상의 후(侯)에 대한 기대가 그만큼 크다는 반증임과 동시에 후(侯)의 '독락(獨樂)'이 오래 지속되기를 염원하는 간절한 심정이 담긴 것이라 할 수 있다.

18 사마광(司馬光)이 독락원(獨樂園)이란 정원을 만든 곳. 지명(地名).

若余竊位于朝無補於世奕走夙夜而猶不知止能無傀乎安得掛冠從侯於玆亭誦速水之記咏坡仙之詩而得窺其所樂之眞趣乎.

나 같은 사람은 조정에서 벼슬자리나 훔치고 (헛되이 차지하고) 세상에 아무 보탬이 됨도 없이 밤낮으로 분주하여 오히려 그칠 줄을 (벼슬을 그만둘 줄을) 모르고 있으니 능히 부끄러움이 없겠는가. 어찌 능히 冠을 걸고[19] 이 정자에서 侯를 좇아 사마광의 記(獨樂園記)를 외우고 소동파의 신선 시를 읊으면서 그 즐기시는 바의 참된 뜻을 엿볼(따라갈) 수 있을까.

이 글의 마지막 부분이다. 앞에서 후(侯)의 인품과 덕망을 찬양하며 홀로 자연을 즐기는 고상한 뜻을 설명한 뒤에 그러한 일이 작자 자신에게는 감히 흉내를 낼 수조차 없는 일이라 하여 자신을 낮추는 겸양의 뜻을 담음과 더불어 후(侯)를 더욱 높이는 글 솜씨를 발휘하고 있다. 아버지처럼 섬기는 분이기에 의례적으로 한 말이라기보다는 진정으로 그를 부러워하고 감히 따르기 힘들다는 진솔한 감정의 표현이라고 보는 것이 옳을 것이다. 또한 이는 지금까지의 서술을 총괄하면서, 작자 자신뿐 아니라 많은 세상 사람들의 염원이기도 하지만 그것이 손쉽게 될 수는 없는 일이라는 점을 암시하여 '독락정(獨樂亭)'을 짓고 소요 자적하며 살아가는 후(侯)가 비범한 인물이라는 것을 총체적으로 드러내는 뛰어난 문장 기법이라고도 할 수 있을 것 같다.

19 한(漢)나라 때 매복(梅福)이란 사람이 벼슬을 그만 둘 때 성동문(城東門)에 관(冠)을 걸어 두고 갔다는 고사에서 온 말로 스스로 벼슬을 그만 두는 것을 뜻하는 말.

5. 나오면서

지금까지 우리 고장의 아름다운 금강 가에 세워져 수백 년 동안 많은 사람들의 사랑을 받아 온 '독락정(獨樂亭)'에 관해 남수문(南秀文) 선생이 지은 「독락정기(獨樂亭記)」라는 글에 대해 서툴고 천박한 생각을 몇 자 덧붙여 보았다. 표기가 한문으로 되어 쉽게 접근하기 어려운 글임을 감안하여 되도록 글의 뜻을 다치지 않는 범위에서 요즘의 말로 옮기고, 감히 그 뜻을 헤아려 해설 비슷한 감상을 첨가하였다.

요즘은 생활의 여유가 생겨 주말이나 휴일만 되면 많은 사람들이 자연을 찾아 나선다. 산과 계곡과 바다를 찾아 사람들이 배우는 것은 무엇인가? 그런 자연을 찾아 진정으로 '즐기는' 내용의 실체는 무엇인가? 자연의 덕을 배우기는커녕 쓰레기와 오물로 자연을 훼손하고, 술과 고성방가로 '낙(樂)'을 대신하니 누구의 말처럼 말세적 증상이나 아닌지 모르겠다.

이 기문(記文)은 현대인의 구미에 맞는 산뜻한 글은 아니다. 비유나 표현이 현란하고 아름다운 문학적인 글도 물론 아니다. 그러나 평범한 서술 가운데 인간관계의 예절을 잃지 않는 섬세함이 있고, 물질 숭상의 세태에 관한 비판이 있으며, 세상 사람에 대한 경계의 교훈도 있고, 인생살이에 있어서의 진정한 즐거움이 무엇인가에 대한 성찰의 자료도 들어 있다. 선인들이 남긴 글들을 소중히 함도 중요하지만 그 속에 담긴 내용을 오늘의 우리 삶에 연관시켜 가르침을 받는 일은 더욱 소중한 후인의 자세라 할 것이다.

이 작은 글을 마치면서 모쪼록 선인의 훌륭한 글에 용훼(容喙)하여 크고 참된 뜻이 더럽혀지지나 않았기를 간절히 소망한다.

김인겸(金仁謙)과 그의 재일 한시

1.

예로부터 공주를 일컬어 '문향(文鄕)'이라 하였다. 글 잘하는 사람이 많은 고을이라는 뜻이다. 이는 유교 문화권 사회에선 자랑스러운 이름이며 그만큼 공주 사람의 자부심을 키워줄 수 있는 일컬음이 아닐 수 없다. 그에 따라 요즘도 '반향공주(班鄕公州)'라는 말이 쓰이기도 한다. 양반이 사는 고을이란 뜻의 이 단어는 공주 사람들이 자칭하기도 하지만 타 지방 사람들도 별 거부감 없이 그 말을 사용해 준다. 그런 이유 때문일까, 공주는 시 승격 이전 읍 소재지였을 때도 대학이 세 개나 되는 전국의 손꼽히는 교육도시였다. 지금은 충남 유일의 국립종합대학교를 비롯하여 대학이 3개, 고등학교와 중학교까지 합하면 전 시민의 상당수가 학생인 '양반 도시'의 면모를 갖추고 있다.

그러나 한국 고전문학을 공부하는 입장에서 보면, 공주 출신의 걸출한 문인이나 공주 관련의 뛰어난 작품이 드물어서 매우 아쉬운 느낌을 감출 수 없다. 물론 옛날의 '문(文)'의 개념이 오늘날의 '문학'에 그대로 대응하지 않는 것을 모르는 바 아니다. 오히려 예전에 '문'을 중시하던 사람에게는 오늘날의 '문학'은 쓸모없고 무가치한 것으로 인식되었다. 하지만 시대의 변천과 더불어 예전에 '쓸모없고 무가치한' 것으로 여겨

졌던 것들이 민족 문화의 정통 주류로 자리 잡게 되었다. 따라서 고려시대 서민의 노래였던 속요나 조선시대의 사설시조, 민요, 잡가 등이 매우 소중한 민족문화의 유산으로 다루어지고 있다. 서포 김만중 선생도 양반 사대부의 시문은 앵무새의 노래요 물 긷고 나무하는 부인이나 아이들의 노래가 진정한 가치가 있다고 하였다.

이런 점에서 보면 공주의 선비들이 유학 사상에 입각한 재도(載道)의 문학으로는 이름이 높았으나, 민족 고유의 정서와 감정을 순수한 우리말로 작품화하는 데는 힘을 기울이지 않아 그런 성과로서의 작품이 없는 것인지도 모르겠다. 그런 가운데에서도 공주 사람으로서 유수한 국문학 작품을 남긴 사람이 전혀 없는 것은 아니다. 그 대표적인 문인으로 조선 영조 때의 김인겸(金仁謙)을 들 수 있다. 우리나라에서 중등교육을 받은 사람이면 누구나 『일동장유가(日東壯遊歌)』의 작자로서 잘 기억하고 있는 김인겸은 그 생애나 활동 상황이 잘 알려지지 않아 그가 공주 사람이라는 사실조차 모르는 사람이 많은 게 현실이다. 다행히 1989년에 뜻있는 국문학자들이 정성을 모아 금강대교 옆 전막에 '퇴석 김인겸가비(退石金仁謙歌碑)'를 세워 오가는 이들의 관심을 불러일으키고 있으나, 장소가 대로변이고 공간이 협소하여 무관심하게 보아 넘긴 분도 많으리라 생각된다. 이런 점을 감안하여 이 글에서는 가사의 작자로서 그 이름만 널리 알려졌을 뿐 그 실상은 잘 알려지지 않은 이 분에 관한 상세한 소개와 더불어 최근에 입수한 일본에서 지어진 그 분의 한시 자료를 소개하여 관심 있는 분들에게 참고하도록 하려 한다.

2.

현재까지 나와 있는 국내의 인명사전이나 백과사전, 국문학 사전, 한국학사전 등에서 김인겸 항목을 찾아보면 대부분 그 출생연도는 밝혀져 있으나 몰년(沒年)은 미상으로 되어 있고 영조 때 통신사의 서기로 수행하여 『일동장유가』를 지었다는 사실만 몇 줄에 걸쳐 간략히 설명되고 있을 뿐이다. 이는 첫째로 사전 편찬자들이 성실한 조사 없이 무성의하게 과거의 사전을 인용, 재인용하는 데서 비롯된 결과일 것이요, 둘째로는 그 후손 가운데 영향력 있는 분이 많지 않기 때문인 것으로 여겨진다. 김인겸의 생애에 관해서는 이미 몇몇 학자에 의해 오래 전에 상세한 연구가 이루어진 바 있다.(金國昭, 張德順, 崔康賢 등) 여기서는 최강현 교수의 논문(홍대논총 Vol. 9. 1977.)을 중심으로 하여 김인겸의 가계와 생애를 간략히 소개하도록 하겠다.

김인겸은 자는 사안(士安)이고 호는 퇴석(退石)이다. 그는 숙종 33년(1707년)에 통덕랑 창목(昌復, 1683-1720)과 장서(張瑞)의 딸 인동장씨(仁同張氏, 1683-1734)와의 사이에서 장남으로 태어났다. 그의 나이 14세 때 아버지를 여의었고, 신분상의 제약(그의 조부 수능(壽能)이 서출(庶出)이었음)과 가난 때문에 학문에 전념하지 못하다가 47세 때인 영조 29년 (1653)에야 사마시에 합격하여 진사가 되었다. 그러나 벼슬은 하지 않고 은일(隱逸)로 지내다가 57세 때인 영조 39년(1763)에 일본 통신사의 수행원으로 뽑혀 갔다가 온 후 지평(砥平) 현감을 지냈고 영조 48년(1772) 음력 6월 18일에 향년 66 세로 타계하였다.

그의 가계에 관해서는 『일동장유가』 첫 머리에 스스로 밝힌 것이 있다. 그 부분을 현대 맞춤법으로 고쳐 인용해 보면 다음과 같다.

나라히 웃으시고 / 은언으로 물으시되 / 네 성명이 무엇이며 / 어디서 살고 / 뉘 자손으로 / 연세는 몇몇이며 / 전함은 무엇인가? / 소신이 황공하여 / 기복하여 여짜오되 / 진사 신 김인겸은 / 문정공 현손으로 / 쉰일곱 먹었삽고 / 공주서 사나이다 / 어저 네 그러하면 / 장동대신 몇 촌인가? / 고 상신 충헌공의 / 오촌 질이 되나이다 /

이 사실을 안동 김 씨 족보와 견주어 정리해 보면 그의 말이 틀림없음이 증명된다.

尙憲 – 光燦 — 壽增 – 昌國 – 致謙
壽愴 – 昌集
(영의정) (영의정, 장동대신)
庶壽徵
庶壽應 (四寸) (五寸)
庶壽稱
庶壽能 – 昌復 – 仁 謙
(高祖) (曾祖) (祖) (父) (本人)

그의 문집이 현재로서는 전하고 있지 않아 상세한 그의 모습을 알기는 어려우나 작품 속에 드러난 것을 중심으로 하여 추측을 해 보면 (최강현, 앞의 논문)

1. 줏대가 꿋꿋하다.
2. 성품과 행실이 맑고 깨끗하다.
3. 생각이 조리 있고 바르다.
4. 자기 자랑이 심하다.

5. 의협심이 강하다.
6. 멋과 운치를 즐길 줄 안다.
7. 익살스런 농담을 잘한다.
8. 나라 사랑하는 마음이 강하다.
9. 인정스럽다.
10. 문사(文士)보다 무사(武士)를 낮게 보았다.
11. 왜인을 철저히 멸시하였다.
12. 기타

등으로 요약할 수 있다. 요컨대 그는 선비로서의 체통과 의리를 잘 지키면서 생활 속에 여유를 갖고 풍류를 즐기는 인사였던 것 같다.(최 교수는 다혈질적 과격성과 이지적 치밀성을 겸한 인물로 보고 있다.) 그러기에 당시 선비로서는 파격이라 할 가사 형식의 일본 기행문을 지었던 것으로 볼 수 있다. 물론 국문학사상 가장 길다고 하는 이 장편 가사의 결구에 '보시는 이 웃지 말고 파적이나 하오소서'라고 하여 어디까지나 심심풀이 여기(餘技)의 산물로 자기 작품에 대한 성격 규정을 하고 있기는 하나, 이는 가사 형식의 상투적 표현으로 반드시 이런 국문 가사의 가치를 폄하한 것으로만 볼 수 있는 것은 아니다.

3.

영조 39년(1703)에 출발하여 이듬해에 돌아온 계미 통신사는 그 일행이 500여 명이나 되는 대규모 사절단이었다고 한다. 이 사절단의 정사는 조엄(趙嚴), 부사는 이인배(李仁培), 종사관은 김상익(金相翊)이었으며 김인겸은 바로 이 김상익의 서기로 수행하였던 것이다.

이들 일행의 경로와 일정은 『일동장유가』 속에 상세히 밝혀져 있는데, 이 글의 의도와는 거리가 있어 자세한 고찰은 하지 않는다. 다만 우리 측 기록이 아닌 일본 측의 기록이 있다면 연구 자료로서 매우 중요한 가치를 지니는 것이 될 것이다.

필자는 얼마 전 공주대 윤여헌 교수를 통해 『문차여향(問槎餘響)』이란 일본에서 간행된 소규모 책자 하나를 입수하였다. 이 책자는 계미통신사 일행 가운데 서기와 의원 7명이 일본 측 문인들과 주고받은 시문을 수록한 것이다. 이들 일행이 여행 도중 숙소에 머물고 있을 때 그 지방의 유수한 문인들이 찾아와 서로 인사를 나눈 후 시를 지어 특정인에게 주면 그 사람이 그 시의 운자(韻字)에 맞추어 화답시(和答詩)를 즉석에서 지어주는 상황을 대화와 함께 그대로 게재한 것이 이 책자의 내용이다. 아마도 일인들의 입장에서는 한국 선비들의 문재(文才)를 시험해 보는 뜻도 있었을 것 같고, 한편으로는 높은 수준의 한국 측 문화를 배우고자 하는 의도도 있었던 것이 아닌가 한다.

이 책자는 이등유전백수(伊藤維典伯守)가 편집했고 문천당(文泉堂) 임구병아(林兵權衙)가 간행한 것으로 간행 연대는 명화(明和) 원년 갑신 구월로 되어 있다. 이 연대는 영조 40년(1764년)에 해당된다. 체재는 상권, 하권으로 나뉘어져 있고 노당나파사승(魯堂那波師曾)이란 사람의 서문이 붙어 있다. 분량은 52장이다. 1면 (1/2장)은 1행에 약 20자, 10행으로 되어 있다. 시문을 주고받은 장소는 대판의 빈관(賓館)을 중심으로 몇 개의 역이며, 갈 때와 올 때를 합해 10여회 정도 된다.

일본 측에서 참여한 문인은 모두 10명으로 모두 그 지방에 거주하는 사람들이며 그 명단은 다음과 같다.

石川負 (太一, 金谷)
谷顒仲 (孚先, 雄江)
伊東懋 (子惠, 龍山)
小屋常齡 (子壽, 天柱)
大嶋要 (公樞, 星河)
田中秩 (君祐, 淡州)
伊藤一元 (吉甫, 冠峰)
田立松 (士茂, 勝山)
星野貞之 (子元, 東亭)
狩野美濟 (世泊, 華陽)

* ( )안은 앞이 字, 뒤가 號임.
* 본문에는 號로만 표기됨.

한국 측에서는 모두 7명이 참여했는데 그 면모는 다음과 같다.

製述官 南 玉 (時韞, 秋月)
正使書記 成大中 (士執, 龍淵)
副使書記 元仲擧 (子才, 玄川)
從使書記 金仁謙 (士安, 退石)
良医 李佐國 (聖甫, 慕庵)
医員 南斗旻 (天章, 丹崖)
医元 成 灝 (大深, 尙菴)

* ( )안은 字, 號의 順
* 본문에는 號로만 표기됨.

이 가운데 대표 격인 남추월(南秋月)이 가장 많은 시를 주고받았으며, 그 다음으로는 삼서기(때로는 삼학사라 쓰이기도 함)이고, 의원의 경우는 몇 수 되지 않는다. 삼서기 가운데는 김인겸의 경우가 가장 적다. 이는 아마도 일인들이 위계를 의식하여 그리 한 것이 아닌가 여겨진다. 김인겸에 대해서는 모두 17차에 걸쳐 일본인이 시를 주었으나 한 번은 몸이 아파서 시를 못 지었고(僕宿病更發不能做詩乞諒察), 송별 때에 준 여러 시에는 오직 한 수의 화답 밖에 없어서 모두 열두 수의 시가 수록되어 있다.

이제 책에 수록된 순서대로 김인겸의 시를 소개해 보도록 하겠다. 모두가 화답 시이므로 일인의 시까지 소개해야 하나 너무 번거로울 것 같아 일인의 시는 생략하기로 한다. 또한 필자가 한시에 대해 소양이 부족하여 시의 내용에 대해 그 품격과 가치를 논하지 못하는 것을 매우 유감으로 생각한다. 한시의 해석에는 한문학 전공인 김성수 교수의 도움을 받았고, 번역은 고전시가를 전공한 허왕욱 박사가 수고하였다. 두 분에게 감사드린다.

1. 次龍山[1]見贈韻	龍山이 보내준 시를 빌려
玄年[2]八月一帆懸	그 해 8월 돛배에 몸을 실으니
經歲纔窮折木天[3]	여러 해 지내던 홍문관을 그만두고
三島風烟知遠近	삼도의 안개에 원근을 짐작할 뿐
春風欲訪羨門仙	봄바람에 실려 신선의 문을 찾아가려나.
<甲申春二月朔日>	〈1764년 2월 1일에 쓰다〉

1 용산(龍山)은 일본인 이동무(伊東懋)의 호임.

2 현년(玄年)은 어려운 때를 말하는데, 시를 쓰는 시점에서 회상한 때를 말하는 듯하다.

3 목천(木天)은 본디 한림원을 말하는데, 문맥으로 보아 한림원은 옥당, 즉 홍문관을 말하는 듯하다.

2. 次天柱[4]	天柱의 시를 빌려
白頭韓客本無才	조선에서 온 늙은이는 재주도 없어
偶逐仙槎萬里來	문득 신선의 배를 타고 만 리를 나왔네.
聞說三山靈草在	들으니, 삼신산에 영험한 약초가 있다지.
携君將欲一徘徊	그대를 이끌고 한 번 가 놀고 싶구먼.
<同日>	〈위와 같은 날에 쓰다〉

3. 次大島星河[5]	星河 大嶋要의 시를 빌려
萬里冷冷列子[6]風	만 리에 매서운 도가의 바람,
今帆直到廣桑[7]東	내가 탄 배가 닿은 곳은 광상산의 동녘.
令君倘識同胞義	그대여 혹, 아시는가. 동포[8]의 뜻을.
幸得文盟一榻中	요행히 탁자에 책을 펴 읽는다면 그걸로 족하지.
<同日>	〈위와 같은 날에 쓰다〉

4. 次谷雄江[9]見贈韻	雄江 谷顒仲이 보내준 시를 빌려
千里青山和睡過	천리 밖 청산들이 유정하게 지나가고
醒泉[10]風雨客愁多	성천의 비바람은 나그네 수심을 돋운다.
旅窓竟失同父會	나그네는 마침내 부모를 생각하는 노래를 접고
只和峨洋[11]一曲歌	그저 아양곡에 화답하고 있구나.
<同日>	〈위와 같은 날에 쓰다〉

---

4 천주(天柱)는 일본인 소옥상령(小屋常齡)의 호임, 아마도 스님이 아닌가 한다.

5 대도성하(大嶋星河)는 일본인 대도요(大嶋要)로 그의 호가 성하(星河)임.

6 열자(列子)는 도가의 책 가운데 하나이다.

7 광상산(廣桑山)은 난설헌 허씨의 「몽유광상산(夢遊廣桑山)」이라는 시에 나오는 신선 세계로 허씨는 이 산이 동해 가운데 있다고 하였다.

8 이 시에 등장하는 그대가 본디 신선의 세계에서 온 것으로 간주하는 말임.

9 일본인 ~~곡옹중~~(谷顒仲)의 호가 웅강(雄江)임.

10 성천(醒泉)은 일본 교토 부근의 지명이다.

11 백아가 타고 그의 지기인 종자기가 들었다는 거문고 곡으로 일명 「고산유수(高山流水)」라고도 한다.

5. 和伊藤冠峰[12]	冠峰 伊藤一元의 시에 답하여
病骨東過萬里濤	병든 이 몸이 동쪽으로 만 리 파도를 넘어오니
馬前遙出富山[13]高	말 앞에 멀리 나타난 부산이 높구나.
誰知蝶域[14]萍蓬客	누가 알까, 조선에서 나와 떠도는 나그네를.
日何春風見爾曹	날은 문득 봄날이건만, 너희들만 보이누나.
<甲申二月二日>	〈1764년 2월 2일에 쓰다〉

6. 和田勝山[15]	勝山 田立松의 시에 답하여
春風路入赤城霞	봄바람 부는 길이 노을 속으로 들어가고
藤舖舘前駐使車	등꽃 핀 여관 앞에 사신을 태우는 수레가 섰네.
借問君家何處在	묻노니, 그대의 집은 어디인가.
祇應僊圃饒琪花	선계의 꽃이 피고 신선의 부들을 깐 집이라오.
<甲申春二月朔日>	〈1764년 2월 1일에 쓰다〉

7. 力病和勝山	병을 앓으며 勝山의 시에 답하여
和韓相會一床歡	잔치에서 상을 받은 즐거움을 누릴 만도 했지만
憐我江風病感寒	복 없는 나는 강바람에 감기에 걸렸었소.
惆帳與君相別後	안타깝게 그대와 헤어진 후
夢魂飛到美濃[16]難	꿈에도 메이농으로 날아가기 어렵구료.
<二月二日>	〈1764년 2월 2일에 쓰다〉

* 이 시(詩)를 짓기 직전에 김인겸은 매우 건강이 안 좋았던 것 같다. 특히 전승산(田勝山)은 의원이었기 때문에 그런 김인겸을 진찰하기도

12 일본인 이등일원(伊藤一元)의 호가 관봉(冠峰)임.

13 일본 혼슈 중부에 있는 도야마현에 있는 산. 혹은 후지산이나 동네 가까이 있는 산일 수도 있음.

14 접역(蝶域)은 조선을 뜻하는 '접역(鰈域)'의 오기이거나 동의어인 듯하다. 접역(鰈域)은 우리나라 땅 모양이 가자미처럼 생겼다는 데서 온 말임.

15 일본인 전립송(田立松)의 호가 승산(勝山)임.

16 미농(美濃)은 일본 교토 주변의 지명.

한다. 참고로 그 부분의 대화를 옮겨본다.

‘君業儒耶医耶’ “그대는 본업은 유학이오, 의학이오?”
‘僕業医’ “제 본업은 의학입니다.”
‘賤病甚若願煩君一診’ “내 병이 심하니 그대가 한번 보아주오.”
‘其所苦如何’ “어디가 제일 아프십니까?”
‘満悶不能飲食’ “속이 거북하여 음식을 도통 먹을 수가 없소.”

8. 和星野東亭[17] 東亭 星野貞之의 시에 답하여

春日遲遲巳載陽 봄날이 길어지더니 어느새 단오가 되니
東風路挾橘柚香 동풍이 불어 길가의 귤과 유자의 향을 헤치네.
見君詩律淸如許 그대의 시율을 보니 맑기가 여전하시구려.
應德高名海外揚 덕에 맞게 이름이 높아 바다 밖까지 드날리시네.
<甲申二月二日> 〈1764년 2월 2일에 쓰다〉

9. 和冠峰 伊藤一元의 시에 답하여

夜宿花林下 지난 밤 꽃나무 아래에서 머물렀으나
詩朋不遇歸 시로써 맺은 벗은 만나지 못하고 돌아왔네.
思君惆帳意 그대를 생각하면 쓸쓸한 마음이 일어나는데
征馬去如飛 타고 가는 말이 나는 듯하이.
<甲申三月晦日> 〈1764년 3월 그믐에 쓰다〉

* 귀로에 다시 만난 것임.

10. 和田勝山寄示韻 田立松이 보내 온 운자에 맞추어

羸瘁蒹衰病 병든 채 야위어 버린 몸이 되니
風霜損衛榮 무서리가 지난날 영예를 덜어내네.

---

17 일본인 성야정지(星野貞之)의 호가 동정(東亭)임.

名區纔了債	이름난 땅 겨우겨우 찾아
隣國遠修盟	이웃나라 멀리 국교를 위해 왔네.
雁札傳心遠	기러기에 편지를 멀리 마음을 전하고 싶고
驪珠刮眼明	여의주를 얻으면 눈을 씻어 도로 밝아지고 싶네.
多情田氏子	다정한 田立松씨여,
計日候前程	부디 그대의 앞길을 잘 닦아나가게.
<三月二十九日>	〈1764년 3월 29일에 쓰다〉

11. 再和田勝山寄來韻 田立松이 보내온 운자를 거듭 따라서

藤舘春雲百里遙	등꽃 여관의 봄 구름은 멀리 백 리를 날고
淸明佇立待星軺	맑은 정신에 우뚝 서서 운구 수레를 기다리네.
逢君欲和峨洋曲	그대를 만나 아양곡에 화답하고 싶지만
惟恨征驂去如飛	어쩌겠나, 그대 태운 말은 나는 듯 가버린 것을.
<同 日>	〈1764년 3월 29일에 쓰다〉

12. 和狩野華陽[18] 華陽 狩野美濟에게 답하여

長橋十里雨霏微	긴 다리 십 리에 가랑비는 부슬부슬 흩뿌리는데
槎節沼沼遠客歸	뱃사공은 멀리서 온 나그네 싣고 남실남실 떠나가네.
人自華陽跨驢◯[19]	화양 씨는 나귀 등에 걸터앉았는데
三島烟霞半濕衣	삼도의 노을에 젖어 저고리가 붉게 물드네.
<甲申春三月>	<1763년 3월에 쓰다>

* ◯는 판독 불능 글자
* 이 시(詩)는 송별 때 여러 사람이 보내준 시에 대하여 유일하게 답한 것으로 아마도 이때 건강이 매우 안 좋았던 듯함.

---

18 일본인 수야미제(狩野美濟)의 호가 화양(華陽)임.

19 판독이 안 된 글자는 아마도 '등 척(脊)' 자로 추정된다.

이상 열두 수의 시를 책에 수록된 순서대로 소개하였거니와, 책의 체제가 시의 끝에 < >로 표기한 데서 보는 것처럼 정확한 날짜 순서로 되어 있지는 않다. 또한 갈 때와 올 때 동일한 장소에서 만나기도 하였고, 직접 만나지 않고 시를 지어 보낸 경우도 있다.

시의 종류는 칠언절구가 대부분으로 10 수이고, 오언절구와 오언율시가 각각 1수씩이다. 이는 김인겸의 취향이나 선호와는 전혀 무관한 것으로 전적으로 일인들이 지어준 시의 형식과 운자를 따른 데서 오는 결과이다. 다만 한시(정확하게는 당시)의 가장 기본적인 양식인 칠언절구가 일본인들의 보편적인 시 인식이었는지는 잘 모르겠다.

되풀이되는 얘기지만, 이 시들이 한시로서 얼마나 그 격조가 높고 시법에 부합되며 문향이 뛰어난 것인지 논급할 수 없음을 안타깝게 여긴다. 한시에 조예가 깊은 분들의 상고를 기다린다. 다만 즉석에서 상대방 시의 운자를 이용하여 시를 짓는 차운(次韻)은 웬만한 시재(詩才)로는 실행이 어려운 점을 감안할 때,(또한 외국에 가는 사신의 서기로서 은일의 연로한 상태에서 발탁된 것을 고려할 때) 그의 시에 대한 높은 안목과 문재는 어렵지 않게 짐작해 볼 수 있는 것이 아닌가 한다.

4.

끝으로 우리들 가까이 있으면서도 그 위치와 주위 환경 탓으로 쉽게 가서 보기 어려운 「퇴석김인겸가비(退石金仁謙歌碑)」의 내용을 여기에 그대로 옮겨, 공주가 낳은 뛰어난 문인 김인겸에 관한 이해를 돕는 동시에, 멀리 계신 분들에게는 직접 와서 읽지 못하는 아쉬움을 덜어드리고자 한다. 이 비는 앞서 말한 바와 같이 1989년 7월에 전국의 국문학자들과 그의 후손, 그리고 공주의 뜻 있는 분들이 성금을 모아 건립한 것이다. 비문은 희당 최강현 교수가 지었고 글씨는 모산 심재완 교수가 썼다. 그 내용은 다음과 같다.

> 선생의 휘는 인겸(仁謙)이며 자는 사안(士安) 호는 퇴석(退石)이다. 안동김씨 十五세손 청음(淸陰) 상헌(尙憲)님의 현손으로 아버지는 창복(昌復)이며 어머니는 서주(瑞周)의 딸 인동 장씨(張氏)시다. 단군기원 4040년에 나셔서 4105년 6월 18일에 졸하셨다. 47세에 진사 57세에 계미 통신사행의 삼방서기로 일본을 다녀왔다. 뒤에 지평(砥平) 현감을 지냈다. 저술로는 한문 동사록(東槎錄) 동사수창록(東槎酬唱錄)과 가사 일동장유가가 있다. 선생은 성품이 곧고 굳으며 의협심이 강하고 행실은 맑고 깨끗하였다. 나라와 겨레를 사랑하고 멋과 익살을 즐긴 풍류객이셨다. 한 하늘 아래서 같이 살 수 없는 일본인들에게 명문장으로 국위를 떨치고 국문학사상 불후의 명작 일동장유가를 지으신지 225년이 되는 오늘 선생의 인품과 유운(遺韻)을 사모하는 후진들이 정성을 모아 생시의 선생이 옷자락 펄럭이며 건너다니시던 이 오얏나루 언덕에 조그만 한 덩이 돌을 세워 선생의 자취를 다음과 같이 명을 지어 기록한다.
>
> 비단 가람 유유한데 물은들에 빛이 맑다
> 곧은 성품 밝은 행실 불의 부정 못보셨네
> 아름다운 글 재주는 동해 건너 드날리어
> 임진왜란 그 큰 죄를 한 붓으로 다스렸네
> 이국에서 만난 표민(漂民) 지친처럼 보살피고
> 문필보국 마친 후에 원님되어 다스렸네
> 가는 세월 멀어지니 퇴석리가 무릉동(武陵洞) 돼

아는 사람 없건마는 끼친 향낸 피고 피네
단기 4222년 7월 일
후학 희당 최강현은 짓고
모산 심재완은 쓰다.

위의 명에 나오는 것처럼 현재 행정 구역상 공주시 무릉동은 원래 김인겸의 호 퇴석과 관련이 있다. 동양의 이상향인 '무릉도원'의 '무릉'이 아니고 퇴석(退石)의 우리말 '물러난 돌', '물은 돌'의 음차로서 생겨난 말이며 그 곳에 김인겸의 묘소로 알려진 무덤이 있다.

행정 당국에서는 학계의 고증과 건의를 수용하여 그의 유적지 및 묘소를 연계하는 기념사업을 입안해 주기 바라며, 공주의 자랑스러운 문인 김인겸 선생에 관한 인식의 확산을 통해 공주 사람들의 자부심과 긍지를 키워줄 수 있도록 진력해 주기를 대망한다.

『금행일기(錦行日記)』에 나타난 19세기 중엽의 공주

1.

잘 알려져 있다시피 가사(歌辭)라는 문학 양식은 한국 고유의 문학 장르로서, 그 외면적 형태는 운문이로되 내용의 구성이나 제재는 산문적 특성을 갖는 특이한 모습을 하고 있다. 이런 문학 양식이 구체적으로 언제 발생했고, 어디에서 기원되었느냐 하는 문제는 국문학계에서 여러 학설이 제기되어 아직 정설이 없는 형편이다. 다만, 여말선초(麗末鮮初)에 그 비슷한 형태의 작품이 실재하는 것이나, 그 형식에서의 유사성이 거론되는 시조의 경우로 미루어 볼 때, 대략 고려 중엽에 싹이 터서 고려 말과 조선 초기에 걸쳐 그 형식이 완성되지 않았을까 하는 짐작들을 하고 있을 뿐이다. 아무튼, 이 가사 형식은 그 후 송순(宋純), 정철(鄭澈), 박인로(朴仁老) 등 대가의 손에 의해 찬란하게 꽃을 피워 우리 문학사를 화려하게 장식하게 된다. 그러나 이들의 작품은 아름답고 정교한 모국어의 구사라는 찬탄을 받는 동시에, 그 내용이 양반 사대부들의 자연 예찬과 유교 윤리의 차원에 치중하고 있어서 민족 전체의 문학 유산으로 보기에는 한계가 있다는 지적도 있다.

임진왜란과 병자호란을 겪은 후 조선 후기 사회에는 많은 변화가 일어나게 된다. 국문학계도 예외는 아니어서 전 시대의 한문 위주의 문학, 양반 중심의 문학, 운문 문학, 자연 예찬과 유교 윤리 강조의 문학이 큰 변모를 보이며 바뀌게 된다. 좀 구체적으로 말하면 표기 수단에 있어서는 국문 위주의 문학이, 창작 주체에 있어서는 평민 중심의 문학, 형식에 있어서는 산문 문학, 그 내용에 있어서는 서민들의 생활과 감정을 주로 다루는 문학이 점차 그 자리를 확고하게 차지해 가는 양태로 바뀌었다.

이런 변모는 가사의 경우도 예외가 아니어서 그 전체적인 형식은 유지하는 가운데 평민가사, 서민가사가 출현하게 된다. 이 평민가사의 작가 층은 중인, 서리, 평민 등 다양하며, 길이도 아주 길어지게 되고, 그 내용도 일상생활의 애환이나 비일상적인 체험 내용(예컨대, 외국 기행, 유배지의 생활)을 비롯하여 일반 서민들이 겪을 수 있는 모든 것으로 영역이 확장된다. 또한 그 표현 수법도 언어적 아름다움을 벗어나 생생한 사실주의적 기법으로 바뀌게 된다.

그러한 변화로 인해 조선 후기에는 전대의 양반 가사를 계승한 작품도 없지는 않았지만, 대체로 각계각층의 사람들이 자신의 생각과 삶을 가사 형태로 표출한 작품이 많이 나오게 된다. 그 가운데는 외국 기행가사(주로 중국과 일본), 유배가사, 부녀자들의 생활상을 담은 내방가사, 가정교육을 다룬 것, 양반들을 비판하고 조롱한 것, 종교의 포교를 목적으로 한 것 등이 포함되는데 특히 오랜 전통을 가진 불교에서 만들어진 가사가 많이 있으며, 새로 들어온 천주교나 신흥 종교인 동학에서도 그 교리를 가사 형식으로 만들어 포교에 사용하였다. 또한 한말 개화기의 지식인들은 부국강병의 사상이나 개화의 정당성을 가사 형식을 빌려 나타내기도 하여 당시 신문 잡지에는 그런 형식의 글이 많이 수록되어 있다.

이처럼 가사가 오랜 기간에 걸쳐 그 생명력이 끈질기게 이어지고 있는 이유는 3(4)·4조 중심의 외재율이 우리 국어의 가장 자연스러운 리듬일 뿐만 아니라 민족 정서에 적절하게 부합되기 때문일 것이다. 그리하여 요즘도 어떤 계층에서는 가사 형식의 글이 여전히 전승되고 있으며, 새로운 가사가 계속 지어지고 있는 것도 볼 수 있다.

2.

내방가사는 말 그대로 부녀자들이 자신의 삶과 생각을 가사 형식으로 나타낸 작품을 말한다. 따라서 그 내용은 시집살이의 어려움을 토로한다든지, 가사 노동(집 가까이에서의 농업활동이나 길쌈 등)에서 겪는 일을 다룬다든지, 자녀 교육에 있어서 가문의 내력이나 가훈이 될 만한 내용 등을 다루는 것이 보통이다. 간혹, 온갖 풍상을 겪은 여인이 말년에 자신의 생애를 되돌아보며 회고조로 지은 것도 있고, 생활주변의 자질구레한 소재를 섬세한 필치로 그려낸 것도 있으며, 여성 특유의 정감어린 문체로 자연 완상을 노래한 것도 있기는 하다.

이러한 내방가사는 종래 주로 영남지방에서 많이 발견되었다. 이 내방가사만을 전문으로 연구하는 학자들도 있는데, 그들은 실증적으로 발굴되는 자료들을 근거로 하여 소위 내방가사의 영남 편재설(偏在說)을 주장하기도 한다. 다시 말해 내방가사는 영남 지방의 부녀자들에 의해 창작되고 유포되며 전승된다는 주장이다. 그리하여 국문학계에서는 이 학설이 거의 정설처럼 굳혀져 중등학교 교과서에조차 그렇게 설명되고 있다. 어쩌다 영남지방 이외의 곳에서 발견되는 내방가사는 영남지방 여자들의 혼인으로 인해 전파된 것으로 해석한다. 사실, 내방가사는 그 표기가 한글로 되어 있고 내용이 부녀자들의 생활상이나 감정을 담고 있어서 남성들의 접근이 쉽지 않은 조건을 갖고 있으며, 그에 따라 자연히 어머니에서 딸에게로(영남지방에서는 시집가는 딸에게 친정어머니가 두루마리로 된 가사를 전수해 주는 풍습이 최근까지도 있었다 한다), 또 시어머니로부터 며느리에게로, 백숙모(伯叔母)로부터 조카딸에게로 전수되는 것이 통례다.

그렇다면 내방가사는 영남지방 이외의 곳에는 존재하지 않는가? 내방가사의 영남 편재설을 부정하는 학자들은 서울·경기·호남지방에서 발굴된 자료를 바탕으로 내방가사의 전국 분포설을 내세운다. 그러나 그 자료의 신빙성 문제는 말할 것도 없고 우선 양적인 면에서의 절대부족으로 인해 영남 편재설을 수정해야 한다는 주장이 크게 설득력을 얻고 있지는 못한 것 같다.

본고에서 다루려는 『금행일기(錦行日記)』는 내방가사의 영남 편재설을 재고하게 할 만한 확실한 자료다. 이 작품의 작자는 영남지방과 관련이 없는 충청도 출신이며, 작품의 내용도 충청도 지방을 다루고 있는 동시에 다른 사료로서 그 사실을 입증할 수 있으며, 충청도에 대대로 거주하고 있는 가문에서 전승돼온 것이 분명하기 때문이다. 그러나 이 글은 그런 문제를 전문적으로 다루는 학술적인 것이 아니므로 그런 가치가 있다는 사실의 지적에 그치고자 하며, 이 작품의 내용이 공주 기행이 중심인 만큼 작품에 나타난 옛 공주의 모습을 살피는 것으로 내용을 전개하도록 하겠다.

3.

관련 학자들에게는 알려져 있으나 일반인들에게는 생소하겠기에 먼저 이 작품에 관해 개략적인 소개를 하도록 하겠다.

작품 제명인 『금행일기(錦行日記)』의 '금행(錦行)'은 금영(錦營) 또는 금아(錦衙)에 가다라는 뜻으로 보인다. 금영은 물론 당시 공주를 일컫는 별칭으로서 충청도 감사가 직무를 맡아 보던 관아를 가리킨다.

작가는 은진 송씨(恩津宋氏)라는 여성으로서 1803년 충남 대덕군 회덕읍에서 출생하였는데, 그 부친은 목사(牧師)였던 송기정(宋基鼎, 1771~1840)이며 모친은 연일정씨(延日鄭氏, 1778~1863)였고 장녀였다. 장성하여 충남 연산의 안동권씨(安東權氏)인 형규(亨圭)에게로 출가하였는데 남편은 3형제로서 형은 연규(永圭), 동생은 홍규(弘圭)였다. 영규는 공주판관(公州判官)을 지냈는데 이 인연으로 작자가 공주에 와서 이 작품을 짓는 계기가 되었으며, 작자가 자식을 못 두어 홍규의 아들을 입양하여 대를 잇게 된다. 작자는 57세에 타계하여 연산에 안장되었다.

지어진 연대는, 작품 속에 "셰재 을사 맹하 초순 ……"이라는 기록이 보이는 바, 작자 생존 시의 을사년(乙巳年)을 찾아보면 1845년(작자 나이 42세)임을 알 수 있다. 또 맹하는 음력 4월을 가리키며 초순은 10일 경이므로 이 작품의 정확한 창작 연대는 1845년 4월 10일 경이라고 볼 수 있다. 한편, 「공주읍선생안(公州邑先生案)」에 권영규(權永圭, 1790~1857)가 갑진년(1844)에 판관으로 부임했다는 기록이 있는 것으로 보아 위에 보이는 연대는 틀림이 없는 사실임을 알 수 있다.

이 작품의 내용은, 송씨 부인이 금아(錦衙)를 다녀와서 기록한 기행문으로서의 성격을 지니며, 관아 내외의 풍물, 여러 가지 행사, 당시의 민속과 풍습, 집안 정리에 이르기까지 다양한 제재가 포괄되어 있다. 여행 기간이 약 한 달간이기 때문에 분량도 만만찮아서 총 763구에 이를 정도로 긴 장편 가사다. 체재는 제목에 보이는 일기 형식으로 된 것이 아니고, 일정을 전체적으로 집약하여 내용별로 서술한 통일 구조로 되어 있다. 좀 더 구체적으로 작품의 내용을 단락별로 묶어 정리해 보면 다음과 같다.

① 출가한 후 친정과 시댁이 모두 무고하고 행복함을 노래함
② 시부님 상을 당해 애통했던 일을 회상함
③ 시숙(남편의 형)이 삼년상을 마치고 복직함을 기뻐함
④ 시숙이 가까운 공주의 판관으로 옮기어 옴을 반기고 기뻐함
⑤ 금아(공주)에 다녀가라는 기별을 받았으나 마침 연말이라 미룸
⑥ 다음 해 정월이 시어머니 생신이라 오라는 전갈이 있으나 여자가 정월에 관부 출입하게 됨을 꺼려 3월로 연기하고 기다림
⑦ 금아에서 소분 행차로 금의환향하여 잔치함
⑧ 공주 발행(發行) 준비와 가는 도중의 풍경 및 점심 먹는 광경
⑨ 공주에 도착하여 영접 받는 모습
⑩ 관사에 들어가 시어머니께 인사하고 가족끼리 인사함
⑪ 관사 내부의 광경과 원님 돌아올 때 인사하는 모습
⑫ 사당 참배와 제사 지내는 광경
⑬ 기생 점고 광경
⑭ 동서의 생신 준비와 잔치
⑮ 금강 뱃놀이 준비, 출발, 선유(船遊), 누각 놀이의 장관
⑯ 관아 내외 잔치, 기생, 풍류
⑰ 관아 건물 및 내외 풍경
⑱ 떠날 준비와 이별 장면
⑲ 귀로의 경관과 향리의 영접 광경
⑳ 도착한 감회와 집안 정리 및 그 후의 소식

이렇게 총 20개의 단락으로 구분할 수 있으나, 크게 다시 묶어 보면 작품의 실마리가 되는 부분(①~③), 공주에 도착하기까지의 부분(④~⑨), 공주에서의 잔치와 유람 부분(⑩~⑰), 귀로와 정리 부분(⑱~⑳)으로 사분(四分)해 볼 수도 있다. 이렇게 할 경우 그 네 부분은 각기 기—승—전—결에 해당되어 단단한 구조로 짜여 져 있음을 알 수 있다.(이 부분의 서술에서 작자와 연대 부분은 노태조(盧泰朝) 교수의 『核註 錦行日記』(創學社, 1986.)라는 책을 참고하였음.)

4.

이 글의 본래 의도는 작품에 관한 학술적 분석이나 조명에 있지 않고, 일반인에게 널리 알려지지 않은 이 작품을 소개하고 150여 년 전의 공주 모습이 어떠했는가를 작품 속에 묘사된 바를 중심으로 살펴보려는 것이다. 앞에서 이 작품과 관련된 사항을 몇 가지 살펴보았거니와, 위와 같은 의도와 직결되는 부분은 세 번째 부분, 즉 20개의 단락으로 구분한 것 가운데 ⑩에서 ⑰까지가 그에 해당된다고 하겠다. 그러면 그 부분을 중심으로 공주와 관련되는 몇 가지를 살펴보도록 하겠다.

동행하여 들어가니 차차 물색 번화하다
곳곳이 선정비요 화루 채각 벌였도다
큰집이 광개하여 반공에 솟았는 듯
높은 문이 차아하여 행운이 걸리는 듯
(* 표기는 현행 맞춤법으로 바꾸었음. 이하 같음)

이 부분은 공주에 도착하여 영접 받는 광경인데 당시 충청도 중심 도시였던 공주의 번화하고 화려한 모습과 관아 건물의 웅장함을 약간 과장하여 표현하고 있다. 시골에 묻혀 살던 부녀자로서 처음 보는 대처의 모습이 그렇게 보일 것은 당연한 이치요, 사대부 집안 여자로서 고전 글을 많이 보았을 테니 중국 시가에 흔히 보이는 상투적 과장 표현도 이상할 것이 없다.

동서님 종후하여 내아를 구경할 새
방사도 화려하고 장지로 간을 드려,
우물반자 능화벽에 누각협실 종요롭다.
분합 대청 광대한데 전후장퇴 더욱 좋아
친구가로 관부 구경 한두 번이 아니로되
관사의 쓸모 있기 예 같은 데 처음일다

당시 공주 관아의 내아 모습을 묘사한 부분인데, 그 생김새며 쓸모를 세심하게 관찰한 여성 특유의 필치가 돋보이며 아울러 관리들의 살림집(官舍) 규모나 꾸밈새를 알 수 있어 우리 선인들의 생활상을 짐작하게 해 준다. 혹 옛 관아 건물을 복원할 계획이 있을 경우 위의 인용과 같은 자료는 매우 소중한 가치가 인정될 수 있을 것이다.

㈎ 이리 좋은 화란승절 고루 채각 올라보고
선유와 하여 보면 구경하기 제때로다
㈏ 채교를 늘여 놓고 차례로 들라 하니
존당 슬하 삼대인이 십여 사람 되는구나
안 소솔이 이러할 적 밖 소솔이 적을손가
허다한 남편네는 가마로 가려 하고

부인네 벌여서니 대청이 좁았도다

(다) 장대한 대도상에 금수 채장 나열하여

전차후옹 나아가니 앞에는 사면이요

뒤에는 원님 행차 벽제 소리 한가하다

구경꾼이 길에 메여 서로 칭송 하는구나

(라) 청청 장강의 수천이 일색인데

향풍이 옹비하니 채운이 잎이는 듯

각 채선에 차례로 들랴 하니

여러 채 배를 잡아 상중하로 나눠들 새

원님 행차 먼저 내려 존당을 모시옵고

선창 안에 드옵신 후 우리 가마 연속하여

관선 안에 들어가니 편하기 육지 같고

일좌화각 정제하여 운소에 솟았는 듯

화문석 금수병에 사면 사창 황홀하다

(마) 각 선이 혹선 혹후 순류하여 내려가니

국태민안 호시절에 태평곡을 주하는 듯

녹음방초 성화시라 산수풍경 가려하다

삼잡이 사면성은 가인의 흥을 돕네(중략)

부모 엄훈 공구하여 지기를 못 펴다가

오늘날 별은전에 행락이 무한하니

쌍쌍한 명기들이 새 단장 성히 하고

교언영색으로 좌우에 벌여서니

재주로 상대하며 색태를 자랑하여

춘풍 세류간에 황앵성이 한가한 듯

가곡이 상응하여 풍악을 화답하네

(바) 제기(諸妓)들 승흥하여 앵무배 권주가로

배반이 낭자하고 주준이 업쳐지니(중략)

다 각각 풍속으로 생활이 그 길이라

경홍 같은 날랜 맵시 촉라 세요 묶었는 듯

초월 같은 고운 아미 춘산이 체체한 듯
무정한 여편네도 사랑하여 보이거늘
호방한 남아들의 춘정이야 이를쏜가

위의 ㈎에서 ㈓까지는 이 작품의 하이라이트라 할 금강 선유 장면을 순차대로 일부분씩 인용한 것이다. ㈎에서는 금강 뱃놀이를 떠날 기대감과 함께 좋은 계절임을 말했다. ㈏는 가족 여러 명이 떠날 채비를 하며 들떠 있는 모습이고, ㈐에서는 드디어 출발하여 여러 사람의 부러운 시선을 받으며 강으로 가는 광경이 묘사되었다. ㈑는 각기 배를 타고 강에 들어가는 정경이며, ㈒에는 뱃놀이가 시작되어 강 위에서 마음껏 산수도 구경하고 오랜만의 해방감을 맛보는 부녀자의 심정이 실감나게 묘사되었고, ㈓는 술과 노래, 기생들의 춤이 어우러진 흥취를 노래하였다.

이 선유 장면에는, 원님의 개인적인 가족 나들이인데도 관선(官船)을 이용한다거나 사사로운 원님 행차임에도 벽제 소리를 내고, 또한 많은 기생(아마도 그들은 관청에 소속된 관기일 것이다)을 동원하는 등 공인으로서의 체신을 약간 벗어난 듯한 사례가 있긴 하나, 연로한 어머니를 즐겁게 해드리려는 효심과 아울러 규방에만 거처하여 세상 구경 기회가 적은 부녀자들(특히 먼 길을 온 동생의 아내인 시골 부인)에게 하루쯤 마음껏 풍류를 즐기게 해 주려는 배려로 보아 그리 문제가 되는 것은 아닐 것이다. 오히려 양반 사대부 가문 출신의 관리로서 가족을 아끼고 사랑하는 마음의 표현으로도 볼 수 있을 듯하다. 그러기에 길을 메운 여러 구경꾼들이 '칭송'을 한 것이 아니겠는가.

우리는 이 뱃놀이 장면을 통하여 조상들의 멋들어진 풍류와 함께 그들의 풍속이나 생각들을 짐작해 볼 수 있다. 꽃과 신록이 어우러진 아름다운 계절에 온 가족이 모여서 그 아름다움을 완상하면서 가족끼리의 정을 도탑게 하는 의미 이외에 싱그러운 자연 풍광을 통해 묵은 때를 벗겨내고 새로운 활력을 충전하는 문자 그대로의 재창조(Recreation) 기능을 이 놀이에 부여할 수도 있을 것이다. 좀 아쉬운 것은, 규중 여자로서 처음 경험하는 시각으로는 당연할지 모르나 술과 기생과 노래와 춤 등 유흥 오락적인 면이 너무 강조되고 생산적 의미 측면이 다소 소홀히 취급된 점이라 하겠다.

아무튼, 우리는 이 금강 뱃놀이 장면이 단순히 한 가문의 사사로운 하루 유흥에 그치는 것이 아니고, 공주를 대표하는 하나의 뜻 있는 명물 관광 자원이요 조상들의 깊은 생각과 가치가 담겨 있는 소중한 자료가 된다는 사실을 상기할 필요가 있다. 언필칭 관광도시라는 공주에 막상 사람들의 흥미를 끌만한 관광자원이 개발되어 있지 못한 것은 매우 안타까운 일이다. 마침 당국에서 추진하려는 금강종합개발 계획이 발표되었는데 170여 년 전 이 금강 뱃놀이 장면을 참고로 하여 수려한 자연 경관을 자원화한다면 좋은 관광 코스가 개발될 수도 있을 것이다.

> 주홍 칠한 원주석은 한없이 높았으니
> 각색 채화로 비금 이수 그려놓고
> 문인 군자의 시문이 벌였으니
> 좋은 줄은 알건마는 일자부지 절통하다.
> 십여 간 너른 대청 난간 전퇴 장대한데
> 설포장을 둘렀으니 그 밖은 볼 길 없고
> 뒤로 벽을 하여 간간이 문이 있고

이 장면은 뱃놀이를 마치고 누각에 올라 놀이하는 곳으로 아마도 현재의 공산성 내 어느 누각인 듯하다. 누각 관찰이 매우 섬세하며 그 표현 또한 매우 사실적이다. 당시에는 뱃놀이 후에 누각에서 재차 놀이판을 벌이는 것이 상례였던 듯하며, 노인과 아녀자들이 물 위에서 흔들리던 몸을 쉬게 하기 위한 절차가 아닌가 하다.

장성이 둘러 있고 청강이 막혔으니
성군 명왕이 피란하신 곳이로다.
악양루 만리성이 중국에 유명하나
타국 만리에 약수가 막혔으니
원하여 무익하네
상쾌한 좋은 경치 지금의 예 같을까
초목이 무성하여 취병을 둘렀는 듯
백화 성개하여 강어귀에 밝았으니
채운이 짚이는 듯
녹수 장강에 어부선이 오락가락
채련곡 어부사를 풍류소리 화답하네
대동강 부벽루는 여기와 어떠한고
쌍계사 지척이요 창벽 앞 금벽정이
십리 안팎 된다하나 여편네 이 구경도
꿈인가 의심하니 이 밖을 더 바랄까

누각에서 바라보는 공주의 원경을 묘사한 곳이다. 선군(聖君)이 피란하신 곳이라 한 것으로 보아 '쌍수정'이 아닐까 추측되는데, 거기서 바라보이는 누각과 성을 중국의 악양루와 만리장성에 비하고 있으며, 꽃과 초목이 한창 피어난 광경과 함께 어부들의 뱃노래를 서술하며 굴원의 '어부사'를 연상하고 있다. 또한 그 누각이 대동강의 부벽루에 비견되고 있으며(작자가 직접 부벽루를 구경했는지는 모르겠다) 멀리 보이는 창벽과 금벽정까지 등장시키고 있다. 흥미로운 것은 '쌍계사'라는 절 이름인데 그것이 지척에 있다고 한 것으로 보아 현재의 영은사를 가리키는 것인지 또는 공산성 내에 그런 이름의 절이 또 있었는지는 더 고구해야 할 문제다. 끝 구절에서는 욕심 부리지 않고 자족하는 양반 가문 여성 특유의 겸허함이 나타나 있다.

이상이 『금행일기(錦行日記)』의 공주 도착에서부터 금강 뱃놀이 장면까지의 내용이다. 이를 통해 단편적이나마 지금부터 170년 정도 전의 공주의 모습, 관청의 모습, 뱃놀이 모습, 옛 조상들의 생활상 등을 알 수 있는데, 이는 개발이라는 이름 아래 옛 모습을 찾을 수 없게 변해버린 공주의 원래 모습을 알 수 있는 귀중한 자료가 되며, 혹시 당시 모습을 재현하려 할 때 소중한 역할을 할 수 있는 가치가 있다 하겠다.

5.

역사의 도시, 관광의 도시라고 자타가 공인하면서도 막상 공주에 들어와 보면 무령왕릉과 박물관 외에 특별히 내세울 만한 것이 없는 게 현실이다. 고도라고 하면서 고풍스러운 건물 하나 없고 유적조차 한산하다. 다른 여타 신흥 도시와 별 차이 없이 변해 가고 있는 것이 공주의 현 실정이기도 하다.

문화의 도시라고도 하지만 그런 걸 대변할 만한 것도 많지 않다. 공주 관련의 고문서나 기타 자료가 풍성해야 할 텐데도 그런 것마저 영성하다. 오히려 많은 자료가 외지로 유출되고 관심 있는 분들도 별로 없다. 눈에 보이는 가시적 성과와 현대적 모습으로 바꾸기에만 열심이다.

공주에서 많은 문인이 배출되었고, 또 공주를 다녀간 많은 문사들이 이 도시를 제재로 한 글을 썼지만 그런 것들도 수집, 정리되어 있지 못하다. 양반의 고을이라고 말만 앞세웠지 진정 이 도시를 아끼고 사랑하는 마음이 부족한 데서 연유하는 것이리라.

필자는 다른 글에서 공주의 개발과 발전에는 문화, 인물 중심이 되어야 함을 역설한 바 있다. 약간의 경제적 이익을 기대하며 공업화를 한다거나, 위락과 유흥의 도시로 만드는 것은 이 도시의 자존심과 명예를 손상하는 일로서 체통에 관계되는 일이라고 지적하였다. 구호와 말로서만 교육의 도시라고 할 게 아니라 진정 이 도시와 관련된 인물과 유적을 발굴, 정리, 복원하여 배우고 공부하려는 사람이 줄줄이 찾아와 이 나라의 역사와 문화를 새로이 깨닫고 바람직한 미래를 정립하도록 전 도시를 교육의 장으로 꾸며야 할 것이다. 공주는 그런 조건과 자료를 충분히 구비하고 있다. 발표된 지 오래 되지도 않은 소설 한 편의 배경 장소로서 전국적인 명소가 되고 있는 다른 지방, 예컨대 경기 양평의 황순원 관련 소나기 마을, 강원 평창의 이효석 관련 메밀꽃 축제, 춘천의 김유정 문학촌 등에 비해 공주는 얼마나 많은 역사적 인물과 관련 유적이 무관심 속에 매몰되어 있는지 모른다. 행정 당국이나 시군의회에서는 장기적 안목을 가지고 계획을 수립하여 실천하는 데 앞장서고, 시민들은 좀 배고프고 불편하더라도 천년 고도인 이 도시의 명예와 자존심을 생각하며 참고 협심해야 할 것이다.

비중이 그리 크지는 않지만, 이 글에서 소개한 『금행일기(錦行日記)』라는 작품도 그런 계획의 수립과 시행에 충분히 보탬이 될 수 있으리라 믿는다.

제2부

공주의 산천, 계룡산과 금란구곡

초혼단(招魂壇)에서 숙모전(肅慕殿)까지

계룡산과 갑사 다시 보기

정안의 「금란구곡(金蘭九曲)」에 관하여

1920년대의 계룡산
-「鷄龍山記」의 내용과 의미-

초혼단(招魂壇)에서 숙모전(肅慕殿)까지

1.

계룡산은 흔히 영산(靈山)이라 일컬어진다. 최근에 벌어지고 있는, 세계 영산 목록에 계룡산을 포함시키자는 운동이 단적으로 이를 뒷받침한다. 계룡산의 어원이 한자의 삼불봉과 마찬가지로 우리말의 '세 부리'에서 왔다는 전문가[1]의 주장도 있지만, 그 산봉우리의 모양새가 동양 전래의 신성한 숫자인 3자와 연관이 있어서인지 이 산은 예로부터 종교적 신성성과 민중들의 염원을 함께 포용하는 우리나라 어머니 산으로 알려져 왔다. 그리하여, 이 산은 어느 시인[2]의 표현처럼 많은 사람들이 '든든하게 의지하며, 새로운 날을 기다리고', '나무마다 촛불을 켜고, 바위마저 뜨거운' 그런 산이다.

이런 사실을 반영하듯 이 산 안에는 예로부터 각종 종교들이 자리잡기 시작했으며, 특히 한때 나라의 수도(首都)로 낙점되어 공사를 진행했던 사실과 관련한 수많은 예언적 전설이 온통 이 산을 감싸 요즘까지도 그 영향력을 행사하고 있을 정도다. 이런 결과로 근세에 접어들어 이 나라의 신흥종교들은 이 산을 배경으로 하지 않으면 그 토대를 마련

---

1 강헌규, 「'계룡산' 및 '백제'의 어원」, 『웅진문화』 창간호(공주향토문화연구회, 1989.).

2 조재훈의 시 「계룡산을 넘으며」에 나오는 시 구절의 일부.

할 수 없을 정도로 성세(盛世)를 이루었던 적도 있으며, 현재도 미미한 무당들이나 술사(術士)들조차 이 산 이름을 들먹이지 않으면 그 효험을 인정받지 못하는 것을 어렵지 않게 목격할 수 있다. 최근에는 이곳이 이 나라 국방의 총본산이 되어 새로운 전기를 맞고 있지만, 아직도 많은 사람들은 이 산을 신성시하여 '산 이상의 산'으로 생각하고 있는 것은 주지의 사실이다.

이렇게 이 산이 신성한 산으로 인식되는 것을 뒷받침해 주듯 여기엔 천 년의 세월을 이어 내려온 여러 고찰(古刹)들이 자리잡고 있다. 각기 동서남북의 방향으로 펴져 있는 동학사, 갑사, 신원사, 구룡사 등이 그것이다. 이들 사찰은 불교 신앙의 장소로서도 그 뜻이 막중하지만, 한편으로는 민족적인 색채를 아울러 띠고 있는 점이 특이하다 하겠다. 구룡사는 폐사가 되어 잘 알 수 없으나, 신원사의 중악단과 관련된 산신 신앙, 갑사의 표충원과 연관된 호국 사상, 동학사의 충신을 모시는 충절 사상 등은 보통의 다른 사찰들에서는 찾아보기 쉽지 않은 계룡산에 위치한 사찰들만의 독특한 면모라 할 것이다.

이 글에서는 그 중 동학사의 '숙모전(肅慕殿)'과 관련된 사실들을 역사적으로 살펴보고자 한다. 왜 산중의 사찰에 억울하게 일생을 마친 비운의 왕을 모시는 전각이 들어서게 되었으며, 또한 우리 역사에서 충신의 표상이라고 일컬어지는 위대한 인물들이 거의 모두 망라되어 이 사찰에 모셔지게 되었는지, 그리고 그분들을 위한 향사(享祀)가 어떻게 수 백 년 동안 끊이지 않고 모셔져 왔는지, 이런 사실을 그 시원(始原)에서부터 오늘에 이르기까지, 현재 남아 있는 사적(事蹟)을 중심으로 서술해 보도록 하겠다.

2.

'동학사'라는 명칭의 유래는 명확하게 알 수 없다. 이 절 이름으로는 골짜기에 있는 절이라는 뜻의 동학사(洞壑寺), 계룡산 동쪽 골짜기에 있는 절이란 뜻의 동학사(東壑寺), 학의 설화가 어려 있는 동학사(東鶴寺), 성리학을 전수한 정몽주 선생을 모신 데서 유래했다는 동학사(東學寺)의 이름이 혼용되어 사용되어 왔다.[3] 그러나 가장 많이 사용되어 온 명칭은 학바위와 연관된 동학사(東鶴寺)와 동국여지승람을 비롯한 여러 공식문서에 쓰인 동학사(東學寺)다. 현재는 일반인들에게 전자가 보편화되어 사용되고 있다.

이 절의 창사(創寺)와 관련된 연기(緣起) 설화는 널리 알려져 있다시피 백제 왕손의 후예라고 하는 상원대사의 수도(修道) 이야기다. 목에 뼈가 걸린 난경을 구해준 호랑이가 업고 온 상주의 김씨 처녀와 의남매 결연을 하고 열심히 도를 닦아 결국 득도를 했고, 그들이 도를 닦던 자리에 세운 절과 탑(세칭 남매탑)이 동학사의 시초라는 것이다.[4]

이 절에 충신과 관련된 사적이 처음 시작된 것은 고려 시대 태조 19년(서기 936년)에 개국 공신이었던 유차달(柳車達)이 동학사에 왔다가 그 조상들의 신라에 대한 충성심에 크게 느낀 바 있어 신라 시조와 충신 박제상(朴堤上)의 충혼을 초혼하여 제사를 지내고 동계사(東鷄祠)를 건립한 것이 그 효시로 알려져 있다. 유차달은 신라 애장왕 때의 충신이었던 차승색(車承穡)과 공숙(恭淑) 부자의 후손[5]으로서 태조를

---

3 추만호, 『동학사1』(우리문화연구원, 1999.) p.91.

4 이에 대해서는 각주 3의 책과 조동길의 「1920년대의 계룡산(1)」(『웅진문화』 13집)을 참고할 것.

5 이들 부자가 애장왕 때 왕을 살해하고 스스로 왕을 칭한 상대간 언승에 대해 복수를 꾀하다가 탄로되어 쫓기는 몸이 되었는데, 황해도 유주의 부잣집에 고용되

도와[6] 고려가 건국된 후, 태조의 원찰(願刹)이었던 동학사에 들렀을 때[7] 개국 초의 난세에 무엇보다 중요한 것이 나라에 대한 충성심이라고 생각하여 역사에서 그 표상이 될 만한 사람을 찾았을 것이고, 그 결과 박제상이라는 충신이 그 대표적 인물로 떠올랐을 것은 쉽게 알 수 있는 일이다.

박제상[8]은 신라 눌지왕 때의 인물로 지략과 용기가 뛰어난 신하였는데, 왕이 즉위한 후 타국에 억지로 끌려가 있는 동생들을 보고 싶어 하자, 고구려로 가서 온갖 어려움 끝에 인질로 끌려가 있던 왕의 동생 복호를 계교를 써서 신라로 데려 오고, 또한 일본에 볼모로 끌려가 있던 왕의 동생 미사흔을 구하기 위해 일본으로 건너가 무사히 왕제(王弟)를 귀국시킨 후 그 자신은 일본에 붙잡혀 온갖 회유와 압력, 모진 고문에도 굴하지 않고 끝까지 신라 신하로서의 충성을 지키다가 처참하게 죽임을 당한 사람이다. 그 부인도 남편을 기다리다가 죽어 돌(망부석)이 되었다는 전설이 남아 있다.

유차달은 바로 여기 동학사에서 이 박제상의 충혼(忠魂)을 불러 제사를 모심으로써 그의 옛 조상인 왕씨[9]의 후손 왕건이 건국한 고려에 대한 충성을 맹세함과 아울러, 어지러운 정세 속에 나라의 굳건한 토대를

어 있을 때 성을 유로 바꾸고 이름도 바꾸었다 한다. 따라서 유(柳)씨와 차(車)씨는 그 조상이 같다 하여 혼인을 하지 않는 것이 상례로 되어 있다.

6 사재를 털어 수레 천 대를 만들어 도왔다고 함. 차달이란 이름은 이와 관련하여 왕건이 직접 내린 이름이라고 함. 그러나 유감스럽게도 조선 초에 편찬된 『고려사』를 검색해 본 결과 고려 초의 사적에 이 분의 이름은 나오지 않는다.

7 혹은 이 절의 공사 감독으로 와 있었다고도 함.

8 삼국유사에는 김제상이라고 되어 있으며, 해당 인명과 행적의 기록에 있어서도 삼국사기와는 다른 부분이 여러 군데 있음.

9 『문화유씨세보』에 의하면 원래 조상이 왕씨였는데 중간에 곡절이 있어 왕(王)자를 변용하여 차씨로(한자의 일출토(一出土)를 합자하여 만들었다고도 함), 앞의 주5에서 설명한 바와 같은 이유로 다시 차씨에서 유씨로 성이 바뀌었다고 한다.

다지는 데는 신하들의 충성심이 가장 긴요하다는 것을 몸소 보여준 것이다. 즉, 한 나라의 개국공신으로서 임금에 대한 변함없는 충성을 직접 강조하기 위한 행위였다는 의미를 부여해 볼 수 있을 것 같다.

특히 이 대목에서 우리가 주목할 것은 오래 전에 죽은 영혼을 불러 제사를 모셨다는 사실과, 제사를 모시기 위해 동학사 뒤에 동계사(東鷄祠)라고 하는 사우(祠宇)를 건립했다는 사실이다. 초혼(招魂)이란 의식은 원래 사람이 죽었을 때 지붕에 올라가 죽은 사람의 옷을 흔들며 돌아오라(復)고 세 번 부르는 민속인데, 그래도 죽은 사람이 깨어나지 않으면 비로소 발상(發喪)이 시작된다. 이렇게 함으로써 죽음이 기정사실화되는 것이다. 그러나 이 단어에는 글자 그대로 죽은 사람의 혼을 부른다는 뜻도 있다. 정말 혼이 있는지 없는지는 알 수도 없는 일이고, 또한 그것이 그리 중요한 문제도 아니다. 문제는 그렇게 믿고 생각하는 현재의 사람들 자체라고 할 수 있으며, 과거 역사상의 인물들의 혼을 부른다는 얘기는 그 사람들의 정신과 의지, 행동과 태도 등을 현재화한다는 데 그 본질적인 의미가 있는 것이 아닌가 한다. 다시 말해 과거의 역사 인물들이 가졌던 규범과 도덕을 오늘에 되살려 현재의 우리 현실에 유용하게 활용하고자 하는 의도가 더 중요하다는 말이다.

이런 점에서 볼 때, 그런 유형의 초혼 의식이 이곳 동학사에서 처음 시행된 것은 후일에 역사에서 비슷한 일을 수행할 때 이곳이 그 장소로서 정당성과 정통성을 확보하게 되는 계기를 만들어 주었다고 볼 수 있으며, 그에 따라 이 사찰에 새로운 의미가 한 가지 더 부여되는 단초가 되었다고 할 수 있다. 더구나 그런 제사를 모시기 위한 사우(祠宇)를 사찰 내에 건립한 것은 그것이 일시적이고 즉흥적인 것이 아니라 면면히 계승될 수 있는 바탕을 마련해 주었다고 할 수 있을 것이다.

3.

이성계(李成桂)의 조선 건국은 그가 고려조의 신하 출신이라는 점에서 후세에 두고두고 시비 거리가 되고 있다. 특히 유교 이데올로기가 신성시되던 시절에는 이신벌군(以臣伐君)의 논리로 그의 행위를 폄훼하는 일이 끊이지 않았다. 이런 사실을 반영하듯, 고려와 조선 교체기에 수많은 지사들이 끝까지 절의를 지켜 세상을 등지거나 목숨을 버리며 그 현실을 거부했고, 우리는 그들을 존경하며 기리는 역사를 지켜왔다. 한편으로는 새롭게 건국된 나라와 임금에 대한 충성을 지키라고 강조하며, 또 한편으로는 건국 자체를 부정하며 절의를 지킨, 바꾸어 말해 조선을 건국한 태조에게 반항하며 저항한 사람들을 충신의 표본이라고 가르치는 이율배반적인 일이 우리 역사에서 오래 지속되어 온 것이다. 물론 정권의 필요에 의해 후일 공식적으로 그들을 충신으로 인정하고 찬양하는 공식적인 조치[10]가 있긴 했었지만, 이런 일은 단면적으로 볼 때는 명백한 모순이 아닐 수 없다.

어쨌든 우리는 고려 말엽, 무너진 고려 왕조에 충성을 다한 인물 가운데 대표적인 분으로 흔히 삼은(三隱)이라 일컬어지는 위인들을 기억하고 있다. 바로 포은(圃隱) 정몽주(鄭夢周), 목은(牧隱) 이색(李穡), 야은(冶隱) 길재(吉再) 선생 세 분이다.[11] 이 세 분의 영령을 제사 지내기 위한 사우인 삼은각(三隱閣)이 이곳 동학사에 위치하게 된 것도 우연한

---

10 하나의 예를 들어 보면, 『조선왕조실록』 「태종 원년조」에 권근은 고려를 위해 죽은 정몽주에게 벼슬을 추증하지 못할 이유가 없다고 하면서 중국의 여러 고사를 들어 건의하고, 그 다음 해에 태종은 정몽주에게 영의정부사라는 벼슬을 추증한 사실이 나온다.

11 삼은을 일컬을 때 이 세 분을 말하는 외에, 길재 선생 대신 도은 이숭인 선생을 거기에 넣어야 한다는 주장을 하는 설도 있다.

일이라고는 볼 수 없다.

길재 선생은 조선이 건국되자 바로 당시까지의 그의 활동 무대를 버리고 홀연히 그 호에서 사용된 글자처럼 세상으로부터 몸을 숨긴다. 그러다가 조선 태조3년(서기 1394년)에 전국을 유람하던 중 계룡산 동학사에 들르게 되고 여기에서 당시 이 사찰의 승려였던 영월(影月)과 운선(雲禪) 두 선사[12]와 함께 멸망한 고려왕의 영혼을 위로하는 제사를 올렸고, 또한 절 옆에 조그마한 단을 쌓고 3년 전 개성 선죽교에서 신진 정치 세력에게 끝까지 저항하다가 격살(擊殺) 당한 그의 스승 포은(圃隱) 선생의 충혼을 불러 제사하며 위령(慰靈)을 했는데, 이것이 초혼단(招魂壇)이며 이는 바로 후일 삼은각의 출발이 되는 것이다.

그로부터 5년이 지난 정종(定宗) 원년에 금헌(琴軒) 유방택(柳方澤)이란 분이 돌아가신 목은 선생의 넋을 위로하기 위해 이곳에 와 제사를 올렸는데, 그 자리는 바로 야은 선생이 포은 선생을 제사 올린 초혼단이었다. 몇 년의 세월이 흘러 그 자리가 퇴락한 것을 다시 중수하여 행사를 치렀다는 기록이 남아 있다. 그 다음해에 이정간(李貞幹)이란 분이 공주 목사(牧使)로 오게 되었는데 이곳에 와 그 뜻에 크게 감복하여 초혼단 자리에 건물을 짓게 하니 이것이 바로 초혼각(招魂閣)이다.

그 후 세종 원년(1419년)에 야은 선생이 돌아가자 후학들이 발의하여 초혼각에 그 분의 위패를 봉안하고 제사를 올리게 되는데[13], 이때

---

12 이 두 스님은 서로 다른 분이 아니라 한 스님인데, 절간에서 스님의 명호를 표기할 때 사용하는 식으로 하면 '영월사 운선(影月師 雲禪)'이 되며, 이는 '청허당 휴정' '사명당 유정'처럼 영월대사 운선 스님을 가리킨 것으로, 이렇게 두 분 스님으로 된 것은 뒤에 기록하는 사람들이 불교 용어에 어두워 저지른 실수라고 보는 사람도 있다. 추만호, 「동학사1」(우리문화연구원, 1999.) p.181.

13 일부 기록에 유방택이 길재를 이곳에서 제사하였다는 내용이 있는 바, 이는 길재보다 유방택이 먼저 죽었으므로 사리에 맞지 않는다 할 것이다. 홍순옥 편저 『숙모지(肅慕誌)』(숙모회, 1975.) p.166 참조. 한편 다른 기록에는 야은 선생을 배향 제

부터 비로소 고려 유신 세 분을 모셔 제향을 올리는 삼은각(三隱閣)이란 이름이 시작되게 되는 것이다.[14]

이 삼은각에는 나중에 앞에 나온 금헌 유방택을 비롯하여(서기 1924년), 도은(陶隱) 이숭인(李崇仁), 죽헌(竹軒) 나계종(羅繼從) 선생을 추가로 배향하여 모두 여섯 분의 위패를 봉안하고 제향을 올리게 된다. 이는 일제강점기에 나라에 대한 충성을 은연중 강조하여, 나라 잃은 백성에게 민족정기를 지키고 계승하며 앙양하는 데 크게 이바지하였다고 볼 수 있다.

그런데 삼은각에 유방택, 이숭인, 나계종 선생을 추배한 일은 유림들 사이에서 계속 문제 제기가 있어 왔다. 즉, 광해13년(1621년)에 처음 유방택 선생을 황정철과 정천경이 추배(追配)하였고 동학서원 건립 시 원로들의 승인 없이 성급하게 칠신(七臣)과 함께 배향하였으나, 정조 때의 우찬성 이광문(李光文) 같은 분은 이에 대해 지난(持難)[15]을 표명한 바 있으며, 1916년 삼은각 중건 때에 김복한 등이 발의한 통문을 보면 유방택 선생 추배의 일을 모든 진신(搢紳 : 벼슬아치의 총칭), 장보(章甫 : 儒生), 그리고 본손(本孫)들이 와서 상의하자고 한 것으로 보아 어떤 분을 전(殿)이나 각(閣)에 배향하거나 추배하는 일은 매우 신중하고 미묘한 문제였던 것 같다. 따라서 이 분들의 정식 배향은 삼은각이 중건(1916년)되고 난 그 이후의 일이라고 보는 것이 옳을 것 같다.

사한 사람으로 공주목사 이정간을 들고 있는 자료도 있다.

14 세종 원년에 삼은각을 세우고 제를 올렸다는 기록에 대해, 정사(正史)인 조선왕조실록에 삼은의 한 분인 길재 선생의 신원(伸寃)이 이루어진 과정을 추적, 중종 5년(1510년) 긍정적 검토, 선조 7년(1574년)의 경북 선산의 사당 건립, 현종 10년(1669년)의 오산서원 사액(賜額) 등으로 볼 때, 실로 선생의 사후 250년이 흐른 뒤였으므로, 세종 때의 삼은각 건립은 믿기 어렵다는 의견도 있다. 추만호, 앞의 책, p.185 참조.

15 일을 과단성 있게 처리하지 못하고 미루기만 하는 것.

이 삼은각과 관련하여 한 가지 흥미로운 사실은 1950년대에 유림측과 목은 선생 후손 사이에 위패 배향 순서를 놓고 격렬한 다툼이 있었던 일이다. 오랜 세월 세 분의 배향 위차를 '포은, 목은, 야은' 순서로 해 왔는데, 목은 후손인 이조원이란 분이 도유사를 맡으면서 '포은, 목은'의 순서를 바꾸어 '목은, 포은' 순서로 해야 한다고 하면서, 그 근거로 동봉 김시습의 문집 기록인 삼은위차규정(三隱位次規定)[16]과 포은 선생이 지은 시(詩)에 사용된 '선생(先生)'이란 말과 '함장(函丈)'이란 말, 그리고 목은이 9세 연장이라는 것 등을 제시했는데, 이에 대해 유림측에서는 이와 관련된 여러 문헌, 전국 각지의 유림 단체와 향교의 견해, 성균관에 의뢰하여 받은 고증 결과 등을 그 반증으로 제시하면서 양쪽이 팽팽하게 대립하게 된다. 이 문제를 해결하기 위해 유림회의가 몇 차례 열리게 되는데, 한 예를 들어보면 1958년 4월 27일 오후 8시에 회원 516 명이 참석해 열린 숙모전재중유도회(肅慕殿齋中儒道會) 회의는 밤을 새워 다음 날 오전 6시 30분이 돼서야 회의가 종료될 정도로 참석자들의 찬반양론이 심했었던 모양이다. 이 문제가 원만히 해결되지 못해 한때 목은 선생 후손들이 그 위패를 자신들의 문중으로 옮겨가는 바람에 향사가 제대로 봉행되지 못한 경우도 있었다.[17]

여하간 삼은각은 고려가 멸망하고 조선이 건국되는 역사의 와중에서 유교에서 가르치는 명분과 절의를 끝까지 궁행 실천하여 충의를 지킨

16 포은정선생사적보존회(圃隱鄭先生史蹟保存會)에서는 김시습의 문집에 그런 규정이 있을 수 없으며, 이는 '육신위차규정'을 억지로 끌어다 붙이는 것이라는 반증을 제시함. 이 내용을 포함한 자세한 것은 『삼은각사적일람(三隱閣史蹟一覽)』이란 책자에 상세히 수록되어 있음. 한편, 이 문제의 대목을 포함했다는 이유로 1916년에 간행된 『동학지(東鶴誌)』와 1921년에 다시 간행된 『동학지(東鶴誌)』는 그 반포가 중지되기도 했다.

17 이 문제에 관해서는 1959년에 간행된 <포은정선생사적보존회>의 『삼은각사적일람(三隱閣史蹟一覽)』이라는 책자에 그 경위와 내용이 상세히 수록되어 있다.

분들의 넋을 위로함은 물론, 그 분들의 절의 정신과 기개를 계승 현창하여 후세의 많은 사람들에게 올바른 삶의 태도에 관해 가르침을 베푸는 국민 교육의 장이자 교육의 매체로서 그 역할을 크게 수행해 왔고, 앞으로도 그런 기능은 연연히 이어질 것이 분명하다 하겠다.

4.

조선 초 역사에서 가장 비극적인 일 중의 하나는 권력을 가지고 골육끼리 상쟁을 벌인 일이라 할 것이니, 이른바 왕자의 난이란 것이 바로 그것이다. 그 와중에서 왕위에 오른 태종은 그런 불상사의 재연을 막기 위해 고심하였는데, 그 뜻을 잘 이어받아 성군(聖君)의 지위에 오른 분이 우리가 잘 아는 세종대왕이시다. 그러나 그 분이 돌아가고 나자 또다시 권력을 둘러싼 투쟁이 벌어져 급기야 어린 단종이 물러나고 권력의 실세인 숙부 세조가 왕위에 오르게 되는데, 이 과정에서 명분과 현실 정치 논리를 놓고 조정 신하들 사이에 의견이 양분되게 된다.

명분파들은 세조의 왕위 등극을 왕위 찬탈이라 하여 그의 행위를 결코 용납해 주지 않았다. 실권을 가진 세력에게 그런 저항과 비판은 수용될 수 없는 일이기 때문에 상당수의 사람들은 당연히 희생을 당해야만 했다. 그럼에도 불구하고 특히 유학을 신봉하던 사람들에게 있어 명분이란 기꺼이 목숨과도 바꿀 수 있는 것이었기 때문에 죽음을 불사한 비판은 끊임없이 계속되었다. 훼손된 명분을 되돌리기 위해 폐위된 단종을 복위시키기 위한 시도도 여러 차례 일어나게 된다. 그런 시도의 실패에 따라 희생자도 늘어갈 수밖에 없었다. 그 가운데 가장 대표적인 인물들이 세칭 사육신이라고 하는 분들이다. 그 분들 외에도 수백 명의 관리, 선비, 그들의 가족, 심지어는 노비에 이르기까지 목숨을 버리지 않으면 안 되었다. 그러나 이런 대규모 희생으로도 사태는 진정되지 못하였다. 근본적으로 왕위 찬탈이라는 그 뿌리가 문제의 본질이기 때문에, 그것은 위력만으로 해결될 수 있는 성질의 문제가 아니었던 것이다.

현실파인 권력 실세의 입장에서 보면 모든 문제의 원점은 폐위된 단종이 이었고, 그가 생존해 있는 한 해결될 수 없는 문제였다. 그리하여 마침내 영월에 유배되어 있던 단종은 17세의 나이에 처참한 죽음을 맞게 된다.

동학사의 숙모전은 이런 정치적인 소용돌이 속에 과거의 동계사, 삼은각의 전통을 이어 받아 역사에 그 모습을 드러내게 된다. 세조가 왕위에 오르던 해에 동봉(東峰) 김시습(金時習)[18]은 삼각산에서 공부를 하고 있었다. 일찍이 어린 나이에 대궐에 들어가 세종 임금으로부터 그 재주를 칭찬 받은 바 있던 그는 세조가 왕위에 올랐다는 소식을 듣고 3일을 두문불출하며 통곡하다가, 공부하던 모든 책을 다 불사르고, 머리를 자르고 승려의 행적으로 전국을 유랑한다. 그러던 중 이곳 동학사에 들러 삼은각을 보고는 감개에 젖어 눈물을 흘렸다고 한다.

세조 2년(1456년) 병자년 6월 김질과 정창손 등이 상왕(단종) 복위 음모의 변을 고하여 성삼문, 박팽년, 이개, 하위지, 유성원, 유응부, 박쟁

---

18 다른 호로는 매월당(梅月堂), 청한자(淸寒子), 벽산(碧山), 췌세옹(贅世翁)을 쓰기도 했으며, 자는 열경(悅卿)이고, 불문에 의탁했을 때는 설잠(雪岑)이라는 법호를 썼다. 생육신의 한 분이며, 우리나라 한문 소설로서 그 남상이 되는 『금오신화』를 창작하기도 했다. 나중에는 효령대군의 권유로 세조의 불경언해 사업을 돕기도 했다. 말년에 부여 외산의 만수산 무량사에서 입적(入寂)하였다고 하며, 그 부도(浮屠)가 현재도 이 사찰에 남아 있다.

등이 붙잡혀 국문을 당하게 되고, 이어서 권자신, 박중림, 김문기, 성승, 송석동, 윤영손 등도 연좌되었음이 밝혀져 이들 역시 잡혀 엄한 국문을 당하게 된다. 그 결과 이개 등은 환열형(轘裂刑)[19]으로 죽이고, 박팽년은 옥중에서 죽고, 유성원은 자문(自刎)하여 죽으니, 이들 시체를 찢어 3일 동안 효수(梟首)하고 그 가산을 몰수하는 한편 가족들도 모두 연좌(緣坐)[20]되어 벌을 받았다. 또한 금성대군(錦城大君), 한남군(漢南君), 화의군(和義君), 영풍군(永豊君)을 각기 순흥, 함양, 금산, 임실 등으로 유배하였다.

이때 참혹하게 죽은 시신들이 노량진에 방치되었는데 그 누구도 감히 이 시신을 수습할 수 없는 형편이었다. 김시습은 밤중에 혼자 이들 시신을 수습하여 노량강 위에 장사 지내고, 그 길로 공주의 계룡산 동학사로 와 삼은각 옆에 제단을 모으고 사육신의 영혼을 불러 그 억울함을 위로하는 제사를 올렸으니, 이것이 오늘날 숙모전의 효시가 되는 셈이다.[21]

세조3년(1457년) 9월에 세조가 오대산과 속리산을 거쳐 계룡산에 이르게 된다.[22] 여기에 와서 삼은각과 사육신 초혼단을 본 그는 크게 느낀

---

19 준말로 환형(轘刑)이라고도 함. 중죄인의 사지(四肢)를 각각 다른 수레에 매고 수레를 끌어 찢어 죽이는 형벌. 다른 말로는 거열(車裂)이라고도 함.

20 일가의 범죄에 관련되어서 처벌을 당하는 일.

21 김시습 선생의 행적을 그의 문집을 통해 자세히 검토해 본 결과, 이 무렵 그가 공주에 왔을 가능성은 거의 없으며, 이와 같은 기록은 후일에 구전되던 설화를 사실처럼 기록한 하나의 문건이 다른 사람에 의해 계속 답습된 결과에 지나지 않는다는 의견을 제시하는 사람도 있다. 추만호, 앞의 책, p.192 참조.

22 세조는 왕자 시절부터 불교에 관심이 깊어 아버지 세종의 명으로 석가모니 부처의 일대기인 『석보상절(釋譜詳節)』을 지었으며, 정변을 통해 왕위에 오르는 동안, 그리고 왕위에 오른 후에도 자신이 왕이 된 것을 용납 못하는 수많은 신하들을 죽음으로 몰아넣었는데, 이에 대해 부담감이 많아서 불교에 더 깊이 빠졌다고 한다. 특히 자신의 몸에 난 피부병을 고치기 위해 전국의 유명한 사찰과 온천을 많이 찾았는데, 오대산의 상원사, 속리산의 법주사, 온양 온천 등을 자주 찾았다고 한다.

바 있어 손수 비단 8폭에 <병자원적(丙子寃籍)>이라 쓰고 거기에 병자년에 죽은 사육신과 다른 신하 및 연좌하여 죽은 그들의 부자형제 가족 100여 명[23]의 이름을 적고, 아울러 고려의 여러 왕의 성명을 적어 동학사에 내림으로써, 그들의 억울한 혼령을 위로케 하였다.[24]

그 해 10월 24일에 노산군(魯山君)으로 강등되어 영월에 유배되어 있던 단종이 17세의 나이로 사사(賜死)되었다. 그것이 억울한 죽음임을 알면서도 당시의 형편상 왕명으로 사사된 시신을 거두는 일은 그 누구도 할 수 없었다. 그러나 지방 호장이었던 엄흥도라는 사람은 밤중에 몰래 그 시신을 거두어 자신의 어머니를 위해 마련해 두었던 관곽에 모셔 주구동을지곡(珠邱冬乙旨谷)에 암장한 뒤 왕이 입고 있던 어포(御袍)를 모시고 망명길에 나서 김시습을 만나 공주 동학사에 이르게 된다. 그들은 조상치(曺尙治), 조려(趙旅), 성희(成熺), 송간(宋侃), 이축(李蓄), 정지산(鄭之產) 등과 만나 얼마 전 만들어진 사육신 초혼단 위에 다시 하나의 단을 모으고[25], 그 위에 엄흥도가 모시고 온 어포를 올려놓고 통곡하며 제사를 올렸다. 이때 김시습이 찬한 「상왕초혼사(上王

그는 후일 궁내에 특별 기관을 만들어 많은 불경을 한글로 번역하는 사업을 수행하기도 했다.

23 실제로 병자원적 문건에 기록된 사람은 모두 103명인데 그 중에는 당대의 최고 관리를 비롯하여 무명씨, 맹인, 비부(婢夫), 무녀(巫女)까지 망라되어 있다. 부자, 형제 등 가족 관계가 많은 것은 연좌제 때문이다.

24 동학사와 초혼각에 관한 여러 기록에 세조가 즉위 3년 9월에 계룡산 동학사에 와 「병자원적(丙子寃籍)」이란 문건을 내려 준 것으로 되어 있으나, 조선왕조실록 세조 3년 9월 기록에는 그런 내용이 없으며, 9월에 왕세자가 죽어 장례를 치르는 기록이 많이 나오는 것으로 보아 그 와중에 실제로 세조가 동학사에 왔었는지는 의문이다. 또한 「병자원적」이란 문건도 왕조실록 검색에서는 발견되지 않는다. 이로 보아 그가 동학사를 방문했다 하더라도 그것은 비공식적인 순행이었을 가능성이 크고, 문건도 공식적으로 작성된 것이라고 보기는 어려울 것 같다.

25 그곳에는 먼저 두 개의 단이 있었으므로, 그 위에 왕을 위하여 새로 단을 만들자 모양이 마치 한자의 <品> 자처럼 되었다고 한다.

招魂辭)」가 남아 전하는데, 거기 일절을 보면 "산에서 나는 과일과 냇가에서 잡은 물고기로, 시절을 통곡하는 시와 눈물로 혼을 부르옵나니, 비록 예의가 곡진하지는 못하다 하더라도 의로움이 이에 있으니, 감히 청하옵건대 흠향하시옵소서"[26]라고 되어 있다.

세조4년(1458년)에는 세조가 다시 동학사에 추부기(追付記)를 내려 단종과 안평대군, 금성대군, 계유 정변 때의 삼상이었던 김종서(金宗瑞), 황보인(皇甫仁), 정분(鄭苯), 그에 연좌하여 죽은 자 및 병자원적 중 누락된 자 등 모두 100여 명을 적어 보내며 따로 그 혼령을 모시는 각(閣)을 짓게 하고 친히 그 이름을 초혼각(招魂閣)이라 명명하였다. 그리고 주위 이십 리 영역을 사패(賜牌)하여 그 재정적 근본을 마련함과 동시에 이를 증명하기 위해 인신(印信) 일과를 내려 보냈다. 그 후 다시 토지 25결을 내려[27] 지방 유생과 사찰 승려들로 하여금 제향을 주관케 하여 매년 10월 24일 대제(大祭)를 지내게 하고, 또 자신이 적어 내린 혼록에 있는 200여 명에 대해서도 혼을 불러 제사를 모시도록 지시하였다.[28] 이렇게 몇 년을 이어 오던 중 세조 13년(1467년)에 김시습과 조상치 등이 동학사의 승려 명선(明禪), 월잠(月岑), 운파(雲波) 등과 상의하여 매년 3월 15일을 정식 제일로 정해(이 날은 단종 대왕의 탄신일임) 기존의 10월 24일 제일과 더불어 봄, 겨울의 향사 날짜가 확정되었는데, 이 전통은 현재까지도 그대로 이어지고 있다.

이후 한 동안 이곳은 아쉽게도 그 근본정신이 훼손되는 곡절을 겪게 되는데, 그것은 동양위(東陽尉) 신익성(申翊聖)이란 사람이 선조 24년

---

26 …山果川魚之屬兮 哭秋賦淚招魂兮 禮雖未盡義在玆兮 敢請尙 饗

27 공주읍지에는 33결이라 되어 있고, 동학사 옛 기록에는 세금 내는 토지 20결, 세금 내지 않는 토지 20결이라 되어 있다.

28 이들에 대한 제사를 모시는 동안 갑자기 맑은 하늘에서 혈우(血雨)가 뿌렸다고 한다.

(1591년)에 동학사의 지물(紙物)을 납용하려는 뜻으로 왕에게 주청하여 개인 용도로 사급(賜給)을 받았기 때문이다. 이로 인해 향사 범절이 예전처럼 수행되기 어려운 지경에 처하게 되었다. 선조 30년 임천군수로 와 있던 정천경(鄭天卿)[29]이 마침 이곳의 사관(祀官)으로 참석했다가 지은 「초혼각기(招魂閣記)」라는 글의 말미에 '適當祀官 到于此而瞻掃舊閣 掇其設立顚末 爲之記'라 한 것으로 보아 제각(祭閣)이 낡고 평소 관리가 잘 되지 못하고 있음을 간접적으로 알 수가 있다.

광해 13년(1621년)에는 더욱 상황이 나빴던지 제학(提學)으로 있던 황정철(黃廷喆)이 초혼각이 오래 되고 낡아 없어질 것을 우려하여 이의 수호절목을 만들고, 사림 중에서 책임자를 뽑아 유사를 정하는 한편, 참판 정천경과 상의하여 유방택, 김시습, 조상치, 조려, 성희, 송간, 이축, 정지산 등 8선생을 초혼각에 배향하기로 정하였다. 초혼각이 이처럼 점차 쇠락해지는 것과는 상대적으로 숙종 7년(1681년)에 노산군(魯山君)으로 강등되었던 단종에게 대군 칭호가 추증되었고, 숙종 17년에 사육신들에게 옛 작위를 모두 회복시켜 주었으며, 숙종24년에는 노산대군을 복위(復位)하여 단종이라 하게 됨으로써 그 동안 초혼각에서 비공식적으로 모시던 이분들에 대한 제향이 공식적으로 떳떳이 봉행될 수 있게 되었다.

그러나 초혼각의 수난은 더해져서 영조4년(1728년) 신천영(申天永)[30]이라는 사람이 이곳에 와 동학사와 초혼각에 불을 질러 모두가 소실되는 화를 당하였다. 다행히 선견지명이 있던 승려에 의해 세조가 내린 혼록(魂錄)은 여러 벌을 베껴 각 암자와 토굴에 보관함으로써 후세에

29 그는 계유정변 때 우상(右相)으로 있다가 광양으로 유배되어 사약을 받고 죽은 정분(鄭苯)의 5대손이다.

30 신숙주의 후손으로 영조 때 역적이다.

전해질 수 있었고, 인신(印信)은 화재 중 샘에 빠진 것을 나중에 찾았다고 한다. 영조 52년(1776년)[31]에는 정후겸(鄭厚謙)[32]이 초혼각에 딸린 위토(位土)를 모두 팔아먹는 바람에 제향을 올리는 일 자체가 어렵게 되었다. 그 무렵의 예조에서 나온 완문(完文)을 보면 동학사라는 사찰 전체가 피폐해질 대로 피폐해져 그 흔적만 남았을 뿐이고, 수백 년 동안 이어져 오던 제향의 장소도 오직 옛 터만 남았을 뿐이며 혼록과 인신만 간신히 보존되고 있다고 하였다.

동학사 재건은 순조 14년(1814년) 승려 월인(月仁)[33]에 의해 시작된다. 그는 예조에 공문을 내어 도움을 청하는 한편 신도들의 시주를 모아 절 건물을 몇 간 짓고, 아울러 조그만 각(閣) 하나를 세워 간신히 화를 면한 혼록을 모셨는데, 불행하게도 다시 화재가 나서 그나마 폐허가 되어 버렸다.[34] 그는 이에 실망하지 않고 동학사의 초혼각이 가진 깊고 높은 뜻을 강조하여 다시금 예조에 간절히 호소함으로써 그 지원을 받아 예전 모습을 겨우 절반 정도 되살려 놓았다고 한다. 그 과정을 좀 자세히 알아보면, 순조18년 혼록에 올라 있는 분들의 자손들이 지방 선비들과 상의하고, 또 승도(僧徒)들과 힘을 합쳐 공주의 본영과 예조에 초혼각과 산사(山寺) 중건을 호소함으로써, 마침내 예조에서 이 공사에 필요한 자금 모금과 공사에 협조하라는 공문을 각처에 내려 보내게 된다.

---

31 「동학사적(東鶴事蹟)」이라는 기록에는 정조8년 갑진년의 일이라고 되어 있다.

32 영조의 넷째 딸인 화완옹주(和緩翁主)와 일성위(日城尉) 정치달(鄭致達)의 양자. 나중에 대리청정 반대 문제로 경원에 유배되었다가 사약을 받고 죽음.

33 다른 기록에는 월인(月印)으로 된 것도 있다.

34 당시 예조에서 내린 「완문」 (가경(嘉慶) 무인(戊寅) 5월, 순조 18년 1818년)을 보면 "불행하게도 지난 갑진년에 절이 다 불타 없어져 표탕(飄蕩)하게 되었고, 누백 년 이어오던 제향의 장소가 지금은 다만 옛 터만 남아 있을 뿐이다(不幸去甲辰寺盡爲飄蕩屢百年設享之所只存舊址)"라고 하여 폐허화된 사찰과 초혼각의 모습을 전하고 있다.

당시에 이와 관련하여 예조와 충청관찰부에서 내린 완문[35]을 보면, 승려 월인을 도내도승통(道內都僧統) 겸 초혼각수호총섭(招魂閣守護總攝)으로 임명하고, 본도 타도를 불구하고 승도를 모집하여 혼각을 수호할 것이며, 각 관청에서는 이 일에 협조해야 하고, 관리 등속의 침어(侵魚) 유객(遊客)의 폐를 엄금하라고 되어 있어, 이곳이 영구히 수호 유지되어야 할 곳이 되도록 하고 있다. 이와 같은 사실은 초혼각 재건을 위해 관청, 유림의 선비들, 혼록에 오른 분들의 후손, 사찰의 승려 등 여러 계층의 사람들이 모두 협력했다는 것을 알려 주고 있으며, 그만큼 국가적으로 중요한 사적임을 입증해 주고 있다 하겠다.

몇 년 뒤 순조 26년(1826년)에는 암행어사 김도희(金道喜)가 동학사에 들러 황폐하고 초라한 모습의 초혼각을 보고 왕에게 이의 중건을 건의함과 동시에 관찰사 서준보(徐俊輔)와 상의하여 그 방책을 논의하였다. 이에 따라 공주목의 판관 이노준(李魯俊)은 상관인 도백(서준보)의 명을 받아 이 해 가을 정규흠(鄭奎欽), 박상현(朴象鉉)[36] 등과 함께 주동적인 역할을 하여 요로에 협력을 구하는 한편, 관직에 있던 이광문, 조진화, 이익회, 윤상규, 김양순, 이규현, 홍치규, 윤경진, 김홍근, 민정현, 이회연, 조제만 등의 자금 협조를 받게 되고, 정규흠은 공사 책임자가 되어 공사를 시작하였다. 그 다음 해에 새로 부임한 공주 판관 홍희익(洪羲翼)이 공사를 주관하여 초혼각을 완성하였는데, 아쉽게도 삼은각, 삼상 육신 등을 위한 단이나 각은 따로 세우지 못해 임금과 신하의

---

35 이 두 건의 글이 모두 전해지고 있는데, 예조 완문의 내용 중에 특이한 것은 이곳에 모시는 분들이 고려 제왕과 단종을 비롯 '三相六臣 死節諸臣 並至 三百餘位'라고 하여 그 숫자가 여타 기록에 비해 가장 많다는 것이다. 아마도 이는 초혼각 중건의 정당성을 강조하기 위한 뜻에서 더 많게 표현한 것이 아닌가 한다.

36 이 두 분은 혼록에 기록된 삼상 중의 한 분인 정분(鄭苯)과, 사육신 중의 한 분인 박팽년(朴彭年) 후손이다.

혼 모두를 같은 건물 내에 모시게 되었다.

그 다음 해에 위와 같은 문제를 해결하기 위해 동학서원(東鶴書院)을 세우자는 공론이 일어 참판 이우재(李愚在), 참의 홍치규(洪穉圭), 목사 이회연(李晦淵), 현령 김홍근(金弘根) 등과 후손인 박상현, 정규흠 등이 주동이 되어 마을 입구 학암 안에 그 장소를 정하고 공사를 시작하였다. 그 당시 이노준이 쓴 개기문(開基文)과 조진하(趙晉夏)가 작성한 상량문이 남아 있다.[37] 다음 해인 순조 30년(1830년)에 동학서원이 준공되었다. 8월 19일 유사 회의를 열고 추절목(追節目)을 정했는데 이에 관한 상세한 사항은 「동학사청향상언(東學祠請享上言)」 자세히 나와 있다. 서원 원장에는 우의정 김이교(金履喬)를 추대하였는데, 이로써 초혼각에 함께 모셔져 있던 삼은(포은, 목은 야은), 계림백(박제상), 삼상(김종서, 황보인, 정분), 육신(성삼문 등 사육신) 등을 따로 모시게 되어 군신지분(君臣之分)이 명확히 이루어지게 되었다. 또한 이와 함께 혼각에서 올리는 제향을 다시 회복할 것과 서원에 임금의 사액(賜額)을 청하는 '청 혼각복향사원액상언(請 魂閣復享賜院額上言)'을 올렸다.

그러나, 불행하게도 그 6년 뒤인 헌종 2년(1836년) 서원 신축에 주도적 역할을 했던 서원 유사 정규흠 등과 향교 유사 신영(申瑩), 이면일(李勉逸) 등이 서로 다투다가 결국 정규흠이 문자 위조죄[38]로 처형되고 나머지 여섯 사람들은 모두 유배되는 불상사가 발생하여, 왕이 서원 철

---

37 이 서원 상량 시에 세조14년에 기록된 「율사고적(栗寺古蹟)」이라는 문건이 나왔는데, 여기에 보면 조선 초에 이미 무학대사가 이곳 동학사에 나중에 단종을 모실 숙모전이 지어질 것, 삼상육신의 혼령을 초혼 제사할 것 등을 예언했다고 되어 있는데, 그 연도 표기 등에 약간의 의문이 있기는 하나 실로 우연한 일이라고만 보기는 어려운 동시에, 동학사의 운명과 성격을 알게 해 주는 매우 희한한 자료라고 할 수 있다.

38 앞의 「동학사적」이란 기록에는 '통문을 위조하고 음모를 꾸며 사람을 상하게 하였다(僞造通文謀害傷人)'라고 되어 있다.

폐를 명하는 바람에 동학서원은 없어지고, 초혼각의 관리와 제향도 유림들의 손을 떠나 동학사 승려들에게 맡겨지게 되었다.

고종이 즉위한 해(1864년)에 만화(萬化) 선사가 금강산으로부터 동학사로 옮겨오는데,[39] 이 스님은 동학사에 와서 쇠락해진 사찰을 재건하는 사업을 벌인다. 50여 년 전 월인 선사에 의해 사찰의 일부가 중건된 이래 비로소 사찰의 면모가 일신되기는 했으나 그 규모는 사찰 40칸, 혼각 3칸에 불과하였다. 이 과정에서 선사는 그 규모가 협소하고 긴 세월에 퇴락한 초혼각 3칸을 새로이 수리하여 건립한다. 이 초혼각에는 북쪽 벽에 단종의 위패를, 동쪽 벽에는 삼은, 삼상, 엄흥도 등 일곱 위를, 서쪽 벽에는 사육신과 김시습 등 일곱 위의 위패를 모셨는데, 뒷날 절신(節臣)의 후손들과 유림들이 와서 보고 조선조의 임금과 신하를 고려조의 신하와 함께 한 방안에 모시는 것은 미안한 일이라고 공론이 되어 삼은의 위패를 사찰의 판도방(判道房)으로 옮겨[40] 따로 단을 만들어 제사 지내게 되었다. 이때의 사실을 기록한 채동양(蔡東陽)의 「초혼각중수기(招魂閣重修記)」가 전하는데, 여기에 보면 이 초혼각이 '이 절의 주지 스님의 정성을 다한 노력으로 고쳐지고 보수되었다'[41]고 쓰여 스님의 역할을 명시하고 있다.

고종 20년(1883년)에 충청좌도어사였던 유석(柳奭)이 그 전 해에 동향(冬享)에 참석했던 것을 계기[42]로 삼백 금이란 거금을 출연하여 초혼

---

39 마곡사 상원암에 있으면서, 수 년 동안 동학사에 내왕하며 사찰이 피폐해지고 혼각이 좁고 누추한 것을 한스럽게 여겼다고 한다.(「동학사적」의 기록)

40 「동학사적」에는 삼은(三隱) 이하 모든 신하의 위패를 사찰로 옮겼다고 되어 있다.

41 …'此住持釋之所竭誠修補者也'…云云

42 겨울 향사에 참석했을 때 절에 있던 신하들의 위패를 옮겨다 놓고 제사를 모신 후, 당연히 다시 절로 그 위패를 옮겨 모셔 가는 것을 보고 대단히 미안한 마음이 들었다고 한다.(「동학사적」의 기록)

각 옆에 동무(東廡)와 서무(西廡)각 일 칸씩을 따로 세웠다. 임금과 신하의 위패를 한 방에 모시는 것이 격에 어긋나는 일임에도 부득이하게 그리 되었던 일인데, 이로 인해 비로소 혼령이나마 군신 간의 구분이 이루어지게 되었다. 동무에는 삼은과 삼상을, 서무에는 육신의 위패를 모셨다. 이로써 동학서원 시절 잠시 임금과 신하를 구분하여 모셨던 이래, 같은 방 안에 합사되었던 혼령들을 따로 편안하게 모실 수 있게 된 것이다. 1894년에는 계유정변 때의 우상이었던 정분(鄭苯)의 후손 정하영(鄭河泳)이 적지 않은 사답(私畓)을 매각하여 그 비용으로 초혼각의 수호와 향사에 크게 노력하였다.

1901년에는 동양위(東陽尉)의 후손인 신경수(申慶秀)가 정소(呈訴)하여 동학 산림을 정숙옹주궁에 부속시킨다는 영이 내려지자, 동학사 승려 만우(萬愚)가 절신들의 후손을 찾아 연서를 받아 호소하여 장례원으로부터 훈령을 받아 산림을 확보할 수 있게 되었다. 당시 장례원경과 충청관찰사의 연명으로 내린 공문을 보면 '학암을 경계로 하여 경내 산지는 영구히 초혼각에 소속시켜 수호지자로 삼게 한다.'라고 되어 있다.[43]

광무 8년(1904년)에 황제의 명으로 초혼각의 이름을 숙모전(肅慕殿)[44]으로 개칭하였다.[45] 그리고 황제로부터 해당 편액이 내려져 8월 초

---

43 이 공문의 내용은 다음과 같다. 鷄龍山東鶴寺 卽端宗大王招魂閣奉安之地 三相六臣薦享之所也 重與他逈 別以鶴巖爲界 界內地永付於招魂閣 使爲守護之資 諸般守護禁養等節 觀察使及地方官 各別申飭而莫重享事 俾無疎忽事 掌禮院卿 李根秀, 忠南觀察使 沈建澤

44 이 숙모전이라는 이름은 숙종대왕이 비로소 단종대왕의 위를 회복하였으니 숙종대왕을 사모하는 뜻이라고 한다. 一記者, 「鷄龍山記(5)」(1923.12. 동아일보). 이 글에 관해서는 조동길의 「1920년대의 계룡산(1)」, 『웅진문화』 13집(공주향토문화연구회, 2000.) 참조.

45 건물에 쓰이는 '전(殿)'이라는 글자는 궁성이나 사찰, 향교 등에서 볼 수 있는데, 왕이나 부처, 공자님을 모시는 궁전, 대웅전, 대성전 등이 그 예다. 일찍이 「율

이튿날 정이각(正二刻)에 게액(揭額)하였으며, 역시 황제의 명으로 정순왕후(定順王后)[46]를 단종의 위패에 합독(合櫝)하여 같이 모셨다. 그리고 이백 금의 금액을 하사하여 치제관으로 목천군수 박정빈(朴正彬), 영월의 장릉 참봉 박노학(朴魯學), 의관(議官) 김광식(金光植)을 보내 위안제를 지내게 하니, 바로 8월 초사흗날 진초일각(辰初一刻)이었다. 또한 천금을 별도로 내려 이곳에 모셔진 대소 충혼을 위한 제절신추배지전(諸節臣追配之典)을 올리게 했는데, 이 제향을 8월 15일 자시에 거행하였다.[47]

1910년 경술년에 우리 역사상 가장 치욕적인 한일합방 조약이 체결되어 나라가 남의 손에 넘어가 버렸다. 우국지사들과 절개를 지킨 선비들이 목숨을 걸고 이에 저항하였으나, 대세는 이미 기울어져 빼앗긴 나라를 되찾을 수는 없었다. 이에 따라 뜻 있는 선비들은 우리 역사에서 충절을 지킨 충신열사를 찾아내 현창하는 사업을 전개함으로써 간접적으로 국권 회복의 의지를 꾸준히 지켜나갔다. 물론 이런 사업은 국권을

사고적」이라는 문건에서 무학 스님이 동학사의 현판을 '대웅전'이라 하지 않고 '법당'이라 써서 걸었다는 내용이 있는데, 이는 아마도 동학사에 이 숙모전이라는 '전'자가 들어가는 이름의 건물이 들어설 것을 미리 알았던 것이 아닐는지, 참으로 묘한 일이 아닐 수 없다. 초혼각에서 숙모전으로 승격이 된 것은 유생(儒生) 이범욱(李範彧), 정하영(鄭河泳) 등의 진소(陳疏)를 받아들여 이루어진 것이라고 한다.

46 판돈녕부사 송현수(宋玹壽)의 따님으로 세종 22년에 태어나서 단종2년에 왕비로 책봉되었고, 단종 3년에 단종이 세조에게 양위하고 물러나 상왕(上王)이 됨에 따라 의덕왕대비(懿德王大妃)가 되었으며, 세조 3년에 단종의 노산군 강등으로 부인(夫人)으로 강등되었고, 중종 16년 향년 82세로 승하하였다. 숙종 24년 왕후 위가 추증 복위되었으며, 능은 양주에 있고 능호는 사릉(思陵)이다. 미호(微號)는 단량제경(端良齊敬)이고 시호는 정순(定順)이다.

47 고종실록 광무 8년(1904년) 8월조에는 이러한 내용이 전혀 보이지 않는다. '숙모전'이라는 이름 자체도 『고종실록』 내에서는 검색되지 않는다. 돈을 하사하여 두 차례의 제사를 지내게 했다는 내용도 물론 없다. 그렇다고 이 사실을 조작이라고 볼 수는 없을 것 같다. 아마도 국가의 공식 기록에 포함시키기 어려운 어떤 사정이 있었거나, 혹은 이런 일련의 일들이 비공식적으로 이루어졌을 가능성이 있는 게 아닌가 생각된다.

찬탈한 일본의 비위를 거스르는 일이기 때문에 그 진행 과정이 수월한 일은 아니었을 것이다.

1916년 봄 이 지역의 애국지사들, 절신의 후손, 그리고 유림들 중에서 김복한(金福漢), 최영조(崔永祚), 송주헌(宋柱憲) 등이 주동이 되어 경향의 선비와 유림, 지사들에게 그 뜻을 호소하여 숙모전 제수 비용과 건물 중수 비용을 모금하는 한편[48], 8월에 공사를 시작하여 그 해 10월 말에 준공을 이루었으니, 정전(正殿) 3칸, 동무(東廡)와 서무(西廡)) 각 2칸, 따로 건립한 삼은각 1칸의 규모였다. 정전은 규모는 그대로이되 수리를 한 것이고, 동서무는 1칸이었던 것을 두 배로 늘린 것이며, 삼은각은 새로 건립한 것이다. 이로써 국권 상실을 전후하여 어수선했던 사회 분위기 속에서 소홀해졌던 이곳 추모와 제향의 장소가 그 면모를 새로이 하게 되었다. 특히 주목할 것은 이 일이 관부의 도움 없이 순전히 민간에 의해 처음부터 끝까지 주도되었다는 점이다. 당시 민심을 엿볼 수 있는 주요한 대목이 아닐 수 없다.

1921년에 정전과 동무, 서무가 너무 협소하여 옹색한 것을 걱정하던 나머지 그 규모를 늘리는 공사를 진행하여 중건하니, 정전은 배로 늘려 6칸이 되고, 동무와 서무도 각기 두 배로 확장하여 각각 4칸이 되었다. 그리고 출입구를 새로 정비하여 삼문(三門)을 세우니 그 규모는 3칸이었다. 이로써 유림과 절신의 후손들이 다수 참석해도 그 제향이 무리 없이 거행될 수 있게 되었으며, 무엇보다 숭고하고 엄숙해야 할 추모 제향의 장소가 그 격에 맞게 품격을 갖추게 되었다. 특히 삼문을 새로

48 이때 성금 모금에 앞장서 힘쓴 사람들은 유생 이범욱(李範彧), 정하영(鄭河泳), 이흥규(李興珪), 박만환(朴晩煥), 박노중(朴魯重), 이광규(李光珪), 김상규(金相珪), 유용준(兪龍濬), 이정규(李貞珪), 조성태(趙性泰), 봉학구(奉鶴九) 등이었으며, 이 일을 주창하여 주동한 사람은 절신 송간(宋侃)의 후손인 진사 송주헌(宋柱憲)이었다.

건립함으로써 성스러운 공간의 위상을 확보하게 된 것은, 때늦은 감은 있으나 실로 다행한 일이 아닐 수 없다 하겠다. 이 일을 주관했던 분들은 이런 일들의 전후 경위를 기록하고, 이 성스러운 공간의 뜻을 영구히 후세에 전하고자 뜰에 비를 세우기로 하고 그 비문까지 마련하였으나 실현되지는 못하였다.[49]

그 후 일제강점기 동안에도 면면히 이어오던 제향 의식은, 일제 말기 전시총동원체제의 강요로 말미암아 모든 민족 전체가 생존에 급급해지는 바람에 제대로 봉행되기가 어려워 부득이 소홀해질 수밖에 없었다. 이에 따라 자연히 건물이나 주위 환경도 관리가 부실해져 황폐화되고 쓸쓸하게 퇴락해 버린 것은 어쩔 수 없는 일이었다.

해방이 되고 나서도 남북 분단과 이데올로기를 둘러싼 상호간의 치열한 대결로 이곳에 관심을 두는 사람이 별로 없었다. 그러던 중 1950년에 이곳에 모셔진 충의 절신 후손들을 중심으로 숙모전과 동무, 서무, 삼은각을 그대로 두어서는 안 된다는 공론이 일어나 각 문중에서 상호 협조하여 비용을 갹출, 대대적인 수리 공사에 들어갔다. 그 동안 방치되다시피 하였던 건물을 전면적으로 수리하고, 오랜 세월에 깨지고 부서진 지붕의 기와를 모두 새 것으로 교체하고, 단청도 새롭게 하여 면모를 일신하였다.

1956년에는 동계사(東鷄祠)를 따로 건립하니, 그 동안 함께 모셔 오던 충신의 혼령을 편안히 모실 수 있게 되었다. 영조4년 신천영의 방화로 소실된 후 실로 228년 만에 이 건물이 중창됨으로써 흔히 동학삼사(東鶴三祠)라 일컫는 숙모전과 삼은각, 동계사가 명실 공히 각기 독립

---

49 숙모전 전정비(殿庭碑) 건립 계획은 참봉 유상근(柳庠根) 등이 계획하고, 그 명서(銘序)는 김복한(金福漢)이 짓고, 진사 송철헌(宋哲憲)이 추기문(追記文)을 달아 준비했으나 불발에 그쳤다. 그 비문은 현재 남아 전한다.

적인 건물을 비로소 갖추게 된 것이다. 또한 이는 왕조를 달리하는 충의 절신을 그 격에 맞게 모심으로써 후손과 후학된 사람들이 미안한 마음 없이 그 뜻을 기릴 수 있는 기틀이 마련된 것이기도 하다.

이상으로 숙모전이 탄생하게 된 경과를 후술할 '숙모회(肅慕會)'에서 간행한 ≪숙모지(肅慕誌)≫의 기록을 중심으로 하여 기타 여러 문건들을 참조하면서 살펴보았다. 비록 국가의 공식 기록인 조선왕조실록이나 고종실록 등에서 그 입증 자료를 찾지 못한 아쉬움은 있으나, 그것이 이곳에 모셔진 우리 역사상 가장 위대한 충신이나 절의 신하들의 큰 뜻을 감소시키는 것은 결코 아니라고 할 수 있다. 길게는 고려 초의 박제상 추모로부터 따져 천여 년, 여말선초의 고려 유신들을 추모 제향한 때로부터 600여 년, 그리고 조선조에 비극적인 최후를 맞은 단종대왕의 억울함과 그에 저항하여 그 뜻을 죽음으로 지킨 200여 명의 절신들을 추모하기 시작한 이래 500여 년, 그 사이 곡절도 많았고 부침도 있었으나, 나라를 위하고 임금에 대한 충성심을 지킨 그 분들의 위대한 정신만은 결단코 끊어지거나 중단되지 않았다. 이것은 우리 민족, 나아가 인류가 존속하는 한 올곧은 정의와 떳떳한 명분은 어떤 경우에도 훼손되거나 침범될 수 없는 것이라는 진리를 저 유구하고 영원한 하늘의 태양처럼 밝게 입증해 주는 일이라고 아니할 수 없다. 동학삼사의 정신은 우리 미래에도 영원할 것임을 확신한다.

5.

1963년에는 동학삼사의 존숭(尊崇)과 관리 유지를 영구히 하기 위해 이를 법적으로 뒷받침하는 단체를 만들기로 하여 추진했던 사단법인 설립이 가시화되었다. 그 전 해에 당시 문교부에 신청하였던 사단법인 설립 신청이 받아들여져 1963년 1월 14일자로 허가가 났다. 허가번호는 '문화제1083호'였다. 이어 대전지방법원공주지원에 법인 설립 등기를 마치니 <사단법인(社團法人) 숙모회(肅慕會)>가 정식으로 발족된 것이다. 초대 이사장으로 한학자이며 성균관 관장인 성낙서(成樂緖) 선생을 추대하고, 숙모회의 정관에 따라 도유사(都有司)에는 당연직으로 당시 충청남도지사였던 윤태호(尹泰皓)를 추대하였다.

그 해에 오랜 세월이 흐르는 동안 퇴락한 삼은각을 허물고 새로 중건하였으며, 숙모회의 사무실로 사용할 현재의 재각(齋閣)을 신축하였다. 1969년에는 삼은각 중건비를 마당에 세웠는데, 여기에는 동학삼사의 내력이 새겨져 있다.

숙모회는 동학삼사라 일컬어지는 동계사(신라시대의 충혼), 삼은각(고려시대의 충혼), 숙모전(조선시대 단종과 그 충혼)에 모셔져 있는 충혼을 제향하고 그 정신을 현창하는 사업[50]을 하기 위해 조직된 사단법인 단체다. 회원 구성은 이 단체의 취지와 목적에 찬성하는 사람으로 한다(정관 제5조)고 하여 특별한 제한을 두지 않고 있으며, 임원진 구성은 이사장 1인, 상무이사 1인, 이사 11인, 감사 2인, 간사와 고문 약간인을 둔다고 되어 있다. 또한 제례의전(祭禮儀典)에 관한 임원은 따로 규정하고 있는데, 도유사(都有司) 1인, 상무유사(常務有司) 1인, 장재(掌財) 1인, 장의(掌議) 5인, 간사 2인으로 구성된다(정관 제24조). 도유

50 동 단체의 정관 제3조에 보면 '숙모전, 삼은각, 동계사의 수호 및 봉향과 충의 선양 사업을 목적'으로 한다고 되어 있고, 제4조에 보면 구체적인 사업으로 ① 숙모전, 삼은각, 동계사의 봉향 및 유지, 관리, 개선, 확장에 관한 사업 ② 충의선양상 필요한 도서의 간행 및 강연회의 개최 ③ 기타 본회의 목적을 달성함에 필요한 사업을 한다고 되어 있다.

사에는 충청남도지사를 추대한다고 정관 제25조에 규정되어 있다.

이 법인의 명칭을 <숙모회>라고 한 이유는 신라, 고려, 조선 시대의 충혼을 모시는 사우(祠宇)가 계룡산 동학사 한 곳에 모여 있는 지리적 조건과, 이곳에 모셔진 충혼들이 범국민적으로 이의 없이 존경을 받는 분들로 따로 제주(祭主)가 있을 필요가 없이 국민 모두가 제사를 올릴 수 있는 분들이라는 점, 그리고 셋 중 단종과 단종을 위한 신하들이 집단적으로 모셔져 있을 뿐 아니라 황제로부터 사액을 받은 숙모전이 규모가 가장 크고 중심이 되는지라 그 이름을 따서 명칭을 정한 것이다.[51]

숙모회에서는 1년에 두 차례 제향을 올리는데, 춘향(春享)은 음력 3월 15일이며 동향(冬享)은 음력 10월 24일이다. 봄 제사는 단종대왕의 탄신일에 올리는 것이고, 겨울 제사는 승하하신 날에 올리는 제사다.

숙모전의 배향 내용은 다음과 같다.

(西) 端宗 恭懿溫文純定安莊景順敦孝大王
(東) 懿德端良齊敬定順王后 宋氏

서무(西廡)의 배향(配享) 위차(位次)와 내용은 다음과 같다.(편의상 시호와 관직은 생략하고 일련번호를 붙임)

1. 宋玹壽 2. 權自愼 3. 鄭悰 4. 閔伸 5. 趙克寬 6. 金文起
7. 朴仲林 8. 成勝 9. 朴崝 10. 朴彭年 11. 成三問 12. 李塏
13. 河緯地 14. 柳誠源 15. 兪應孚 16. 許翊 17. 朴審問 18. 李甫欽
19. 趙崇文 20. 宋石同 21. 趙哲山 22. 趙順生 23. 成熺 24. 金漢啓
25. 朴仁年 26. 奉汝諧 27. 朴永年 28. 金善七 29. 李宗儉 30. 鄭從韶

51 홍순옥 편저, 『숙모지(肅慕誌)』 p.5.

31. 徐皐 32. 朴希權 33. 鄭知年 34. 崔始昌 35. 朴大孫 36. 李世榮
37. 金孝宗 38. 朴忠元 39. 金係熙 40. 朴耆年 41. 李禮 42. 全希哲
43. 朴大年 44. 李澄玉

같은 방식으로 동무(東廡)의 배향 위차와 내용을 살펴보면 다음과 같다.

1. 李瑢(安平大君) 2. 李瑜(錦城大君) 3. 李瓔(和義君) 4. 李어(漢南君)
5. 李瑔(永豊君) 6. 李穰(河寧君) 7. 皇甫仁 8. 金宗西 9. 鄭苯
10. 金時習 11. 朴孟專 12. 趙旅 13. 元昊 14. 成聃壽 15. 南孝溫
16. 嚴興道 17. 曺尙治 18. 宋侃 19. 李蓄 20. 鄭之產 21. 閔甫昌
22. 許慥 23. 權策 24. 李智活 25. 孫叙倫 26. 趙銘 27. 洪演
28. 姜昇 29. 申叙胥 30. 崔善門 31. 宋慶元 32. 洪九叙 33. 李緝
34. 丁禮孫 35. 庾龜山 36. 庾鰲山 37. 沈冑 38. 申奎 39. 李秀亨
40. 黃長孫 41. 李碩孫 42. 徐翰廷 43. 金玄錫 44. 金宗漢 45. 金係錦

심은각(三隱閣)의 배향 내용은 다음과 같다.

文忠公 圃隱 鄭夢周
文靖公 牧隱 李 穡
文節公 冶隱 吉 再

靖肅公 琴軒 柳方澤
文忠公 陶隱 李崇仁
竹軒 羅繼從

끝으로, 동계사(東鷄祠)에 배향된 내용을 보면 다음과 같다.

忠烈公 觀雪堂 朴堤上
大丞公 鵝 沙 柳車達

이 분들로 인해 우리는 인륜으로서 떳떳한 역사를 가지게 되었으며, 이런 역사가 우리에게 있는 한 아무리 험하고 어지러운 세상이 온다 하더라도 그에 당당히 대처해 나갈 수 있는 힘과 교훈을 얻게 된다. 그런 점에서 이곳 동학삼사야말로 우리에게 빛이요 성지(聖地)라고 아니할 수 없다.

6.

계룡산이 왜 영산인가. 도사와 술객이 많이 나와서인가. 아니면 고찰이 많고, 고승 대덕이 많이 나와서인가. 그도 아니면 산태극수태극 하는 풍수지리의 조종을 이루는 곳이어서 그런가. 정감록의 정도령이 나올 미래의 땅이어서 그러한가. 이 모두는 일면 옳기도 하고 그렇지 않기도 하다. 분명한 것은 길게 천 년, 짧게 오백 년의 역사를 두고 사찰 경내에 우리 역사상 가장 위대한 인륜과 강상의 도를 몸소 밝히고 실천한 충신, 절신들의 혼을 모시고, 그 뜻을 기리며 현창하는 사업이 면면하게 이어져 오고 있다는 사실이다. 그 충혼들이 우리나라와 백성을 보우하고 계셔서 우리가 오늘날 이만큼이라도 살고 있는지 모를 일이다. 만약 그러하다면 이보다 더 계룡산을 영산으로 만드는 사실이 또 어디에 있겠는가.

사찰과 충혼을 봉향 및 현창하는 단체가 한 경내에 양립하는 것은 희귀한 사례다. 더구나 후자가 대부분 유학을 신봉하는 유림들에 의해 구성되고 유지되는 점을 감안하면, 이렇게 유불이 공존한다는 것은 유학을 통치 이데올로기로 삼아 척불숭유 정책을 공식적으로 택했었던 조선조 역사에서 결코 용납되기 어려운 일이라고 보는 곳이 옳을 것이다. 그럼에도 이곳 동학사에서만은 그런 일이 실제로 수백 년 동안 지속되고 있다. 왜 그런가. 근본적으로는 인간으로서 인간답게 살기 위해 반드시 지키고 실천해야 할 덕목을 기리는 점에 있어서는 유와 불이 다를 수 없기 때문일 것이요, 현실적으로는 이 사찰 특유의 존재 이유와 성격이 바로 이러한 충혼 제향과 관련이 깊기 때문일 것이다. 현재는 동학사가 비구니 전문 강원으로서 전국적으로 그 명성을 드날리고 있지만 이는 최근세 들어서의 일이요, 오랜 세월 유불 협력으로 충의 절신 제향과 그 사역 수호를 맡아 수행해 온 것이 근세 이 절의 대부분의 역사를 차지한다고 해도 과언이 아닐 것이다.

현대는 정보화의 시대요, 기계 문명의 시대다. 그러다 보니 모든 사람들이 개인적으로 고독한 혼자만의 삶을 살아가는 것이 당연시되고 있다. 따라서 공동체 구성원으로서의 덕목이나 국가 민족에 대한 의무 등은 점차 그 소중한 가치로서의 위상을 잃어가고 있다. 요즘 젊은이들은 나라에 대한 충성이나 인간으로서의 의리 명분 등을 소홀히 여기거나 아예 관심권 밖의 일로 치부하는 경향이 높다. 이는 불가피한 현실이기는 하나 그렇다고 해서 이를 그대로 용납한다면 우리 미래는 미혹의 시대가 될 게 뻔하다.

어떤 경우에도 사람은 사람답게 살아야 한다. 사람이 짐승이 되거나 기계가 될 수는 없는 일이다. 사람이 짐승과 다른 점은 예의와 염치를 지킬 줄 알고, 인륜을 지킬 수 있기 때문이라고 옛 성현은 가르쳤다. 기계는 제 아무리 정교하고 정확하다 해도 사람이 시키는 일을 반복할 뿐이다. 스스로 생각하고 판단하는 일은 할 수가 없다.

사람이 사람답게 사는 법을 이곳 동학삼사에 모셔진 혼령들은 웅변으로 가르치고 있다. 그런 점에서 이곳은 민족 교육의 영원한 도량이요, 현대 문명으로 피폐해진 인륜을 밝힐 인류 모두의 성지인 것이다. 이곳을 지키고 그 정신을 계승하는 일은 오늘의 우리에게 맡겨진 의무이며, 우리가 지고 가야 할 짐이기도 하다.

參考文獻

『鷄龍山誌』
『高麗史』
『高宗實錄』
『公山誌』
『東鶴寺事實』
『東鶴事蹟』
『東鶴寺招魂記』
『東鶴誌』(1916년 刊本, 1930년 刊本)
『文化柳氏世譜』
『三國史記』
『三國遺事』
『朝鮮王朝實錄』

「觀察府完文」
「禮曺完文」
「栗寺古蹟」
「招魂閣記(鄭天卿)」
「招魂閣重修記(蔡東陽)」

刊行所,『西山先生全集』, 2000.
강헌규,「‘계룡산’ 및 ‘백제’의 어원」,『웅진문화』, 창간호, 공주향토문화연구회, 1989.
金福漢,『肅慕殿庭碑銘』, 1921(?).
이남석외,『公州文化遺蹟』, 1995.
一記者, “鷄龍山記(36회 연재)”, ≪동아일보≫, 1923.12.-1924.1.
조동길,『公山日記研究』, 국학자료원, 2000.
추만호,『東鶴寺1』, 우리문화연구원, 1999.
圃隱鄭先生史蹟保存會,『三隱閣史蹟一覽』, 1959.
洪淳鈺(편저),『肅慕誌』, 社團法人 肅慕會, 1975.

계룡산과 갑사 다시 보기

1.

아마도 대한민국 사람치고 계룡산을 모르는 사람은 거의 없을 것이다. 어른들이라면 대개 한두 번은 이 산에 와 봤을 것이고, 그게 아니면 그 이름이라도 한두 번쯤 들어보았을 테니 말이다. 특히 나이가 좀 든 사람이라면 예전 고등학교 국어 교과서에 수록되었던 「갑사로 가는 길」이라는 수필을 통해 이 산 이름이 각인되어 있을 것이다.

그런데 이런 계룡산이 사람들에게는 어떻게 인식되고 있을까. 다른 산들이 대체로 한두 가지 이미지로 고정되어 있는 것과는 달리 계룡산의 이미지는 아주 다양해서 종잡기가 어렵다고 볼 수 있다. 어떤 사람들은 이 산을 미신과 사이비 종교의 소굴로 본다. 반면 다른 편에서는 서민들의 한과 소망을 품어 안은 어머니 산이라고 말한다. 그런가 하면 지형적으로 한반도의 중심에 위치하고 있어 사람으로 치면 생명의 원천인 배꼽에 해당한다고 보는 사람도 있다. 또한 이성계의 개국 설화와 새 도읍지 흔적이 숨겨져 있는가 하면 대한제국의 원찰로 국행 산신제를 올린 산이기도 하고, 정감록 등 예언서에 의해 여기가 미래의 한민족 메카가 될 것이라는 걸 아직도 굳게 믿는 사람이 살고 있는 곳이기도 하다.

이처럼 계룡산의 이미지는 하나로 집약되지 않는다. 아니 집약할 수가 없다. 그런 다양성 자체가 이 산의 정체성일지도 모른다. 그럼에도 불구하고 대다수 사람들에게 통용되고 있는 계룡산의 이미지가 하나 있다. 사이비나 허풍쯤의 동의어로 매우 희화화되어 사용되고 있는 개념이 바로 그것이다. 실제로 한다하는 점술가나 차력사들은 입을 열 때마다 계룡산을 들먹인다. 심지어는 길거리에서 사주 관상을 봐 주는 사람조차 계룡산에서 도를 닦았다는 말을 앞세운다. 눈물겨운 생존의 안간힘으로 보아 주어야 할까. 그러다 보니 계룡산에서 도를 닦았다는 말은 어느 새 사기나 속임수의 대명사쯤으로 기능하게 되어 버렸다. 계룡산에 대한 모독이지만 그것도 또한 이 시대의 풍속일지니 탓해본들 무엇하랴.

그렇다면 계룡산에 오는 사람들은 무엇을 보아야 하는가. 특정한 것만 보고 간다면 계룡산의 진실을 놓치기 십상일 게다. 또 보고 싶은 것만 보고 간다면 계룡산의 이미지가 왜곡될 가능성이 크다. 부분이 아니라 전모를 보려는 시각이 필요하고, 단면이 아니라 종합적으로 보려는 노력이 요구된다. 계룡산을 사기꾼들의 본거지로 볼 것인가. 아니면 민중들의 한을 감싸 안은 화해와 공존의 어머니로 볼 것인가. 이는 전적으로 이 산을 바라보는 사람들의 선택의 문제일 것이다. 물론 거기에는 분명 그 사람의 역사의식이나 세계관이 작용하겠지만 말이다.

2.

필자는 계룡산 자락에서 출생하여 지금까지 그 언저리를 맴돌며 살고 있다. 필자가 태어난 고향 마을은 노성면 구암리다. 논산시의 가장 북쪽에 위치한 마을이고 공주시와 경계를 이루고 있는 동네다. 그 마을의 뒷산에 오르면 경천 들판 건너편으로 계룡산이 점잖게 앉아 있는 게 보였다. 어려서 몸이 약하고 내성적이었던 나는 심심하면 뒷동산에 올라 구름에 살짝 가린 그 산 봉우리를 바라보며 많은 생각을 했었다.

어린 시절에 내 주변의 어른들이 나누는 이야기 중에는 계룡산에 관한 것이 많았다. 그 중에서 나의 관심을 가장 크게 끈 것은 도술 부리는 스님이나 큰 짐승(호랑이)을 만난 사람들의 이야기였다. 친구들과 잘 어울리지 못했던 나는 혼자 계룡산을 건너다보며 이야기 속의 호랑이나 도력 높은 스님에 대해 상상하기를 좋아했다. 상상 속에서 힘센 장사가 되어 호랑이나 곰을 때려잡기도 하고, 도술을 부려 큰 바위를 이리저리 옮기거나 깊은 골짜기를 휙휙 뛰어 건너기도 했다. 큰 고목나무와 이야기를 나누기도 하고 동화 속의 선녀를 만나기도 했다. 말하자면 계룡산은 내 어린 시절 상상력을 키우는 좋은 선생님이었던 셈이다.

중학교에 입학하면서 공주로 이사를 했다. 거리로는 20km 정도 되지만 계룡산을 중심으로 보면 이쪽 자락에서 저쪽 기슭으로 옮겨 앉은 것에 불과했다. 그리고 중학교를 졸업하면서 바로 같은 읍내에 있는 고등학교에 입학했고, 대학도 고등학교와 같은 캠퍼스에 있던 학교로 진학을 했다. 사범대학을 졸업하고 첫 발령을 받은 곳도 계룡산 자락에 있는 노성의 중학교였고, 거기서 2년을 근무하고 옮긴 학교도 공주 인근의 정산에 있는 고등학교였다. 그 학교에서 1년을 근무하고, 모교인 고등학교로 발탁되어 와서 9년을 근무했다. 모교 교사로 근무하며 서울에 있는 대학원에 진학해서 공부를 했지만 공주를 떠나지는 않았고, 그 후 역시 모교인 대학에 와서 근무한 지 이제 30여 년이 되어간다. 당연히 공주에서 결혼해서 세 아이를 낳아 길렀고, 그 동안 셋집을 포함하여 아홉 번의 이사를 거쳐 현재의 집에서 2년째 살고 있다.

공주의 상징을 말할 때 흔히 계룡산과 금강을 꼽는다. 공주시의 대표 이미지도 백제의 고도와 함께 그것으로 잡혀 있다. 그러니 내가 한 번도 공주를 떠나지 않고 살아왔다는 것은 지금껏 계룡산 품을 한 번도 떠나지 못하고 살아왔다는 말과 다름없다. 마치 손오공이 부처님 손바닥 위에서 맴돌았듯이 나 역시 계룡산 그늘에서 벗어나지 못하고 살아온 셈이다.

나는 산을 싫어하지는 않지만 그렇다고 마니아처럼 지극히 좋아하지도 않는다. 무슨 서류의 취미 칸에 독서와 함께 무난한 선택지의 하나인 등산을 적어 넣을 처지도 아니다. 솔직히 말하면 등산 같은 운동을 별로 좋아하지 않는 편이다. 운동 경기 하는 것을 구경하기는 좋아하지만 직접 하는 것은 싫어한다. 선천적으로 운동 능력이 부족해서이기도 하고, 기질적으로 맞지 않아서이기도 한 것 같다. 요즘 주위 사람들이 하도 운동을 하라고 강권해서 마지못해 하는 것이라고는 간혹 천천히 걷는 것이 전부다.

그런데도 이러저런 이유로 일 년에 몇 번은 계룡산에 간다. 공주에 살다보면 싫든 좋든 가야 할 경우도 생기기 때문이다. 어떤 때는 신원사에서 연천봉을 오르기도 하고, 동학사에서 남매탑을 거쳐 삼불봉을 오를 때도 있다. 상신리에서 금잔디 고개로 오르기도 하고, 간혹 자연성릉을 따라 관음봉을 거쳐 동학사로 내려오기도 한다.

셀 수 없이 계룡산을 여러 번 갔지만 나는 아직도 이 산에 대해 모르는 게 너무 많다. 여러 해 전에 청탁을 받고 「문학에 나타난 계룡산」이라는 논문을 쓴 적이 있다. 자료 수집이 제한적이었지만 이 산이 우리 조상들에게, 그리고 현재의 우리들에게 어떤 의미를 가진 산인지 여러 모로 생각해 볼 수 있는 좋은 기회가 되었다. 조선 시대 선비들의 계룡산에 대한 한시나 기행문, 현대 문인들이 쓴 시나 소설, 승려나 지방 유지들이 쓴 개인적인 글 등 계룡산은 수많은 사람들의 글 재료가 되어 주기도 했다. 그 글들 속에는 자연에 대한 외경심, 아름다움에 대한 찬탄, 더불어 살아가는 사람들의 정, 고통과 절망을 이겨내는 지혜, 난세에 대응하는 자세 등 삶에 관한 진솔한 등불과 지침으로 가득 차 있었다.

3.

아무 생각 없이 계룡산에 와서 그냥 보고 가는 것만도 좋은 일이다. 하지만 이왕 올 바에야 약간의 수고를 해서 이 산에 관해 조금이라도 미리 알고 오면 더욱 의미 깊은 여행이 될 수도 있을 것이다. 여행안내서나 인터넷에서 찾을 수 있는 자료는 많은 사람이 알고 있기에 새삼 되풀이할 필요가 없을 것이다. 관심 있는 분들에게 실제 필요한 것은 '잘 알려지지 않은 계룡산' 탐방의 도움말일 것이다. 여기서는 계룡산의 사찰 가운데 하나인 갑사에 대해 몇 가지 얘기를 해보고자 한다.

먼저 '갑사'란 절 이름이다. 두루 알고 있듯이 절 이름은 대개 불경이나 불보살님 명호, 혹은 절이 위치한 산 이름 등을 따서 짓는 게 보통이다. 또한 절은 구도자가 수행하는 곳이기에 대체로 수행과 관련되거나 깨달음과 연관된 이름으로 지어진 것도 많다. 그런데 갑사라는 절 이름은 좀 생뚱맞다. 대개 석 자로 된 절 이름이 보통인데, 갑사는 두 글자로 되어 있을 뿐 아니라 그 의미도 통상의 그런 절 이름과는 거리가 멀다.

물론 절 이름에 '갑(甲, 또는 岬)'자가 들어가는 경우가 있기는 하다. 예컨대 호남의 삼갑사라 일컬어지지는 도갑사, 불갑사, 원갑사 등이 그것이다. 그 절들은 대개 처음, 시초라는 사찰의 내력과 관련이 있다고 한다. 갑사는 아마도 여러 사찰 가운데 으뜸가는 절이라는 뜻으로 붙인 이름 같다. 그렇다고는 해도 유독 이 절이 으뜸가야 할 이유는 분명치 않다. 확실한 답은 모른다는 게 정답일 게다. 그리고 동학사가 남매탑 전설과 관련된 청량사가 먼저 세워지고 나서 후에 현재의 사찰이 세워진 것처럼 갑사도 천진보탑이 있는 신흥암이 먼저 창건되고 나중에 갑사가 세워졌다. 본사보다 부속 암자가 먼저 세워진 두 사찰의 특이한 내력도 흥미로운 얘깃거리가 될 수 있을 것이다. 신흥암은 갑사에서 동학사로 넘어가는 길목인 수정봉 아래에 있다. 갑사에 왔으면 절 이름이 왜 두 자로 되어 있고, 또 무엇으로 으뜸가는 절인지 한번 생각해 보는 것도 좋을 것이다. 마음씨 좋은 스님을 만나서, 화두 참구하다 선문답 하듯이 그 까닭을 물어보면 '차나 한 잔 마시고 가시게.'라고 답을 해 주실 지도 모른다.

이와 관련하여 논산 지역의 향토사학자 한 분은 옛 문헌에 이 절 이름의 한자 표기가 '갑(岬)' 자로 되어 있는 것을 근거로 갑사는 고유명사가 아니라 보통명사였을 것으로 추정하기도 한다. 그리고 옛 문헌에 나오는 '보원정사'라는 사찰이 나중에 갑사가 된 것이 아닐까 추측하기도 했다. 그러나 그런 전문적인 내용은 그 분야 학자들이나 깊이 파고들 문제이지 보통 사람들에게는 갑사는 그저 갑사일 뿐이다.

우선 갑사 대웅전 앞마당에 올라서면 누구나 다른 절과는 다른 약간 허전한 느낌이 들 것이다. 불교에 관심이 있거나 절에 많이 다녀 본 분이라면 금방 그 허전함의 정체를 알 수 있을 것이다. 바로 탑이 없다는 것이다. 원래 탑은 부처님 사리를 봉안한 장엄물이다. 그러나 세월이 지나면서 탑은 가람 배치의 기본 양식이 되었다. 불국사 대웅전 앞에 서 있는 다보탑과 석가탑이 좋은 예다. 어느 절이나 대웅전 앞에는 탑이 서 있는 게 통례다. 그 탑이 둘일 수도 있고 하나일 수도 있다. 그런데 갑사 대웅전 앞마당은 탑이 없이 텅 비어 있다. 그 이유는 무엇일까.

그것은 이 사찰이 여러 번 불에 타고 전란에 피해를 입어 재건되는 와중에 생긴 '실수'라고 보아야 할 것이다. 애초 어느 한 분이 충분한 예산을 가지고 계획을 세워 한꺼번에 사찰을 재건했다면 분명 현재와 같은 건물 배치로는 되지 않았을 것이다. 사찰을 재건하는 중에 사람이 바뀌고, 자금 마련이 되는대로 필요한 건물을 하나씩 짓다가 보니 가람 배치가 전체적으로 혼란스럽게 되었고, 무너지거나 없어진 탑을 미처 다시 세우지 못한 결과가 아닐까 추측된다.

물론 대웅전 바로 왼쪽 담장 안에 향적당이라는 건물이 있고, 그 앞에 잘 생긴 3층 석탑이 하나 서 있기는 하다. 어쩌면 그 탑이 있기에 대웅전 마당에 따로 탑을 세우지 않았는지도 모른다. 하긴 탑을 세우고자 하는 뜻만 있다면 탑 한 기 세울 비용쯤 시주할 신도는 금세 나타날 수도 있을 테니 말이다. 따라서 탑이 없는 것은 돈이 없어서라기보다 다른 이유가 있기 때문일 것이다. 그러나 향적당 앞의 탑도 그 내력을 알고 보면 원래 대웅전 앞에 세워졌던 게 아니고, 지금은 사라진 사자암에 있던 것을 옮겨다 놓은 것이다. 왜 대웅전 앞에 안 세우고 그 옆 건물 앞에 세웠는지는 알 수가 없다.

이왕 대웅전 앞에 왔으면 부처님께 경건하게 예를 올리는 경험도 해 봄직하다. 꼭 불교 신자가 하는 식이 아니더라도 괜찮다. 인류의 스승이라는 분에게 마음으로 존경을 표하는 데 까짓 격식이 무에 중요한가.

꼭 필요하다면 바로 옆에 있는 종무소에 부탁하면 될 것이다. 이 절은 템플스테이 시범 사찰이니 충분한 도움을 받을 수 있을 것이다.

부처님께 예를 올렸으면 대웅전 현판을 한번 볼 필요가 있다. 이 현판 글씨는 전해지는 말로 조선의 명필 한석봉의 글씨라고 한다. 문외한이 보기에도 그 글자의 획이 매우 힘차고 아름답다. 현판 글자 옆에는 강희 8년(서기1669년)이라는 연대 표기가 되어 있는데, 아쉽게도 글씨를 쓴 사람 이름은 없어 확인할 길이 없다. 물론 한석봉은 1605년에 별세했기 때문에 물리적으로 강희 8년에 이 글씨를 쓰는 것은 불가능한 일이다. 하지만 한석봉의 혼이 깃든 글씨는 시기와 관계없이 존재할 수도 있는 것 아닌가.

그런데 이 현판에는 전설이 있다. 이 대웅전 현판은 다른 사찰의 현판과는 달리 다 만들어서 단 뒤에 사다리를 타고 올라가 마지막으로 글씨를 써 넣었다고 한다. 그 글씨를 쓸 때 얼마나 힘을 들여 썼는지 마지막 획을 쓰는 도중에 사다리가 넘어졌는데, 사람이 떨어지지 않고 그 붓에 매달려 있었다고 한다. 내가 어렸을 때 들은 얘기이니 사실 여부는 잘 모르겠다. 다만 글씨 하나에도 영혼이 깃들고, 그 힘이 사람의 목숨을 살리는 힘을 가지고 있다는 것만은 음미할 만하지 않은가. 그런 것이 바로 진정한 예술 아니겠는가.

대웅전 건물은 지방문화재로 지정은 되어 있지만 조선시대 임란 이후 새로 지어진 것이니 별다를 게 없다. 다른 사찰에서도 흔히 볼 수 있는 그런 평범한 목조 건물이다. 오히려 대웅전에서는 눈여겨보아야 할 것이 따로 있다. 대웅전 건물을 짓기 위해 돌로 쌓은 축대가 바로 그것이다. 대웅전은 석가모니 부처님을 주불로 모시는 성스러운 건물이다. 따라서 대웅전은 기초 공사도 튼튼히 하고, 건물도 최대한 웅장하게 짓고, 단청도 장엄하게 한다. 그런데 갑사 대웅전 축대는 성스러움이나 장엄과는 거리가 멀다. 얼핏 보면 크고 작은 여러 형태의 돌과 재질과 색깔이 전혀 다른 돌이 마구 뒤섞여 조잡하게 느껴질 정도다. 사람 키보다 크고 길쭉한 돌, 푸석푸석한 잔돌, 매끄럽게 잘 다듬은 돌, 거친 표면이 그대로인 돌, 색깔이 거무스레한 돌, 흰 빛이 나는 돌…. 완전히 크기와 색깔과 성질이 다른 돌들의 잡탕이다. 정성이라고는 찾아보기 어려운 무성의의 결정판 같다.

왜 이렇게 되었을까. 아마도 요즘 절을 지으면서 이렇게 축대를 쌓았다면 난리가 날 것이다. 추측컨대 축대가 이런 모양으로 된 것은 절을 새로 고쳐 지으면서 비용과 시간을 줄이려는 노력의 결과일 듯하다. 요즘 말로 하면 실용 정신의 발로라고나 할까. 무너지고 불탄 자리에 널려 있는 건물의 잔해, 쓰러져 제 구실을 하기 어려운 탑의 부재들, 따로 처리하기 어려운 돌들, 그런 것들을 모아 축대를 쌓은 것이 저런 모습이 되었을 것이다. 그런데 마음을 가다듬고 다시 한 번 그 축대를 잘 살펴보라. 무질서 속에 정연한 질서가 있고, 혼란 속에 아름다운 여유가 숨어 있지 아니한가. 일찍이 서산 개심사 심검당 건물 기둥의 비틀어지고 뒤틀어진 모습을 예찬한 미술사학자가 있었거니와 이 축대 또한 자연을 고스란히 수용하면서 이질적인 것들을 하나로 용해해 내는 절묘한 아름다움을 연출해 내고 있다. 보라. 극단적인 것을 떠나 중도를 추구한 부처님의 가르침이 바로 저 축대에 녹아 있지 아니한가. 저 촌스러운 축대야말로 어리석은 중생에게 건네는 무정설법, 사자후 법문이 아니던가.

대웅전 옆을 돌아 오른쪽으로 몇 걸음 옮기면 삼성각이 있다. 산신각, 칠성각, 독성각 셋을 합해 놓은 건물이다. 이는 불교가 민간 신앙을 수용한 모습이라고 보는 것이 통례인데, 세 건물이 따로 있는 절도 있고 여기처럼 한 건물에 모아 놓은 절도 있다. 건물은 작지만 성스러운 세 분을 모셔야 하므로 정면 삼간 형식을 하고 있어서 기둥이 네 개 있다, 이런 삼성각이야 여느 절에서나 흔히 볼 수 있는 것이니 특별할 것이 없다. 눈길을 주어야 할 것은 네 개의 기둥에 붙어 있는 주련(柱聯)이다. 칠언으로 된 한시 형태인데 그 맨 오른쪽에 있는 주련의 내용은 '계화위룡갑천하(鷄化爲龍甲天下)'다. 직역하면 '닭이 변해서 용이 되면 그곳이 세상에서 으뜸이 된다.'는 뜻이다. 누구의 시구인지, 출전이 어디인지는 알 수가 없다. 아마도 갑사구곡을 명명하고 바위에 새긴 윤덕영의 글에 그 비슷한 것이 있어 거기서 유래하지 않았을까 짐작될 뿐이다. 즉, 갑사구곡 가운데 가장 아름답다는 5곡 군자대 바위에 새겨진 칠언절구 한시 가운데 '구화위룡간자성(口化爲龍艮自成)'이란 구절이 있는데 이 주련은 그 구절과 의미상 상통한다.

그 시가 윤덕영의 자작인지 다른 사람이 지은 것인지는 불분명하다. 다만 윤덕영의 행적과 갑사구곡의 다른 글귀들을 종합해 볼 때 자작으로 추정이 된다. 그는 순종황제의 왕비 순정효왕후의 백부로서 경술국치의 주역을 담당한 인물이다. 적극적인 친일파로서 비난 받아 마땅하지만 그가 갑사에 간성장(艮成莊)이라는 별장을 짓고 머물면서 꿈꾸었던 세상은 또 다른 문제일 것 같다. 그는 천문, 지리, 유불도의 종교에 능통했다고 하는데, 글자로만 보면 백성이 주인이 되는 이상적인 세상을 염원했던 듯하다. 닭은 백성이고 용은 왕이 아니던가. 백성이 왕이 되는 세상은 민주주의 세상이고 그것은 동서양 많은 선현들이 지향했던 가치가 아니던가. 계룡산의 어원에 관해서는 여러 학설이 있지만 바로 이 '계화위룡'에서 왔다고 보는 견해도 있다. 이렇게 본다면 계룡산이란 이름은 백성이 주인 되는 새 세상을 염원하는 꿈과 희망이 녹아 스며든 산인 것이다.

4.

끝으로 갑사에서 사람들이 잘 찾지 않는 곳이지만 글에 관심 있는 사람이면 꼭 봐야 할 두 곳만 더 소개해 보기로 하자. 대웅전에서 내려와 강당 옆 오른쪽으로 돌아가면 표충원이라는 건물이 있다. 경남 밀양에 표충사가 있지만 일반 절에 이런 이름의 건물이 있는 것은 심상한 일이 아니다. 바로 임진왜란 때 크게 활약하다가 전사한 승병장 기허당 영규대사가 바로 갑사 출신이기 때문에 지어진 건물이다. 승려가 죽으면 화장을 하는 게 통례지만 영규대사는 그 충절을 기리기 위해 유림들이 무덤을 만들었는데, 갑사에서 멀지 않은 계룡초등학교 앞산에 있다. 표충원은 의승장(義僧將)으로 활약한 서산대사, 유정대사(사명당), 영규대사 세 분의 영정을 모신 곳이다. 이 건물 앞에 커다란 비석이 하나 서 있다. 거기에는 우리나라 근대 3대 천재로 일컬어지는 위당 정인보 선생이 영규대사를 위해 지은 비문이 새겨져 있다. 한문으로 지어져 얼른 읽어 알기는 어렵지만 워낙 유명한 어른이 지은 글이니 그 자체만으로 이름 있는 글이라고 해야 할 것이다.

그곳을 보고 잠시 숨을 고르면서 물소리를 따라 시내를 건너면 원래 갑사의 중심이었을 것으로 추정되는 대적전이 나온다. 사람들이 많이 찾지 않는 곳이라 대개는 건물 이름에 사용된 글자처럼 적막함만 맴도는 곳이다. 사위가 고요하다 보니 초입의 키 큰 소나무 꼭대기에서 잔

잔하게 흘러내리는 바람소리가 대적전 안의 부처님이 중생을 위해 베푸는 다정한 법문처럼 들리기도 한다. 그 바람소리에 저절로 눈이 감길지도 모른다. 마음이 가라앉으면 감고 있던 눈을 뜨고 대적전 옆에 조촐하게 서 있는 건물을 담장 너머로 조용히 넘겨다보자. 여기는 스님이 수행하는 곳이라 통상적으로 출입문이 닫혀 있어 들어가기는 어렵다. 건물이야 보잘 것이 별로 없는 허름한 모습이다. 그러나 그 건물 기둥에 붙어 있는 주련은 눈이 번쩍 떠지는 명품이다. 바로 그 주련이 조선시대 시서화의 3절이라 불리는 자하 신위의 친필이기 때문이다. 하지만 그 가치를 아는 사람이 별로 없어 현재는 너무 소홀한 대접을 받고 있는 것 같다. 아니 거기에 그런 게 있다는 사실을 아는 사람조차 별로 없으니 그것이 더 문제일 것 같기도 하다.

갑사에는 국보(산신탱화)도 있고, 보물(월인석보 목판등)도 있고, 지방 문화재도 여러 점이 있다. 특히 철당간지주, 대적전 앞 부도, 동종 등 희귀한 문화재들이 많다. 이런 문화재들은 보관도 잘 돼 있고 알기 쉽게 설명이 잘 되어 있는 안내판도 세워져 있다. 그리고 갑사에 오는 사람들이 빼놓지 않고 관람하거나 둘러보는 것들이다. 요새는 문화유산 해설사가 상주하고 있어 요청만 하면 상세한 안내를 받을 수도 있다. 그러나 그들도 한정된 시간에 많은 것을 다 전달하기에는 한계가 있을 것이다. 따라서 대중성 있는 것 중심으로, 많이 알려진 내용 위주로 해설을 할 수밖에 없을 것이다. 그러므로 관심 있는 분들은 따로 자료를 찾아보거나 전문가의 조언이 필요할 것이다.

5.

한때 사이비 종교 교주 얘기를 다룬 외설스러운 소설 제목으로 '계룡산'이라는 이름이 명예를 훼손당한 적이 있었다. 또한 계룡산은 조선의 새 도읍지로 지정되었다가 기득권 세력의 저항에 밀려 실패하기도 했고, 현세의 고통과 절망을 구원해 줄 메시아의 거점으로 서민들의 꿈과 희망을 대변하기도 했었다. 현재는 국방 핵심 기지로, 행복도시의 배후 지역으로 각광을 받고 있다. 이처럼 그 의미가 하나로 규정되기 어려운 산, 그것이 바로 계룡산의 정체성이라는 것이 맞는 말이겠지만, 그러나 계룡산의 가장 중요한 의미는 많은 사람의 꿈을 담은 새로운 세상, 그 실현 가능성의 땅이라는 데 있지 않을까. '백성이 왕(주인)이 되는 세상'. 비록 현실에서 이루어지기는 어렵더라도 그런 꿈 자체가 소중한 것 아닌가. 그런 꿈이 있기에 현실의 고통도 이겨낼 수 있는 것 아닌가. 그렇게 생각하고 살아가는 것이 바로 사람의 길 아니겠는가.

정안의 '금란구곡(金蘭九曲)'에 관하여

1.

동양의 옛 선비들은 고래로 세속적인 것을 멀리하는 것이 삶의 한 신조였다. 그것은 '안빈낙도(安貧樂道)'라는 유가의 가르침에 따르는 것이기도 하겠지만, 의롭지 못한 부귀영화가 가져다주는 재앙과 허망함을 일찍이 깨달았기 때문이라 할 것이다. 그리하여 그들은 재물을 가벼이 여겨 돈을 손에 쥐는 것을 꺼렸고, 권력에 접근하려는 노력을 아름답지 못한 일로 생각했다. 이런 경향은 자연스럽게 벼슬길에 나가지 않거나 나갔다가 용퇴하여 은거하는 사람을 존경하고 우러러 보는 풍토를 만들어 냈다. 하기야 그런 사람이 희귀하다 보니 그것은 오히려 당연한 대접인지도 모른다. 대다수의 사람들이 세속적 명리에 급급하여 동분서주하는 세상에서 그것에 초연한다는 것은 대단한 용기와 기개가 없으면 어려운 노릇일 게다. 그러기에 소수의 그들이 인구에 회자되며 오랜 세월 우러름의 대상이 되는 것은 계세(戒世)의 귀감으로서 손색이 없는 일이라 할 것이다.

그런 이들이 살았던 곳은 어디일까? 그리고 그들은 어떻게 살았을까? 개인적 차이는 좀 있겠지만, 대체로 그들은 인적이 드물고 경치가 수려한 곳에서 자연의 운치를 즐기며 학문 도야와 후진 양성을 하며 살았음을 우리는 잘 알고 있다. 또한 그들은 자연을 단지 심미의 대상으로서만 보지 않고 그 속에서 삶의 교훈과 지혜를 얻는 스승으로서 대하였다. 오늘날처럼 자연을 정복한다느니, 개발한다느니 하는 것은 상상키도 어려운 일이었을 것이다.

대체로 그런 분들에 의해 명명된 것으로 보이는 ○○팔경, ○○십경, ○○구곡들은 그 지방의 대표적인 명승지로서 그곳의 빼어난 경관과 함께 그와 연관되는 교훈적인 내용을 고려하여 이름 붙여진 것이 대부분이다. 애초 이런 형태의 명명은 중국 주자(朱子)의 무이구곡(武夷九曲)이 그 효시로 알려지고 있다. 그 영향을 받아 우리나라에도 유사한 명칭이 많이 생겨났다. 대표적인 것으로는 율곡 선생의 고산구곡, 우암 선생의 화양구곡 등이 있다.

우리 지방 공주에도 그런 명칭을 가진 세 곳이 있다. 즉, 계룡산의 갑사를 중심으로 한 갑사구곡, 역시 계룡산의 북쪽 상신리의 용산구곡, 그리고 정안의 금란구곡이 그것이다. 이 가운데 갑사구곡은 『웅진문화』 창간호에서 이철원·최석원 교수가 소개했고, 용산구곡은 윤여헌 교수가 공주문화원에서 발간하는 「공주소식지(公州消息誌)」 87호(1989년 2월)에서 상세히 다루었다. 이 글에서는 아직 일반인들에게 잘 알려지지 않은 금란구곡에 관해 간략히 살피고자 한다.

2.

금란구곡은 공주군 정안면 대산리, 월산리, 문천리에 위치한다. 이 사실이 언급되어있는 문헌은 두 종류가 있다. 하나는 1971년에 나온 『공주승람(公州勝覽)』이고 또 하나는 1934년에 나온『조선환여승람(朝鮮寰與勝覽)』이다. 공주의 읍지인『공산지(公山誌)』에는 전혀 언급이 없다. 혹『공산지』 간행 이후 근년에 이르러 명명된 것이라서 그런지의 여부는 알 수 없다. 또 언제 누구에 의해 명명된 것인지도 알 수가 없다. 다만 뒤에 소개할 시의 작자인 서정세(徐廷世)라는 분이 했을 거라는 주민의 추측이 있기는 하나 확인할 길은 없다.

그런데 위의 두 문헌은 내용에 약간의 차이가 있다. 먼저『공주승람』(p.109)의 기록을 보면 정안면 대산, 월산, 문천리에 있는 전래 경치라고 해 놓고 다음과 같이 나열해 놓고 있다.

一曲 石隅蒼壁　二曲 雲塘齊月
三曲 梧芝烟柳　四曲 龍頭冽泉
五曲 松亭野色　六曲 瓢嶺落照
七曲 水廻淸灘　八曲 薪田盤槐
九曲 龍門挑花

다음『조선환여승람』의 기록을 보면 재정안면이라고 해 놓고 다음의 9가지를 열거하였다.

一曲 廣陵蒼壁　二曲 雲塘齊月
三曲 梧池烟柳　四曲 松亭野色
五曲 龍頭冽泉　六曲 月隱曉景
七曲 水回淸灘　八曲 薪田盤槐
九曲 文峴挑花

두 기록을 비교해 볼 때 육곡 하나는 완전히 다르고 나머지는 순서와 글자가 다른 것이 있기는 하나 내용상 거의 일치하고 있다. 현지를 답사한 결과로는 후자의 것이 더 적절할 것 같아 이 글에서는 그걸 따르고자 한다.

참고로 『조선환여승람』에 대해 간략한 소개를 하면, 이 책의 저자 겸 발행인은 이병연(李秉延)이고, 소화 9년(1934) 12월 12일 인쇄하여 12월 20일 발행되었으며 인쇄 겸 발행소는 보문사(普文社)로 그 주소는 공주군 목동면 목동리로 되어 있다. 이 책은 연전에 각 일간지에 대대적으로 보도된 바와 같이 우리나라 인문 지리서로서 개인의 작업으로는 놀랄 만한 규모와 양을 갖춘 책이다.

3.

공주에서 천안으로 가는 도로를 따라가다 보면 차령고개 바로 못 미쳐서 정안면 면소재지가 있다. 그곳 버스 정류소에서 도로를 따라 20여 미터쯤 되는 곳에 다리가 있고 그 다리를 건너기 직전에 왼쪽으로 잘 닦여진 포장도로가 있다. 이 도로는 이곳 정안에서 마곡사로 가는 길로서 원래 작은 길이었으나 군사도로라고 해서 군 장비를 투입하여 확장하고 포장한 길이다. 이 면 출신인 모씨가 권좌에 있을 때 이루어진 공사라고 한다. 정안면은 산세가 수려하여 예부터 인재를 많이 배출한 고장인데 그 가운데는 군 장성도 여럿 있었던 모양이다. 자기의 출신 고향을 위해 무리하지 않는 범위에서 고향 주민들이 편리하고 살지 좋게 일하는 것이야 얼마나 아름다운 일인가. 다만 그것이 어떤 야심이나 흑심과 결부되어 있다면 지탄받아 마땅하겠지만.

이 도로의 초입에서부터 금란구곡은 시작된다. 여기서 한 가지 짚고 넘어갈 것이 있다. 그것은 대개의 경우 '○○구곡'이라 할 때 '구곡'이란 말 앞에는 일반적으로 그 지역의 지명이 붙는 것이 통례다. 그런데 금란구곡의 '금란'은 지명이 아니다. 이 말은 잘 알려져 있다시피 역경(易經)의 계사(繫辭)에 나오는 것으로서 '二人同心 其利斷金, 同心之言 其臭如蘭'에서 나온 말이다. 그 뜻은 친구 사이의 정의(情宜)가 매우 두터운 상태를 가리킨다. 그러면 어째서 이 금란구곡에 이 말을 사용했을까? 명명한 당사자가 아니면 그 뜻을 알기는 어렵겠지만 유가적 가통과 체취 속에 살아 온 사람의 호사 취미가 아닐까 추측해 본다. 혹 명명자의 개인적인 사사로운 감정이 개입되어 그리된 것이라면 이와 같은 추측은 억측에 불과하겠지만, 그곳에 살았거나 깊은 관련이 있는 사람으로서 버젓한 지명을 놔두고 그런 이름을 붙인 것은 아무래도 호사 취미라고 밖에는 생각해 볼 수가 없을 것 같다.

정안구곡과 금란구곡, 이 둘 중에 금란구곡을 택한 것은 자기가 거주하는 정안이라는 지명에 좋지 않은 감정을 가져서라기보다는 뭔가 평범한 것을 벗어나고 싶은 마음에서 그리 했을 거라는 추측이 무리는 아닐 것 같다. 혹시 정안이나 그곳 마을의 옛 이름이 금란이라는 말과 연관이 있는 것인지는 국어학적으로 더 따져 볼 문제이다. 그 결과 연관이 있는 것으로 밝혀진다면 위와 같은 추측은 전면적으로 취소돼야 마땅하다. 이와 관련하여 하나의 가설로 제시된 의견이 있다. 그것은 이 계곡의 우리말 이름이 '소랭이'인데 금란이란 말은 바로 이 '소랭이'를 이두 식 표기로 옮긴 말이라는 것이다. 즉, '금(金)'은 '쇠' 또는 '소'의 훈을 갖는 글자이고(삼국사기에 그런 예가 있다 함) '란(蘭)'은 음으로 읽으면 '쇠란' 또는 '소란'이 된다는 것이다. '소란'이 '소랭이'로 바뀌는 음운적 변화는 누구나 알 수 있는 국어학적 이치다. 다만 '소랭이'란 말이 먼저 있어 그것을 이두 식 표기로 바꾼 것인지, 또는 금란이라는 지명이 거꾸로 후일에 '소랭이'로 읽힌 것인지는 알 수가 없다. 여하튼 이곳 주민들은 '금란'이란 지명에 대해서는 생소한 것이 사실이다. 이 문제는 앞으로 보다 확실한 전거와 고증을 거쳐야 학술적 차원에서 인정을 받을 수 있고 또 그랬을 때 비로소 확증을 얻어 일반화될 수 있을 것이다. 그러나 필자의 개인적 심정으로는 이 의견에 전적으로 동의하고 싶다. 왜냐하면 그래야만 금란구곡이란 말이 통례에 비추어 손색없이 부합될 뿐만 아니라(地名이 앞에 붙는), 앞에서의 무리한 추측이 해소될 수 있기 때문이다. 하지만 이런 희망은 국어학자들의 깊이 있는 연구가 뒷받침되어야만 이루어질 수 있을 것이다. 참고로 이런 의견을 제시한 분은 공주대학교의 국어교육과 한상각 교수임을 덧붙여 둔다.

일곡은 광릉창벽(廣陵蒼壁)이다. 정안천과 합류하기 위해 흘러온 계곡의 물이 오른쪽으로 풍부한 수량을 자랑하며 흐르고 그 왼쪽으로 깎아지른 절벽이 솟아 있다. 지금은 이 도로가 확장되고 포장되어 있지만 예전엔 아주 조그만 길이었을 것이고 이 길을 사이에 두고 높은 절벽과 깊고 푸른 물이 어울린 경치는 가슴을 시원케 하는 빼어난 경관이었을 것이다. 아쉬운 것은 고속도로가 이 암벽의 중심을 뚫고 지나가 공사 중에 암석을 마구 깎아 내어 현재는 준수한 모습의 암벽을 볼 수 없는 점이다. 개발도 좋고 근대화도 좋지만 선인의 자취가 스민 곳은 조그만 정성으로 보존할 방도를 모색하는 것이 후세인들의 도리가 아닐까?

이곡은 운당제월(雲塘霽月)이다. 운당을 이곳 주민들은 구름뱅이라 부른다. 제월이라는 말은 비가 갠 날의 달이라는 뜻이다. 지명에 들어 있는 구름이라는 글자와 비가 갠 날이란 뜻이 절묘하게 연결이 되고 있다. 비가 내린 후의 산천은 말할 수 없이 산뜻하겠지만 그에 못지않게 달빛 또한 더욱 맑고 깨끗할 터가 아니겠는가. 더구나 제월이라는 단어는 '맺힌 데가 없이 산뜻한 심경'을 비유하는 말이기도 하니 비 갠 후의 산뜻한 달을 보며 세속에 얽매인 어지러운 마음을 씻어내자는 의미도 내포된 것이라 볼 수 있다.

삼곡은 오지연류(梧池烟柳)이다. 오지는 이곳 주민들이 오지울이라고 부르는 곳이다. 들 가운데로 흐르는 시내의 양편 둑에는 버드나무가 죽 서 있다. 봄을 맞아 가장 먼저 새 순을 틔우는 버드나무, 강한 바람에도 꺾이지 않는 부드러운 버드나무, 그 버드나무 주변에 피어 오르는 안개. 꿈속처럼, 동양화의 한 장면처럼 그 버드나무와 안개가 어울린 광경은 빼어나게 아름다울 것이다.

사곡은 송정야색(松亭野色)이다. 송정은 들 가운데 있는 조그만 마을 이름이다. 드넓은 평야도 아니고, 그렇다고 다랑이가 겹친 골짜기도 아닌 이 곳 들판은 그저 크지도 작지도 않은, 다시 말해서 먼 옛날부터 이 곳 사람들이 자급자족하기에 알맞은 그런 크기의 들판이다. 그 들에서 이 곳 사람들은 고역으로서의 농업 노동이 아닌 삶 그 자체로서의 농사짓기에 힘든 줄 모르고 일했을 것이다. 봄의 논갈이와 모내기, 여름의 김매기, 가을의 추수. 어린 벼가 파릇파릇 자라는 초여름이나 무성하게 포기를 키워 초록바다를 이루는 한 여름, 그리고 누렇게 황금빛으로 일렁이는 가을, 또한 베어낸 벼 포기 위로 흰 눈이 가지런히 쌓이는 겨울. 4계절을 두고 들은 주민들에게 늘 새롭게, 그러면서도 정겹게 삶의 터전 역할을 했을 것이다. 직접 밟아보지 않아도, 먹지 않고 바라보기만 해도 그저 흐뭇하고 가슴 뿌듯한 들. 그야말로 우리 순박한 한민족의 원초적이며 가장 본질적인 모습이 아니겠는가. 야색. 이는 비단 이 곳 송정뿐만 아니라 우리 민족이 사는 어느 마을, 어느 동네라 해도 무방할 것이다.

오곡은 용두열천(龍頭洌泉)이다. 용두는 이곳 주민들 이름으로 용머리이며 열천은 찬 샘물이란 뜻이다. 송정에서 조금 시내를 따라 올라가다 보면 야산 한 자락이 삐죽이 내려와 앉았는데, 거기에서 맑은 샘물이 솟았던 모양이다. 마을 사람들은 들에서 일하다가 이 샘물로 목을 축이고, 또 흘린 땀을 시원하게 씻어내기도 했을 것이다. 아쉽게도 지금은 그 흔적을 찾기가 어렵다.

육곡은 월은효경(月隱曉景)이다. 월은은 이곳 말로 월안이라고 하며 그 위치는 현재 초등학교가 있는 부근이다. 그런데 월은은 글자 그대로의 뜻으로 볼 때 달이 숨는다는 뜻이 된다. 달이 숨은(또는 달이 진) 후 어슴푸레 새벽의 여명이 밝아오는 광경은 비단 이곳이 아니라 하더라도 누구에게나 신선한 느낌을 주는 광경일 것이다. 하루의 시작인 새벽의 그 맑고 깨끗한 공기는 게으르지 않은 부지런한 사람만이 맛볼 수 있는 법, 자연과 동화되다시피 순박하게 살아왔을 이곳 주민들은 그러한 새벽 맞이가 새삼스런 게 아니고 일상생활의 한 부분이었을 것이다. 차령산맥의 줄기와 무성산의 사이 계곡인 이곳에서의 새벽 맞이는 다른 곳에서는 보고 느끼기 어려운 색다른 것이었을 것 같다.

칠곡은 수회청탄(水回淸灘)이다. 저 먼 산 속에서 발원한 시냇물이 골짜기를 따라 흘러오면서 지류를 포용하여 이곳에 이르게 되면 제법 수량이 많은 하천이 된다. 그런데 공교롭게도 산 한 자락이 밀려와 떡 버티고 앉았으니 물은 그 산자락을 에돌지 않으면 안 되게 되었다. 그러다 보니 시내는 완만한 반원형 곡선을 그으며 흐르게 된다. 지금은 도로공사를 하느라 반대편 산을 깎아 내 볼품이 없지만 그 산의 형세와 빙 돌아 흐르는 시내가 어울린 광경은 가히 산수조화의 절경이었을 것 같다. 봄이면 지천으로 핀

두견화가 잔물결 위에 붉게 비칠 것이요, 여름이면 불어난 물이 흐르는 소리가 시원하여 땀을 잦아들게 할 것 같다. 가을의 단풍 또한 아름다울 것이니 어찌 풍류객의 시 한 수 없을 수 있으랴. 길 가던 나그네가 앉아 다리쉼 겸 탁족하기 안성맞춤일 것 같고, 깨끗이 씻긴 자갈과 모래가 쌓인 곳에서는 뜻 맞는 친구끼리 하루의 천렵 또한 이 풍치와 잘 어울릴 것이다. 서양 문물에 배부른 도시인들이 몰려와 먹고 마시며 고성방가에 집단 난무를 벌이는 것은 곤란하겠지만.

팔곡은 신전반괴(薪田盤槐)다. 신전은 문천리에 있다. 지금도 신전이라 불리고 있다. 거기엔 고목의 느티나무가 마을 입구에 서 있다. 대개 오랜 역사를 가진 마을 앞엔 이런 거목이 서 있기 마련이다. 그 나무들은 때로 신목이 되어 마을의 수호신 역할을 하기도 하지만 대체로는 정자나무로서 마을 주민들의 모임 겸 휴식처 역할을 하는 게 상례다. 부락 공동체 시절의 공간적 구심점이라 할 만한 곳이다. 이 나무는 여름철 시원한 그늘을 만들어 주민들의 편안한 휴식처가 되기도 하고, 잠깐씩은 지나가는 소나기를 피하는 곳이 되기도 하며, 아이들의 신나는 놀이터가 될 수도 있다. 노인들이 고담을 나누며 장기를 두기도 할 것이고, 때로는 젊은이들이 힘자랑을 하며 씨름판을 벌이기도 할 것이다. 간혹 높은 가지에 그네를 매고 수줍은 처녀들이 일 년에 하루쯤 즐겁게 놀 수도 있을 것이고. 이래저래 이 나무는 마을의 대소사를 굽어보며 사람들보다 더 많은 애환을 풍상 겪듯 목격했을 것이니, 마을 사람들의 나무에 대한 느낌도 남다를 것임은 불문가지이다. 그래서 이 나무는 정성스레 보호되고 가지 하나라도 다칠세라 여러 금기의 대상이기도 한 것이다.

구곡은 문현도화(文峴挑花)다. 문현은 이곳에서 흔히 문성이라고 하는데 천안 광덕으로 넘어가는 고개다. 그곳에 외딴 인가가 한두 채 있을 법하고, 사람 사는 곳이 흔히 그렇듯 몇 그루의 유실수가 집 주변에 심어져 있기 마련이다. 그런 나무 중에 복숭아나무 한 두 그루는 반드시 끼어 있을 테니, 봄날 흐드러지게 피었던 복숭아꽃이 떨어져 졸졸 흐르는 맑은 시냇물 위에 떠내려 오게 되면, 예로부터 동양의 이상향이었던 무릉도원이 연상될 것은 너무도 당연한 이치다. 유토피아란 무엇인가. 어느 곳에도 없는 곳이란 뜻을 지닌 말이라고도 하지만, 세속의 아귀다툼을 벗어나 대자연의 아름다움에 취해 자연 그 자체로서 살아가는 욕심 없는 사람들에겐 그 자리가 바로 유토피아요, 극락정토며 무릉도원이 아니겠는가. 욕심에 찌들어 눈이 먼 사람에겐 이 세상이 고해요, 지옥이겠지만 세속을 초탈한 사람에겐 자연물 하나하나가 모두 아름답고 진귀한 본래 면목을 드러낼 것이니 보이는 것이 다 여래요 또 정토이리라.

이상으로 금란구곡에 관한 간략한 소개를 하였다. 아쉬운 것은 다른 곳처럼 무슨 각자(刻字)가 있다거나 건물터, 하다못해 안내 표지판이라도 있었으면 좀 더 분명하고 확실한 설명이 가능했을 텐데 하는 점이다. 혹 설명에 억측이 있다거나 무리가 있었다면, 이는 순전히 글쓴이의 무지에서 비롯된 것이니 바로잡아 주시는 대로 기꺼이 수용할 것임을 덧붙인다.

4.

끝으로 이 구곡에 관한 한시 한 수가 있어 소개하고자 한다. 이 시는 전기한 대로 『조선환여승람』의 금란구곡 소개 바로 뒤에 덧붙여져 있는 것으로 지은이는 서정세라는 분이다. 서정세는 정안리 출신으로 1887년에 나서 1955년에 하세한 학자다. 자는 이도(而道)이고 호는 달제(達齊)라 했으며 본관은 이천이다. 그 시는 다음과 같은 칠언절구다.

金蘭山水最鍾靈
九曲縈會景轉淸
此外風潮曾不到
箇中猶聽絃歌聲

그 대강의 뜻은

金蘭의 山水가 가장 빼어나니
九曲을 에워싼 경치 깨끗도 하구나
이 외의 아름다운 경치는 일찍이 보지 못했나니
그 가운데 살면서 (자연의) 음악소리 듣노라

인 듯하다. 뜻의 전달에 잘못됨이 있다면 교시해 주시기 바란다.

마지막으로 한 마디 덧붙인다면 우리 조상의 체취가 배어 있는 이런 유산들이 아무런 대책 없이 여기저기 방치되어 있다는 사실이다. 옛것을 소중히 여기는 것은 단순한 복고 취미나 보수주의가 아니다. 그 가운데서 현재와 미래를 지혜롭고 가치 있게 살아가고자 하는 교훈을 얻자는 것이다. 조상들의 생활이나 생각을 무조건 추종하자는 게 아니라 그 속에 담겨 있는 바람직한 정신을 계승하여 우리의 삶을 보다 풍요롭고 알차게 하자는 것이다. 그렇다면 이 글에서 소개한 금란구곡 같은 것도 자연석을 이용하여 운치 있게 표지석이라도 세워(그게 어려우면

간단한 안내판이라도) 그걸 보는 우리로 하여금 선인들의 생각과 자취를 되새기게 하고, 그곳 주민들에겐 긍지와 자부심 같은 걸 갖게 하며, 또 자라나는 세대들에겐 훌륭한 향토 자료로서의 교육적 효과를 거둘 수 있도록 하는 일이 시급한 일일 것 같다. 지방자치제도가 시작된 지도 꽤 되었으니 지방 행정을 책임진 관심 있는 분들의 과감한 실천을 촉구해 본다.

1920년대의 계룡산

-「鷄龍山記」의 내용과 의미-

1. 서언 및 해제

계룡산은 공주의 표상이자 충남의 상징이요, 대한민국의 어머니 산이다. 때로는 국립공원의 관광지로, 때로는 말세의 메시아 강림지로, 때로는 민족 종교의 본산지로, 때로는 우리나라 국방의 핵심 요처로, 때로는 한·난대의 중간지대 생태계 보고(寶庫)로, 때로는 불교의 성지(聖地)로, 때로는 관군에게 쫓기는 사람들의 피난처로, 때로는 세상을 등진 사람들의 은거지로, 때로는 신령한 영험을 내려주는 무속인들의 기도처로, 때로는 시인묵객들의 풍월의 대상으로, 때로는 험난한 세상 살기 힘들어 가족을 이끌고 들어온 화전민들의 생존처로, 때로는 심신이 지친 사람들의 포근한 휴식처로, 그밖에도 수많은 사람들이 수 천 년 동안 이런저런 사정으로 이 산을 찾아 기대고 의지하며, 빌고 기다리며, 한을 삭이고, 희망을 담금질하고, 현세의 고난을 극복했던 그런 산이다. 이런 산이 우리 가까이에 있다는 것은 참으로 복된 혜택 중의 하나다.

산 가운데는 명산(名山)도 있고, 험산(險山)도 있고, 악산(惡山)도 있고, 성산(聖山)도 있는데, 그 가운데 계룡산은 가히 성산이라 할 만하다.

우선 그 위치가 한반도의 중앙에 있어 그 형상으로 보면(토끼로 보든, 호랑이로 보든, 아니면 사람으로 보든) 계룡산은 허리와 배, 그 가운데서도 배꼽쯤에 해당된다. 배꼽이란 무엇인가. 어머니 뱃속에서 생명을 유지하던 탯줄이 아닌가. 그렇게 보면 계룡산은 이 한반도의 생명의 원천이요, 우리 민족의 모든 힘이 발원되는 근원이라고 할 수 있을 것이다. 그러므로 이 산은 우리 겨레의 어머니 산이요, 우리 민족의 영원한 고향과도 같은 산이다.

이런 이유 때문에 그 동안 이 산은 본의 아니게 많은 사람들에게 미혹(迷惑)의 대상으로서 악용 당해 오기도 했다. 요즘 같은 과학 문명 시대에 계룡산을 신비화하여 무슨 비결(秘訣) 같은 것을 내세워, 미래의 우리 민족 운수의 본거지니 하는 따위의 말들은 당연히 신빙할 것이 못된다. 그러나 우리 역사에서 민족이 고난에 처했을 때 그것을 극복하기 위한 대안과 대상의 하나로서 수행했던 계룡산의 역할에 대해서까지 전적으로 부정하는 것은 현명한 일이 아닐 것이다.

이런 저런 연유로 옛날부터 많은 사람들이 이 산을 찾아 나름대로의 개인적 감상과, 나라에 대한 걱정, 우리 민족의 미래에 대한 희망, 인류의 장래에 대한 우려 등을 글로 남기고 있다. 옛 선비들의 한문으로 된 기록에서부터 시인과 소설가들의 문학 작품, 그리고 선남선녀들의 짧은 기행문에 이르기까지 그 양과 폭이 매우 다양하다.

이 글에서는 1920년대의 한 신문기자가 이 산을 찾아 동학사에서부터 오뉘탑, 신흥암, 갑사, 연천봉, 신원사, 신도안을 두루 편력하면서 남긴 기행문 「鷄龍山記」라는 글을 소개하고자 한다. 그 동안 간간 전문가들 사이에서는 이 자료가 인용되기도 하고 언급되기도 하였으나, 일반인들에게 널리 소개된 적은 없는 듯하다. 이 기행문은 일간 신문에 연재되어 공표된 글이기 때문에 그리 희귀한 자료라고는 보기 어렵겠으나, 일반인들의 입장에서는 수십 년 전의 신문 기사에 쉽게 접근하기 어려운 점이 있는 것도 사실이다. 또한 표기에 있어서도 오늘날의 것과는 다른 부분이 많아 전문적인 주석이 있어야 이해가 가능한 곳도 적잖게 있다. 이런 점을 감안하여 이 글에서는 본문을 약간의 주석과 함께 소개하고, 본문 소개가 끝난 다음에 이 기행문 전체가 갖고 있는 의미를 간략히 논의해 보고자 한다.

이 자료의 소개를 통해 약 백여 년 전의 계룡산은 어떤 모습이었으며 지금은 얼마나 달라졌는지, 또 일제 강점기 우리 민족의 삶의 모습은 어떠했는지, 당시 사람들의 시대와 현실에 대한 생각은 어떠했는지, 그런 것들을 부족하나마 조금은 엿볼 수 있으리라 기대해 본다.

기행문의 필자는 단지 '일기자(一記者)'라고만 되어 있어 정확하게 그가 누구인지 밝히기 어려우나 글의 표현 중에 나오는 몇몇 단서로 추정해 볼 때 당시 동아일보사에 근무하던 사원으로서 중견쯤 되는 사람이었던 듯하다. 당시의 사원 명단을 가지고 추적해 보면 더 범위를 좁힐 수도 있겠으나 필자를 밝혀내는 일이 그다지 긴요한 일은 아니라고 생각되어 그 작업은 유보하기로 하겠다.

글의 내용에서 보면 일행은 필자와 촬영 담당 및 수행 기자 세 사람이었던 것 같고, 글의 연재는 1923년 12월 1일 시작되어 1924년 1월 11일까지 모두 36회에 걸쳐 게재되었으며, 실제 여행은 11월 11일부터 3, 4일간 진행되었다. 연재는 1회분이 신문기사 4단 내지 5단 분량으로 70-80행씩 되며(1행은 15자 정도), 관련되는 곳의 사진이 함께 나온 날도 있다. 당시에는 한글맞춤법이 통일되어 있지 않아서 표기와 어법에 상당한 혼란이 발견되며, 문장 부호 사용도 물음표와 따옴표 이외에는 거의 용례가 없는 형편이다. 또한 신문 기사라는 특수성 때문에 편집 과정에서 문맥과 상관없는 문단 구분이 된 곳이 많고, 활자 크기 조절로 인해 작위적으로 문단을 생성한 곳도 다수 발견된다. 이런 점을 감안하여 본문에서는 문맥에 따라 의미 단락이 되도록 문단 구분을 새로이 했으며, 장문으로 인한 의미의 혼란을 배제하기 위해 중간에 쉼표를 비롯한 적당한 문장부호를 새로이 삽입하기도 했다. 대화체는 대부분 행갈이를 통해 문장을 독립시켜 현행 문장체로 바꾸었다.

2. 「鷄龍山記」의 내용 및 주석

鷄龍山記(1)

咀呪할 休戰紀念日에

平和의 王을 찾아서

정도령은 있는가 없는가

가을에 싸인 고찰 동학사

공주서 한밧이(大田)로 가는 큰길가에 학봉리(鶴峯里)라는 동네가 있다. 석봉리(石峯里)라고도 한다. 동네라 하나 바로 길가에는 조그마한 주막이 두어 집 있을 뿐이다. 이것이 유명한 동학사로 들어가는 동구다. 우리 일행이 학봉리에서 자동차를 내린 것[1]은 11월 십일일 아침

1 이 당시에 공주에서 대전으로 가는 도로는 총독부에서 관리하는 2등 도로였으며, 1919년 무렵 충남의 자동차 대수가 60여 대였으니 4년 후인 1923년에는 그 숫자가 더 늘어났을 것이고, 그 소유주는 대부분 공주의 부호 김갑순으로 그는 승합차를 이용하여 자동차부를 운영하고 있었다고 한다. 지수걸, 『한국의 근대와 공주사람들』(공주문화원, 1999.) p.110 참조.

열 한 시. 첫겨울 산 비가 뿌리는 날이다.

십일월 십일일. 이 날은 몇 해 전에 구라파 개명했다는 작자들이 서로 할퀴고 죽이고 하던 지랄이 끝난 날이라 하여 소위 평화 기념일[2]이라고 축하하는 날이다. 싸우기는 왜들 싸우고 축하는 무슨 축하란 말인고. 심술궂고 욕심 많은 몇 녀석들이 어리석은 백성들을 속여서 야릇한 복장을 입혀 놓고, 흉물스러운 군도를 채워 놓고, 총을 메워 놓고, 엇둘 엇둘[3] 하면서 흉악한 장난을 하는 버릇이 언제나 끝이 날는고.

행인지 불행인지 나는 이 흉악한 장난에 참예하지 아니한 깨끗한 몸이라 저희들이야 축하를 하거나말거나 찬 겨울비를 맞으면서 우리 평화의 임금 정도령[4]을 찾아 들어가는 길이다. 정도령이 과연 계룡산 속에 있는지 없는지는 들어가 보아야 알 일이어니와, 길가에 서리 맞은 풀포기와, 얼굴을 때리고 옷소매를 때리는 낙엽이며, 소리도 들릴락말락 구비 돌아 흘러내리는 맑은 시내며, 천만 년 동안에 님을 기다리기에 피곤한 듯한 늙은 바위며, 안개 속에 얼굴을 감추었다 드러냈다 하는 산들도 모두 무슨 말할 수 없는 깊은 수심과 영원히 달할 수 없는 무슨 희망을 기다리기에 지친 듯하다. 그 속으로 들어가는 우리 일행도 그러한 사람들이다. 담요를 뒤처 쓰고, 가방과 보퉁이를 이 손에서 저 손으로 옮겨 들며 가면서, 말도 없이 발자취 소리도 없이, 구름에 잠긴 동구로 찾아 들어가는 우리 모양도 그 얼마나 청승스러웠으랴.

동구를 반이나 걸어 들어가서 병목과 같이 좁아진 곳에 우편에 십여 장[5]이나 되는 시커먼 바위가 있으니 이것이 이른바 학바위다. <절 동편에

---

2 1914년부터 1918년까지 일어났던 제1차 세계대전의 종전을 가리킴

3 군인들이 훈련할 때 외치는 구호(하나 둘, 하나 둘)

4 정감록에서 말하는 미래의 지도자. 감히 비유하자면 기독교에서의 메시아와 유사한 존재로 현재의 고통을 견뎌내기 위한 민중들의 소망이 이미지화한 것이라 할만하다.

학바위 있으니 그러므로 절 이름을 동학이라 하느니라> 한 것이 이 바위다. 그러나 속안[6]이라서 그런가 아무리 보아도 학 같지는 아니하다. 모든 것을 좋은 편으로만 보는 이상주의적인 우리 조상님네의 눈에는 이 바위가 학으로 보였던가.

학바위에서 펄펄 날리는 낙엽 속으로 육칠 리를 들어가니 구름이 잦아진 골에 반 넘어 잎 떨린 관목 숲 사이로 은은히 보이는 것이 동학사의 승방이오, 거기서 수십 보를 더 들어가 그리 크지 아니한 가람[7]이 이름으로 오래 듣던 동학사다.

<u>鷄龍山記(2)</u>

金鷄抱卵, 雙龍弄珠

'鷄龍山'의 出處

동학의 주인 만우 노화상

공경할 평생의 신앙생활

서울서 고경스님한테 얻어온 '만우 노화상'에게 부치는 소개장은 크게 힘이 있었다. "팔십이나 넘은 어른이지마는 기운 좋고 친절하고 학식도 많으신 이지요" 하는 것이 고경스님의 만우 노화상[8]을 내게 소개하는 말이었었다.

점심을 시키고 젖은 버선을 갈아 신고 펄펄 날리는 낙엽을 바라보고

---

5 사람의 키 하나만한 높이.

6 아마도 한자어 속안(俗眼)인 듯하며 그것은 출가 수도하는 사람에 상대하여 사용한 '세속인의 눈'이라는 의미인 것 같음.

7 가람(藍伽). 절을 가리킴.

8 만우(萬愚)는 스님의 법명이고, 노화상(老和尙)은 나이 드신 스님을 높여 부르는 말.

앉았을 즈음에 만우 노인이 들어왔다. 백발동안에 회색 양복 두루막을 입은 건장한 노인이다. 누가 보아도 예순나믄밖에 안 되어 보이건마는 그는 '일흔 아홉'이다. 인사가 끝난 후에 그는 "소승이 아는 대로는 무엇이나 다 말씀해 드리겠습니다." 하고 극히 공순하고도 쾌활하게 내가 무엇을 묻기를 기다린다.

"계룡산이란 이름은 언제 누가 지은 것입니까. 또 왜 계룡산이라고 했나요?"

나는 이 모양으로 묻기를 시작하였다. 노화상은 웅장한 목소리로 아주 유창하게 설명한다.

"계룡산이란 이름은 언제 누가 지은 것인지 소승도 알아보려고 했으나 아는 이가 없고 또 어느 책에도 나온 데가 없습니다. 그러니까 산 이름의 출처는 알 수가 없사옵고, 계룡산이라는 뜻에 대해서도 여러 가지 말이 있어서 어느 것이 옳은 말인지 소승도 알 수가 없습지요…… 허, 허, …… 혹은 생기기를 '금계포란' 금닭이 알을 품는 격이라 해서 닭계 자(字)를 쓴다고도 하고, 또 '쌍룡농주' 두 용이 구슬—여의주를 어르는 격이라 하여 용룡 자(字)를 쓴다고도 합지요. 또 '계화위룡[9]' 격—닭이 화하여 용이 되는 격이 있어 계룡이라고 한다, 말하오면 금계포란이라는 닭계 자와 쌍룡농주라는 용룡 자를 한데 붙여서 계룡산이라고 한다 하옵지마는 누가 압니까." 하고 껄껄 웃는다.

이 모양으로 노화상은 동학사의 연기, 오누이탑, 숙모전, 삼은각,

---

9 계화위룡(鷄化爲龍)이란 닭이 변해서 용이 된다는 의미로 갑사의 대웅전 옆 삼성각 기둥 주련(柱聯)에 '계화위룡갑천하(鷄化爲龍甲天下)'란 것이 붙어 있고, 같은 내용이 갑사9곡의 하나인 달문(대웅전 앞의 시내를 건너 대적전으로 가는 다리 밑의 바위)의 바위에도 석각되어 있다. 이 구절의 해석 가운데 하나에는, 닭이 힘없는 서민을 뜻하고 용이 권력을 가진 지배층을 뜻하는 것으로, 서민들이 세상의 주인이 되는 새로운 세상, 살기 좋은 시대가 반드시 오게 되어 있다, 라는 것도 있다.

갑사, 대궐터, 연천봉 등 계룡산에 관한 모든 이야기를 묻기를 기다리지도 아니하고 한 시간 반 동안이나 내리 하였다.

"소승이 아는 말씀은 다 했습니다. 그밖에 더 물으시는 것이 있든지, 또 소승이 생각나는 것이 있으면 또 말씀하겠습니다…… 자, 점심 공양이 늦어서 시장하시겠습니다…… 얘 상 들여라…… 숭늉 가져 오너라."

하고 들며나며 우리의 점심을 위하여 모든 것을 분별한다. 누가 그를 일흔 아홉이나 된 노인이라 하랴. 진실로 쾌활하고 솔직하고 친절한 젊은 친구다. 하나도 짓는 것이 없고 꾸미거나 감추는 것이 없고 가장 연련스러우되 그 속에 범할 수 없는 위엄과 법도가 있다. 열두 살에 동학사에 들어와 육십 사 년 간 동학사에서 늙은 그는 일찍 세상풍파에 몸을 물들여 본 일이 없고, 오직 경을 외우기와 마음을 닦기에 일생을 보내었다 한다. 누가 보더라도 과연 수양이 많은 도승이로다 하고 옷깃을 바로 하지 않을 수 없을 것이다.

<u>鷄龍山記(3)</u>

落葉 나르는 千年 古刹에

八十된 老和尙

인생은 간다 천지도 또한 간다

무상한 세계에 남는 것은 무엇

점심을 먹고 나서 우리는 사진 기계를 들고 나섰다. 날이 흐리고 이따금 산 비가 몰아 지나가는 날이라 사진을 맡은 김 군은 자못 불평이 심하다. 첫째로 박을 것은 물론 만우 노화상이다. 우리에게 계룡산에 관한 많은 재미있는 지식을 공급한 점으로도 그러하고, 계룡산에 와서 처음 만나는 덕 높은 노승이라는 점으로도 그러하다. 대부분이 썩어진 오늘날 중들 중에 이러한 높은 중을 가진 것이 조선 불교의 자랑이 아니고 무엇이랴. 나는 만우 노화상과 도를 토론한 일도 없고, 그의 역사를 조사한 일도 없거니와, 그의 천진난만한 인격의 빛은 팔십 평생에 수 없는 사람을 비치어 오늘 내가 받은 듯한 높고 귀한 감화를 주었을 것이다. 다시 그의 역사는 물어 무엇하며, 불경의 지식은 물어 무엇하며, 또 일생의 사업은 물어 무엇하랴. 우리가 종교에서 구하는 것은 역사도 아니오, 지식도 아니오, 사업도 아니오, 오직 덕행이다. 팔십 평생에 비록 한 사람에게 덕의 감화를 주었다 하더라도 그것이 그에게는 천하를 얻은 것과 같은 큰 사업일 것이다. 의인의 씨는 끊어지지 아니한다. 의인은 숨어 있어 하는 일이 없는 듯하되 천하를 위하여 큰일을 하는 것이다.—그것은 썩어져 가는 세상을 구하는 덕의 감화다. 만우 노화상이 얼마나 큰 인물인가. 그것은 그리 요긴한 문제가 아니다. 다만 그에게는 사람을 감화한 덕이 있다. 참사람인 맛이—이것이 문제다. 덕에는 층등[10]이 없고 참사람에게도 층등이 없는 것이다.

"법의를 입고 박으시지요."

하는 말에 사진 기계를 물끄러미 들여다보고 있던 노화상은 어린애 모양으로 팔짱을 끼고 두어 걸음 물러서며

"싫어요. 그러면 나는 안 박을 테야요."

하고 고개를 도리도리 흔든다. 우리는 황망히

"아니야요. 그대로 박히서요."

하고 달아나는 노화상을 붙들었다.

---

10 층등(層等). 서로 같지 아니한 등급

"나, 어디 서요?"

하고 노화상은 심히 기뻐하는 듯이 벙글벙글 웃으며 사진 기계 앞으로 왔다갔다 한다. 우리는 그를 절 층계 위에 서게 하고 절과 함께 박기로 하였다. 노화상은 팔짱을 끼고 약간 허리를 굽히고 층계 위에 우두커니 섰다. 옛 절에 늙은 중, 그이 늙은 가슴속에는 지금 무슨 생각이 돌아가는고.

인생은 간다. 천지도 간다. 무상한 이 세계에 남는 것은 무엇인고. 골짜기로 불어오는 첫겨울 바람이 비에 젖은 낙엽 네다섯을 몰아다가 옛 절 마당에 뿌린다.

鷄龍山記(4)

丹靑조차 感想的인

三隱閣 肅慕殿

계룡산 깊은 밤에 충혼을 불러
삼은과 육충신을 위로하던 집

동학사 법당 곁에 아직 단청이 새로운 조그마한 집 두 채가 있으니 하나는 숙모전이요 하나는 삼은각이다. 삼은각은 고려 말년의 세 충신이요 세 학자인 정포은(鄭圃隱), 리목은(李牧隱), 길야은(吉冶隱)[11] 세 분을 제사하는 곳이다.

송도가 망하고 이태조가 한양에 도읍을 하매 길야은은 차마 옛 임금을 버리고 새 임금을 섬기지 못하여 경상도 선산 자기 고향으로 돌아가는

11 흔히 려말 삼은이라 하는 분들로서 정몽주, 이색, 길재 세 분을 가리킨다. 일설에는 길재 대신 도은(陶隱) 이숭인(李崇仁)을 넣기도 한다.

길에 동학사에 들르니 때는 태조 3년 갑술이다. 그때에 심사가 얼마나 처창[12]하였을까. 그는 절 곁에 손수 조그마한 단(壇)을 뭇고[13] 밤에 홀로 그 단 앞에서 정포은의 선죽교에서 피 흘린 충혼을 불렀다. 정으로는 벗이오, 뜻으로는 동지요, 처지로는 같은 망국대부라, 계룡산 깊은 밤에 돌아갈 곳 없는 충혼을 부를 때에 정경이 어떠하였을까. 그 후 정종(定宗) 원년 기묘에 금헌(琴軒) 류방택(柳芳澤)이라는 이가 역시 새 나라에 벼슬하기를 원치 아니하여 서산 시골집으로 돌아가는 길에 동학사에 들렀다. 그때에는 벌써 정포은의 혼을 부르던 길야은도 죽고 이목은도 죽었었음으로 류금헌은 길야은이 쌓은 초혼단에서 정포은, 이목은, 길야은 세 분의 혼을 불렀다. 그 후에 전의 이씨의 조상되는 효정공 이정간(孝貞公 李貞幹)이라는 이가 공주 판관으로 왔을 때에 이 자리에 삼은각(三隱閣)을 짓고 제향을 드리니 이리하여 삼은각이 생겼다. 그러나 세상에는 슬픈 일이 끊어질 날이 없어서 돌아갈 곳 없는 충혼을 부를 일은 그 후에도 여러 번 있었다. 단종(端宗) 때 사건으로 육신(六臣)[14]이 목을 잘리우고 단종대왕이 영월(寧越) 땅에 위리안치[15]를 당한 때다. 매월당(梅月堂)이라는 의기 있고 글 잘하는 어른이 밤에 혼자 죽은 육신의 시체를 훔쳐다가 노들(鷺梁津)에 묻어 놓고 삭발위승[16]하고 강호에 종적을 숨길 제 먼저 동학사로 달아와 삼은각 곁에 한 단을 뭇

---

12 처창(凄愴). 몹시 구슬픔.

13 고어(古語)로 '쌓아 올리다, 여러 개의 물건을 포개어 올리다.'의 뜻. 노걸대언해(老乞大諺解)에 '저정시전체적정(這井是塼砌的井)'이라는 구절을 '이 우물은 벽으로 무은 우물이라'라고 풀이하였음.

14 흔히 사육신이라 하는 분들로 성삼문, 박팽년, 이개, 하위지, 유성원, 유응부를 가리킴.

15 위리안치(圍籬安置). 죄인을 배소(配所)에서 달아나지 못하도록 가시로 울타리를 만들고 그 안에 가두어 두는 일.

16 삭발위승(削髮爲僧). 머리를 깎고 중이 됨.

고 육충신의 혼을 부르니 때는 세조 병자년이다. 그 후 얼마 아니하여 세조대왕이 만신창이 나서 금강산 오대산 속리산을 두루 돌아 온양 온정으로 가는 길에 동학사에 들러 "그 때에는 난신이어니와 후세에서는 충신이라"하여 죽은 육신과 그때 통에 함께 죽은 육신의 부모형제처자며 연좌하여 죽은 모든 원혼을 불러 제사하고 비단 여덟 자에 <병자원적(丙子怨跡)>이라고 친필로 쓰니 이때는 정축년 구월이었다.

<u>鷄龍山記(5)</u>
세상은 비록 混沌하나
義의 씨는 不滅
충의에 엉킨 옛 자취를 찾고
감격에 싸인 후생의 읊조림

그 해 시월에 금성대군(錦城大君)이라는 이 그가 친형되는 세조대왕을 몰아내고 단종을 다시 모시려 하다가 그만 발각이 되어 자기는 물론이어니와 영월에 위리안치하였던 단종대왕까지도 살해를 당해 버리었다. 그때에 영월 사람 엄흥복(嚴興福)이라는 이가 그 어머니의 관을 가지고 강을 건너가 단종대왕을 묻고 용포 한 벌을 안고 돌아다니다가 매월당을 만나 동학사에 그 용포를 묻고 통곡하였다. 이 일이 있은 후에 세조대왕은 그통에 죽은 일백 오십여 명을 위하여 동학사에 패지[17]와 결복[18]을 내려서 춘추에 제향을 드리도록 하였다. 이것이 초혼각(招魂

17 사패지지(賜牌之地)의 준말. 나라에서 내려 준 땅. 조선시대 궁가(宮家)나 공신(功臣)에게 나라에서 산림, 토지, 노비 등을 내려 주는 것을 사패(賜牌)라고 했음.
18 결복(結卜). 조선 왕조 때 세법의 기본이 되는 것의 하나로 토지에 매기는 목, 짐, 뭇의 통칭. 여기서는 세금 감면 정도의 뜻인 듯함.

閣)의 연기[19]다.

"초혼각이래야 꼭 조막만했습니다."

하고 만우 노화상은 자기의 주먹을 내어 보인다. 그러다가 광무 갑진[20]에 지금 집을 짓고 숙모전(肅慕殿)이라는 액[21]을 내렸다. 숙종대왕이 비로소 단종대왕의 위[22]를 회복하였으니 숙종대왕을 사모한다는 뜻이다.

"지금도 춘추에 이곳 선비들이 모여서 제향을 지내지요."

하는 것은 만우 노화상의 말이다. 숙모전 앞에 김영한(金寧漢)이라는 이가 짓고 윤용구(尹用求)라는 이가 쓴 비문이 있다. 그 중에 이런 구절이 있다.

> 麗季之壞亂果何如也 而有三先生者出焉 明天倫而立人極 紹往聖之學 啓我朝之昌運 其國 雖亡其道猶存 其身已沒其義猶生 炳炳乎洋洋乎 如日月之懸天 如江河之紀地 其人之有關 於新文者固如是則 是閣之興廢而斯文隨而衰盛也 不然其歟……[23]

그러나 의인의 씨는 결코 끊어지지 아니하는 것이다. 아무리 어지러운 세상에라도 다만 한두 사람이라도 의인은 남아서 의의 끈을 끊지 않고

---

19 연기(年紀). 자세하게 적은 연보.

20 광무(光武)는 조선 고종의 연호. 광무년 간의 갑진(甲辰)은 서기 1904년임.

21 사액(賜額). 임금이 사원(祠院) 등에 이름을 지어 이를 새긴 편액(扁額)을 내림.

22 위(位). 자리. 임금의 지위.

23 이 비문의 대강의 뜻은 다음과 같다. "고려 말의 (나라가) 무너지고 어지러움이 과연 어떠했는가. 세 선생께서 나오셔서 천륜을 밝히시고 인극을 세우셨다. 이어져 내려온 성인의 학문을 계승하시었고, 우리 조선의 창운을 여셨다. 그 나라는 비록 망했으나 그 도는 오히려 남았고, 그 몸은 이미 죽었으나 그 의는 오히려 살아 있으니, (그 뜻이) 빛나고 빛나며 넓고 넓어서 해와 달이 하늘에 걸려 있는 것과 같고 강과 물이 땅의 벼리가 됨과 같도다. 그 사람의 새로운 문에 관련됨이 진실로 이와 같은 즉 이 초혼각의 흥하고 폐하는 것에 따라 사문(유학)도 따라서 쇠하고 성할 것이로다. 그렇지 아니한가."

후세에 전하는 것이다. 그리하고 아무리 썩어진 세상이라도 또 의인을 사모하고 본받는 이의 씨도 결코 끊어지지 아니하는 것이다. 그래서 어느 때에나 의인의 정신은 '하늘에 달린 해와 달과 같이 땅에 흐르는 강과 내와 같이' 인류의 양심이 되어서 인류의 정신을 지배하는 것이다. 이태조는 잊혀질 날이 있으리라. 그의 크다고 하던 사업도 무너져 버릴 날이 있으리라. 그러나 선죽교에 흐르는 정포은의 피는 영원히 조선 사람의 자손의 피를 끓이는 불이 될 것이다. 이긴 이는 이태조가 아니오 정포은이다. 이태조는 정포은 때문에 기억될 것이다. 비록 세상이 변하여 임금께 대한 충성이란 것이 한 웃음거리가 되고 마는 날이 있다 하더라도

"이 몸이 죽어죽어 일백 번이라도 고쳐 죽어
백골도 진토 되고 혼백도 있고 없고
님 향한 일편단심이야 가실 줄이 있으랴."

하는 그 굳은 의리에는 예나 이제나 다를 것이 없을 것이다. 나도 그를 사모하는 어린 후손으로 옛 어른의 본을 받아 혼을 불러볼까.

"님이 가시온지 오백 년이라건만
충의에 엉킨 혼백 슬을 줄이 있으리까
소자의 부르는 소리를 들으소서 하노라."

鷄龍山記(6)

亡國의 恨을 抱한 上院師의 修道

동학사의 연기는 백제 때부터
이상한 호랑이의 기이한 작란

"동학사는 언제 창건되었습니까."
하는 내 질문에 만우 노화상은

"동학사연기라고 문적[24]으로 남아 있는 것은 없습니다. 여러 번 병란에 불이 붙었으니 무엇은 남았겠습니까."
하고 한탄하는 어조로 말한다. 진실로 조그마한 조선에는 너무도 병란이 많았었다. 그 중에도 임진왜란은 거의 조선의 모든 것을 불살라 버리고 말았다. 이래 삼백 수십 년 간에 조선은 그때에 받은 재산과 문화와 원기를[25] 회복하여 보지 못하고 말았다. 참으로 지긋지긋한 병란이었었다.

"소승이 어려서 상원굴(上院窟) 속에서 공부를 할 적에 하루는 어떤 노인이 와서 소승더러 동학사의 연기를 아느냐고 묻사옵기로 모른다고 했더니, 그렇거든 들으라 하면서 동학사와 이 뒷 고개에 있는 오누이탑의 연기를 이야기하는 것을 들었습니다. 그 노인은 중도 아니오 지나가던 속인인데, 그 노인의 이야기밖에는 동학사 연기를 아는 이가 없습니다. 소승이 동학사에서 육 십여 년 간을 살거니와 그 이야기밖에 들은 것이 없습니다."
하고 만우 노화상은 동학사의 연기를 말한다.

"백제 파국 후에(백제가 망한 후에)" 백제국족 한 분이 계룡산에 들어와 중이 되어 상원조사(上院祖師)가 되었다. 지금 오누이탑이 있는

24 문적(文蹟). 뒤에 상고할 문서나 장부. 문부(文簿)라고도 함.
25 문맥상으로 보면 '원기를'은 '원기의 피해를'이라고 해야 맞을 것 같다.

곳은 상원조사가 창립하였던 상원암이라는 절 기지이다. 나라이[26] 망하매 세사에 뜻이 없는 상원조사는 이 산중에 몸을 숨겨 공부로만 일을 삼는데 하루는 아침에 일어나 문을 열고 보니 큰 호랑이 한 마리가 창을 향하고 쭈그리고 앉았다. 상원조사는 호랑이를 향하여 "네가 나를 먹으러 왔느냐" 하고 물은즉 호랑이는 아주 친압[27]하게 고개를 숙이고 조사의 곁으로 온다. 조사는 호랑이가 입을 벌리는 모양을 보고 "오, 무엇이 목에 걸렸으니 빼어 달라는 말이냐" 하고 팔을 부르걷고 손을 넣어 호랑이의 목에서 사람의 뼈 한 마디를 빼어 주면서 "네가 이렇게 인명을 상하는 행사를 보면 심히 괘씸하다. 그러나 너도 물명[28]이니까 살려 주는 것이니 다시는 인명을 해하지 말렸다." 하고 호랑이를 책망하여 보냈다. 이튿날 아침에 또 문을 열고 보니 그 호랑이가 커다란 멧도야지 하나를 물어다 놓고 앉았다. 조사는 얼굴을 찌푸리며 "이놈이 또 살생을 했구나…… 응, 제깐에는 은혜를 갚느라고… 그러나 이놈아 나는 입산수도하는 중이니 육붙이를 먹을 일이 있느냐. 어서 네나 갖다 먹고 다시는 살생을 말아."하고 꾸짖었다. 호랑이는 심히 낙심한 듯이 그 멧도야지를 물고 수풀 속으로 들어가고 말았다. 그런지 며칠 후 어느 눈 오는 밤에 상원조사가 혼자 공부를 하노라니 문 밖에 쿵하는 소리가 들린다. "어, 이놈이 또 무엇을 물어왔나 보다."하고 조사가 문을 열고 나가본즉 과연 그 호랑이가 웬 연지 찍고 곤지 찍고 원삼 입고 족도리 쓴 새악시 하나를 물어다가 조사의 앞에 뉘어 놓는다.

26 '나라이'는 '나라가'라는 뜻인데, 당시만 하더라도 주격조사 '가'의 사용보다는 문어체의 '이'를 간혹 사용했던 현상을 보여준다 하겠다. 이후의 경우에도 원문에 충실하고자 이 조사는 바꾸지 않고 그냥 소개하도록 하겠다.

27 친압(親狎). 버릇없이 너무 지나치게 친함.

28 물명(物名). 물건의 이름. 여기서는 이름(생명) 있는 물건(동물)이라는 뜻 정도로 보면 괜찮을 것 같음.

<u>鷄龍山記(7)</u>

三冬을 같이 자도

處女는 處女

첫날밤에 물려온 김씨집 색씨

도승에게 장가가 당한 일이오

조사는 손으로 호랑이의 머리를 때리며 "글쎄 이놈아 내가 그만큼 일렀거든 어떡하자고 또 사람을 물어온단 말이냐." 그러나 호랑이는 들은 체 만 체하고 "나는 모르우. 당신 맘대로 하시우." 하는 듯이 슬슬 달아나 버린다. 조사는 할일없이[29] 그 여자를 방으로 안아 들여다가 아랫목에 뉘었다. 손발도 식고 입술도 파랗게 얼었으나 몸에는 조고마한 상처도 없고 젖가슴에는 아직도 따뜻한 기운이 남았다. 일변 누더기를 덮고, 일변 불을 처때고, 일변 팔다리를 주무르고, 일변 입을 벌리고 물을 흘려 넣어, 밥 한 솥 지을 만한 때에 새 아씨가 휘 하고 숨을 돌렸다. 인해 미음을 먹이고 물을 마시게 하였다. 새악씨의 말을 듣건대 자기는 경상도 상주 땅에 사는(소지명도 들었지마는 소승이 잊었습니다 한다) 김가 성 가진 집 딸로서 그 날이 전안[30] 날이 되어 밤에 동방[31]에 들어가는 길에 호랑이에게 물려 온 것이라 한다. 이튿날 조사는 그 새아씨를 집으로 데려다 주려 하였으나 밤새도록 쌓인 눈에 길이 끊어졌으니 어찌하랴. 할일없이 '호형호매'로 오라버니 누이가 되어 상원굴 단칸방에서 겨울을 나고 해동이 되자 조사가 새아씨에게 남복을 입혀 데리고

---

29 고어적(古語的)인 표현으로 '어쩔 수 없이'의 뜻임.

30 전안(奠雁). 혼인 때에 신랑이 기러기를 가지고 신부 집에 가서 상위에 놓고 절하는 예.

31 동방(洞房). 화촉동방(華燭洞房)의 준말. 신랑신부가 첫날밤을 보내는 방.

경상도 상주 그 집으로 찾아갔다. 그 집에서는 호랑이에게 물려가서 죽은 줄로만 알았던 딸이 돌아온 것을 보고 '일희일비'하였다. 살아난 것은 다행이지만 저것을 무엇에 쓰랴. 그래서 조사더러 그 부모가 "이제는 내 딸과 혼인하여 살아 달라." 하였다. "천만에. 입산수도하는 몸이 장가가 가당하리까." 하고 조사가 물러오려고 한즉 그 부모가 조사를 꼭 붙들고 "그게 말이 되나. 내 딸을 갖다가 삼동을 단간방에서 지냈으니 이제 이 자식을 어찌 하란 말이냐."하고 아무리 하여서라도 장가 들기를 권한즉 "아니오 비록 단간방에서 삼동이 아니라 삼 년을 지냈더라도 댁 따님의 털 끝 하나 건드릴 내가 아니오." 하고 호형호매하고 지내던 일장설화를 한 후에 절로 돌아가기를 청하였다. 그러나 김씨 집에서는 조사를 잡아끌고 읍내에 들어가 정소[32]를 하였다. "그래 원님이 그 새아씨가 처녀가 아닌가를 검사했다는 말도 있지마는 더러운 말이기로 못하겠습니다." 만우 노화상은 이렇게 말한다. 어찌하였으나 그 새아씨는 처녀인 것이 판명되어 원이 친히 중매되기를 자청하고 상원조사는 갸륵한 도승이라 하여 융숭한 대접을 받았다. 그제서야 김씨 집에서도 조사를 믿고 백배사례를 하면서 많은 돈으로 큰 은혜를 갚을 뜻을 말하였다. 조사는 "나도 먹을 것이 없어서 중이 된 것도 아니오 의탁할 곳이 없어서 중이 된 것도 아니니 애여 그런 말씀은 마시오. 소승은 갑니다." 하고 모든 것을 뿌리치고 떠날 때에 새아씨가 따라나서면서 "아버님 어머님, 나도 오빠 따라 입산수도하러 갑니다."하고 조사를 따라 다시 상원암으로 들어왔다.

32 정소(呈訴). 소장을 관청에다 바침. 정장(呈狀)이라고도 함.

<u>鷄龍山記(8)</u>

반 넘어 頹落한

오누이 古塔

비 뿌리고 안개 잦은 산록에

옛 정회를 말하는 두 개의 탑

상원암에 돌아와 두 사람은 여전히 호형호매하고 일생에 도를 닦다가 죽었다.

"일생을 그 단간방에 있었나요?"

하고 우리 일행 중에 누가 물은 즉 만우 노화상은 여전히 엄숙한 어조로

"그렇지요. 일생을 그 단간방에 오라비 누이가 같이 있었습지요. 그러다가 그 오누이가 죽은 뒤에 둘이 다 사리(舍利)가 나왔다구요. 그래서 상주 김씨의 집에서 와서 오누이 사리탑을 쌓고 또 이 동학사를 세웠다고 합니다."

만우 노인의 이야기가 어떻게나 열정이 있고 엄숙한지 오누이가 극히 신비하고도 경건하고도 거룩한 안개 속에서 부드러운 빛을 발하는 것이 보이는 듯하다.

"이제 갑사로 넘어가시노라면 바로 길가에 오누탑이 보입니다." 한다.

우리는 만우 노인이 굳게 만류하는 것도 뿌리치고 부슬부슬 떨어지는 비를 무릅쓰고 갑사를 향하여 길을 떠났다. 만우 노인은 절 뒤까지 나와서 은근하게 여러 번 합장을 하여 우리를 보낸다. 우리도 다시금 다시금 고개를 돌려 이 친절하고도 천진한 노화상에게 감사하고 석별하는 뜻을 표하였다.

"나무꾼들이 다니는 길이 많지마는 비어 놓은 길[33]로만 가시면 됩니다. 그리 저물지는 아니합지요."
하고 노인은 몇 번이나 길을 가리켜준다.

길은 산협[34]이 온통 단풍인데 산머리와 골짜기에는 무거운 구름이 오르락내리락 한다. 꽤 가파롭다. 몸에는 땀이 흐르고, 열 번은 바위에 걸터앉아 쉬었다. 비도 두서 번 지나갔다.

"오누이 탑이야."
하고 앞서 가던 조군 김군이 소리를 친다. 과연 잎 떨어진 나무 사이로 음침한 옛 탑들이 보인다. 우리는 그리워하던 이를 만난 듯이 뛰어 올라갔다. 절터의 축대는 남아 있으나 집이 있었을 듯한 곳에는 서리 맞은 우거진 풀뿐이다. 아마 절 없어진 지가 오랜 모양이다. 탑은 서쪽에 섰는 것은 팔 층이 여전하나 동쪽에 있는 누이 탑은 네 층밖에 안 남고, 그것도 남쪽을 향하고 십 오 도가량이나 기울어졌다. 맨 밑 층 남쪽 괴임돌이 무너졌던 것을 누가 다시 세워 놓은 형적[35]이 있다. 오라비 탑은 다섯 길이나 될까. 누이 탑은 세 길밖에는 안 되어 보인다. 재료는 그리 좋지도 못하나 모양은 꽤 얌전하다. 안개와 비가 한참 동안이나 탑 끝을 싸고돌더니 김군에게 사진 박을 기회를 주는 듯이 잠깐 비가 갠다. 우리는 차마 떠나기 어려운 듯이 탑 밑에 둘러앉아서 한참 동안이나 이야기를 하다가 "오후 다섯 시"라는 소리에 놀라 다시 바람벽[36] 같은 고개 넘기를 시작하였다.

---

33 사람이 많이 다녀 훤한 길

34 산협(山峽). 깊은 산 속에 있는 땅. 도시에서 멀리 떨어져 사람이 많이 살지 않는 산간. 우리 말로 '두메'라고도 함.

35 형적(形迹). 남은 흔적. 형상과 자취.

36 벽(壁)의 원말. 방을 둘러막은 둘레.

鷄龍山記(9)

十勝之地를 찾아온

避難民의 生活

이름도 모를 적은 암자

아육왕탑은 어디 있나

오누이 탑에서도 십 오 분이나 기어서 겨우 고개에 올라섰다. 훽훽 지나가는 바람결에 구름이 찢어진 틈으로 부여, 청양 지방의 산들이 번쩍번쩍 보이고, 우리가 선 곳보다 훨씬 낮은 공주, 부여 등지의 연산[37] 틈으로 금강의 구비들이 은은한 빛으로 빛난다. 흐린 겨울 날 석양의 흐릿한 광선 속에서 산봉우리들과 물 구비들이 이상하게 음침해 보인다. 그러다가 우중충한 구름 조각이 산부리를 차고 발밑으로 달려 갈 때에는 몸에 소름이 끼치도록 무시무시하다.

우리는 말잔등과 같은 마루터기에 섰다. 매우 안계[38]가 넓다. 마루터기에는 뼘이나 남을 마른 풀대들이 바람맞아 달려가는 구름의 치마 기슭에 스쳐 간들간들 흔들리다 못하여 발발 떤다. 무서운 바람이다. 하늘은 누더기와 같다. 북쪽으로 저 산 밑에 움쑥 빠진 산과 산 틈바구니에 반짝반짝하는 냇물이 보이고, 그 냇물 가에 사람의 집들이 종종[39] 백였다. 후에 들은 즉 이백 호나 된다는데 이것이 만학동이라는 동네요, 거기 사는 사람들은 다 십승지[40]를 찾아 피난 들어온 백성들이라 한다.

---

37 연산(連山). 연하여 있는 산. 죽 이어져 있는 봉우리를 뜻하는 연봉(連峰)도 같은 뜻.

38 안계(眼界). 눈으로 바라볼 수 있는 범위. 시계(視界)나 시야(視野)와 같은 말.

39 총총(叢叢)의 작은 말로 사용한 듯함. 총총(叢叢)은 많은 물건이 빽빽이 들어선 모양.

40 정감록(鄭鑑錄)에서 말하는 난리를 피할 수 있는 열 곳을 가리킴.

만학동 말고도 계룡산 틈바구니 구석구석에 이런 피난민의 동네가 있다고 한다.

우리는 아까 올라오던 데와 같은 데를 미끄러질까 봐 조심조심히 내려간다. 이렇게 얼마를 내려가면 숯 굽는 데가 여기저기 나선다. 숯가마에서는 더운 김이 난다. 아마 저 새 무덤 모양으로 흙을 덮어놓은 속에서는 나무들이 불길도 없이 한창 타는 모양이다. 그 숯가마 곁에는 장차 태워질 참나무들이 가로세로 누워 있다. 그 곁에는 작대와 괭이들도 놓여 있다. 아마 시커먼 숯 굽는 사람들이 종일 여기서 일하다가 저녁 먹으러 내려간 모양이다. 어떤 숯가마 곁에는 나뭇가지와 풀 잎사귀로 야만들의 초막 같은 초막을 쳤다. 그 속에는 부드러운 풀을 깔아 놓았다. 아마 자는 곳인 듯하나 이 바람과 비를 두려워함인지 사람은 없다.

고개를 반이나 내려가서 암자 하나이 있다. 중은 아니 보이고 상투장이들이 부엌에서 우물물로 들었다났다 한다.

"이게 무슨 암자요?"

하고 물은 즉

"이거유? 갑사에 딸린 절이여유."

한다.

"그런 줄은 알지마는 이름이 무엇인가 말이여요?"

하고 다시 물은 즉

"이 절에도 이름이 있나? 우리는 몰라유. 그저 갑사에 딸린 절이야유."

이 친구들은 이 절에 있으면서도 이 절 이름도 모르는 모양이다. 하기야 그것은 알아서 무엇하나. 이름은 모르더라도 어디 갔다가 찾아 올 수도 있는데. 그러나 우리는 아육왕[41]탑(阿育王塔) 있는 곳은 알아야

41 아쇼카왕. 기원전 3 세기경 인도 마가다국의 마우리아 왕조의 제삼대왕(第三

하겠다.

"여보세요. 저기 저것이 무슨 탑이야요?"

하고 나는 물 길어 가지고 들어가는 것을 소리 쳐 물었다. 암자 서쪽 조그만 봉우리 끝에 오뚝한 서너 길이나 될 듯한 바위가 있고, 그 꼭대기에 꼭 목판 같은 것이 놓이고, 그 목판에 네모난 합[42] 하나가 놓였다. 나는 이것이 아육왕탑인가 하고 물은 것이다. 그러나 그 상투 있는 친구는

"응, 저기, 저게 무에라더라."

하고 물끄러미 그 탑을 쳐다본다.

"저게 아륙왕탑이야요?"

하고 그 지방 사람들 모양으로 아육왕을 아륙왕으로 발음했다.

"옳아요. 무슨 왕탑이라나 보아요."

하며 부엌으로 들어간다. 아마 그것이 아육왕탑인가 보다. 암자 북쪽에 뾰족한 것이 아마 수정봉인가 보다. 무론 탑이라 해도 사람이 쌓은 것은 아니오 꼭대기 올려놓은 돌 목판과 합만이 사람의 손으로 된 것이다.

鷄龍山記(10)

百 年만에 燈滅한

恒河邊의 寶闕

부처의 사리 일만 사천 병중

한 병을 묻었다는 아육왕탑

代王). 5천축을 통일하고 불교를 보호 선전하여 세계적 종교로 만들고 제3회 불전(佛典) 결집을 행하였음.

42 합(盒). 음식을 담는 놋그릇의 한 가지. 운두가 과히 높지 않고 둥글며 넓적한 것으로 뚜껑이 있음.

옛날 서역 인도의 아육왕탑이 무슨 연고로 우리 조선 계룡산에 있는가. 그것은 까닭이 있다.

"아육왕탑은 서가무니 부처님의 사리를 둔 탑이라고 하옵지마는, 소승이 보기에는 부처님의 사리를 그 탑에 둔 것이 아니라 사리는 그 탑 뒤에 있는 수정봉에 뫼시고, 그 탑은 사리를 뫼신 표로 세운 것 같습니다."

하고 만우 노화상이 아까 동학사에서 탑의 연기를 설명하였다.

"옛날 서가무니 부처님께오서 사라쌍수 밑에서 열반에 드오신 후에 그 몸에 팔 괵[43] 사 두의 사리가 났다 하옵지요. 팔 괵 사 두니까 휘로 여덟 하구 너 말이 아니오니까."

그런데 이 팔 괵 사 두의 사리를 저마다 가진다고 네 나라이 서로 다투어 싸움이 끝날 줄을 모를 때에 어떤 현명한 재상 하나이 꾀를 내어

"이렇게 다툴 것이 없어. 사리가 하나만이면 다툴 만도 하지마는 팔 괵 사 두나 되지 않는가. 우리 네 나라이 꼭 같이 두 휘 한 말씩 나눠 가지면 아니 좋은가."

하였다. 이 말이 있어서 네 나라이 꼭 같이 두 휘 한 말씩을 맡아서 모두 명당을 택하여 봉안을 하였는데, 그 중에 한 나라에서는 어떤 나한[44]의 말을 들어 항하(恒河) 가에다 커다란 궁궐을 짓고, 그 속에다 부처님의 사리를 뫼시고, 그리고는 백 세를 갈 만한 큰 등잔을 켜 놓고, 그리고는 흙으로 그 궁궐을 묻어 버렸다.

---

43 곡식을 되는 그릇의 하나. 스무 말, 또는 열 닷 말이 들어감. 우리말로는 '휘'라고 함.

44 나한(羅漢). 아라한의 한역(漢譯). 소승불교의 수행자 가운데 가장 높은 지위로서 온갖 번뇌를 끊고 사체(四諦)의 이치를 밝히어 얻어서 세상 사람들의 공양을 받을 만한 공덕을 갖춘 성자(聖者). 또는 생사를 이미 초월하여 배울 만한 법도가 없게 된 자리의 부처.

"꼭 진시황의 여산(驪山) 궁궐 마찬가지지요."

하고 만우 노화상은 려산 궁궐과 같다는 말을 두서 번이나 곱했다. 그러다 아육왕이 무슨 큰 죄를 지어서 어떤 나한에게 속죄할 길을 물은즉 그 나한의 말이

"저 항하 가에 모신 사리를 파내어 일만 사천 보병[45]에 넣어 남섬부주[46] 모든 유연[47] 국토에 보내라. 그러하면 헤아릴 수 없는 큰 공덕이 되어 전생, 금생의 모든 죄를 풀고 왕생극락하리라."

하였다. 왕이 그 말을 듣고 기뻐하여 곧 몸소 사람을 데리고 항하 가의 사리를 팠다.

"파고 문을 여니까 등잔불이 꺼지더랍니다. 벌써 어느 날 어느 시에는 이 문이 열릴 줄을 알았으니까 그때까지 불이 켜 있도록 기름을 준비하였던 거지요—꼭 백 세가 되었더랍니다. 묻은 때에서 문 연 때까지가."

하고 노승도 그리 믿겨지지 아니하는 듯이 그러나 신기하다는 듯이 빙그레 웃는다.

"그래, 그 사리를 파내어서는 일만 사천 보병에—보배로 만든 병입니다그려—보병에 넣어서…… 나한이 손을 들어 신통력으로 신령한 빛줄기가 비치는 데마다 귀신을 시켜 그 사리병을 하나씩 갖다가 모시게 하는데, 우리 조선에서 계룡산 수정봉에 한 병을 갖다 뫼신 겝지요. 하, 하."

하고 만우 노인이 이야기를 그치고 웃는다.

"그러면 아육왕탑은 연대가 퍽 오래겠습니다?"

---

45 寶甁. 꽃병, 물병 등의 美稱. 眞言 密敎에서는 灌頂의 물을 담는 그릇을 뜻함.

46 南贍部洲. 閻浮提의 다른 이름. 염부제는 염부나무가 무성한 땅이라는 뜻으로 須彌四洲의 하나. 나중에 뜻이 바뀌어 인간 세상의 총칭, 곧 현세의 의미로 됨.

47 有緣. 인연이 있음.

한즉 노인은

"그러하옵지요. 이천 사오백 년은 되었을 것 아니오니까. 아직 우리 조선에 불교가 들어오기도 전입지요. 그러기에 신라에 처음 불교를 전한 아도화상(阿道和尙)이 신라에 가는 길에 정천[48]을 지나다가 계룡산에 신령한 기운이 있는 것을 보고 한 걸음 한 걸음 찾아 들어오니 수정봉에서 방광(放光)[49]을 하더랍니다. 그래 그 자리에 엎드려 예배를 드렸는데 지금도 <자죽바위>라고 예배하던 무릎 자리가 있다고 하옵지요."

하고 끝에 만우 화상은

"그래서 아도화상이 처음 이것이 아육왕탑인 줄 발명하였다고 합니다."

한다. 이 말을 생각하고 그 탑이라는 것을 보면, 더욱이 그 목판에 담아 놓은 네모난 합을 보면 과연 그럴 듯도 하다. 이야기의 가치는 독자의 판단에 맡기자.

<u>鷄龍山記(11)</u>

鐵筆畵 같은 殘林間에

古色을 띈 甲寺

영규대사와 조중봉의 수도처

신라시절 무염대사의 지은 절

48 계룡산 아래에 있는 '경천(敬天)'을 구개음화로 발음한 말.

49 서광(瑞光) 또는 광선이 내쏨. 불교에서는 부처나 수행을 많이 하여 도력이 높은 스님에게서는 빛이 나온다고 함. 그것을 상징적으로 나타낸 것이 불상의 뒤에 표현한 두광(頭光), 신광(身光), 거신광(擧身光) 같은 것임.

동학사를 계룡산의 동편 귀 오른쪽 귀라 한다면 갑사는 서편 귀 왼쪽 귀다. 그리고 대궐터라는 우리가 지금 찾아가는 정도령 서울이 계룡산의 상[50] 바닥이라고나 할까. 갑사 골짜기는 동학사 골짜기보다도 낙엽이 더 되어서 앙상한 가지 끝들은 철필로 그린 그림 모양으로 이리 뾰족 저리 뾰족 하늘을 찌르려 하고 좁은 산길에는 누런 낙엽이 켜켜이 깔려서 발을 옮겨 놓는 대로 부드러운 소리가 난다. 이미 초어스름의 회색빛이 골짜기를 둘러 싼 곳에 질편한 옛 빛 나는 개와집[51]이 저 밑에 깔려 보인다. 이것이 갑사다.

갑사는 신라의 무염국사(無染國師)의 창건으로 조선의 가장 오랜 절 중의 하나요, 영암 도갑사, 영광 불갑사와 아울러 조선 삼갑사[52]의 하나라 한다. 그것이 자랑될 것도 없으련마는 모본단 조끼 입은 갑사 주지는 두 번이나 그 말을 한다.

"갑사에서 명승이 몇 분이나 났나요?"

하는 말을 내가 동학사에서 만우 로사[53]에게도 묻고 갑사 주지에게도 물었다. 만우 노인은

"원래 계룡산에 도승이 난 일이 없지요. 서산, 무학 같은 분네가 와 계신 일은 있지마는."

하였고, 갑사 주지는

50 원문에 '상ㅅ바닥'이라고 되어 있는데, 이는 '상의 바닥'이라는 뜻으로 사람의 얼굴을 가리키는 말이다. 한자어로 사람의 얼굴을 상호(相好)라고 하고, 얼굴의 모습을 살펴 운명을 점치는 것을 관상(觀相)이라고 하는 것을 생각해 보면 금세 알 수 있는 일이다.

51 기와로 지붕을 이은 집. 기와집.

52 절 이름에 '갑(甲)'이라는 글자가 들어가는 세 사찰을 함께 이르는 말. 도갑사나 불갑사는 모두 우리나라 불교 전래의 초기에 지어진 절로서 절 이름에 '갑'자를 쓴 것은 처음이나 시작의 의미를 강조하기 위한 것으로 볼 수 있을 것임.

53 노사(老師). 나이 많이 드신 스승. 다른 말로 옹사(翁師)라고도 함. 여기서는 스승이란 뜻보다 스님이라는 뜻으로 보아야 할 것임.

"몰라요."

하였다.

도승이 그렇게 함부로 나서 되랴. 갑사의 자랑은 영규대사(靈珪大師)라 한다. 영규대사는 본래 갑사에서 불목[54]을 보던 성명없는 중이다. 마침 조중봉[55]이 갑사에서 공부를 할 때인데 영규대사가 밤마다

"제길, 이놈의 개 짖는 소리 듣그러워[56] 견디겠나."

하고는 참나무 몽둥이를 깎아다가 절 마루 밑에 들여쌓더란다.

조중봉은 영규대사의 행동이 하도 수상하므로 하루는 그를 조용히 붙들고 물었다. 그런즉 영규대사는 동쪽을 가르치면서 큰 소리로

"저 개 짖는 소리도 안 들려요? 저 동해 건너서 밤낮 짖는 소리가 안 들려요?"

하였다.

조중봉도 그 뜻을 알아들었다. 마침 임진년이 가까웠던 것이다. 그때부터 조중봉은 영규대사를 비범한 사람으로 알고 굳게 서로 의를 맺어 언제나 나라에 일이 있거든 같이 하기를 맹약을 하였다.

임진년이 되어 왜병이 물밀듯이 밀어 들어왔다. 무서운 학살과 방화에 조선 인종은 씨도 남을 것 같지 아니한데 조정에 벼슬한다는 녀석들은 이런 위급한 때에도 권세 다툼과 시기 음모로 일을 삼았다. 참다못하여 영규대사는 가사를 벗어 던지고 일어났다.

---

54 불목하니의 준 말. 절에서 밥 짓고 물 긷는 일을 하는 사람.

55 조헌(1544-1592). 호는 중봉(重峰). 다른 호로는 도원(陶原), 후율(後栗)이라고 함. 그의 후율이라는 호에서 보다시피 율곡 선생의 학설을 지지하여 그 학문을 계승 발전시킨 분으로, 임진왜란을 맞아 의병을 일으켜 금산에서 싸우다 700여 명의 의병과 함께 전사함. 시호는 문렬(文烈)이고, 영조 때 영의정에 추증되었음.

56 떠드는 소리가 시끄러워 듣기 싫은 것.

鷄龍山記(12)

三百의 방망이로 血戰하던 靈珪師

승속의 관계로 조중봉과 충돌

창자를 쥐고 밤새도록 달려가

"중도 국은[57]을 입고 살아 왔으니 이런 때를 당하여 한 목숨으로 국은을 보답하지 아니하고 될까보냐?"

영규대사는 이렇게 외치며 갑사의 삼백 승도[58]더러 나서기를 권하였다. 그러나 도도 없고 일도 없고 게으른 생활에 살만 찐 중들은 예나 이제나 의를 보고 일어날 줄을 몰랐다. 하물며 불목직이[59] 못난이 중의 말을 미친 소리라고 비웃을 뿐이었다. 의에 복종할 줄을 모르는 놈은 힘으로 굴복을 시켜야 된다. 영규대사는 갑사 동쪽에 가지런히 높이 솟은 사련봉(四連峯)[60]에 올라가 이 봉에서 저 봉으로 디딤돌 건너듯이 몇 차례를 건너뛰었다. 갑사의 삼백 승도는 이 통에 혼이 빠져서 영규대사의 호령에 복종하게 되었다. 전장에 나가자니 무기가 있나. 영규대사는 여러 해를 두고 마루 밑에 모아 쌓았던 참나무 몽둥이를 끌어내어 하나씩 내어 주었다. 바싹 마른 참나무 몽둥이는 종잇장같이 가볍고도 쇠방망이같이 단단하였다.

---

57 국은(國恩). 나라의 은혜.

58 승도(僧徒). 중의 무리.

59 불목하니와 같은 말.

60 연이어 이어져 있는 네 개의 산봉우리. 갑사 동쪽이라면 아마도 삼불봉 쪽을 가리키는 것이 아닌가 한다. 공주 지방에 전해지는 다른 이야기에 의하면, 영규대사는 이 때 갑사의 대적전 앞에 있는 철당간지주를 훌쩍훌쩍 여러 번을 뛰어 넘어 중들의 신임을 받았다고도 한다. 네 개의 산봉우리를 뛰어넘었다는 이 자료는 영규대사의 설화를 정리하는 데 크게 참고가 될 새로운 내용이라고 생각된다.

이렇게 영규대사가 참나무 몽둥이 멘 삼백 명 군사를 거느리고 공주로 들어가

"소승에게 군 사천 명만 주시면 호서 호남의 왜병은 쥐새끼 밟아 버리듯이 쓸어버리겠습니다."

하니 원[61]이라는 작자는

"네까짓 중놈이."

하고 들어주지를 않았다. 하릴없이 영규대사는 금산(錦山)에 웅거한 조중봉의 진으로 찾아가 왜병 물리칠 계책을 말하였다.

"오늘밤에 왜병의 대군이 이리로 짓쳐들어올 것이니 마땅히 진을 거두어 저 산상으로 옮겼다가 왜병이 들어온 때를 타서 일시에 시살[62]을 할 것"

이라고 말하였으나

"아무리 영규가 비범한 사람이라 한들 양반이 어찌 중놈의 말을 들으랴."

하고 영규의 말을 아니 들었다. 영규대사는 기가 막혀

"양반은 서원(書院) 터밖에 모른다."

하고 이 말에 대하여 조중봉은

"중놈은 절터밖에 모른다."

하고 웃었다.

---

61 한 고을의 통치 책임자. 임진왜란 당시에는 아직 공주에 감영이 설치되지 않았던 때이므로 여기서는 관찰사 등의 직책은 아닐 것 같고, 공주의 지방 행정 책임자 정도로 보면 될 것 같음. 아래에 보면 공주 목사라고 나와 있음. 참고로, 공주에 충청감영이 설치된 것은 임진왜란 후인 선조35년(서기 1602년)의 일이었으며, 이에 관해서는 윤여헌의 「조선조 공주(충청) 감영고」(『백제문화』 20집, 공주대학교백제문화연구소, 1990.) pp.43-44를 참고하기 바람.

62 시살(廝殺). 싸움터에서 서로 죽임.

그러나 그 날 밤에 영규대사의 말과 같이 수만의 왜병이 엄살[63]하여 들어오는 판에 조중봉의 군사는 씨도 없이 죽어 버리고 영규대사의 참나무 몽둥이만 수천의 왜병을 때려 죽였으나, 마침내 영규대사도 옆구리에 창을 맞아 창자가 나왔다.

"에이 공주 목사 놈하고 조중봉 때문에 큰일이 다 틀렸다."

하고 한 손으로 나오는 창자를 움키어 쥐고 공주목사를 죽일 양으로 밤새도록 달려오다가 갑사 동구 앞에 다다라서는 공주 오십 리를 앞에 두고 길가에 쓰러져 죽었다.

"지금도 거기 영규대사의 무덤이 있사옵지요."

하고 만우 노사가 말을 끝내었다.

과연 사련봉이란 것을 바라보면 건너뛸 것도 같았다.

"그러나 영규대사야 의승[64]이옵지 도승이라고야 할 수 있습니까. 계룡산에서는 도승은 난 일이 없사옵지요."

하고 만우 노인은 부끄러워하는 듯이 말하였다.

<u>鷄龍山記(13)</u>

變하기 잘하는 世人!

알뜰한『內地』式

『案內』라고 어떻게 쓰나요

부자집 영감 같은 주지 스님

우리는 동학사를 떠날 적에 만우 노인더러

---

63 엄살(掩殺). 불시에 덮쳐 죽임.

64 의승(義僧). 의로운 승려.

"갑사에 가서 이야기할 만한 이에게 소개장을 하나 써 주십시오."

하였다. 노인은

"이야기할 만한 이가 없지요. 주지나 보려거든 봅시오."

하고 자기 방으로 들어가 한참이나 있다가 나오더니

"요새에 새 문자[65]로 안내라고 있습지요. 안내라고 어떻게 씁니까."

한다.

"새 문자는 왜 찾으십니까. 옛날 쓰던 대로 써 줍시오."

하며 나는 슬펐다. 씨(氏)는 전(殿)으로 변하고, 근함[66]은 '요리[67]'로 변하고, 호남(湖南) 영남(嶺南)은 남선(南鮮)으로 변하고, 서도지방(西道地方)은 서선지방(西鮮地方)으로 변하고, 관북(關北) 또는 북도(北道)라는 말은 요보식[68]이라 하여 북선(北鮮地方)이라 하고, 이런 식으로 꼭 '내지식(內地式)'[69]이 되어야만 행세를 하는 이때니까 옛 갑자년[70]부터 살아오는 만우 노인까지도 새 문자를 써야만 만족하는 모양이다.

이리하여 "此去先生主를 善爲案內之地를 爲望[71]이라 金萬愚"라는 명함에 쓴 소개장을 받았다. 중이면 속성[72]을 안 쓰고 '석(釋)'이라는 한 성을 쓰는 일은 서가무니 부처님의 명하신 것이언마는 서가무니 부처님의

---

65 여기서 새 문자라 함은 일본 문자를 가리키는 것으로, 1920년대에 이미 일본식 언어 표기가 보편화되었음을 보여주는 것이다. 특히 전래의 우리 한자 표기 단어가 일본식 한자 표기 단어로 교체되는 현상을 가리킨다.

66 근함(謹緘). 삼가 편지를 봉함이란 뜻으로, 편지 겉봉의 봉한 자리에 쓰는 말.

67 일본어 より. '~로부터'라는 뜻으로 편지 부치는 사람을 가리키는 말.

68 양방(洋方)을 일본어로 읽은 말. 즉, 서양식 표기라는 뜻.

69 내지(內地)란 말은 바로 일본을 가리키는 말로, 여기서의 '내지식'이란 말은 한자어를 일본식으로 표기하는 방식을 가리킴.

70 원래는 간지 표기의 하나로 60년마다 돌아오는 '갑자(甲子)'의 해를 가리키나 여기서는 오래 전이라는 뜻으로 사용됨.

71 여기 가는 선생들을 잘 안내하여 주기 바란다는 뜻.

72 속성(俗姓). 스님들의 출가하기 이전의 성씨.

명령도 '내지식'은 견디지 못하여 만우 같은 이조차도 김(金)이라는 성을 쓰게 되었다. 이렇게 되면 중들도 구두를 신고 양복을 입고 마누라를 둘셋씩 두고[73], 술도 자시고 고기도 자셔도 관계치 않고, 집에서 자식새끼 오줌 똥 묻힌 옷에 얼른 장삼만 입으면, 그리고 법당에 들어가서 '옹도로도로'[74]나 부르면 오계[75]를 깨뜨린 모든 죄도 항하수[76] 흐르는 물에 말끔히 씻겨 버리는 것이 마치 찌드른 걸레를 양잿물에 삶아 빠는 것과 같은 것이라 한다. 개명한 세상은 진실로 고마운 세상이다.

'한화휴제[77]'하고 만우 노인의 이 소개하는 명함은 그리 큰 효험이 없었던 모양이어서 우리 일행은 절 하인들의 방으로 안내함이 되었다. 문 하나, 남창 하나 천정은 머리에 내려 닿을 듯하고 절간인 덕에 방바닥은 더우나 이상한 내와 빈대 등쌀에 피곤한 몸이건마는 잠을 이룰 수가 없었다. 그래도 명함의 공덕이 아주 없지는 아니 하여서 밤에 모본단 조끼 입은 부잣집 영감마님 같은 주지 스님이 한번 찾아왔다.

"나도 서울 살아요. 내 본집이 돈의동(敦義洞)에 있지요."

---

73 일본식 불교 개혁에 의해 스님들의 대처(帶妻)가 일반화되었던 당시 사정을 보여 주는 하나의 예라 할 만하다. 해방 후 자유당 정권 때 정부에서 대처승은 사찰을 떠나라고 하는 명령을 내리는 바람에, 사찰의 소유권을 놓고 비구승 중심의 조계종과 대처승 승단 사이에 치열한 투쟁이 있었고, 이 해묵은 종단 싸움은 최근까지도 그 후유증이 적지 않게 남아 있는 현실이다.

74 불교의 경전 가운데 천수경이 있는데, 이 경 가운데 '오방내외안위제신진언(五方內外安慰諸神眞言)'이란 것이 있다. 그 진언은 '나무 사만다 못다남 옴 도로도로 지미 사바하'를 세 번 부르는 것인데, 여기서는 그 가운데 한 구절을 따다가 스님이 불경을 외우는 것을 가리키는 것으로 사용함.

75 오계(五戒). 원래는 출가하지 않은 불교 신도가 지켜야 할 다섯 가지 계율로 살생(殺生), 투도(偸盜), 사음(邪淫), 망어(妄語), 음주(飮酒)를 하지 말라는 것을 가리키나, 여기서는 스님이 지켜야 할 계율 전체를 가리킴.

76 항하(恒河). 인도의 갠지스 강을 한자로 표기한 말. 이곳은 성스러운 곳으로 여기서 목욕을 하면 지은 죄가 씻겨 나간다고 함.

77 한화휴제(閑話休題). 쓸데없는 이야기는 그만두라는 뜻인데, 여기서는 필요한 말만 하고 불필요한 말은 생략하겠다는 인사말 정도로 보면 좋을 것임.

한다. 이튿날 어떤 노인한테 듣건댄 주지 스님의 본집은 공주 읍내네 있고 적은댁[78]이 서울에 있다고 한다. 그러나 이것은 어떤 노인이 하는 소리요 주지 스님이 친히 한 말은 아니다. 큰댁 적은댁이 있다 하더라도 그것이 무슨 불명예가 될 리는 없다. 어느 형법이나 경찰법에 그것에 관한 조문은 없는 모양이요 또 그가 주지 스님인 것을 보건댄 사찰령[79]에도 관계가 없는 모양이다.

이튿날 주지 스님은 한번 더 우리를 찾아 주었다.

"재판소 관리들이 무엇을 조사하느라고 며칠 새 나와 있지요. 그 때문에……"

하고 심히 귀찮은 빛이 보인다. 나같이 수줍은 사람은 주지 스님이 행여 반말이나 아니할까 하여 가슴이 두근거렸다. 동행중에는 심히 분개한 사람도 있던 까닭이다.

주지 스님은

"하루 더 묵어 가시지. 아직도 비가 오는데."

하고 간절히 만류하건마는 우리는 연천봉(連天峯)을 향하여 떠났다. 때는 아침 아홉 시.

鷄龍山記(14)

바람 불고 눈 날리는

連天峰의 險路

갑사에서 십리 되는 련천봉

사면에 쌓인 것이 오직 백설

78 작은댁. 첩(妾)을 가리킴.
79 사찰에 관한 법령.

"연천봉은 본래는 영천봉(靈泉峯)이옵지요. 봉 꼭대기에 샘이 있다 해서 영천봉이라 한 것이 와전[80]하여 연천봉이 되었습니다."

하는 것이 만우 노인의 연천봉에 관한 이야기였다. 갑사에서 보면 북에서 동으로 흘러나온 높은 산이 사련봉이 되고 거기서 조금 남으로 나가서 우뚝 솟은 맨 끝 봉이 연천봉이다. 갑사에서 연천봉에 올라가기만 여기 말로 십 리, 일본 리수로 일 리 반이다.

밤새도록 천둥 번개 비바람으로 야단법석을 하던 일기는 아직도 개지를 아니하고 큰일을 낼 듯한 시커먼 구름장들이 왔다갔다 수선을 피운다.

밤 동안 나뭇잎은 거의 다 떨어지고 명년 첫여름 새 잎사귀가 나올 때까지 붙어 있어야 할 보습나무 잎사귀만 가지에 착 달라붙어서 바람이 부는 대로 안 떨어지려고 애쓰는 듯이 팔랑거린다.

조그마한 시내 하나를 건너면 거기서부터 소위 '말랭이'라는 길로 기어 올라가게 된다. 산 하나가 골짜기 속에 칼등 모양으로 섰는데, 우리는 그 칼등으로 기어 올라가는 것이다. 우리는 열 걸음에 한 번씩 스무 걸음에 한 번씩 쉬지 아니할 수 없었다. 이 모양으로 얼마를 아니 가서 무서운 바람이 바위를 날릴 듯이 서쪽으로부터 요란한 소리를 내며 불어 들어오더니 뒤를 이어 싸락눈 섞인 찬 소나기가 천병만마가 서둘 듯이 서너 참이나 지나간다. 그 통에 떨어진 잎사귀들이 앉을 자리를 잃어버리고 공중에 올라 방향 모를 바람결을 따라 갈팡질팡 재주를 넘는 모양은 가관이다. 그러다가 비가 그치고 바람만 불 때에는 일시에 수천 백의 누런 잎사귀들이 우-하고 떠오르다가 무거운 소나기 방울에 눌려 골짜기 밑으로 밑으로 펄렁거리고 내려가 마침내 어느 구석에 스러져

80 와전(訛傳). 잘못 전함, 또는 그릇되게 전해짐.

버리고 만다.

말랭이 길을 다 올라가니 반은 온 셈인데 거기서부터는 길바닥에 눈이 희끗희끗 깔렸다. 어제 밤에 온 것이 녹다 남은 것인가, 아까 통에 온 것인가. 눈을 밟고 올라가는 젖은 발이 시리기가 한이 없다. 심히 미끄러운 절벽 길을 꼬불꼬불 오르기를 삼십 분이나 하였을까. 우리는 말잔등보다도 좁은 고개턱에 올라섰다. 눈앞에 보이는 것은 오직 안개와 흰 구름뿐인데 사람을 날릴 듯한 무서운 바람결이 면화송이 같은 함박눈을 박[81]으로 퍼다가 얼굴과 가슴에 안긴다. 꽤 웅장한 광경이다. 겨우 눈을 떠서 사방을 바라본대야 하얀 것뿐이다. 가물가물하는 눈송이밖에 눈에 들어오는 것이라곤 없다.

우리는 비탈길로 한 모퉁이를 돌아 기와장도 다 벗겨지고 금시에 무너질 듯이 한편으로 찌그러진 문을 들어가 그 역시 기둥이 찌그러진 조그마한 낡은 암자 앞에 섰다. 다 썩어진 처마 밑 침침한 광선속에 등운암(藤雲菴)이라는 현판이 보인다. 우리는 지금 해발 칠천 구백여 척의 연천봉 꼭대기에 이른 것이다.

鷄龍山記(15)

僧侶의 藉勢가

昔日 兩班 以上

어두운 방에서 쑥 나온 속인

술 먹고 고기 먹는 중을 공격

“주장 스님[82] 계시오?”

---

81 바가지의 준말.

하고 세 번이나 불러도 아무 대답이 없다. 덧문 안에 들어가 보니 비어 둔 집에서 나는 이상한 냄새가 코를 바치는데, 가만히 들여다보면 분명히 장판까지 한 방이고, 그 정면에 탑이 있고, 거기에는 향로가 놓이고 부처를 그린 그림도 한 장 붙었다. 촛대는 있다. 그러나 인적은 없다.

"주장 스님 계시오?"

하고 또 한 번 외치니 그제야 어디서 오는지도 모르는 소리로

"누구요? 이리로 돌아오오."

한다. 우리는 도로 마당으로 나섰다.

"저쪽에서 불러요."

하고 일행 중 하나가 서편 모퉁이로 돌아간다. 거기는 과연 사람이 있다.

바람막이로 쌓아 놓은 나뭇단 풀단 사이로 깊숙이 열린 방문이 보이는데, 그리로 어떤 상투 있고 때 묻은 수건 동여맨 시커먼 얼굴만이 쑥 나오고, 또 그 얼굴 위로 '푸대' 바지저고리[83]를 입은 커다란 사람의 몸뚱이가 쑥 나온다. 일행이 여러 사람이기에 망정이지 누구나 이 광경에는 뒷걸음을 아니 치지 못할 것이다.

그 상투 있는 사람은 우리 일행을 물끄러미 바라보더니

"자 방을 쓸어 드려야지… 자 추운데 다들 들어오셔요."

하고 짚세기[84] 털던 방을 치우는 모양이나 어떻게 방이 어두운지 그 치우는 모양은 보이지도 않는다. 얼마 있다가 다시 그 얼굴이 쑥 나오더니

---

82 주장승(主掌僧). 주지(住持)의 다른 말.

83 곡식을 넣는 자루(부대 또는 포대)를 재료로 하여 만든 바지저고리로 주로 막노동하는 사람이 입던 옷을 가리키는 듯함.

84 '짚신'의 방언.

"자 다들 들어 오시우…. 이 추운데 무슨 일로 이렇게들 다 오셨어요?"
한다.

진정 춥다. 우리는 방으로 들어갔다. 언 발에 닿는 더운 방바닥이 말할 수 없이 반가웠다. 방 한가운데 이글이글하는 청동화로가 놓였다. 손들은 모두 그리로 모였다. 우리 일행이 들어앉으니 좁은 방은 꼭 찼다.

점심을 시키고 몸이 녹기를 기다려 우리는 새 기운이 났다.

"노형도 이 절에 계시오."
하고 내가 그 상투 있는 이에게 물었다. 자세히 본즉 그는 코가 뭉투룩하고 눈이 크고 순하여 보이는 사람이다. 그는 매우 우리를 환영하는 모양을 보였다.

"아니오. 나는 숯 굽는 사람인데 어저께 일하러 왔다가 그만 눈비를 만나서 이렇게 갇혀 있어요."
한다.

"그런데 주장 스님은 어디 가셨나요?"
하고 나는 이야기 길을 잡느라고 또 물은 즉 그는

"주장 노인은 어디 한 열흘 다녀온다고 나가셨지요."
한다. 차차 이야기가 나오기 시작하여 그는 여러 가지 비평을 한다.

"오늘날 어디 중 같은 중이 있나요? 여편네들 둘씩 셋씩 얻고 술 먹고 고기 먹고 옛날 같으면 매 맞아 죽을 만한 녀석들뿐이지요…. 게다 파출소에 등을 대고 아니꼽게 굴기를 옛날 양반 이상이지요."
하고 중에 대하여 꽤 불평이 있는 모양이다. 그리고는

"젊은 사람이지만 이 밑에 참 중다운 중이 하나 있지요."

하고 어떤 중을 심히 칭찬한다.

◇ 작일[85]에 게재된 본 기행문 중 계룡산에 대한 말에 해발 칠천 구백여 척이라 함은 칠백 구십여 척의 착오이기 정오[86]함.

鷄龍山記(16)

巡査 駐在所는

富者의 守直軍

안방에 쑥쑥 들어오는 순사

부자에게 속아 주재소 이전

그는 또 이런 말을 하였다.

"나 사는 동네에서는 또 큰일이 났지요. ○○ 동네에 있던 면소[87]하고 순사 주재소[88]를 우리 동네로 옮겨왔는데…… 그걸 옮겨오느라고 별별 지랄을 다 했지요. 공주(公州) 가서 주재소를 옮겨달라고 청원을 했더니 그러면 앞 개천에 다리 놓는 것을 너희 동네에서 맡아라. 그러면 면소와 주재소를 옮겨준다고 그런단 말이에요. 옳지. 또 주재소 하나 우리 동네에서 지어 주고요. 그러니께루 우리 동네에서 총대[89]로 간 사람이 그러겠습니다 하고 나왔지요. 그래 집집이 돈을 낸다, 인부를 낸다, 해서 삼백 원이나 들여서 주재소를 지어 놓고 지난 봄에 주재소를 옮겨왔지요. 옮겨다 놓고 본즉 아무 데도 쓸 데가 없단 말이에요.

85 작일(昨日). 어제의 한자말.

86 정오(正誤). 잘못된 것을 바로잡음.

87 면소(面所). 면사무소의 준말.

88 주재소(駐在所). 일제시대 순사 등이 맡은 바 구역 안에 주재하여 사무를 취급하던 곳.

89 총대(總代). 전체의 대표.

순검들은 일이 없으니께루 괜히 이 집 저 집을 돌아다니면서 안방으로 쑥쑥 들어오지요. 그 등쌀에 견딜 수가 있어야지요. 게다가 가을이 되니께루 개천에다 다리를 놓으란다. 그래 전에 하던 대로 모두들 지게를 지고 나무들을 메고 안 나섰겠어요? 했더니 웬걸 자동차 길이라고 그따위로 흙다리를 놓아서는 못 쓴다나. 사백 원이나 들여야 다리를 놓는다지요. 사백 원이 어디서 나오나. 그래 아무리 가난한 집이라도 일 원 이상 내기로 해서 지금 거두지요. 그런데 먹을 것도 없는 사람이 일 원은 어디서 나와요? 대관절 주재소나 면소는 부자들에게나 쓸 데 있지 우리네게야 귀찮기만 한 것이 아니에요? 그런 줄을 모르고서는 우리들은 괜히 부자들한테 속아서 주재소 옮겨오는 것을 찬성했단 말이에요. 참 기가 막혀."

하고 킁 웃더니

"그래야 다리는 놓고야 백이지요. 다리는 놓더라도 이제는 주재소나 다른 데로 떠갔으면 좋겠구먼…… 서울서도 그렇게 추렴이 많아요?"

하고 이번에는 내게 묻는다.

"어디는 없겠어요? 서울도 마찬가지지요."

한즉 그는

"그래도 서울서는 살기가 좋지요…… 우리도 서울로 갈 생각은 있지만 우리 따위야 가서 해 먹을 것이 있어야지."

하고 한탄하더니

"저 너머서 서울 가 사는 김서방이라고 아셔요?"

한다.

"몰라요."

하고 나는 그가 묻는 사람의 주소를 모르는 것이 심히 미안한 듯이 대답하였다.

이런 이야기를 할 때에 밥이 들어왔다.

밥을 먹고 나니 눈도 그치고 안개도 차츰 걷혀서 저 멀리 서남쪽으로 은빛 같은 금강 구비와 땅에 깔린 산들과 들들이 보인다. 우리는 숯 굽는 친구와 밥 지어 준 푸대바지저고리 입은 친구를 데리고 연천봉 꼭대기에 사진 박으러 올라갔다.

"우리 사진 같이 박아요."

하는 내 말에 그 두 사람은 기쁘게 응낙한 것이다. 짐을 지고 온 목에 큰 혹이 돋은 노인은 아궁이에 앉아서 불을 쬐고 있기로 같이 가잔 말을 못하였다. 그 노인과 사진을 같이 못 박힌 것이 지금까지 유감이다.

鷄龍山記(17)

數千年 後事를

豫言한 刻字

이씨조선은 사백 팔십 이 년

이상한 글자에 떨던 조선인

오 분을 다 못 올라가서 연천봉 꼭대기다. 퍽 안계[90]가 넓다. 동에 상봉이라는 것이 없었던들 연천봉 경치는 꽤 웅장했을 것이다. 봉 꼭대기에는 바위 하나가 있고 그 바위에는 해자[91]로

90 안계(眼界). 눈으로 바라볼 수 있는 범위.

91 해자(楷字). 해서(楷書)로 쓴 글자. 해서는 한자 서체의 하나로 예서(隸書)에서 변한 것으로서 자형(字形)이 가장 방정(方正)한 것. 중국 진(晉) 나라의 왕차중(王次仲)이 만든 것이라 함.

方百馬角

口或禾生

여덟 자가 새겨 있다. 글자가 희미해진 것을 보면 새긴 지 꽤 오랜 것은 분명하다. 무론[92] 누가 새긴 것인지, 새긴 이를 아는 이는 없고, 또 어느 때인지 새긴 연대를 아는 이도 없다. 그러나 이 여덟 자가 이씨 조선의 운명을 예언한 참서[93]라 함은 아마 조선에서 나이 많은 이로는 모르는 이가 없을 것이다.

만우 노인은 미신을 비웃는 듯한 어조로 이렇게 설명하였다.

"'方'은 네모나라는 자니 넉 사자 뜻이다. 그러므로 '方百'은 四百이란 말이요, '馬'는 '午'니 午는 八十이요, '角'은 뿔이니 뿔은 둘이니 '馬角'은 八十二란 말이니 '方百馬角'은 四百八十二이란 뜻이오. '口或'은 장님이 보아도 나라 국자가 아니오니까. 그런데 '禾生'이 알 수 없는 것이라고 해서 여러 말이 많았습지요마는 어떤 글 잘하는 이가 말하기를 예기(禮記)엔가 옮길 이(移)자를 벼화(禾) 변에 날생(生)을 했다고 하옵지요. 그러니까 방백마각(方百馬角)에 구혹화생(口或禾生)이란 四百八十二 년에 나라가 옮아간다는 뜻이온데 기실은 이씨가 오백 년을 넘기지 않았습니까. 거기는 또 이유가 있사옵지요. 임신(壬申) 계유(癸酉)년[94]에 명성황후(明成皇后)께옵서 계룡산에 오시와 아들을 비셨는데 그 이듬 해 갑술(甲戌) 년에 융희 어 이왕 전하께서 탄생을 하시니 태조대왕 등극하신 해[95]로부터 갑술년[96]까지가 꼭 四百八十二 년이라고

92 무론(毋論). 물론(勿論)과 같음.

93 참서(讖書). 원뜻은 참언(讖言)을 적은 책. 여기서는 참언의 글자 정도의 뜻으로 보면 좋을 듯함.

94 이때의 임신, 계유 년은 서기로 환산하면 1872년과 1873년에 해당됨.

95 조선 건국의 해는 서기 1392년임.

그러니까 그 참서가 꼭 맞았다고 하옵지요."

이것이 만우 노인의 이야긴데 가만히 바위 등에 새겨진 여덟 글자를 들여다보면 미상불[97] 이상한 감정이 없지 못하다. 앓는 외아들을 둔 어머니는 지나는 까마귀 소리도 무슨 예언인 것만 같아서 가슴이 두근거리며 또 두고두고 잊히지 못하는 것이다. 수백 년래로(임진왜란 이래로) 불행한 생활을 아니하지 못한 조선 백성이 이 높은 꼭대기에 새겨진 이상한 글자를 보고 근심이 아니 될 수가 있으랴. 나는 이것을 미신이라고 웃는 것보다 도리어 그런 것이 걱정이 아니 되지 못한 우리 선인의 심사를 울지 아니할 수 없다.

벌벌 떨면서 사진을 찍고 내려왔다.

<u>鷄龍山記(18)</u>

奇異한 傳說에 싸인

新元寺의 由來

이상한 노파의 무서운 경고

여기는 정씨의 도읍터라고

연천봉에서 석양을 바라보고 떠나서 아까 갑사에서 올라오던 데와 같은 말랭이 길로 십리 가량을 내려오면 꽤 좋은 수석이 있고, 거기서 잠깐 모퉁이를 돌아서면 신원사(新元寺)라는 절이요, 그 중에 아직 단청이 새로운 서향으로 앉은 전각이 있으니, 커다란 글자로 중악단(中嶽壇)이란 액[98]이 걸렸다. 이것은 원래 계룡산신사(鷄龍山神祠)[99]라던 것

---

96 이 갑술년은 1874년임.

97 미상불(未嘗不). 한문에서 많이 사용되는 말로 우리말로는 '아닌게아니라, 과연'의 뜻임.

인데 광무[100] 년간에 광무황제께서

"그거 계룡산신사가 쓰겠느냐. 중악단이라고 해라."

하셔서 그렇게 승격이 된 것이다. 대개 '광무황제께서 대한제국 대황제 폐하가 되시니깐두루 중원(中原)[101]의 오악(五嶽)을 본받으셔서 오악을 정할 터인데, 악이 될 만한 다섯 개가 없사오니 깐으루 둘을 줄여서 삼악만 정'한 것이다. 지리산이 남악, 계룡산이 중악, 또 어디가 북악[102]이라더라 그것은 잊어버렸다.

그러나 이야기는 중악단이란 것에 있는 것이 아니라 계룡산신사에 있는 것이다.

"아태조[103]께오서 계룡산에 오시와 사흘 동안 서울 터를 닦았사옵지요. 지금도 가 보시면 아시려니와 주춧돌을 만들 량[104]으로 정[105] 자리 낸 돌이 있습니다. 그래서 거기를 대궐 터라 하옵지요. 본래는 대궐 지으려던 터라는 뜻이언마는 지금은 대궐 지을 터라 하옵지요……. 어쨌으나 아태조께오서 여러 천 명 인부를 부쳐서 사흘 동안이나 역사[106]를

---

98 액(額). 편액(扁額)의 준말. 종이나 비단 또는 널빤지에 그림을 그리거나 글씨를 써서 방안에나 문 위에 걸어 놓는 액자.
99 계룡산 신령을 모시고 제사를 올리는 사당.
100 조선 고종 황제의 연호.
101 중국을 가리키는 말.
102 전해지는 말에 의하면 북한의 묘향산에 북악단(또는 상악단)이 있었다고 한다. 그러나 지금은 묘향산의 북악단, 지리산의 남악단(또는 하악단)은 그 형체는 물론 위치조차 알 수 없는 반면에 오직 계룡산의 중악단만이 남아 있을 뿐이다. 중악단의 구조나 외형은 조선 궁궐의 모습을 채택하고 있는데, 고종 때 민비가 직접 와서 기도를 했다는 전언도 있다. 하지만 조선왕조실록과 고종순종실록에는 삼악단이나 중악단 및 신원사에 기록은 나오지 않는 것으로 보아 전설에 가깝다고 보는 것이 옳을 것 같다.
103 아조(我朝)의 태조. 조선을 건국한 이성계(태조)를 존경스럽게 지칭하는 말.
104 요량의 준말. 앞일에 대해 잘 생각하여 헤아림.
105 돌에 구멍을 뚫거나 또는 돌을 쪼아서 다듬는 쇠로 만든 연장.
106 역사(役事). 토목이나 건축 등의 공사.

하노라니깐으로 하루는 어떤 떡 장수 노파가 사람 없는 틈을 타서 태조대왕을 뵈옵고는 '왜 여기 와서 역사를 해여? 이것은 정씨의 터이어! 괜히 힘들여 역사를 하는군. 이건 이씨의 터는 아니어. 이씨의 터는 한양이어.' 하고는 구름 스러지듯 바람 스러지듯 인홀불견[107]이라 하옵지요. 그래서 아태조께오서 '어- 계룡 산신령이 과인의 도읍터를 가르쳐 주었군.' 하시고서는 곧 역사를 중지하고 한양—삼각산 밑 한양으로 올라 오셨다 하옵지요마는 그게야 영웅이 어리석은 백성들을 농락하느라고 하는 수단입지요. 웬 떡 장수 마누라를 시켜서 그랬는지도 알 수 없사옵지요……그리고 태조대왕께오서 계룡할머니(그 떡장수 노파를 지금까지도 계룡할머니라고 하옵지요.)의 은혜를 잊을 수 없다 하셔서 계룡산신사를 지으시고 그리고는 신은사(神恩寺)를 이룩하셨습지요. 그런데 귀신 신자 은혜 은자 신은사가 새 신자 으뜸 원자 신원사가 된 것은 까닭이 있사옵지요."

하는 것은 만우 노화상의 말이었었다.

<u>鷄龍山記(19)</u>

神恩寺의 改名은

光武帝의 勅令

'신은'을 신원으로 고친 유래

어서 가자 정씨의 새 도읍터로

"본래 계룡할머니 은혜를 기념하노라고 귀신 신자 은혜 은자 신은사라고 지은 것이옵지마는 광무황제께서 조선 왕으로 계오시다가 대한제국

---

107 인홀불견(因忽不見). 언뜻 보이다가 바로 없어짐.

대황제폐하가 되시니깐으로 무엇에나 그 뜻을 표하실 마음이 계오시던 겠지요. 그래서 그런지 '어, 그 신은사가 쓰겠느냐. 새 신자 으뜸 원자 신원사로 고쳐라.' 하옵셔서 조칙[108]을 내리셔서 신원사로 이름을 고치었습지요.[109] 또 명성황후께오서 이 절에 기도를 하시와 융희황제를 탄생하시지 아니했습니까."

이것이 만우 노인의 설명이다.

우리는 중악단의 사진을 박아 가지고 혹 중을 만나면 무슨 이야기나 더 들을까 하여 큰 방 앞에 가서

"주장 스님 계십니까."

하고 극히 공순히 여쭈었다. 했더니 쌍창이 직 열리면서 어떤 젊은 중 하나가

"무슨 일이오?"

하고는 너 같은 것은 일 없다는 모양으로 그만 쌍창을 닫혀 버립니다.

"인욕[110]하라. 욕을 참으라."는 부처님의 가르침을 생각하여 복받치는 골딱지를 꾹 누르고 한 번 더

"우리는 먼 데서 구경 온 사람인데 좀 설명을 들으려고 주장 스님을

---

108 조칙(詔勅). 조서(詔書)와 같은 말. 조서는 제왕의 선지(宣旨)를 일반에게 알릴 목적으로 적은 문서를 말함.

109 '신은사'가 '신원사'로 개칭된 것에 대해서 뚜렷한 문헌 증거는 남아 있지 않다. 이 절은 원래 백제 의자왕 11년(서기 651년)에 보덕화상에 의해 창건되었는데, 신라 말에 폐허가 된 절을 도선국사가 중창했고, 고려 시대의 3창을 거쳐 조선 초(태조 5년) 무학대사가 4창을 했으며, 고종 3년(1876년) 충청관찰사 심상훈이 중수를 하면서 절 이름을 신원사로 바꾸었다고 한다.(이상은 브리태니커 백과사전의 설명) 이 글에 황제의 칙령으로 절 이름을 바꾸었다는 내용은 대한제국의 성립이 그 후대의 일이므로 확실치 않은 이야기다. 고종실록에는 이와 관련된 내용이 없다. 혹 신원사의 한자 표기가 '신원사(新院寺)'에서 '신원사(新元寺)'로 바뀐 것과 관련이 있을지는 모르겠다.

110 인욕(忍辱). 육바라밀 또는 십바라밀의 하나인 인욕바라밀의 준말. 여러 가지 모욕을 참고 받아 마음을 움직이지 아니하는 수행.

찾는 게올시다."

하고 더욱 공순히 말한즉 아까 그 젊은 중이 쌍창을 조금 열더니

"돌아댕기면서 보겠건 보구려."

하고 바락 소리를 지르고는 그만 문을 닫아 버린다. 그럴 게다. 내가 양복이나 입고 '요보이놈아!'하고 소리를 질렀던들 '녜녜, 영감마님 행차하셔겝시오. 다리 아프시겠습니다. 어서 이리 들어오십시오. 얘 차를 들여라. 진지를 지어라.' 야단을 하였을 것이언마는 무명 두루막에 헌 짚신에 구지레한 내 꼴을 보고는 그러는 것이 요새 사람의 상정[111]이다.

이때에 양복을 입고 사진 기계를 든 김군이 따라왔다가 내가 호령 당한 말을 한즉 김군도 심히 분개하였으나 차마 양의 털로 짠 검은 양복의 세력을 빌어서 가엾은 동포의 허리를 굽히게 할 생각이 없어서 아무 소리 아니 하고 마당에서 나오고 말았다. 아무려나 저 덕도 없고 일도 없는 모범적 유민(노는 백성)을 어찌하노.

다섯 시가 가까웠다. 아직도 한 고개를 넘고 이십 리 길을 걸어야 평화의 임금 정도령님의 대궐 터에 득달할 것이다. 가자 어서 가자. 아픈 다리를 절절 끌고 새 서울터로 어서 가. 진실로 우리의 다리는 아프고 우리의 마음은 급하였다. 정도령 서울이 과연 어떠한가. 가자 어서 가!

鷄龍山記(20)

草浦行船하면

世事를 可知

밤낮 바라보는 용천이 고개

이목이 강 뚫는데 희망을 부쳐

---

111 상정(常情). 사람에게 공통적으로 있는 보통의 인정.

신원사에서 대궐터에 가는 데는 '용천이 고개'를 넘어야 한다. 이 고개를 옛 서울 한양에 비기면 무엇이라 할까. 모악재와 위치는 비젓하나[112] 거기 비겨서는 너무 높다. 차라리 새절에서 악박골로 넘어오는 고개에나 비길까. 그렇다. 악박골을 한 오 리나 넘게 연장하고 거기 험상스러운 바위들을 많이 갖다 놓는다 하면 새 서울에 대한 용천이 고개가 될 것이다.

용천이 고개는 유식한 사람들의 말로 용추현(龍湫峴)이라는데, 고개를 다 넘어와서 대궐터 가까이 와서 수용소라는 용추가 있다. 이것은 서울로 이르면 삼청동 꼭대기라 할 만한 곳에 암용소라는 것이 있는 것과 상대한 것이다. 고개 마루턱에 올라서면 서쪽으로 꽤 넓은 들이 보인다. 이것이 유명한 풋개벌이라는 것이다. 풋개를 한문으로 쓰면 풀 초자 개 포자 초포, 초포행주(草浦行舟)라고 풋개에 배가 댕기게 되어야 정도령이 들어앉는다는 초포다. 정감록이라는 책을 보면 이런 구절이 있다.

『鷄龍石白草浦行舟世事可知』

계룡산 바윗돌이 희어지고 풋개에 배가 다니게 되면 세상 일이야 말할 것 있나. 정도령이 나온단 말이라고 이렇게 해석하는 것이다.

그러나 초포행주가 어떻게 되나. 계룡산 검은 바위가 어떻게 희어지나. 다 때만 되면 그렇게 된다고 하는 것이 믿음이다.

용천이 고개에서 초포라고 데를 내다보면 과연 남으로 논뫼[113] 강경을 향하여 벌판이 열렸으나, 북쪽으로 신원사에서 공주로 넘어가는 잘룩한 고개가 있어 지금은 공주 논산 간을 다니는 김갑순네 자동차가

112 비슷하다의 사투리(함경도).

113 논산의 옛 이름. 한자어 황산(黃山)을 우리말로 이르는 명칭.

하루에 몇 번씩 포포거리고 오르락내리락한다. 자 요놈의 고개가 무슨 조화로 똑 끊어지기만 하면 공주서 부여를 지나서 강경으로 반원형을 그려 휘 흘러내리던 백마강이 바로 공주서 요놈의 고개를 넘어서 초포를 꿔둘러서 강경으로 가기는 꼭 가게 되었다. 정도령을 기다리던 사람들은 여러 백 년 동안 눈이 뚫어지도록 요놈의 고개를 바라보았으나 아침마다 자고 나서는 바라보아도 고개는 움쭉도 아니하고 있었다.

"그런데요."

하고 대궐터에서 우리가 주인하였던[114] 옥관자[115] 붙인 노인의 말이

"요놈의 고개가 끊어지게 되었단 말이에요. 이목이(二木)라는 일본 사람이 수리조합을 하노라고 인제 이 고개를 끊고 금강을 풋개로 돌린다고요. 벌써 말뚝까지 다 박아 놓았다고 하는 걸요……. 강이 그리로 돌기만 하면 두어 번 큰물이 나, 한번 큰 해일이 나 해, 그러면 저 신원사 밑에 배가 쑥쑥 들어올 것 아닙니까. 분명히 초포행선이 되지요."

하고 희망의 웃음을 웃는다.

鷄龍山記(21)

水路 開通은

都會의 要件

황혼 속에 들리는 폭포 소리

부여 백마강까지 통했다고

---

114 고용 관계에 있어서의 고용주를 주인이라고 하는 데서 나온 말로, 고용과는 관계없이 나그네가 밥 먹고 잠자는 곳을 이르는 말.

115 원래는 옥으로 만든 망건의 관자를 가리키나, 여기서는 망건 쓴 노인을 높여서 점잖게 표현한 말 정도의 뜻으로 보면 좋을 것 같음.

옥관자 붙인 여관 주인은 초포행주[116]가 불원에 확실히 실현될 것을 말하고 또 이렇게 말한다.

"풋개에 배만 들어와 보서요. 그러면 요새 기구로 저 서문턱 뒷산에 돈네루[117]를 뚫지요. 그리고 전차나 놓으면 십 분 이내에 왔다 갔다 할 것 아니어요?"

마치 그 옥관자 노인은 눈앞에 전차 다니는 것을 보는 듯이 손으로 왔다 갔다 하는 시늉을 하면서 웃었다.

과연 듣고 본즉 새 서울의 결점은 물길이 없는 것이다. 만일 이만큼 얌전하게 생기고 물길만 있었더라면 벌써 큰 도회가 되었을지 모른다. 초포행주를 계룡산이 서울 되는 조건의 하나로 삼은 것이 결코 까닭 없는 일이 아니다.

용천이 고개 마르택[118]에서 몇 걸음을 내려가면 거기는 조그마한 초가집 하나가 있는데 사람은 보이지 아니하고, 집 밑에는 꽤 높은 폭포 하나가 있고, 그 폭포 곁에는 꼭 방석만한 논이 몇 배미 있는데 높은 산이라 물이 차서 그런지 손가락 기럭지[119] 만한 벼 나무[120]들이 그래도 이삭은 패어서 고개도 숙어 보지 못하고 말라 버렸고, 그밖에도 바위

---

116 초포행주(草浦行舟). 초포에 배가 다닌다는 뜻. 이 말은 정감록에 나오는 말로 '鷄龍石白(계룡산의 바위가 희게 변함)'이란 말과 짝을 이루고 있으며, 세상이 바뀐다는 것을 뜻함.

117 영어의 'tunnel'(터널)을 일본식 영어 발음으로 표기한 것임.

118 마루턱. 원말은 마루터기임. 산마루나 용마루의 두드러진 턱을 가리킴.

119 경기, 강원, 충북, 경북, 황해 지방에서 사용하는 '길이'의 방언.

120 벼 줄기를 벼 나무라고 표기한 것인데, 이는 두 가지로 생각해 볼 수 있을 듯하다. 하나는 문학적 비유의 표현으로 산 속에 있는 논의 벼니까 그 벼를 바로 곁의 산에 자생하는 나무와 동격으로 보아 이렇게 표현했을 것이란 추정이고, 또 하나는 글 쓴 사람이 농촌 출신이 아니어서 벼에 대한 상식이 부족한 관계로 세속에서 흔히 농업에 대해 무지한 도시 사람들이 쌀이 나무에서 열린다는 생각으로 '쌀나무'라 하는 것을 연상하여 그렇게 표현했을 것이라는 추정이 그것이다. 그러나 적어도 신문기자라는 신분으로 볼 때 후자일 가능성은 그리 커 보이지 않는다.

틈 자갯돌판[121]에 밭이라 할 만한 것이 여기저기 보인다. 아마 이러한 논밭을 만든 사람들도 어디서 정도령을 찾아온 백성들인 모양이다.

거기서부터 길은 돌로만 된 찬 개천을 따라 몇 십 번을 외로 돌고 바로 돌아 마주 붙은 산협으로 내려가게 되었다. 길과 길 좌우의 산은 거의 전부 시커먼 바위로 되었는데, 그 바위들이 하나도 온전한 것이 없고, 모두 편싸움 판에 떨어진 자갯돌 모양으로 귀가 떨어지고 틈이 나고 모두 금시에 큰 소리들을 내고 마지막 날의 대 파괴가 올 것 같다.[122] 무슨 큰 전쟁터와 같은 참담한 인상을 주는 곳이다.

고개를 다 내려가서 대궐터가 황혼 속에 보일 때쯤 하여 눈에 보이지는 아니하나 귀에 폭포 소리가 들린다. 이것이 수용추라는 곳이다. 길에서 한참이나 절벽으로 내려가면 전부 검푸른 청석[123]으로 된 돌 학[124]에 얼음같이 찬 물이 고붓[125]을 짓고 끓어오르는데 바위를 더위잡고 간신히 몇 보를 돌아가면 폭포가 보이고 그 밑에 부글부글 끓는 용추가 어스름 속에 신비하게 보인다.

"용추 밑이 얼마나 깊은지 아무도 아는 사람이 없지요. 어쨌으나 그 밑이 부여 백마강(扶餘 白馬江)으로 통했다 하니까요."

하고 그 이튿날 옥관자 붙인 주인이 움직일 수 없는 사실같이 말하였다.

---

121 자갈들이 많이 널려 있는 곳.

122 이 문장은 정감록에서 말하는 말세의 풍경을 연상하여 글 쓴 사람의 주관적 감정이 드러난 표현이라 보이는데, 문장을 애초에 잘못 쓴 것인지 교정 상의 실수인지는 모르겠으나, 전후 문맥이 어그러진 잘못된 문장이다.

123 청석(靑石). 진흙이 단단히 굳어서 된 이루어진 검은 빛의 바위로, 몸이 곱고 얇은 조각으로 갈라지기를 잘 하는 성질이 있는 수성암(水成岩).

124 충남 지방의 방언으로 돌확(돌로 만든 조그만 절구)을 가리킴.

125 의미 불상. 이 말이 여기서처럼 단독 명사로 쓰이는 경우는 없는 것 같고, '고붓하다(조금 구부러지다), 고붓이(고붓하게)'의 예에서처럼 형용사나 부사로 사용되는 경우는 있는데, 문맥으로 보아 아마도 물이 위로 솟구쳐 오르는 모양을 나타낸 것인 듯함.

鷄龍山記(22)

정도령을 기다리는

『新都』의 市民

이곳을 어디라 하면 좋을까

집집에서 나는 글 읽는 소리

옥관자 붙인 노인의 집에서 저녁을 먹고 밤의 대궐터를 보러 나섰다. 아침에 온 눈과 저녁의 비로 진흙 판인 길이 질고 미끄럽다. 대관절 이곳을 무엇이라고 불러야 옳은고?

우리가 길을 물어 이곳으로 올 때에는 '대궐터'라고 사람들이 불렀고 옥관자 붙인 주인 영감은 신도(新都)라고 불렀다. 시천교당(侍天教堂)에는 신도내(新都內)라고 하였고, 집집 문패에는 논산군 두마면(論山郡豆磨面) 무슨 리 몇 번지라고 조선 어느 곳이나 다름없이 쓰였다.

그러므로 '대궐터', '신도', '신도내', '신도안', '팥거리', 또 '팥가리(豆磨)' 이 중에 어느 것이 정말인지도 알 수 없으나, 가장 보통된 것은 '대궐터', '신도안'인 모양이다.

대궐터라는 동네의 서편 구석에 정말 대궐 지으려던 주춧돌들 놓인 데가 있으니 이것이 이태조께서 사흘 동안 역사를 시키시다가 계룡 할머니 말[126]을 듣고 그쳤다는 곳이다. 동네는 남북으로 큰 길이 똑바로 뚫려 '종로'라는 것이 되고, 그 길에서 서쪽으로 여러 길이 뚫렸으나 길

---

126 계룡산의 신령이 할머니 신이라는 것은 이곳에 전해 오는 많은 전설을 통해 확인할 수 있다. 이성계의 꿈을 해몽해준 팥죽거리의 할머니(신원사 전설 속의 할머니)는 그 대표적인 예이다. 여러 전설 속에 나오는 할머니 신은 이성계가 왕이 될 것을 예언하기도 하고, 신도안이 정씨의 도읍지임을 들어 새 수도로 적합지 않음을 계시하기도 한다. 이에 관한 자세한 내용은 조재훈의 "계룡산의 전설(鷄龍山誌, 충청남도, 1994. pp.951-998)"을 참조할 것.

좌우 쪽에는 새로운 초가집들이 늘어서서 꼭 시가[127] 모양으로 생겼다. 이튿날 낮에 보면 길가 집에는 반 이상은 여인숙 영업이라는 문패를 붙였고, 담배 가가[128]도 있고, 잡화상이라 할 만한 것도 있고, 이발집도 있고, 그 나머지는 텅텅 비인 집이다.

불을 켜 놓은 집은 다섯 집에 한 집이나 될까. 대개는 조용하고 어떤 집에서는 어두운 방에서 이야기 소리가 두런두런 나오며, 저 뒷골목 어떤 불 켜 놓은 집에서는 열 두어 살밖에 아니 되었을 듯한 아이의 목소리로 무슨 이야기책을 보는 소리가 들리는데, 문 밖에는 흙 묻은 크고 작은 집세기가 열아문 켤레나 놓였다. 그러나 방안에서는 계집앤지 사낸지도 구별할 수 없는 어린 목소리로

"……일원[129] 대장이 청룡도를 빗겨 들고……"

하는 소리가 들릴 뿐이오 그밖에는 바싹 소리도 아니 난다. 아마 정도령을 기다리기에 지친 백성들이 기나긴 겨울밤을 이야기책으로 잊으려는 것인가 보다. 그네에게는 청룡도를 빗기 들고 외치는 일원 대장이 정도령이나 아닌가 할는지도 모른다.

꽤 여러 집에서

"아버님 안녕히 주무셨습니까……정동아……"

하는 조선어 독본 외우는 소리도 들리고 그보다 훨씬 더 많이 "와다구시와[130]……"를 외우는 집도 있다.

---

127 시가(市街). 도시의 거리.

128 가가(假家). 조선 시대 가게의 하나로 그 크기가 방(房)보다는 작고 재가(在家)보다는 크다고 함. 여기서 요즘 쓰이고 있는 가게라는 말이 나왔음.

129 일원(一員). 단체를 구성하고 있는 여러 사람 중의 하나. 일원 대장은 여러 대장 중의 하나라는 뜻.

130 일본어로 '나(저)는…'이라는 뜻. 시세에 따라 많은 사람들이 일본어 공부를 하고 있다는 상황을 나타낸 것임.

鷄龍山記(23)

迷信에 속아 사는 彼等[131]의

悲慘한 情景!

우민을 빨아먹는 독사의 종류

얼마나 징벌하였으면 좋을까

그 중에 다만 한 집에서 구슬픈 황해도 수심가[132]가 들리고 재깔재깔 젊은 여자의 잔소리 소리가 들린다. 아마 색주가[133] 집인 모양이다. 그러나 그 바깥은 아주 고요하다. 사람 하나 나와 다니는 것도 만날 수가 없고 오직 잠깐 맑은 하늘에 서쪽으로 기울어진 달빛만은 비인 집과 길에 가득 찼다. 사면으로 둘러선 산들은 엷은 비단과 같은 안개로 둘러싸이고 바람 한 점 그 안개 폭을 흔들지도 아니한다.

이튿날 들은즉 이곳은 원래 빈 벌판이던 곳이 지금부터 오 년 전에 시천교[134]주 김연국씨가 여기 들어와 '대궐'을 지은 뒤로부터 황해도

131 피등(彼等). 우리말의 '저들'을 한자로 표기한 것.

132 수심가(愁心歌). 곡조가 서글픈 서도 민요의 하나. 인생의 허무함을 한탄하는 내용이 주를 이룸.

133 색주가(色酒家). 술집에서 술과 색을 겸하여 파는 계집. 또는 그러한 영업을 하는 술집. 다른 말로 색주집이라고도 함. 따라서 이 글에서 '색주가 집'이라고 표기한 것은 '역전앞'과 같은 중복 표현임.

134 시천교(侍天敎). 1906년 이용구(李容九)가 창시한 종교. 서울 종로구 견지동에서 창립된 동학계 종교이다. 이용구는 일찍부터 동학에 가입, 손병희(孫秉熙)와 함께 최시형(崔時亨)의 제자가 되어 천도교 발전에 이바지했으나 일진회(一進會)를 조직, 친일적 노선을 걷게 되자 천도교로부터 출교를 당했다. 천도교에서 나온 뒤 그를 따르는 박형채(朴衡采)·권병덕(權秉悳)·송병준(宋炳畯) 등과 신도들을 모아 1906년 서울 견지동에서 시천교를 세웠다. 그리고 천도교의 대도주(大道主)로 있던 김연국(金演局)을 시천교의 대례사(大禮師)로 삼았다. 시천교라는 명칭은 천도교의 주문 중 '시천주조화정 영세불망만사지(侍天主造化定 永世不忘萬事知)'에서 따온 것이다. 1912년 이용구가 사망하자, 1913년에는 김연국이 시천교에서 출교당한 권병덕과 더불어 서울 가회동에 교당을 세우고 제화교(濟化敎)라고 하였다가 다시 시천교로 고쳐 부르면서, 시천교는 견지동시천교와 가회동시천교로 나누어졌다.

방면의 시천교도들이 집을 팔고 땅을 팔아 한 사람 오백 원씩 만들어 가지고 남부여대[135]하고 꾸역꾸역 모여들기 시작함으로부터 지금 일천 삼백 호나 되게 되었는데, 그때부터 삼 년 안에는 무슨 좋은 일이 생긴다던 것이 삼 년 곱잡아 육 년이 가까워도 좋은 일이 생기지 아니함으로, 가지고 온 돈도 다 없애 먹고, 지금은 남자는 론뫼(論山) 강경이(江景)로 막벌이 하러 나가고, 부인네들은 바늘, 물감 같은 것을 이고 다니는 황화 장수[136]가 되어, 돈 원이나 벌어 가지고는 왜좁쌀[137]을 사 가지고 들어와 집에서 기다리던 아이들과 며칠 동안을 살고, 그리고는 또 남편은 론뫼 갱겡이로 녀편네는 황화 장수로 떠나는 형편이라 한다.

그러므로 집들 중에는 영[138]이 다 썩어 바람에 벗겨져서 지붕이 시뻘건 살을 드러낸 것, 문과 창이 죄다 떨어져서 마치 해골과 같이 되어버린 것, 혹은 섬거적[139] 혹은 부대[140] 쪽으로 문을 단 것, 진실로 이곳이

가회동시천교의 교주 김연국은 1920년 충청남도 계룡산 신도안으로 교당 본부를 옮기고 교명을 상제교(上帝教 : 뒤의 天眞教)라 개칭하였으며, 견지동의 시천교는 송병준을 교주로 하였으나 교세가 약화되어 갔다. 교인은 주문을 외우고 심고(心告)를 드리며 성미(誠米)를 의무적으로 바쳐야 했다. 천도교와 대립하여 창립된 시천교는 초창기에는 교세가 급신장하여 천도교를 능가했으나 일진회가 해산되고 이용구가 사망하자 김연국과 송병준이 분열하였다. 김연국은 시천교 총부를 만들었고, 교주 송병준을 추종하는 세력은 약화일로를 걷다가 1927년에 이르러 평안남도 개천에 시천교 별파를 창립하고 제우교·청림교(青林教) 등 동학 계통의 각 파와 합동을 계획했으나 부진하였다.(이상 『민족문화대백과사전』에서 발췌)

135 남부여대(男負女戴) : 남자는 지고 여자는 이고 감. 곧 가난한 사람들이 여기저기 떠돌아다니면서 사는 것을 이르는 말.

136 순수한 우리말의 '황아장수'를 한자로 쓴 것. 황아장수는 온갖 잡살뱅이의 물건을 지고 집집이 찾아다니며 파는 사람임. 이런 물건을 파는 가게를 황아전이라고 하는데, 이를 한자로 표기할 때 황화전(荒貨廛), 황화방(荒貨房)이라고 함.

137 글자의 의미로 볼 때 '왜(倭)'는 일본을 가리키거나 작다는 의미를 가지고 있을 것인데, 여기서는 그 의미가 불분명함. 문맥상으로 보면 아마도 좁쌀 가운데 알갱이 크기가 작거나 질이 떨어지는 것을 나타내고 있는 듯함.

138 볏짚을 엮어 지붕을 이을 때 쓰는 '이엉'의 준말.

139 섬(곡식을 담기 위하여 짚으로 엮어 만든 떼서리)을 엮거나 또는 섬을 뜯어낸 거적. '거적'은 짚을 두툼하게 엮거나 또는 새끼로 날을 하여 짚으로 쳐서 자리처럼

아니고는 보지 못할 참상이오, 집은커녕 사람들조차 부댓조각으로 저고리도 지어 입고 치마도 지어 입었으며, 어떤 집은 비가 새는 대로 바람이 날려 가는 대로 내버려두어서 반만 남은 것, 한편으로 찌부러진 것……아아 저 집들도 다 한번은 정다운 이야기가 꽃이 피어보고 따뜻한 꿈이 열매 맺어 보던 '사람의 집'이었다!

미신의 힘! 실로 미신의 힘처럼 사람에게 해악을 끼치는 것이 또 있을까. 이 순실한 백성들을 끌어다가 이렇게 윤락[141]의 깊은 구렁에 빠지게 한 미신을 얼마나 미워하면 족하며 얼마나 저주하면 족할까. 이 미신의 힘을 이용하여 가련한 동포들의 피를 빨아먹기로 업을 삼는 수많은 독사의 종류들을 얼마나 미워하면 족할까. 얼마나 때려주고 물어주고 찢어주면 족할까.

鷄龍山記(24)

선생을 思慕하여

來往한다고

'계룡석백'을 믿는 시천교도

만우 노화상은 칼날같은 부인

이튿날 아침 해 뜨게 일어나서 나는 혹 누구나 이야기할 사람을 만나볼까 하고 아침도 먹기 전에 나섰다. 하늘에는 구름 한 점도 없고 아침 해의 심히 누렇고 부드러운 빛이 이 가엾은 동네를 쌌다. 그래도 부엌

만든 물건으로서, 허드레로 자리 대신에 쓰기도 하고 한데에 쌓은 물건을 덮기도 함.

140 부대(負袋). 종이, 피륙, 가죽 등으로 만든 큰 자루. 달리 포대(包袋)라고도 함.

141 윤락(淪落). 이 말은 원래 영락(零落)함이나 타락함을 뜻하는 말인데, 요즘엔 윤락 여성, 윤락 행위, 윤락 산업이란 말에서 보듯 금전을 받고 성을 파는 행위를 가리키는 말로 사용되는 경우가 많음. 여기서는 원래의 의미로 사용된 것임.

에서는 섬거적 문을 통하여 국 끓는 냄새와 그릇 부시는 덜그럭거리는 소리가 들린다.

"이게 무슨 집이야요?"

하고 나는 어떤 외투를 소매는 끼지 아니하고 어깨에 쓴 젊은 사람을 만나서 꽤 큰 기와집을 가리키면서 물었다.

"그것이오, 시천교당이야요."

하고 그 사람은 분명히 황해도 말씨로 의심스럽게 나를 쳐다보면서 대답한다. 나는 이 사람에게 권연[142] 한 개를 권하고, 나도 한 개를 피워 물고 그를 따라 그가 가는 길로 가면서 물었다. 그도 처음에는 다소 의심이 있는 듯하더니 마침내 내 정성스러운 태도에 신용하였던지 쾌활하게 대답하였다.

"그래 노형도 시천교인이셔요?"

"녜, 우리 집안이 다 시천교야요."

"언제 여기 들어오셨어요?"

"우리 집은 본래 황해도 재령인데요, 우리가 여기 들어 온 지는 한 오 년 되지요. 상기[143]도 우리 형님네는 재령 있고요."

"무엇 하러 오셨어요?"

하고 내가 물은즉 그는 웃으며

"그저 살기 좋다니 왔습지요. 정작 와 본즉 벌이도 없고 걱정이야요."

"그래도 시천교주께서 교인을 불렀길래 오셨겠지요?"

"부르기야 무얼 불러요? 선생님(金演局)께서 좋은 산수를 좋아 하셔서 계룡산에다 별장을 지으시고 가끔 소풍하시러 이리로 오시니까니

142 권연(卷煙). '권련'의 원말. 종이로 말아 놓은 담배.

143 '아직'이란 뜻을 가진 우리 옛 말. 남구만의 시조 "東窓이…… 소 치는 아희들은 상긔 아니 니럿느냐"에 그 예가 보인다.

교인들도 선생님을 사모해서 다 이렇게 모여 들었지요."
하고 그는 힘써 변명하는 태도를 보인다. 그러나 내가
"그렇다 하더라도 하필 계룡산을 택하신 것은 무슨 뜻이 있겠지요?"
하고 정통을 물은즉 그도 나를 보고 웃으며
"무식한 사람들이야 그런 소리도 하지마는 그거야 미신 아니야요?"
하고 말에 흥이 난 듯이
"그러나 계룡에 석백이러더니 우리가 보아도 저 상봉의 바위는 삼년 전보다도 몰라보게 희었어요!"
하고 유심히 서북쪽으로 하늘에 닿은 듯한 상봉(上峰) 이마를 바라본다. 나는 그를 따라 바라보았다. 과연 상봉 이마에 검은 치마같이 박힌 바위가 '풀을 엎지른 것'처럼 희끗희끗하게 되었다. 그러나 만우 노인의 말을 듣건댄 육십 년 전이나 지금이나 마찬가지라고 한다.

鷄龍山記(25)

民家에 利用되는

大闕 터의 柱石

짓다가 내버려둔 주초돌

돈 많이 낸 이가 회장이다

우리는 아침을 먹고 나서 사진 기계를 들고 새 서울 구경을 떠났다. 첫째로 우리는 '대궐 주춧돌'을 보아야 할 것이다. 주춧돌은 길에 드러난 것도 있으나 대개는 새로 짓는 집에 들어가 버려서 몇 개인지 총수를 세일 수는 없다. 어떤 집은 그 주춧돌 하나로 뒷벽을 삼기도 하고, 어떤 집은 모퉁이 기둥을 삼기도 하고, 어떤 집에서는 그냥 마당에 세워 놓고 단지 항아리 같은 것을 올려놓기에도 쓰고, 또 어떤 가로 넘어진 주춧돌은 동네 아이들이 모여 노는 소꿉질 터가 되었다. 그 중에도 주춧돌 하나가 기둥과 벽을 겸한 것을 보면 심히 우스워 보인다.

무론 주춧돌이라야 아주 다 다듬어 놓은 것이 아니오 주춧돌을 만들 양으로 따려다가[144] 놓은 것이다. 그것이 '이제 정도령이 나오셔야 한 번 씨어[145] 본다'고 한다.

우리가 주춧돌을 사진에다 넣으려 할 때에는 아이들이 많이 몰려들었고 어른들도 하나씩 둘씩 모여들었다. 우리는 다홍 저고리 입은 어린 애들을 대궐 주춧돌 밑에 세우고 사진을 찍으려 할 때에 어떤 부인네가 우물에서 물을 길어 이고 오다가 박혀지고 말았다. 그것이 도리어 다행이 되어 우리는 '대궐 주춧돌과 어머니와 아기들'이라는 썩 재미있는 사진을 얻을 수가 있은 것이다.

사진 정면에 보이는 산은 이 서울의 주봉되는 제자봉(帝字峯)[146]이오 돌담은 정토종(淨土宗) 절의 담이다.

우리는 주춧돌 사진을 박아 가지고는 정토종 절에 들어갔다. 이것은 일본 절이니까 집 제도도 다 일본식인데 거기 있는 중은 조선 사람이다. 정토종 교회 부회장이라는 조병호(趙炳鎬)씨와 같이 앉아서 그 젊은 중은 염주를 세고 있다. 그 부회장의 말에 이 근방에 있는 교도는 백 명이나 되고 회장은 전재룡(田在龍)이라는 이인데, 거기서 나와서 마당에 써 붙인 기부인 씨명[147]을 보건댄 회장은 기부금을 첫째로 많이

---

144 이 말은 원래의 뜻으로 보면 문맥상 그 의미가 모호한 말인데, 전후 맥락으로 볼 때 '떼어 내다가', 또는 '깨어다가'의 뜻인 듯함.

145 쓰여, 곧 '사용되어'라는 의미임.

146 신도안 뒤에 있는 산봉우리. 즉 상봉과 형제봉 앞에 위치한 봉우리로 한자의 '임금 제(帝)' 자 모양을 하고 있다 하여 붙여진 이름.

147 기부금을 낸 사람의 성과 이름.

낸 이, 부회장은 둘째로 많이 낸 이다.

"교육 사업을 많이 하신다지요?"

하고 내가 부회장에게 물은즉

"장차는 하려고 합니다만 아직은 아무 것도 못하고 있습니다. 여기서 지금 학교를 하여 가는 것은 진언종(眞言宗)하고 시천교(侍天敎)입지요."

하고 자기네가 사회사업 못하는 것을 좀 부끄러워하는 눈치가 보였다. 내 눈 탓인가. 신도(新都) 안에 종교라 할 만한 것이 무릇 일곱 개나 되지마는, 그 중에 집도 가장 좋고 다소간 사회사업도 하는 것은 시천교와, 일본 불교인 진언종과 정토종이다. 조선 중은 절 큰 방에서 등을 지지느라고 하나도 아니 나와 다닌다 한다.

鷄龍山記(26)

宏壯히 建築中인

怪異한 七星堂

나는 '본토백이'라는 노인과

어려서 와 산다는 함경도 사람

정토종 교회에서 나와서 서북으로 상봉 이마를 바라보고 서울로 말하면 자하골이라고 할 만한 경치 좋은 골목을 찾아 들어가노라면, 길가에 물방아가 돌아가고 거기서 잎 떨린 감나무 대추나무 밑으로 밭머리를 지나면, 이 동네에는 너무 큰 개와집 하나를 새로 건축합니다.[148]

148 서술 종결어미가 다른 문장과 일치하지 않는데, 이는 원고를 급히 쓰는 과정의 실수이거나 교정상의 착오로 보인다.

안채는 활짝 부연[149]을 달고 앞채에는 방 여러 개를 들인다. 이게 뉘 집이냐고 물은즉 나무 깎던 중노인 하나가 자기 집이라고 대답을 한다.

"영감께서는 어디서 와 사셔요?"

하고 물은즉

"강원도서 와 삽니다."

한다. 그런가 하고 그 역사 터를 지나서 궤딱지[150] 같은 농가 앞으로 슬슬 돌아서 가노라니 어떤 젊은 부인 둘이서 발 방아[151]를 찧고 있다.

"어디서 오셔 사십니까?"

하고 물은즉

"우리는 본토백이야요."

하고 자긍[152]하는 듯이 웃는다. 마침 그 앞으로 지게 지고 곰뱅이[153] 문 노인이 오기로

"영감님은 어디서 와 사셔요?"

하고 물은즉 그 사람은

"우리는 본래부터 여기서 사는 사람이오. 당신네들은 어디서들 오셨소?"

하고 도로혀[154] 묻는다.

"우리는 서울서 구경 온 사람들인데요, 계룡산이 서울이 되나요?"

---

149 부연(附椽). 장연(長椽) 끝에 덧얹는 네모지고 짧은 서까래. 처마를 위로 들리게 하여 모양이 나게 함. 다른 말로 사연(師椽)이라고도 하고, 우리말로는 며느리서까래라고 함.

150 흔히 작고 보잘것없는 집을 가리킬 때 '게딱지같다', '게딱지만하다'라는 말을 쓰는데, 여기서는 '궤짝'의 '궤'를 쓰고 있어서 그 의미는 크게 다르지 아니하나 관용적 표현으로는 잘못된 것으로 보인다.

151 발로 찧는 방아. 표준말은 디딜방아이고, '발 방아'는 방언임.

152 자금(自矜). 제 스스로 하는 자랑.

153 곰방대(짧은 담뱃대. 단죽(短竹))의 방언.

154 '도리어'의 옛 말(도ᄅᆞ혀), 또는 방언.

하고 물은즉

"그 속이야 누가 아나요? 타관에서 오는 사람들은 다들 그렇다고 하지요."

"저기 저 기와집은 무슨 집이야요?"

하고 아까 그 강원도 사람의 집이라는 것을 가리키며 물은즉 그 노인은

"저 집이오? 저거 칠성당이랍디다."

하고 자기는 그런 집에는 관계가 없다는 태도를 보인다. 그래 나는

"저 칠성당이 신령한가요?"

한즉 그 노인은

"우리야 아나요. 그 사람네들끼리 모여서 꿍덕궁거리지요. 그래도 신령하기에 그 없는 돈들을 내어 저렇게 집을 짓지요."

하고 '그 사람들'이니, '짓지요'니 하여 어디까지든지 본토박이인 자기는 타도에서 모여든 '그 사람들'과는 아무 관계가 없다는 태도를 강하게 보인다. 그 노인과 작별하고 몇 걸음을 더 가니 조그마한 농가 앞에 어떠한 상투 있는 농군이 섰는 것을 보고

"노형은 어디서 오셨어요?"

하고 또 물어 보았다.

"나요? 행겡도(咸慶道) 햄힝서 왔소. 당신네들은 구경 오셨소?"

하고 쾌활하다.

"오신 지 몇 해 되셨어요?"

하고 또 물은즉 그는 몇 걸음 더 가까이 오며

"나요? 온 지 오래요. 우리 아방이 나가 열두 살 적에 다리고 오셨당이……벌써 십 년은 넘었당이."

옳지. 이 사람을 붙들었으면 무슨 이야기를 좀 들으리라 하였다.

鷄龍山記(27)

迷信을 相續한

術客의 子息

어리석고도 아는 체하는

상투쟁이의 우스운 예언

"그래 무엇 하러 오셨소?"
하고 그 함흥 친구더러 물은 즉 그는 머리를 동였던 수건을 끌러 먼지를 툭툭 떨어서는 고쳐 달달 말아서 정신이 번쩍 나도록 머리를 동이고 상투를 한번 꼭 쥐더니

"몰루지요. 무엇 하러 오셨는지, 아버지가 오신 걸 내가 알아요?"
하고 쾌활하게 벙글벙글 웃는다.

"그래도 불원천리하고 오실 때에는 무슨 까닭이 있겠지요. 댁이 시천교이신가요?"
하고 물은 즉 '저 놈이 의심스러운 놈이나 아닌가' 하는 듯이 한참 물끄러미 보더니 안심했다는 모양으로 다시 쾌활하게 웃으며

"녜. 우리 집도 오랜 시천교인이지요."
하고 묻지도 않는 말로 곰방이에 담배를 붙이면서 아주 친한 듯이

"당신네도 계룡산 구경을 오셨나 보오마는 그렇게 보면 아오? 볼 줄을 알아야지요. 해마다 수 천 명씩이나 구경들을 오지오마는 정말 계룡산 맛을 알고 가는 사람은 드물지요. 계룡산을 알려면 그래도 산리(山理)[155]도 좀 알고 심성공부(心性工夫)도 있어야지요."

---

155 민속에서 묏자리의 내룡(來龍), 방향(方向), 위치(位置) 등에 의하여 화복(禍福)이 좌우된다는 이치. 여기서는 산의 모양이나 위치 등에 의해 미래의 일이 결정된다는 풍수지리적 관점에서 그런 것을 볼 줄 알고 아는 것이 필요하다는 뜻임.

하고 이 친구가 우리를 어린 애 모양으로 한참 훈계를 하더니

"계룡석벽[156]이야 완연히 되었지요. 초포행주도 불원에 될 게요. 어디 천지 도수[157]야 터럭 끝만큼이나 어그러지는 법이 있소……그러나 천기(天紀)는 누설(漏泄) 못하는 것이니까 우리 같은 사람네야 그저 기다리고나 있어야지요."

하고 의미 있는 듯이 빙그레 웃는다.

"그래 명년이 갑자년이니, 갑자년이 되면 정도령이 나오나요?"

하고 아주 단도직입적으로 물은 즉 그는 곁에 놓였던 갈퀴 비스듬히 꽂은 지게를 집어 한편 어깨에만 멜빵을 꿰고 한 발을 번쩍 들어 짚세기 발바당에 곰방이를 툭툭 털더니 '자, 일 하러나 갑시다.'하는 듯이 두어 걸음 우리를 향하여 나오며

"그거 다 아는 이나 알지요. 천기불가누설(天紀不可漏泄)이지요. 이렇게 지금은 하늘이 파랗게 맑고 별이 쌔듯이 나지마는 저녁 때 일을 누가 알아요?"

한다. 이 친구도 아마 뒤 솔밭에 솔가라미(소나무 잎사귀 떨어진 것)를 긁으러 가는 모양이다. 이 친구의 아버지는 대체 어떠한 사람인고. 아마 무슨 술객[158]인가 보다, 하면서 우리는 그를 따라갔다. 가면서 여러 가지로 물었으나 분명히 대답도 아니하고 분명히 모른다고도 아니하고,

---

156 앞에 나왔듯이 이것은 정감록의 '계룡석백'을 가리키는데, 말하는 사람의 실수이거나 글 쓰는 사람의 실수로 '백'이 '벽'으로 표기된 것임.

157 본뜻은 각도, 온도, 광도 등의 크기를 나타내는 수. 여기서는 천지가 변화하는 시기와 정도를 나타내는 말로 보면 무난할 듯함. 정감록을 신봉하는 사람들은 그 글귀의 해석에 따라 천지개벽이 일어나는 시기를 여러 가지로 예측하여 그에 대해 대비를 해야 한다고 하여 안전한 곳으로 이주를 하기도 했음. 그 대표적인 안전한 곳 중의 하나가 바로 이 글에서 이야기하고 있는 신도안임.

158 술객(術客). 음양(陰陽), 점술(占術), 복서(卜筮) 등에 정통한 사람. 다른 말로 술가(術家), 술사(術士)라고도 함.

이상하게 사람의 호기심을 끄는 모호한 대답을 한다. 아마 무슨 술객인 그의 아버지가 피난 차로 정도령을 기다리려 이곳에 들어왔다가 자기는 늙어 죽어 버리고, 정도령 기다리는 일을 아들에게 물려주고 간 것인가 보다.

鷄龍山記(28)

일홈은 白岩이나

휠 때는 언제

백암리 백성의 고대하는 백암

여관 노인의 말한 계룡산 내력

백암리(白岩里)! 일홈[159]조차 백암리다. 흰 바위 동네란 말이냐, 바위가 희어지려는 동네란 말이냐. 상봉 이마빼기 바위가 희어진다는 뜻으로 지은 이름은 분명하다.

별은 누런 빛이 나도록 맑고 부드럽다. 밭에 있는 서리 맞은 배추는 이상하게도 아름다운 빛이 난다. 도야지가 주둥이로 땅을 쑤시고, 닭이 도야지 우리 지붕에서 소리껏 목을 놓아 운다. 아직 얼지 않은 개천에서는 젊은 부인네가 빨래를 하고, 개천 건너 언덕 위에는 어떤 저고리만 입은 아이가 '엄마'를 부르고 뛰어나오고, 어떤 초가집 마당에는 한 노인이 길다란 담뱃대를 물고 뒷짐을 지고 다닌다. 이렇게 고요한 촌중[160]에 고요히 사는 가난하고 어리석은 백성들은 아침마다 자리에서 일어나는 대로 계룡산 상봉 이마빼기 돌을 치어다 본다. 어는[161] 신령이

159 '이름'의 옛 말.

160 촌중(村中). 한 마을 가운데, 온 동네. 다른 말로 촌내(村內)라고도 함.

161 '어느'의 잘못.

밤새에 와서 그 돌을 희게나 아니하였나, 어느 날이나 이 여러 백 년 지리하게도 따라다니는 가난 귀신을 떼어 버리나, 어느 날이나 나날이 당하는 이 불쾌한 운수를 벗어 버리나, 어느 날이나 한번 풍족한 세상, 자유로운 세상, 살 만한 세상이 오려나? "자장자장 우리 아기가 걸음발이나 타거든[162] 오려는가, 자장자장 우리 아기가 또 아기를 낳으면 오려는가." 어찌하면 상봉 이마빼기 돌이 희어지나. 칠성각을 짓고 칠성 기도나 하면 희어질까. 목탁을 치며 나무아미타나 부르면 희어질까.

우리는 북문으로 향하는 고개를 넘어 암용추[163]라 하는 곳으로 향하였다. 고개 마르택이에 올라서서 거기서 남쪽으로 우뚝 솟은 곳을 올라가면, 이것이 한양 서울로 말하면 백악이라 할만한 제자봉(帝字峯) 꼭대긴데, 여기서 보면 새 서울 전경이 눈 밑에 환하게 열린다. 뒤를 보면 푸른 하늘을 찌른 둥그레한 상봉이오, 앞으로 멀리를 바라보면 첩첩한 산이 푸른 안개 속에 둘러섰는데, 이것이 좋은 것이라 한다. 왜 좋은 것은 모르거니와 아무려나 바라보는 경치로는 대단히 깊숙하고 장엄한 맛을 준다. 새 서울 경치의 특색은 분명 이것에 있을 것이다. 여관 노인의 말을 듣건댄

"백두산 우렁찬 산맥이 함경도 강원도 충청도로 이렇게 휘 동해 바다를 슬쩍 스치고 돌아서 이천여 리를 다라[164] 내려오다가는, 무슨 생각으로 아이구 어느 산이라더라에서 픽근[165] 서쪽을 향해 가지고는

---

162 걸음발타다 : 어린애가 처음으로 비틀거리며 걷기를 시작하다.

163 앞에 나온 숫용추와 짝을 이루는 바위 웅덩이로 그 위치는 상당한 거리를 두고 떨어져 있는데, 여기에도 숫용추와 함께 용과 관련된 전설이 남아 있다. 자세한 것은 앞에 인용한 조재훈의 '계룡산의 전설'을 참고하기 바라며, 아쉬운 것은 두 곳 모두 현재는 군사 시설 보호구역 안에 있어 일반인의 접근이 통제되고 있는 점이다. 관람을 원하는 사람들은 군 당국의 출입 허가를 받아서 제한적으로만 볼 수가 있다.

164 '달려'의 옛 말.

멀리 서해 바다를 바라보고서는, 삼백 리 역룡[166]으로 구붓이[167] 돌아서럼은[168] 거의 제 고붓[169]을 다 돌아서럼은 불끈 솟아서 연천봉 상봉이 되어서는, 묘하게 산태극수태극(山太極水太極)[170]을 그려 놓고서럼은, 상봉에서 뚝 떨어져서 두루막 자락 모양으로 척 펼쳐져서럼은……"

일변 손으로 모양을 그려 가면서 설명하는 것이 심히 복성스러웠다.

<u>鷄龍山記(29)</u>

호떡 내와 왜떡 내 나서

구역나는 地名

기이하게 생긴 수태극

만물초 같은 기암괴석

'두루막 자락 펼쳐 놓은 것'이란 것은 심히 그럴 듯한 형용이다. 제자봉에 올라서서 상봉을 바라보고 다시 동서로 고개를 돌리면 과연 산세가 그러하게 생겼다. 옥관자 붙인 주인의 말마따나 상봉이 고듸[171]가

---

165 부사 '퍼뜩(어떤 모습이나 생각이 급자기 나타나거나 떠오르는 모양)'의 사투리.

166 역룡(逆龍). 풍수지리학에서는 산의 형세를 용으로 표현하는데, 그 모습이 거꾸로 되어 있는 것을 가리킴.

167 조금 구부러진 모양으로.

168 '…서럼은'이라는 표현은 '…서는'이라는 뜻을 가진 사투리 어미인데, 구어체 방언을 실감나게 표기하기 위한 의도에서 일부러 사용한 것으로 보임.

169 '고붙'을 8종성 표기로 적은 말. '고붙'은 '고부탕이(피륙을 필을 지을 때의 꺾이어 겹쳐진 자리)'의 준말임. 여기서는 한 바퀴 빙 돌아 원래의 자리로 돌아오는 것을 뜻하는 말로 사용된 듯함.

170 산과 물이 태극 모양으로 되어 있는 것. 계룡산을 중심으로 볼 때 이 산과 금강은 각각 마치 태극 모양으로 되어 서로 얽히어 있다고 함. 풍수지리학에서는 이런 형국을 최대의 길지(吉地), 명당(明堂)으로 취급하며, 이를 근거로 『정감록』 등의 책에서는 이곳을 미래의 왕도(王都)로 이야기하고 있는 것임.

171 '고대'의 예스러운 표기. '고대'는 '깃고대(옷깃을 붙이는 자리. 두 어깨솔기 사이의 목 뒤에 닿는 곳)'의 준말임.

되고 좌청룡 우백호가 두 팔 모양으로 동문 서문으로 쓱 싸고 돌아서는 남문 턱에 가서 살짝 감쌌다. 그리고는 아까 말한 바와 같이 멀리 남쪽으로 무슨 산 무슨 산들이 연꽃 잎 모양으로 겹싸고 겹쌌다. 그 속에 보기에는 둥그레하게 벌판이 생긴 것이 새 서울 터인데 한양 서울 문안[172]만의 세 갑절은 넘을 것이다. 거기를 개천 다섯 개가 사람으로 이르면 겨드랑으로서 젖가슴으로서 흘러나온 그 다섯 개천이 흘러 내려오는 길에 넷이 되고, 셋이 되고, 둘이 되고, 마침내 남대문 안에서 하나가 되어서는, 팥거리 거리(豆溪)로 흘러가서 다시 동으로 흘러, 태전[173]을 지나서는 다시 북으로 흘러, 부강(芙江)을 거쳐서는 다시 서로 흘러 금강이 되어, 공주(公州) 부여(夫餘)를 지나서는 다시 남으로 흘러 ☯모양으로 묘하게 이른바 수태극(水太極)을 그려 가지고 바다로 달아나는 것이다. 미상불 이상하게는 생겼다.

새 서울 동남쪽에 둥그런 등허리 두 개가 놓였는데 이것이 금계포란형(金鷄抱卵形)의 금닭의 알이라 한다. 하나는 암알이오 하나는 수알인가. 그것은 깐 뒤가 아니고는 알 수 없는 일이다. 아무려나 한번 세계를

---

172 한양 도성에는 동서남북 네 개의 성문이 있는데, 흥인지문(동), 돈의문(서), 숭례문(남), 홍지문(북)이 그것이다. 이 네 개의 문 사이에는 또 네 개의 작은 문이 있어 모두 여덟 개의 문이 있는 셈이다. 원래 한양이라 함은 이 여덟 개의 성문 안의 구역만을 지칭한다. 신도안의 새 서울 터가 한양 성의 세 배가 된다는 것은 이곳이 새로 건국된 조선왕조의 도읍지로서 손색이 없음을 말해 준다. 수리(水理) 조건이 불리하여 공사가 중단되었다는 주장은 천도(遷都)를 원치 않는 기득권 세력의 반발을 명분화한 말에 지나지 않을지도 모른다.

173 현재의 대전을 이르는 말. 당시만 하더라도 대전은 한미한 시골 마을에 지나지 않았는데, 경부선 철도 개통과, 1932년 공주로부터의 충남도청 이전으로 비약적인 발전이 이루어졌다. 우리말 '한밭'을 한자로 표기할 때 '태전'과 '대전'을 사용할 수 있는데, 일부 종교 단체에서는 '대전'이 일제의 강압에 의한 이름이라며 '태전'으로 환원해야 한다고 주장하기도 한다. 1923년에 현역 신문 기자에 의해 쓰여진 이 글에 '태전'이라는 명칭이 사용된 것은, 그 당시 이 명칭이 일반인들 사이에 보편적으로 사용되고 있었음을 알려주는 자료의 하나라고 생각된다.

진동할 만한 큰 소리를 칠 닭이 나왔으면 작히나 좋으랴.

제자봉에서 내려와서 거적 문 단 집 몇칠[174] 지나서 담벼락 같은 데로 내려가면 청석 위로 물 흐르는 시내가 있는데 여기가 어떤 궁상스러운 한문 학구[175]가 붙였는지 우적동(禹跡洞)[176]이라는 이름을 가진 동네다. 사람들도 그렇게 부르고 지도에도 그렇게 쓰였으니 우적동이라는 동네는 분명히 동네건마는 대체 사람은 어디서 사는지 눈에 띄우는 것은 검우뭉투룩한 바위들뿐이다. 그 바위들이 꽤 물상[177]으로 생겨서 코 없는 코끼리 같은 놈도 있고, 거북 같은 놈도 있고, 제법 사자 대가리 같은 놈도 있다. 우리 일행 중에 누구는 이것을 계룡산 만물초[178]라고 이름짓자고 했다. 어지간한 이름이다. 곰팡내 나는 우적동보다 얼마나 좋은지 알 수 없다. 호떡 냄새나는 지명, 왜떡 냄새나는 지명[179]에 모두 구역이 나서 죽을 지경이다. 차기 얼음 같고 맑기 구슬 같은 암용추 물에 우적동 구역난 입을 양추질이나 하자.

그러나 암용추에 가기 전에 유명한 삼신당(三神堂)이란 어떻게 생긴 물건인고, 아니 올라갈 수가 없다. 치어다보니 삼신당 있다는 곳이 까맣다.

---

174 '몇을'의 잘못.

175 학문에만 열중하여 세상일을 잘 모르는 사람.

176 정감록에 보면 정도령을 도와 큰일을 이루는 중요한 사람 중에 우씨(禹氏) 성을 가진 사람이 있다 했는데, 아마도 우적동이라는 이름은 이에 연유하여 붙여진 것인 듯함.

177 물상(物像). 눈에 보이는 물체의 생김새나 모양, 또는 자연의 경치. 여기서는 후자의 뜻으로 사용된 듯함. 금강산의 만물상을 연상해 보면 이해가 빠를 것임.

178 그 의미가 정확히 무엇인지는 알 수 없으나, 문맥상 짐작컨대 아마도 '만물상초'의 준말이 아닌가 생각됨. '만물상(萬物相)'은 온갖 물건의 가지가지 생김새를 뜻하며, '초(抄)'는 가려 뽑는다는 의미임. 혹은 '만물초(萬物草)'도 생각해 볼 수 있으나 이는 문맥상으로 이치에 잘 맞지 않는 말임.

179 호떡, 왜떡 냄새나는 지명이라는 말은 중국의 한자나 일본식으로 된 땅이름을 말함.

鷄龍山記(30)

鬼神 비빔밥 같은

三神堂의 正體

신도에서 유명한 삼신당

무엇이든지 빌 수가 있다고

땀을 한 주발은 흘리고 절벽에 매어 달린 초가집에를 올라갔다. 대문 밖에서 불러도 잠잠, 안마당에 들어가 불러도 잠잠, 웬 일인가 하고 있노라니 어디서 부인네 목소리로 '누구유?' 한다. 소리 오는 곳을 바라보니 담 밖에 손바닥만한 채마에서 배추를 뽑는 부인네가 있다.

"삼신당이 어디요?"

한즉

"그 뒤로 올라가우."

하며 그 부인네가 하늘을 가르친다.[180]

그 뒤로 올라간즉 커단 바위, 이층집만큼은 커단 바위가 있고, 바위 밑이 굴이 되었는데, 굴 동편 쪽 절반을 방을 만들고, 서편 쪽 절반에는 나뭇단을 쌓고, 그 속에는 돌부처 셋을 가지런히 앉혀 놓았고, 돌부처 앞에는 사발에다 물 한 그릇을 떠놓았는데, 물에는 바람에 불려온 나뭇잎이 서너 개나 어떤 놈은 가라앉고 어떤 놈은 떴고, 부처님은 회칠을 하였는지 분을 발랐는지 하연데[181], 벌거벗은 몸에다 파란 명주 헌겁[182]으로 배만 가리워 놓았다. 아마 이것이 삼신(三神)인지, 부처가 세 분인 것을 보면 아마 그런 모양이다. 방 만들어 놓은 데를 들여다보니 두 간

180 '가리킨다'의 잘못.

181 '허연데'의 잘못.

182 '헝겊'의 비표준어.

으로 되었는데, 한 간은 그냥 방이오 동쪽 방 한 간이 정통인 모양이다. 꽤 특색이 있는 것이니 좀 자세히 적어볼까. 북벽 정면에 검정, 흰 빛, 초록, 자지[183], 람[184] 다섯 가지 빛으로 차례로 모아 맨 명주 장막을 늘였는데, 그 중에 흰 빛에는 빨강이로, 자지에는 초록으로 동그라미를 수놓았고, 그 장막 앞 탁자 위에는 만수향 타다 남은 향로와 옥수(玉水) 그릇(천도교에서 청수 그릇이라는 것인 듯)과 촛대 한 쌍이 놓이고, 동쪽 벽에는 늙은 소나무 밑에 백모란 홍모란이 피었는데, 수염 희고 얼굴 붉으레한 노인이 조는 듯이 눈을 반쯤 감은 호랑이 머리를 만지고, 그 좌우에는 젊은 여자들이 소반에 선도(仙桃)를 받들었고, 서쪽 벽에는 북두칠성을 그려 붙였다.

대체 이것을 무엇이라고 이름 지으면 좋을까. 돌부처 셋이 있는 것을 보면 아마 삼신당인 듯하고, 북두칠성을 그려 붙인 것을 보면 칠성각인 듯도 하고, 호랑이와 노인을 보면 산신당인 듯도 하고, 다만 한 가지 북벽에 오색 장막을 두린[185] 것은 무엇인지 알 수 없으나, 만수향과 옥수 같은 것을 보면 도교(道敎)에서 나온 것은 분명하다. 아마 영검[186]할 듯한 것을 다 모아다가 귀신 비빔밥을 만들어 놓은 것이 삼신당인 심[187]이다. 아무려나 신도안에서는 삼신당이면 굉장히 이름이 높다.

"삼신당 보셨어요? 좋지요."

하는 말은 여러 번 들었다. 안 보았더라면 망신할 뻔했다.

내려오는 길에 배추 뽑는 부인네더러

---

183 자지(紫芝, 紫地). 자주(紫朱), 짙은 남빛에 붉은 빛을 띤 빛)와 같은 말.

184 '남빛'의 준말. 푸른빛과 자줏빛 사이의 빛. '쪽빛'과 같은 말.

185 '드리운'의 잘못.

186 한자어 '영험(靈驗)'에서 온 말. 영험(靈驗)은 사람의 기원(祈願)에 대한 신불(神佛)의 영묘한 감응(感應)을 뜻함.

187 '셈'의 잘못.

"삼신당에는 무엇을 비나요?"
하고 물은즉

"무엇이나 다 빌지유. 아들도 빌구유, 병이 있으면 병 나으라구두 빌지유. 복두 빌구유."
한다.

"빌면 되나요?"
한즉

"산신님 신령하지유."
하고는 우리 모양이 그리 신통치 아니하든지 다시 말이 없이 배추만 다듬는다.

<u>鷄龍山記(31)</u>

檀君과 孔子가

比肩한 兩敎堂

단군만 가지고는

벌이가 안 된다고

암용추는 꽤 수석이 좋은데다 반석 위에 소[188]도 있고 폭포도 있고 여름 한 철 탁족[189]할 자리로는 훌륭하다. 천지가 몇 백만 년 품을 들여서 깎아 놓은 이만한 경치를 그냥 물과 바람에만 맡겨 두는 것이 사람의 생각으로 보면 아깝기도 할 것이다. 용춧물에 그 추운 날이건마는 손발을 씻고, 언제 지었다가 언제 무너져 버렸는지 모르는 옛 절터를 지나서 물가 길을 따라 산수 구비를 돌아 나서니 서울로 말하면 성균관

188 '물이 깊은 못'의 고어(古語).
189 탁족(濯足). 선비들이 여름에 물가에서 발을 씻으며 더위를 식히는 놀이.

이라고 할 만한 자리에 이상야릇한 탑 모양으로 생긴 이층집이 있다. 길 인도하는 주인집 계집애더러 물어본즉

"절이여유"

한다. 절이라니 무슨 절인고 하고 가 본즉 널따랗게 돌담을 두른 속에 얌전한 연못이 있고 탑 같은 집 마당가에는 행랑과 같은 집 두 채가 있는데 방에서는 어떤 여자 둘이 밥을 먹고 앉았다.

"이것이 무엇이오?"

하고 물은즉 그 여자가 밥숟가락을 든 채로 입에 넣은 김치 쪽을 씹어가면서

"이것 말이오? 당궁괴당(檀君敎堂)이라오."

하고 경상도 사투리가 나온다.

"교인이 얼마나 되오?"

한즉

"교잉이라서 얼마 앙이 되지요. 요번에 당궁(檀君)님 대제에도 스물넷인가 모였지요."

한다. 옳지, 절이 아니라 단군 교당이로구나 하고 마당에 들어가니 그 탑 같은 집 곁에는 새로 무슨 집을 짓는데 아직 솔가지로 지붕을 이고 벽도 아니 둘렀다.

"이것은 공자님 뫼시는 데지요. 저기는 단군 한아버지 뫼신 데구요."

한다. 그 기둥에 커단 패를 붙이고 그 패에 이렇게 썼다.—

[孔夫子大祭]

라 크게 쓰고 그 밑에 소주[190] 내는 모양으로

---

190 소주(小註). 옛 경전의 본문에 훌륭하신 분들이 주(註)를 붙여 그 뜻을 자세하게 해설한 것이 많은데, 그 주가 어려워 잘 알기 힘들 경우 후학들이 그 주에 대해 다시 주를 붙여 상세히 설명을 하는 경우가 있다. 이런 주를 소주라고 한다. 그 주는

'四월 十一日'이라 하고 한 자 떼고 '十月來者許入', 또 딴 줄로 '八月二十七日, 卄六日來者許入, 餘日不許入', 그리고 또 딴 줄에 지금껏 모양으로 '檀君大祭, 三月十五日, 十四日來者許入, 十月初三日, 初二日來者許入'이라고 썼다.

그리고 탑 같은 집 기둥에는 길억지 두 자는 될 널쪽에다

'論山郡 豆磨面 龍洞 五百十六番地, 檀君敎支部長 李進鐸, 年六十一, 己未生, 號花富龍齒, 庚申東熙 立春大吉'

이라 하고 대여섯 줄이나 쓰고 또 다른 기둥에는 커단 조희[191]쪽에

'男女老少煙竹切禁軒邊勿踞[192]'

라 하고 또 어떤 협문[193]에는

'主人與來客入門[194]'

이라 하고, 정면 기둥에는

'佑我大東內外同慶
降御太白昇御九月[195]'

이것을 머리로 하여 여러 가지 단군에 관한 글 구절을 써 붙였다.

대체 단군이면 단군이지 공자는 왜 함께 뫼시는구 하고 옥관자 노인[196]에게 물은즉 그 대답이

통상 원래의 주보다 작은 글씨로 쓴다. 여기서는 큰 글씨 밑에 작은 글씨로 쓴 것을 뜻한다.

191 종이의 옛 말.

192 남자나 여자, 나이가 많거나 적거나 담배는 일절 피우지 말고, 또 건물의 난간에 걸터앉지 말라는 뜻.

193 협문(夾門). 정문이 아닌 곁문.

194 주인과 손님이 들어가는 문이라는 뜻.

195 앞 구절은 우리나라[대동(大東)]를 보우(保佑)하여 주시고, 안과 바깥(국내와 국외, 또는 남편과 아내)이 함께 경사를 누리게 해 주시라는 뜻. 뒤 구절은 (단군께서) 태백산에 강림하셨고 구월산에서 승천하셨다는 의미임.

196 앞에 나왔던 숙소의 주인 영감.

"단군만으로는 벌이가 안 되는 게지요."

한다. 이 말이 괘씸한가, 그 일이 괘씸한가.

鷄龍山記(32)

九十九間의

侍天教 大闕

마누라가 여덟씩 된다는

시천교주의 호사한 생활

단군 교당에서 나와서 우리는 저 벌판에 굉장히 들어선 시천교 대궐 김연국(金演局)씨 별장을 찾아갔다. 네모 반듯하게 회벽을 쌓고 정남으로 활짝 높이 솟을대문이 섰는데 가운데 문은 가장 높고 좌우는 한 층을 낮추어 우렁찬 삼문을 이루고 대문 좌우로 스물 다섯 간인가 되는 줄행랑이 죽 늘어섰다. '閒人勿入'이라는 커단 목패[197]에 한편에는 언문으로 '일 없는 사람은 들어오지 마시오.' 한편에는 일본 가나로 '無用ノモノ入ルベカラズ'라고 한인을 엄금한다.

대문을 쑥 들어서니 뻬스뽈[198] 한 판은 될 만한 큰 마당이 있고 거기 남향으로 네 귀를 번쩍 들고 금시에 훌쩍 날아날 듯한 삼십여 간의 큰 사랑이 있다. 한 자 높이 돌 장대를 세 층으로 쌓고, 한 칸 넓이 툇마루, 십이 칸 대청, 육간 누마루, 과연 어지간하다. 단청까지 하였더라면 대궐집일 것을, 그러나 덧문들도 다 닫히고 사람 있는 기색도 없다. 길 인도하는 계집애가

---

197 목패(木牌). 나무로 만든 패. 목찰(木札)이라고도 함.

198 베이스볼, 곧 야구를 말함.

"안에 들어가 보세유. 안 대청은 이보담도 더 좋아유. 그리고 이렇게 커다란 사진이 있어유. 마누라가 여덟이고 딸이 여덟이어유."
한다. 설마 마누라가 한꺼번에 여덟이 되랴. 아마 다른 가족을 잘못 보고 그러는가 보다 하고
"마누라가 웬걸 여덟이나 되겠니? 아마 다른 사람들인 게지."
한즉 그 계집애는 노여워하는 듯이 눈이 똥그래지며
"아니야요. 어른들이 그러던데요."
한다. 남이 팔선녀를 데리고 살든지 십 선녀를 데리고 살든지 우리가 알 바가 아니나 우리는 염치 불고하고 중문을 둘인가 셋인가 지나 안마당에 들어갔다. 안마당도 테니스 두 판은 될 것이다.

안채도 어지간하다. 과연 어마어마하다. 그 큰 사진을 두었다는 대청문은 꼭꼭 닫히고, 건넌방에 웬 남자 하나만 있고, 마당에서는 아마 행랑 사람인 듯한 부인네 둘이 물에 무엇을 부시고 있다.
"선생님 안 계신가요?"
하고 물은 즉 그 사람이 심히 불쾌한 낯빛으로
"선생님 서울 댁에 계시오…… 그런데 여기는 남의 집 안방이오!"
한다.
"잘못 되었소만 이왕 들어왔으니 구경이나 하고 나가야지요."
하고 염치없이 이리 기웃 저리 기웃 구경을 하였다. 그리고는 나오고 말았다. 자, 걱정이 생겼다. 이 집을 사진을 찍어야겠는데 이 큰 집이 한꺼번에 박힐 자리가 있나. 하릴없이 우리는 금계포란의 닭의 알 중의 하나인 등성이에 올라갔다. 거기서야 거의 전경이 렌즈에 비치기는 하였으나 걸어가서 오 분이나 걸릴 만한 원거리(遠距離)다.

웬 일인지 그렇게 좋던 일기가 갑자기 흐리며 금시에 싸락눈이 퍼부을

듯이 찬바람이 불어와서 사진 기계를 흔든다. 가까스로 구름 터지는 틈, 바람 쉬는 틈을 타서 구십 구 간이라는 시천교 대궐을 박아내었다.

<u>鷄龍山記(33)</u>

屋頹墻傾[199]한

侍天敎 村落

턱없이 기다리는 백성

막벌이로 겨우 연명중

시천교주의 별장에서 나와서 시천교인들의 부락을 찾아보았다. 마치 '어찌 감히 교주의 집 가까이 집을 두랴'하는 듯이 교인들의 부락은 교주의 별장에서 서쪽으로 얼마를 떨어져 있다.

이 부락도 한가운데 큰 길이 있고 그 길가에 시가지 모양으로 가지런히 납작납작한 초가집들이 늘어섰다. 팔뚝만한 구부러진 기둥, 손가락 같은 서까래, 울툭불툭한 바람벽, 대를 쪼개어서 가로세로 얽어 놓은 문짝, 섬거적을 늘인 부엌문, 추녀 밑에 쌓아 놓은 솔끄러미(솔잎사귀), 이것들이 이 모든 집에 공통한 것이다. 그것도 사람 사는 집 말이지 삼분의 일이나 되는 비인 집들은 그나마 문도 영[200]도 없어서 그과[201] 흙만 남은 지붕과 해골의 눈깔 같은 문 구녕들이 가엾다는 것보다도 무섭다. 넓은 길에는 사람의 발자취가 드물어 바람에 날려지고 썩어진 영 조각들이 바람결을 따라 동으로 굴고 서으로 굴러다닌다. 아마 그 영을

199 글자 그대로 해석하면 집은 무너지고 담은 기울었다는 뜻. 사람이 살지 않아 폐허가 된 동네와 집을 가리킴.

200 이엉의 준말. 볏짚으로 엮어 지붕을 덮는 데 쓰이는 것으로, 예전 초가집 지붕은 해마다 새로 이엉을 엮어 묵은 것을 새 것으로 갈아주어야 했음.

201 원문에 이렇게 되어 있음. 단어 하나가 빠졌거나 어떤 글자의 오자로 보임.

처음 엮어 이던 사람들도 지금은 이 영 조각 모양으로 정처 없이 굴러 당길 모양이다.

이러한 난리 겪는 빈 동네와 같은 곳으로 비감한 생각이 가득하여 올라가노라니 어떤 중늙은이 한 분이 흙만 남은 지붕에 솔끄러미를 펴고 있다. 하늘에 굴러다니는 검은 구름장이 차차 부글부글 끓기를 시작하며 찬바람이 세게 불어오는 까닭에 그 중늙은이의 지붕에 까는 솔끄러미가 손을 떼기가 바쁘게 후루루 날아가 버리고 만다. 그래도 굵은 빗방울이 뚝뚝 떨어지는 것을 보고는 날아간 자리에 또 깔고 또 깔고 하여 바람과 씨름을 한다. 나는 차마 못 보아

"자꾸 날아납니다그려."

한즉 그 노인이 슬픈 듯이 웃으며

"그래두 비가 올 것 같소와요."

하고 극히 공손하고 순박한 어조로 대답한다.

"돌을 좀 올려 드려요?"

한즉 그는

"아니와요. 이만 해 두었다가 내일이나 해야 갔습무다."

한다. 나는 속으로 '황해도 사람이로군.' 하며 친절한 어조로

"어디서 오셨어요?"

"항아두 재령(黃海道載寧)서 왔소와요."

"언제 오셨나요?"

"벌써 사 년 되었소와요."

"무슨 생애[202]가 있어요?"

202 원래 생애(生涯)는 '살아 있는 동안', 또는 '세상에 살아가는 동안'의 뜻을 가지고 있는 말이나 여기서는 그 생애가 아니고 문맥상 '생화'의 변한 말로 보아야 할 것 같음. '생화'는 순 우리말로 '먹고 살아 나가는 데 도움이 되도록 장사를 하는

"아무 생와도 없소와요. 갱겡이[203] 가서 막버리나 해 먹사와요."
한다. 문패에는 '侍天敎人'이라는 목판에 인쇄한 것이 붙었다. 후에 들은 즉 이것도 매삭[204]에 삼십 전 이상씩 내는 교인에게야 주는 표라고 한다. 그러기에 이 동네도 이 패를 붙인 사람이 많지 아니하다.

鷄龍山記(34)

粟飯[205]生活하는

可憐한 少年

살기가 좋다니까 왔다고

소년의 웃으며 하는 대답

이튿날 아침에 나는 그 중늙은이의 집이 근심되어 한 번 더 가 보았다. 전날 밤에 큰비가 온 까닭이다.

가 본즉 굴뚝에서 가느단 아침 연기 나오는 집이 더러 있었다. 내가 찾아가는 집에서는 연기는 아니 나오는데 부엌문으로 들여다본즉 열댓 살 된 다홍치마 입은 처녀가 김이 무럭무럭 나는 밥솥에서 금가루 같이 노란 조밥을 푸고 그 곁에는 열 두어 살 되는 사내아이가 쭈그리고 앉아서 부엌비로 부엌 바닥을 쓸고 있었다. 어둠침침한 광선 속에서 두 어린 오누이의 얼굴이 분명히 보인다.

처녀는 조밥을 사발에 담아서 시커먼 둥근 소반에 올려놓더니 그 소반을 들고 안으로 들어가는데 소반 위에 밥 세 그릇이 놓인 것을 본즉

일'을 말함.

203 지금의 논산시 강경(江景)을 이르는 말.

204 매삭(每朔). 매월, 매 달.

205 속반(粟飯). 좁쌀로 지은 밥

아마 그 어머니는 없고 아버지와 자기네들만 있는 모양이다. 그 어머니는 죽었는가. 죽었으면 무슨 병으로, 무덤은 어디인가. 모든 것이 남의 일 같지를 아니하였다.

처녀가 밥상을 들고 나간 뒤에 사내아이가 나를 힐끗 한번 보고는 걷어매어 달아 달았던 거적문을 내리운다. 나는 그 집에 찾아 들어가 그 어려운 생활 이야기라도 듣고 싶건마는 도리어 그것이 그 노인을 슬프게 할 것도 같아서 그만두고 그래도 참아 그 집을 떠나지 못하여 그 앞으로 오락가락하였다. 지붕은 언제 이었는지 솔 잎사귀 섬거적으로 이럭저럭 흙은 가리어 놓았다.

이때에 어떤 얌전한 열 두어 살 되어 보이는 아이가 두루막[206]도 없이 모자표[207] 없는 학도[208] 모자를 쓰고 나오기로 나는 그 아이를 붙들었다.

"당신도 시천교요?"

한즉

"녜."

하고 그 사랑스러운 눈으로 의심스러운 듯이 나를 치어다본다.

"학교에 다니오?"

"녜."

"아버지 계시오?"

"녜."

"아버지께서는 무엇을 하시오?"

---

206 두루마기의 준 말. 예전에는 바지저고리 위에 반드시 두루마기를 입는 것이 예의였음.

207 모자에 다는 표. 여기서는 학교를 나타내는 교표(校標)를 뜻함.

208 학도(學徒). 당시에는 학생을 이렇게 일컬었음.

“교회 일 보다가 지금 그만 두고 집에 계셔요.”

“황해도서 왔소?”

“녜. 재령서 왔소와요. 온지 사 년 되었소와요.”

“왜 계룡산으로 오셨소?”

한즉 그 소년은 부끄러운 듯이 고개를 숙이고 몸을 비틀며

“몰라요. 살기가 좋다니까 왔습지요.”

이것은 아마 계룡산에 온 사람들의 공통한 대답인 모양이다. 나는 그 소년의 어깨를 만지며

“정도령이 어디 있답디까?”

한즉 그는 더욱 웃으며

“몰라요.”

“정도령이 언제 나온대요?”

한즉 그는 또 웃으며

“사람들의 말에는 정도령이 나온다고들 그러지요.”

한다.

“정도령이 어디 있기는 있나요?”

한즉 그 소년은

“웬 정도령이 있겠어요. 다들 있다고들 그러지요.”

한다. 여간 영리하지 않은 소년이다.

중늙은이 집 아이들도 학교에 다니나요 한즉

“이전에는 당겼는데[209] 지금은 월사금을 못 내서 못 댕겨요.”

“월사금이 얼만데?”

“한 달에 넉 냥, 사십 전이야요.”

---

209 ‘다니다’의 사투리. ‘다녔는데’의 뜻.

한다. 그 소년의 집은 좀 넉넉한가 보다.

<u>鷄龍山記(35)</u>

希望 많은 少年!

當身이 鄭道令

공부만 잘 하는 소년은

누구든지 정도령이다

"당신은 지금 학교에 가오?"

하고 그 소년더러 물은즉

"녜."

하며 손에 들었던 공을 한번 땅에 던진다. 길에는 다니는 사람 하나도 없다.

"그러면 나하고 같이 가십시다."

하고 돌아서 자갯돌판을 걸어 맑은 물 내려가는 개천을 건너 밤 비에 물신물신하게 된 논두렁길로 서편 언덕 위에 보이는 회벽한 집을 향하였다. 그것이 학교다.

"저것이 시천교 학교요?"

"녜."

"생도가 얼마나 되오?"

"한 육십 명 되어요."

"무슨 공부가 제일 재미있소?"

"산술이 재미있어요."

"여기서 졸업하고는 무엇을 하려오?"

"서울 공부하러 가요."

"공부해 가지고는 무엇을 하시려오? 시천교 일 하려오?"

"아니요. 아버지가 의학교[210]에 보낸다고 그러셔요."

"다른 생도들은 정도령 오신다고들 안 그래요?"

"어른들이 그러지 우리들은 정도령이란 말은 들었어도 무슨 말인지 몰라요."

"정도령이 누군지 가르쳐드려요?"

한즉

"녜."

하고 소년도 인제는 퍽 친하여졌다.

"당신이 정도령이오. 당신이 공부를 잘 해서 큰일을 많이 해서 저 불쌍한 사람들을 잘 살게 하면 당신이 정도령이오. 정말 그렇소."

한즉 그 소년은 나를 쳐다보며 웃고 말이 없다. 벌써 학교에 왔다. 학교에는 많은 정도령들이 재깔재깔하고 뛰어다닌다.

나는 진언종(眞言宗) 절을 지나서 종로(鐘路)를 지나서 여관으로 돌아왔다. 동행들은 벌써 짐을 싸 놓고 기다린다. 옥관자 붙인 주인 영감은 어저께 공주로 가 버리고 없다. 우리는 떠나오는 길에 주재소[211]에 들러서 4년 내로 이곳에 모여든 시천교인이 육백 호 일천 칠백여 명인 것과, 처음에는 돈 백 원이나 가지고 와서 픈픈히 썼으나 기다리던 좋은 수가 아니 생기기 때문에 지금에는 먹을 것이 없어서 논산, 강경 등지로 막벌이를 다닌다는 말과, 요사이는 점점 인구가 줄어든다는 말과, 별로 범죄는 없고 간혹 절도죄가 있을 뿐이란 말과, 시천교인들은 대개

---

210 의학을 가르치는 학교. 요즘의 의과대학.

211 주재소(駐在所). 파견되어 머물러 있는 곳. 여기서는 일제시대에 순사(巡查) 등이 맡은 바 구역 안에 주재하여 사무를 취급하던 곳.

순량하다는 말과, 김연국이가 무슨 목적인지 이 사람들을 끌어들였다는 말을 듣고, 문 없는 남대문 턱을 지나서 시오리 되는 두계(豆溪) 정거장에 나온 것이 오전 열 한 시, 정거장에는 오늘이 좋은 날인지 혼인에 쓰는 교군[212]이 셋이나 와서 기다리고 다 떨어진 털벙거지 쓴 사람들이 자기네는 본래는 털벙거지 쓰는 사람이 아니라는 듯이 가슴들을 내어 밀고 담뱃대를 뻗드리고 떠들고 둘러섰다.

鷄龍山記(36)

迷信의 옆에

嚴肅한 事實

우리 자녀가 모두 정도령

각각 과학에 힘을 써 보자

정도령 찾으러 왔던 길도 다 끝났다. 산을 넘고 물을 건너고 비와 눈을 무릅쓰고 우리는 정도령을 찾았다.

정도령은 어디 계신가. 저 멀리 바다 속에 오색 채운이 어리운 속에 숨어 있는 남조선(南朝鮮)에서 시절 돌아오기를 기다리고 계신가. 정감록에 "진인출어해도중(眞人出於海島中)"[213]이라 하였고, 또 과학(科學)의 힘으로 만들어 놓은 세계지도에 남극과 북극까지 있으면서도 남조선은 없다 하니 아마 해도중이라는 것이 해삼위[214] 북간도[215]라는 말인가.

---

212 교군(轎軍). 사람이 타고 다니는 가마를 말함. 때로는 가마를 메는 사람을 가리키기도 하며 이를 달리 교군꾼이라고 하기도 함.

213 『정감록』에 나오는 말로 '진인은 바다 섬 가운데서 나온다.'는 뜻

214 러시아의 블라디보스톡을 우리 소리로 읽어 표기한 것

215 북간도(北間島)는 현재 조선족이 많이 살고 있는 중국의 연변 일대를 가리키는 말인데, 원래 간도(間島)는 사이에 위치한 섬이라는 뜻으로 국경 역할을 하는 두만강

또는 하와이가 바다 속에 있는 섬이니 정도령이 지금 하와이에서 사탕 농사[216]를 하고 계신가.

아무러나 정도령이란 생각은 계룡산에 들어온 사람뿐 아니라 거의 조선 이천만 사람으로 모르는 이가 없고 "행여나"하는 이도 적지 아니한 모양이다. 이 정도령 사상은 조선에서 정감록을 구약성경으로 삼고 근래에 일어난 모든 종교가 다 이용하였던 것이다. 이러한 미신이 왜 있나. 그것은 백성들이 현실 생활에 불만과 불평을 가지고 새로운 혁명에 새로운 천지가 열리기를 기다리는 가엾은 생각이 있는 때문이다. "아아 이러 하고야 살 수 있나. 세상이 뒤집히지 않고야 살 수 있나." 하는 생각을 가졌기 때문이다. 이러한 미신은 조선에만 있는 것이 아니라 유대 백성들이 미새아[217]를 기다리는 것이나, 일본 오모도교[218]도들이 새 천지의 개벽을 기다리는 것이나, 예수교도 중에 다수가 예수의 재림을

가운데에 있는 섬을 가리키는 말로 쓰이기 시작했음. 이 섬은 국경선만큼이나 소유권이 애매할 수 있는데, 일찍이 우리 조상들은 몰래 이 섬에 들어가 농사를 짓곤 했음. 그러다가 강을 건너 당시에 황무지나 다름없던 땅을 개간하여 농사를 짓게 되었고, 이곳이 북쪽에 있는 간도와 같은 땅이라는 말로 이 말이 생겼음. 일제강점기 시대에는 총독부에서 식량 조달을 위해 정책적으로 조선인을 만주 지방을 비롯한 이곳에 강제 이주시켜 농토 개간을 시켰는데 그로 인해 버려졌던 이 땅에 비옥한 농토가 생겨났고, 독립 운동을 하던 분들은 이곳을 근거지로 하여 교육과 항일 활동을 하기도 했음. 또 다른 견해로는 청나라를 건국한 황제의 조상이 이곳 동북 지방 출신이라 이곳을 신성시하여 사람들의 출입을 엄격히 통제하였던 관계로 마치 육지 속의 섬처럼 고립되어 있던 땅이어서 그 이름에 섬을 뜻하는 글자가 쓰였다고도 함.

216 구한말에 좋은 조건으로 해외에서 일할 노동자를 모집한다고 속여서 살기 어려운 사람들을 모아 미국과 중남미의 사탕수수 농장 일꾼으로 보낸 적이 있음. 그 분들은 당초 약속과는 달리 엄청난 고통과 착취로 고생을 하였고, 최근 들어서야 이런 내용들이 문학 작품이나 영화들로 다루어지고 있음.

217 기독교에서 말하는 '메시아'를 당시 표기로 적은 것

218 오모도교(大本教). 일본 신도계(神道系) 종교의 하나로 제1・2차 세계대전 동안에 많은 신자를 보유했었으며(약 200만 명) 이후 일본의 여러 종파들의 전형이 되었음. 오모도교의 교리는 데구치 나오[出口なお]라는 한 농촌 여성을 통해 전해진 신탁에 바탕을 두었음. 1892년 그녀의 첫 계시는 세상의 종말과, 새로운 지상천국으로 인도할 메시아의 출현을 예언한 것이었음.

기다리는 것이나, 다 같은 생각이다. 개명했노라고 자랑하는 양인들까지도 조선 사람이라면 저희보다 원천강[219]으로 못난 듯이 아는 "아나다"[220]들까지도 이런 미신은 다 가진 것이다. 그러므로 반드시 조선 사람만이 가진 수치는 아니다. 그러나 오늘 세상에 겨드랑에 날개 돋힌 정도령을 기다리는 것이 수치인 것이야 다시 말할 것이 있으랴. 우리는 마땅히 정도령 사상을 과학화(科學化)해야 할 것이다. 과학적 법칙에 의지하여 과학을 응용한 우리의 힘으로 새로운 천지를 만들고 어린 우리의 자녀들을 과학적으로 잘 교육함으로 정도령님 정아가씨를 만들도록 해야 할 것이다.

계룡산 수용추 밑에서 본 것을 하나 적고 이 기록을 그치자. 나무 패에다 <경고(敬告)>라 하고

> 今番 龍湫 附近 本人等 所有 山野에 對하여 自今 以後는 松木 其他 雜木은 勿論하 고 至於 落葉 枯草[221] 巖石까지라도 伐採 又는 採取함을 一切 嚴禁하오니 附近 各 洞 僉位[222]께서는 以此 海諒하시고 官廳에 告發 又는 申告를 當치 않도록 特別 注 意하심을 要함
>
> 大正[223] 十一年 八月 十七日
>
> 日高梧郎
>
> 大塚末雄
>
> 管理者 金○○外八名

이것이 사실 문제다.(끝)

---

219 '대단히', '엄청나게'라는 뜻의 사투리.

220 확실치는 않으나 아마도 일본어의 '당신들'이라는 의미가 아닌가 함.

221 마른 풀.

222 '여러 분'이라는 뜻의 한자어.

223 일본 다이쇼(大正) 천황의 연호로 그는 메이지(明治) 천황에 이어 1912년에 제123대 천황으로 즉위했고, 공식적인 즉위식은 1915년에 거행되었음. 대정 11년은 서기로 1922년에 해당됨.

3. 몇 가지 논의

기행문이란 여행을 하고 난 후 그 느낌과 감상을 적는 글이다. 그런데 여행의 목적은 사람마다 다르고, 또 같은 사람이 같은 곳을 여행한다 할지라도 경우에 따라 그 목적이 다를 수 있으므로 모든 기행문이 같은 형식으로 써질 수는 없다. 하지만 어떤 기행문이 되었든 거기에 여행지의 풍경과 사람 사는 이야기, 그리고 사람 살았던 자취에 대한 기록이 주요 내용을 이루는 것은 한가지일 것이다.

이 글은 기행문이되 거기에 전문적인 기자의 현지 취재라는 특이한 성격이 겹쳐 있는 형태로 되어 있다. 또한 이 글에는 당시 기자라는 직업을 가졌던 분들의 지사(志士)적인 풍모가 여실히 반영되어 있기도 하다. 요즘의 언론사 기자는 다분히 전문 직종 종사자로서 그 기능적인 면이 강조되고 있다면, 근대화 초창기였던 이 시기의 기자들은 자신들의 기사를 통해 우매한 서민 대중을 교육(教育)하고 사회를 선도(先導)해 나가는 역할을 담당했으며, 따라서 그 자부심이 대단한 사람들이었다. 다시 말해 이 시기의 기자들은 당시 사회의 주요 이슈와 흐름에 대해 상당한 영향력을 미치는 사람들이었고, 그만큼 당시 백성들의 교육수준은 낮았으며 동시에 그들의 지적 사고 활동은 미약했던 시대였던 것이다.

이 글에도 그런 사정이 곳곳에 배어 있다. 미신에 빠져 경제적으로 어려운 생활을 하는 사람들에 대한 안타까움, 그들을 종교적으로 교묘하게 착취하고 있는 지도자들에 대한 불같은 증오, 과학적인 사고 및 새로운 교육의 중요성을 강조하는 열변(熱辯), 권력과 세속적 지위를 탐하는 무리들에 대한 통쾌한 조롱과 질타, 점점 시골구석에까지 파고

들어오는 외부의 못된 세력에 대한 깊은 시름, 변화와 개혁을 외면하고 있는 낡은 세력에 대한 날카로운 비판, 새 세상을 열기 위한 간절한 염원 등, 그 시대와 민중에 대한 한 지식인의 우국충정과 문학적 글의 문체가 어울려 이 한 편의 글을 이루고 있는 것이다.

그러면 이런 점에 주목하면서 이 글이 가지고 있는 의미와 가치에 대해 몇 가지 구체적으로 논의해 보도록 하겠다.

1) 필자와 글이 쓰여진 시대적 배경

이 글의 필자는 그냥 '일기자(一記者)'라고만 표기되어 있다. 그 기자가 구체적으로 누구인지 겉으로 보아서는 알 길이 없다. 어떤 글을 누가 썼는가를 아는 것은 그 글의 의미를 이해하는 데 아주 중요한 일이다. 글은 바로 그 사람의 생각이기 때문이다. 그러므로 누구든 글을 쓰게 되면 거기에 자신의 이름을 밝히는 것이 상식이다. 그것은 그 글에 대해 쓴 사람으로서 책임을 진다는 뜻과 함께 요즘 식으로 말하면 지적 소유권, 달리 말해 자신의 소유물임을 법률적으로 공식화하는 형식 절차인 까닭이다. 그런데 어째서 이 글의 필자는 자기가 쓴 글에 대해 이름을 밝히지 않았을까? 그 이유는 대략 다음과 같이 추정해 볼 수 있을 듯하다.

첫째, 유가적(儒家的) 겸양의 뜻이다. 전통적으로 유가에서는 자기 수양의 한 방편으로 자신을 낮추는 겸양이 중요한 미덕의 하나였다. 주역(周易)의 한 구절에 '선세이불벌(善世而不伐)'이란 말이 있다. 온 세상 사람을 다 착하게 만들었어도 자랑하지 않는다는 뜻이다. 과거 많은 유가의 선비들은 자신의 훌륭한 업적에 대해 그것을 내세우지 않고 스스로를 감추는 관행을 몸소 실천했다. 그것이 바로 자기 수양이고 진정한 선비의 생활 태도였던 것이다. 이 기자도 아마 그런 사고의 영향을 받아 자신의 이름을 숨겼을 수 있다.

둘째, 전문적인 문필가의 부끄러움의 표현일 수 있다. 요즘 높이 평가받고 있는 조선시대의 문학적 글에는 그 작자를 알 수 없는 것들이 대단히 많다. 특히 소설이나 비유가적(非儒家的)인 글에 그런 것이 상당수 존재한다. 유교 사상이 통치 이데올로기로 작용하고 있던 시대에 그에 반하는 글을 쓴다는 것은 대단한 모험이었을 것이다. 그들은 그런 모험의 위험을 이름을 감추는 것으로 일단 비켜갔다. 그래서 작자 미상이나 실명씨의 작품이 많은 것이다. 이 글을 쓴 기자는 추정컨대 시인이나 소설가일 가능성이 크다. 그런 문인에게 시나 소설이 아닌 기행문은 잡문(雜文)일 수밖에 없다. 잡문을 쓰는 문인은 그 세계에서 일단 경멸을 받는다. 그것이 아무리 호구지책이라 해도 변명의 여지가 없다. 이런 이유로 자신의 이름을 밝히지 않았을 가능성도 있다.

셋째, 단순히 당시의 관행일 수도 있다. 요즘은 기사 실명제라 하여 대개의 기사에 그 기사를 쓴 기자의 이름과 이메일 주소 등이 명기되는 게 보통이지만 얼마 전까지만 해도 신문의 기사는 기자의 이름 없이 발행되는 게 통례였다. 신문사 내부 직원의 모든 기사는 바로 신문사의 견해와 일치하며 공동 책임을 진다는 뜻이었을 것이다. 단 외부 인사에게 청탁한 글이나 또는 기고를 받은 글에 대해서는 실명을 밝혀 구분해 왔다. 따라서 이 글은 신문사 내부 직원인 기자의 글이기에 그 이름을 밝히는 것이 적절치 않다고 판단하여 익명으로 처리한 것으로 볼 수도 있겠다.

필자는 이 글을 쓴 기자가 실제로 누구인가를 밝혀 보기 위해 동아일보사에 여러 차례 문의를 해 보았다. 그 회사 사료실(박물관)에 알아보기도 했고, 당시의 사원 명부를 찾아보기도 했고, 총무과 인사 발령 담당자에게 창사 이후 사원 발령 사항을 물어 보기도 했다. 그 과정에서 구체적으로 몇 사람 이름이 나오기도 했다. 그러나 어느 누구라고 확정할 만한 단서는 아무 것도 발견하지 못했다. 분명한 것은 이 기자가 당시 학예부 소속 기자였다는 것밖에 없다. 다만 글의 내용에 보면 이 기사를 작성하기 위한 취재 도중에 '무명두루마기에 짚신을 신은'(19회) 사람으로 나오는데, 동행한 사진 기자는 양복을 입었으며 그를 김군으로 부르는 것으로 보아 나이가 좀 있는 사람이 아닐까 하는 추측이 가능할 뿐이다.

다음으로는 이 글이 쓰여진 시대적 배경에 관해 잠시 알아보기로 하겠다. 주지하다시피 1923년은 일제강점기인 식민 통치 시기였다. 일제는 한일합병 이후 10여 년 간 무단통치를 하다가 3·1운동 직후 문화통치로 그 방식을 바꾸었다. 그에 의해 여러 학교가 설립되고, 다양한 형태의 단체 결성이 이뤄지고, 많은 신문과 잡지의 발행이 가능해졌다. 동아일보와 조선일보가 나란히 창간된 것은 1920년 3월과 4월이었다. 이런 배경에서 창간된 신문은 기사 취재와 신문 발행을 통해 당시 시대를 반영하고 여론을 이끌어 가는 근대 언론의 사명을 수행함은 물론 당시 대중들의 문화적 욕구 충족 기대를 수용하는 역할을 담당하였다. 특히 이 당시 신문이 담당한 주요한 기능은 우매한 민중(당시 문맹율이 80%를 넘는다는 조사도 있다)을 계도하여 사회적 교육 임무를 수행하는 일이었다. 따라서 이 당시 신문 기사의 상당수는 사실 보도와 함께 백성을 가르치는 데 큰 비중을 두었던 것이다. 그러기에 이 기행문은 바로 그런 사정을 반영하는 의도의 하나로서 기획된 것이라고도 볼 수 있을 것 같다.

2) 글의 구성과 주요 내용

이 기행문은 앞에서 밝힌 바와 같이 1923년 12월 1일에서 1924년 1월 11일까지 총 36회에 걸쳐 연재되어 발표되었다. 중간에 해당 기사와 관련된 사진이 들어간 날도 있고 안 들어간 날도 있다. 한 회의 분량은 한 행에 15자로 약 73행에서 80행인데, 대략 200자 원고지로 환산하면 5 내지 6매쯤 된다. 그러니까 총 분량은 약 180매 내외가 되는 셈이다. 게재된 기사는 매회 2단 크기의 두 행으로 된 제목이 붙어 있고, 기사의 내용을 요약하는 2행의 설명이 작은 제목으로 덧붙은 형식으로 되어 있다.

그런데 실제 이 글을 쓰기 위한 취재 여행은 11월 11일에 시작되어 3박 4일 동안 진행된다. 불행하게도 취재 내내 비가 내려 추운 날씨 속에 이만저만 고생을 하는 게 아니다. 게다가 이들의 취재 여행은 열악한 숙박 환경이나 취재 과정에서 취재원들의 비협조로 인해 더욱 어려움을 겪게 된다.

취재 일정에 따라 글의 구성을 나누어 보면 다음과 같다. ( )안의 숫자는 글의 횟수다.

(1) 제 1 일

동학사 입구 학봉리 하차, 동학사 도착(1), 동학사에서 만우 노스님을 만나 계룡산과 동학사에 관한 여러 이야기 듣기(2-7), 갑사로 출발하여 오누이탑 구경(8), 산 정상에서 갑사로 가는 길(9), 현재의 신흥암과 아육왕탑(10), 갑사 도착과 갑사의 사적(11-13)

(2) 제 2 일

갑사 출발에서 연천봉(14), 등운암과 연천봉의 석각(石刻) 이야기(15-17), 신원사 도착과 신원사의 사적 및 신도안으로 출발(18-19), 용천이 고개와 정감록 이야기(20-21), 신도안 대궐터와 사람 사는 이야기(22-23)

(3) 제 3 일
시천교 교당을 비롯한 신도안 내의 여러 종교 시설 구경과 그곳 사람들 이야기(24-27), 정감록과 우매한 사람들 비판(28-31), 시천교 비판(32-34)

(4) 제 4 일
소년을 만나 발견한 새로운 미래(35), 정도령 사상 과학화 주장과 새로운 미래 기대 및 두계역 도착(36)

위에서 보는 것처럼 이 글의 제목은 '계룡산기'이나 실제 그 내용의 핵심은 신도안에 집중되어 있다. 실제로 처음 글을 시작할 때의 제목도 '평화의 임금 정도령을 찾아서'라고 밝히고 있다. 그런데 계룡산이라는 이름이 주는 은밀하고 신비한 뜻은 바로 신도안에 상징적으로 뭉쳐 있다고 해도 과언이 아니다. 그렇다면 과연 신도안은 사람들에게 무엇인가? 이성계의 조선 건국 후 신도(新都) 이전 예정지로 확정되어 실제 공사까지 진행되었던 이곳이 기득권 세력들의 반발에 밀려 계획 자체가 무산된 것은 당시 또는 그 후 백성들에게 어떤 영향을 주었을까? 이와 관련하여 많은 전설과 예언이 난무하게 된 것은 진정 무슨 뜻일까?

살기가 힘들고 어려울 때 사람들은 변화를 원한다. 즉, 현실이 바뀌어 뭔가 새로운 것이 오기를 바란다. 그런데 미래를 향한 진전에는 늘 수구 세력들의 반발이 있기 마련이다. 그들의 강인한 반발로 기대하던 변화가 수포로 돌아갔을 때, 민중들은 그 소망과 희망을 다시 미래의 목표로 설정하여 기나긴 기다림으로 현실화한다.[224] 그러면서 마음속으로 그것을 끊임없이 다짐하고 되새기며 험난한 현실을 이기는 힘으로 사용한다. 그 힘이 뭉치고 터져 나올 때 역사는 전환되고 진전되는 것이다. 이는 동서고금의 역사가 보여주는 불변의 진리라고 할 수 있다.

문제는 이 과정에서 사악한 무리들이 그런 민중들의 순박하고 선량한 뜻을 악용하여 개인적 영화와 치부의 수단으로 삼는 일이다. 미약한 민중을 현혹하고 사기를 쳐서 재산을 강탈하고, 인권을 유린하며, 심지어 파멸에까지 이르게 하는 것으로 자신들의 부귀영화를 도모하는 것은 이미 종교도 아니요 믿음도 아니요 한갓 사기꾼이자 인격 파탄자의 범죄 행위에 지나지 않는 것이다.

이 글에는 바로 이런 점에 초점이 모여 있다. 당시 세상에 은밀하게 떠돌던 새 세상에 대한 소문의 진원지, 종교라는 이름으로 온갖 못된 짓을 일삼는 무리들과 그들에게 속아 삶이 파탄지경에 이른 사람들이 모여 사는 곳, 그런 곳을 기자가 직접 찾아 그 실상을 있는 그대로 명명백백하게 밝혀 더 이상 어리석은 사람들이 피해를 당하지 않게 하려는 신문사의 의도와, 지사적(志士的)인 기자의 사명감과 취재안이 이 글을 탄생시킨 주요 배경이라 할 수 있을 것이다.

3) 이 글의 의미와 가치에 대하여

이 기행문은 신문 기사이며 동시에 계도(啓導)적인 글이다. 또한 당시 시대상을 반영하는 글이면서 뛰어난 예술적 표현을 갖춘 문학 작품

---

224 계룡산이 정씨 도읍지이기 때문에 이성계의 천도가 중단되었다는 『정감록』 류의 생각은 그 대표적인 예라고 할 수 있다. 『정감록』이 특정인의 정치적인 의도로 조작된 것이든, 허황한 사술(詐術)에 불과하든, 그런 것이 중요한 것이 아니라 이를 믿는 소박한 민중들의 소망, 다시 말해 현실이 변해야 한다는 당위와 어려운 현실을 이기게 하는 힘이라는 사실이 더욱 소중한 것이다.

이기도 하다. 또 다른 면으로는 이 지방의 살아 있는 역사 기록이면서 매우 소중한 향토 자료가 되기도 한다. 이제 이런 점을 바탕으로 이 글이 갖고 있는 시대적 의미와 가치에 대해 몇 가지 짚어 보기로 하겠다.

(1) 향토 사료로서의 가치

우리 현대사의 동족 간 전쟁과 이민족 침탈의 비극은 많은 사료의 산실(散失)과 문헌의 망실을 가져왔다. 우선 당장 생존이 문제되는 상황에서 옛 자료를 챙겨 보관한다는 것은 가당치 않은 일이었을 것이다. 그런 연유로 가까운 현대사의 자료조차 영성하기 짝이 없는 것이 우리 현실이다.

이 글은 약 백여 년 전에 쓰여진 것이지만, 그 백 년이라는 세월이 과거와 달리 엄청난 변화를 수반하는 현대라는 사실을 상기하면 그 사이에 헤아리기 어려운 변화가 온 것을 부인하기 어려울 것이다. 이런 점에서 이 글에 나타난 기록들은 당시 시대상을 살필 수 있는 매우 귀중한 향토 사료로서 가치를 지닌다고 할 수 있을 것이다.

우선 지금은 계룡산을 탐방하고 관광하는 경로가 여러 개 개발되어 있지만 당시만 하더라도 공주에서 자동차를 타고(물론 비포장 신작로다) 학봉리에서 내려 걸어서 동학사로 들어가는 길이 보편적이었던 것을 이 글은 보여준다. 이는 당시 충청남도 도청이 공주에 위치하고 있었고, 대전은 아직 개발되기 이전이라 그 중심이 공주에 있음을 말해주는 증거다. 특히 본문에서 대전을 한밭으로 표기하고 있는 것을 볼 때 대전이라는 지명이 아직 많은 사람에게 보편적으로 사용되지 못했던 사정도 알 수 있다.

다음으로 만우 노스님의 증언이다. 그는 열두 살에 동학사에 입산하여 이 절에서만 64년이나 머문 스님이다.(연재 2회에 이 스님의 연세가 일흔 아홉이라고 되어 있는데 입산 나이와 승납을 더해 보면 3년의 차이가 난다. 글쓴이의 착오인지 숫자 표기의 오류인지는 알 수가 없다.) 시대로 보면 19세기 중엽부터 이곳 사정을 몸으로 익히고 직접 보면서 살아온 그야말로 역사의 산 증인인 셈이다. 더구나 학식이 많고 존경받는 스님으로 서울의 고경 스님이 직접 취재 기자에게 추천을 하고 소개장을 써 준 분이기도 하다. 이 분이 자신이 알고 있는, 또 다른 사람에게 들었던 계룡산과 동학사의 여러 사적에 대해 이야기한 것을 기록한 것은 실제 문헌의 기록과 차이가 날 수도 있다. 그러나 이 구술(口述) 기록은 그 나름으로 큰 가치가 있다. 문헌 기록에 없는 내용은 그것대로 훌륭한 자료 가치가 있는 것이고, 또 차이가 나는 부분은 또 하나의 이설(異說)로서 학자들의 탐구를 요하는 과제가 된다 할 수 있다. 참고로 만우 스님이 취재 기자에게 해 준 이야기는 계룡산의 명칭 유래, 동학사 창건 설화인 상원사 오누이 탑 전설, 신흥암 아육왕탑 이야기, 연천봉 명칭 유래, 연천봉 바위에 새겨진 비결(秘訣) 글씨 해석, 신원사 중악단 유래, 신원사 명칭, 신도안과 관련된 정감록 해석 등 거의 계룡산 전반에 걸쳐 언급되고 있다. 그만큼 이 글은 만우 스님의 구술 증언에 전폭적으로 의지하여 서술되고 있다고 해도 지나친 말이 아니다.

오누이탑의 상황 설명도 좋은 자료가 될 수 있다. 이 글에는 당시 동탑이 8층으로 5장 높이, 서탑이 4층으로 3장 높이 정도로 남아 있고 서탑은 15도 정도 기울어 돌로 괴어 놓았다고 했는데, 특히 현장을 촬영한 사진도 있어서 이 탑이 그 동안 어떻게 변해 왔는지 그 과정을 알 수 있는 소중한 자료라고 할 수 있다. 그 옆 절터에는 풀만 우거져 있다고 기록하고 있는데 이도 당시 상황을 알려주는 좋은 자료일 것이다.

신도안의 여러 종교와 현황 기록도 중요한 자료가 될 수 있을 것이다. 다른 분야 연구자들에 의해 신도안의 신흥 종교에 관한 여러 통계 조사가 나와 있지만, 이 글의 내용은 기자가 현장을 직접 취재하여 작성한 기사인 만큼 그 신빙성이 훨씬 크다고 할 수 있을 것이다. 특히 시천교를 비롯하여 정토종, 진언종 등 일본풍의 신흥종교에 대한 세밀한 기록들은 이 분야를 연구하는 사람들에게 좋은 자료가 될 수 있을 것이다.

이밖에도 이 글에는 당시 계룡산 탐방로라든가, 또는 취재 과정에서 만난 숯 굽는 사람들의 생활상이나 10승지지를 찾아온 피난민들의 생활 사정, 관청과 백성들의 관계, 사찰과 승려들의 상황, 서민들의 의식주 생활상 등 향토 사료적인 가치가 있는 자료들이 많이 들어 있다.

(2) 문학 작품으로서의 가치

이 글의 필자는 앞에서 추정한 것처럼 전문적 문필가일 가능성이 크다. 근대 초창기 신문과 잡지의 기자들은 대개 시인이나 소설가 등이 겸업을 하는 것이 보통이었다. 따라서 이 글은 문인이 쓴 기행문으로서, 문학적으로 그 장르를 구분한다면 수필 문학에 넣을 수 있다.

실제 글의 곳곳에는 문학적 표현이 자주 나타난다. 그 묘사가 치밀하고 섬세한 부분이 많다. 문학적 비유도 적절하게 동원되고 있으며, 사물에 대한 필자의 감정이입도 글의 품격을 높여 주는 요소로 작용하고 있다. 예컨대 오누이탑에서 갑사로 가는 길에 오른 등성이(요즘 이름으로 말하면 금잔디 고개가 되겠다)에서 바람과 눈과 비를 만나는 장면의 실감나는 현장 묘사 부분이라든지, 갑사에서 연천봉으로 오르는 길에서 낙엽이 지고 쓸쓸한 바람이 휩쓰는 가운데 날리는 눈보라와 진눈깨비를 만난 가을 산의 모습을 생생하게 묘사한 부분은 가히 명문이라 할 만하다. 이는 단연 취재 기자의 글이라기보다 전문적인 문인의 글 솜씨라고 할 수 있는데, 일반 기자의 글재주로는 흉내 내기 어려운 경지를 보여주고 있다. 다시 말해 이런 부분은 전문가가 아니고는 도달할 수 없는 탁월한 수준의 문학적 글이라고 평가할 수 있다는 것이다.

(3) 기자의 사명 의식 발로

누차 말한 대로 이 글을 쓴 필자는 단순한 기능인으로서의 기자가 아니다. 그는 회사의 명을 받았든, 또는 본인이 기획을 하여 취재를 떠났든, 글을 통해 그 시대를 걱정하고 우매한 사람들을 바른 길로 이끌어야 한다는 사명감에 젖어 있음을 보여준다. 구체적으로 그는 새로운 시대를 갈망하는 민중들을 현혹하여 호화 생활을 일삼는 무리들에 대해 그들의 위선과 가식을 통렬하게 공격하고, 무지로 인해 그들에게 속아 궁핍한 생활을 하는 사람들에 대하여 한없는 연민과 동정을 보내고 있다. 이를 위해 이 글의 필자는 신흥 종교 지도자들의 턱없는 호화 사치 생활을 부각하고, 그 시설의 호화로움과 거대함을 신도들의 초라한 생활과 대비하여 자세히 서술한다. 이는 사회 정의 실천이라는 기자의 사명과 통할 것이고, 올바르지 못한 것을 들춰내 비판하고 공격하는 언론의 사명을 수행하는 길이 되기도 할 것이다.

그 가운데 몇 가지 예를 들어 보면, 모본단 조끼를 입은 갑사 주지를 부잣집 영감님 같다고 한 것이나 그가 공주와 서울에 각각 본처와 첩을 두고 산다는 이야기, 신도안 시천교 교주 김연국이가 마누라만 여덟을 두고 대궐 같은 집에서 사는 이야기, 신원사 스님의 옷차림으로 사람을 판단하여 홀대(忽待)하는 이야기, 종교를 빙자한 가당치 않은 귀신 비빔밥 같은 돈벌이 수단, 누가 돈을 더 많이 내느냐에 따라 회장 자리가 정해지는 종교계의 타락상 등을 꼽을 수 있는데, 기자는 이들을 여지없이 질타하고 맹렬하게 비판한다. 이는 올곧은 기자의 진정한 사명 의식에 기인하는 것이라 할 수 있을 것이다.

(4) 변화와 개혁에 대한 갈망

나라를 빼앗긴 백성으로 다른 나라 사람들의 지배를 받아야만 하는 현실에 대한 비애는 지식인들에게 자신의 정체성에 대한 끝없는 성찰을 요구했을 것이다. 이런 현실에서 약삭빠른 자들은 무엇이 자신에게 이익이 될 것인가를 재빨리 간파하여 동족이야 어찌 되든 말든 일신의 영화를 위해 분주했을 것이고, 반대로 정의와 진실을 믿는 사람들은 자신의 희생을 각오하면서 잘못된 현실을 변혁하고자 노력했을 것이다. 그런데 현실은 후자 사람들을 용납하지 않았다. 오히려 가혹한 핍박을 가했다. 자연히 차츰 이들 가운데서도 현실과 타협하는 사람들은 점점 늘어나게 되었을 것이고, 나머지 사람들은 더욱 외롭고 힘든 삶을 살아야 했을 것이다.

열악한 환경에서 진정한 지식인이 보일 수 있는 반응은 무엇인가? 현실 타협도 아니고, 현실 긍정도 아니고, 현실에 대해 비판하고 저항하는 것은 참된 지식인의 진정한 풍모요 위상이라고 할 수 있다. 그렇다면 그들은 어떤 행동과 모습으로 자신의 의지를 확인하고 또 보여 주는가? 실제 현실에서는 여러 다양한 모습으로 구체화되겠지만 가장 중요한 것은 모순되고 잘못된 현실에 대한 변화와 개혁을 주장하고, 추구하고, 실천하는 일일 것이다.

이 글에는 그런 지식인의 모습이 잘 나타나 있다. <鷄龍石白 草浦行舟

時事可知>를 확신하고 그걸 기다리는 민중들의 간절하고도 애절한 염원, 멀리 도시로 나가 막벌이를 하며 간신히 생계를 이어 가면서도 아침에 일어나면 계룡산의 돌이 희어졌는가를 올려다보며 희망의 끈을 놓지 않고 살아가는 순박한 소망, 자신의 전 재산을 팔아 종교 단체에 바치고 아이들을 학교 교육도 제대로 시키지 못하면서도 새 세상을 기다리는 마음, 그 아버지가 죽자 아들이 대를 이어 새 시대가 도래할 것을 믿으며 오히려 그걸 믿지 않는 사람들을 가련하게 보는 젊은이의 여유, 이런 것들을 이 글의 필자는 글 속에 세세하게 담아 놓고 있다. 여기에는 그들의 어리석음을 깨우쳐 주고자 하는 뜻도 있지만, 한편으로 그 같은 믿음으로 사는 사람들을 통해 변화와 개혁에 대한 은근한 기대를 긍정적으로 나타내고 있는 것으로 해석할 수도 있을 것이다.

(5) 새롭게 제시되는 새 세상

글의 마무리 부분에 와서 이 글의 필자는 신도안 사람들이 믿고 있는 '새 세상'에 대한 자신의 견해를 밝힌다. 그것은 단순히 막연한 기대가 아니고, 또 기다리고만 있으면 누가 저절로 가져다주는 것도 아니고, 스스로 찾아 개척해 나가야 하는 것임을 역설한다. 정도령으로 상징되는 새 세상은 반드시 와야 하는 것이지만, 그 정도령은 계룡산 속 어디에 구체적으로 존재하는 인물이 아님을, 아무리 찾아도 찾을 수 없는 사람임을 그는 강조하고 또 강조한다. 그러면서 그는 과학 교육, 과학적 사고, 정도령 사상의 과학화를 부르짖는다. 과학이란 무엇인가? 그것은 새로운 지식이고 새로운 시대를 여는 힘이다. 이 글의 필자는 이 과학을 통해 새로운 세상을 열자고, 새 시대를 열어야 한다고, 새로운 혁명을 해야 한다고 지사(志士)가 되어 열변을 토한다. 기실 이 글의 목적은 바로 거기에 있을 것이다. 이 글이 처음 시작될 때, 즉 글 쓰는 목적에 대해 '평화의 왕을 찾아서'(1회) 떠난다고 했다. 전쟁을 증오하고 평화를 갈구하는 것은 식민지 지식인이 취할 첫째 덕목일 것이다. 그런 점에서 새 세상에 대해 의견을 밝히는 것은 이 글을 쓰는 가장 중요한 의도를 말하는 것이 될 수 있다. 그 새 세상이 바로 과학이 통하고 지배하는 세상인 것이다. 전쟁이 없고 평화가 실현되는 세상인 것이다. 그렇게 되면 백성의 마음속에 아련히 남아 있는 '정도령'은 현실에서 바로 구현될 수 있는 것 아니겠는가? 그래서 필자는 열 두어 살 먹은 소년을 마지막에 등장시키고, 그를 통해 미래의 무수한 정도령, 정아가씨를 염원하는 것으로 긴 글의 대미를 장식하고 있는 것이 아니겠는가?

그런 염원의 확신을 위해 필자는 공교한 장치를 하나 숨겨 놓았다. 바로 취재 여행을 시작하는 날짜와 시간이다. 11월 11일은 서구 사람들이 말하는 종전기념일인 동시에 공교롭게 1자가 넷이 겹치는 날이다. 그런데 필자는 동학사 입구에 내려 계룡산으로 들어가는 시간을 또 오전 11시로 기록하고 있다. 1자가 여섯이 겹치는 셈이다. 우연의 일치라고 하기에는 작위적인 느낌이 들 정도다. 더욱이 여행의 마지막 날 두계역에 도착하여 여행을 마치는 시각도 오전 열 한 시로 되어 있다. 참으로 기묘한 숫자의 일치다. 실제 상황이 그렇다 해도 왜 이렇게 시작과 끝에 굳이 1이라는 숫자를 강조했을까? 상식적으로 1이라는 숫자는 모든 것의 시작을 의미하고 있다. 그것은 바로 필자가 말하려는 새로운 세상의 시작을 이 우연한 숫자의 상징을 통해 더욱 강조하고 있는 것으로 볼 수도 있겠다.

이상에서 이 글이 가지고 있는 의미와 가치에 대해 몇 가지 논의해 보았다. 글의 해석과 의미 부여에서는 사람에 따라 의견을 달리 하는 부분도 있을 것이다. 그러나 한 지사적인 기자가 90여 년 전에 이 지역을 직접 취재하여 쓴 글에서 그 사료적인 가치와 글 뒤에 숨겨진 시대적 의미, 글의 문학적 품격 등을 찾아 언급함으로써, 잊혀져 있던 글을 세상에 드러내어 생명을 얻게 한 것만으로도 나름대로 기여한 점이 있지 않을까. 그것으로 이 작은 논고가 미처 다루지 못한 미흡한 부분의 아쉬움을 달래고자 한다.

제3부

공주의 정신, 그리고 현재와 미래

공주의 인물과 정신

이곳 공주에 살던 사람은 어떤 사람들이었으며 또 그들은 어떤 것을 즐겼고 사는 모습은 어떠했을까. 이런 것을 알려 주는 옛 자료는 지금 거의 남아 있지 않다. 한 기록에 의하면, 공주 사람들은 "남자는 쟁(箏:열두 줄로 된 현악기)과 적(笛:일곱 구멍이 있는 관악기)을 좋아하고 여자는 노래 부르기와 춤추기를 좋아한다."(男好箏笛女好歌舞:『公山誌』風俗條)라고 하여 그 편린 정도를 알게 해 주고 있으나, 이는 외국 기록을 그대로 전재한 것으로서 당시의 보편적인 한국인 전체를 평한 것일 가능성이 많으며, 공주 사람만을 액면 그대로 나타낸 말로 보기에는 어려울 것 같다.

또한 공주 사람만을 지칭하는 것은 아니나, "차령 이남의 사람들은 배역(背逆)의 형세가 있으니 기용하지 말라"는 고려 태조의 유훈(遺訓) 이후 형성된 공주 사람에 대한 평가를 생각해 볼 수 있다. 그리거나 이것 역시 당시의 정치적 사정과 목적에서 나온 것인 만큼 공주 사람의 기질이나 인물됨을 나타내는 말로는 부적절하다고 할 수 있다.

이처럼 공주는 오래된 역사와 전통을 가지고 있음에도 불구하고, 이곳에 살던 사람의 기질이나 그 사람됨을 정확히, 그리고 명백하게 서술한 자료는 없는 편이다. 이러한 사정은 사실 어느 지역이고 마찬가지이다. 같은 지역에서 살아간 사람들이라 해서 모두가 한 모습은 아니기 때문이다.

흔히 사람들은 자기가 태어난 지역을 강조하여 “나는 어디 사람이다”라 말한다. 그러나 사람은 자기가 태어난 곳에서만 사는 게 아니다. 특히 여성은 결혼과 함께 고향을 떠나는 경우가 많으며, 남자도 직장이나 또 다른 이유로 이동하는 경우가 많다. 공주에서 태어나 이곳에서 살다가 죽어 공주 땅에 묻힌 사람은 두말할 필요 없이 알짜배기 공주 사람이다. 하지만 공주에서 태어나지는 않았으나 이곳에 와 살다가 죽어 묻힌 사람, 이곳에서 태어나 다른 곳에서 살다가 시신만 공주 땅에 묻힌 사람, 출생지는 이곳이 아니나 인생의 상당 부분을 공주에서 살다가 떠난 사람, 잠시 거쳐 갔지만 공주 땅에 중요한 족적을 남긴 사람도 공주 사람으로서 적잖은 역할을 하였다고 생각된다. 다시 말하면 출생지라는 면과 함께 공주와 연관된 삶들도 모두 공주의 삶이라는 생각이다.

그렇게 보았을 때 공주에는 참으로 많은 인물들이 있었다. 위로는 왕으로부터 집권 실세 정치 집단의 구성원들, 중앙에서 파견된 고위 관리들, 스승을 찾아 공부하기 위해 왔던 선비들, 유배되어 왔던 정치인들 등 지배층 및 정치 관계의 인물들이 있고, 체제와 정치권력에 반역했던 인물도 있으며, 충성심과 애국심으로 일관했던 충절의 인물도 많이 있고, 문화와 예술계에 불멸의 업적을 남긴 인물도 적잖다. 그런가 하면 효행으로 이름 높은 인물도 있고, 엄청난 재물을 모은 부자도 있었으며, 종교적 신념을 지키다가 목숨을 잃은 분도 있다. 어디 그뿐인가. 사대부, 양반, 중인, 아전 무리, 의원, 역관, 장사꾼, 공장이, 농사꾼, 노비, 백정, 광대……, 게다가 이름 없이 살던 무수한 백성들, 또 백제 함락 이후 와 있었던 당나라 사람을 비롯하여 일본인, 선교사를 위시로 한 서양인들 등 이 땅을 거쳐 갔거나 이곳에 살았던 사람들은 그 계층이나 수에 있어서 헤아리는 것이 불가능할 정도로 다양했다고 할 수 있다.

1. 혼이 살아있는 공주 인물들

제사 받는 충신들

계룡산은 민중들에게 희망의 상징이었다. 평소에는 풍부한 먹거리를 제공해 주었을 뿐 아니라, 난리 때는 안전한 피난처로, 그리고 어지러운 세월 동안에는 메시아의 강림 예정지로서, 힘없고 약한 백성들의 의지와 기도처로써 수천 년을 이어져 왔다. 이 산의 동쪽 기슭에 동학사라는 절이 있다. 그런데 유서 깊은 사찰임에도 이 절 입구에는 홍살문이 자리를 차지하고 있다. 왜 그런가. 바로 이 절에 있는 동계사, 삼은각, 숙모전이 그 비밀의 열쇠다. 신라 충신 박제상, 고려 말 부당한 왕조 변혁에 반대했던 삼은(정몽주, 길재, 이 색), 어린 조카의 왕위를 찬탈한 세조에 반대했던 사육신(성삼문, 박팽년, 이 개, 하위지, 유성원, 유응부)과 충신들을 각각 추모하고 제사지내는 곳이 바로 이곳이다. 국가의 대표적 충신을 제사하고 그 뜻을 기리는 곳이기에 홍살문이 서 있는 것은 당연하다 할 것이다. 이들 인물들은 너무 유명하기에 새삼 설명할 필요가 없을 것이다.

조선조의 이인(異人) 선비

동학사에서 나와 공주 쪽으로 오다 보면 공암이라는 곳이 있다. 이곳에는 충현서원이라고 하는 충청도 최초의 서원이 있고, 조선조 유학의 계보에서 중요한 위치를 차지하고 있는 고청 서기(徐起)의 유적이 남아 있다. 항간에는 그 분의 출생과 관련된 공암의 바위 굴 이야기나 전설적인 이적(異蹟) 행위가 널리 알려져 있으나, 이는 학문적 검증을 거친 것은 아니며 오히려 학문 연구와 제자 양성에 관한 그의 업적이 더 평가되어야 할 것이라는 의견이 많다. 그는 토정비결로 유명한 이지함과 도학자로 이름 높았던 이중호에게 배웠기 때문에 자연히 학문의 성격이 도학 쪽과 관련지어 그런 인물평을 만들어 낸 것이 아닌가 한다. 이곳에는 그의 호가 된 고청봉(孤靑峯) 아래 그의 묘소가 있다.

하늘을 적신 효심

공주 시내에서 대전 쪽으로 나가다 보면 옥룡동사무소가 있는데 그 오른쪽 언덕에 비각이 하나 서 있다. 원래 다른 곳에 있던 것을 옮겨 온 것이지만 이 비석의 주인공은 이복이란 이름을 가진 효자다. 그는 매일 따뜻한 국을 얻어다 부모를 봉양했는데, 어느 날 그 국을 엎지르는 바람에 그곳에 국고개라는 지명이 생겼다는 전설의 주인공이다. 한편 다른 기록에 보면 고려 때 지금의 옥룡동에 살았던 이복(李福)은 관리 생활에서 쫓겨나 밥을 얻어다 어머니를 봉양하였는데, 병석에 누우신 노모가 잉어를 드시면 낫겠다는 의원의 말을 따라 잉어를 잡으러 추운 겨울에 얼어붙은 금강에 나갔으나 잡히지 않아 얼음 위에 앉아 통곡을 하고 있으니 얼음이 갈라지며 잉어 한 마리가 뛰어 나와 이 잉어를 잡숫고 어머니의 병이 낫게 되었다는 얘기도 전한다.

또 여기서 논산 쪽으로 나가다 보면 신기동 효포라는 곳이 있는데 도로의 오른쪽에 큰 정자나무와 함께 비석이 하나 서 있다. 이 비석의 주인공은 향덕이란 사람이다. 그는 기록에 나오는 제일 오래 된 공주 사람 중의 하나로 국가로부터 표창을 받은 유명한 효자이다. 그는 병이 난 어머니를 위해 겨울에 잉어를 잡으려고 자기 허벅지 살을 도려내고 얼음 속에 다리를 담갔다고 한다. 그리하여 그 피가 고여 냇물 바닥이 붉게 되었다고 해서 지금도 그 앞 시내를 '혈흔천'이라고 부른다.

암행어사의 표본

우리는 어려서 민중들의 구세주였던 암행어사 이야기를 많이 들어 왔다. 그들은 날카로운 눈으로 탐관오리를 찾아내어 추상같이 응징하고, 억울한 백성들의 한을 시원하게 풀어 주었던 것이다. 물론 그들의 이야기에는 민중들의 염원이 개입되어 과장된 것이 많고 조작된 것도 많이 끼어 있다. 이들 암행어사 가운데 가장 많은 일화를 남기고 있는 분이 박문수다. 그는 유성(당시는 공주 관할이었음)에서 태어났고, 만년에 공주 교동에서 살았다고 한다. 얼마 전까지도 그가 살았다고 하는 집이 남아 있었으나 지금은 흔적도 없이 사라져 버려 아쉬움을 떨칠 수 없다.

기호학파 선비의 마을

공주에서 대전 쪽으로 가는 구도로의 오른쪽에 '왕촌'이라는 마을이 있다. 이곳에 충청5현의 한 분으로 꼽히는 초려 이유태 선생의 유적지가 있다. 그는 송시열 등과 효종의 북벌 계획에도 참여하는 등 노론에 가담했었지만 후에는 독자적으로 활약하였다. 그의 손자 이단장도 직간에 능했던 선비로 알려져 있다. 이곳에는 그들의 유물과 많은 전적들이 보관되어 있으며, 최근 복원된 용문서원, 그리고 한말 충의를 실천한 성암 이철영을 제향한 숭의사도 있다. 이 왕촌(중동골)마을은 전통적 양반 선비의 모습을 유지하고 있는 곳으로도 널리 알려져 있다.

무덤이 있는 승려

불교의 승려들은 사후 화장하는 것이 통례로 되어 있다. 다비 후에 남은 유골을 보관하는 것이 탑이고, 부도이다. 그런데, 일반인들처럼 무덤을 남긴 스님이 있다. 공주에서 논산으로 가는 길에 계룡면이 있고, 그 면소재지에서 멀지 않은 곳에 기허당 영규대사의 묘소가 있다. 그는 임진왜란 때에 갑사에서 수도하던 중 구국의 일념으로 기병하여 곳곳에서 관군과 합세하여 청주성 전투 등에서 큰 전공을 세웠고, 중봉 조헌과 함께 금산전투에 참가하였다가 전사하였다. 면사무소 앞에 영규대사비와 정려가 있고, 갑사 표충원에는 서산대사, 사명당과 함께 그를 배향하여 기리고 있다. 그의 호국 정신을 현창하고 기리기 위해 묘소 주변을 정화하여 해마다 제향을 올리고 있으며, 갑사에서는 그를 기리는 학술발표회도 개최한 바 있고 또 불교식의 제향을 매년 올리고 있다.

노량해전의 영웅

임진왜란 당시 영웅으로 우리는 이순신 장군을 누구나 기억하고 있다. 그러나 이순신 장군 못지않게 해전에서 크게 활약한 인물이 있는데 그가 바로 공주 출신 유형 장군이다. 특히 이순신 장군이 돌아가시고 난 후 수군의 총책임자가 되어 남긴 업적이며, 북쪽 함경도 지방의 성을 쌓고 적을 물리친 일은 역사에 빛나는 위업이다. 기록에 의하면, 이순신 장군도 작전을 짜거나 전투를 할 때 유형 장군과 늘 상의하여 수행하였다고 한다. 이순신 장군의 위명에 가려 빛을 못 보아서 그렇지 실로 노량해전의 승리에는 유형 장군의 공로가 큰 비중을 차지했던 것이다. 그는 장기면 출신으로 현재 장기면 하봉리에는 그를 기리는 충렬사가 건립되어 있다.

조선 초기 충성의 큰 별

이성계의 조선 건국 후 어지러웠던 민심을 수습하고 국가의 기틀을 바로잡은 왕이 세종대왕이다. 그는 훈민정음이라는 세계 문자 역사상 유례가 없는 과학적 표음문자를 만든 것으로 유명하지만, 과학 발달, 농사 기술 보급, 국방의 기틀을 확고히 한 일도 대단한 위업이라 할 것이다. 그를 도와 국방의 초석을 공고하게 다진 일을 맡은 인물이 바로 김종서 장군이다. 그는 의당면 월곡리에서 출생했으며(현재 의당초등학교 뒤편), 세종대왕을 도와 육진을 개척하는 등 북방의 적을 막는 국경을 튼튼하게 하였으며, 고려사를 새로 쓰는 일에도 참여하였다. 그러나 세종 사후 수양대군이 왕위를 찬타할 때 가장 먼저 제거당한 인물이 바로 그다. 그만큼 그는 강직하고 충성심이 강한 인물이었던 것이다. 현재는 세종시에 속해 있지만 옛 장기면 대교리에 그의 한 쪽 다리만 묻혔다고 하는 묘소가 있다.

삼형제의 충혼

우성면 귀산리에 '삼의사'라는 사우가 있다. 바로 노응환, 응탁, 응호 삼형제를 기리는 곳이다. 이들은 노세득의 아들로서 일찍이 공주 목사였던 중봉 조헌의 문인으로 공부였다. 임진왜란이 일어나자 조헌이 의병을 모아 왜적과 싸우게 되었는데, 이때 이에 이들 삼형제도 조헌의 의병에 합류하였다. 여러 곳에서 싸우다가 최후의 결전을 벌이게 된 곳이 금산 전투다. 우리에게 칠백의사로 알려진 이 싸움에서 이들 삼형제는 모두 전사하였다. 하나도 아니고 한 집안의 삼형제가 한꺼번에 나라를 위해 목숨을 바친 일은 대단한 애국심의 표상이라 할 것이다.

가사 문학의 대가

공주는 다른 지역 사람에 의해 문향(文鄕)이라 일컬어져 오면서도 사실 국문학사상 뛰어난 문학 작품을 남긴 문학가가 거의 없는 곳이다. 그런 가운데도 조선 후기 가사 문학의 대가인 퇴석 김인겸을 가진 것은 공주의 자랑이라 할 만하다. 그는 공주 무릉동에서 태어났으며 홀로 글공부를 하다가 아주 늦은 나이에 과거에 급제하여 벼슬길에 나가게 되었는데, 57세에 뛰어난 실력의 문장가가 아니면 뽑히기 어려운 일본 사신의 수행원으로 발탁되게 된다. 일본에 가서 그곳 사람들에게 글 실력을 유감없이 발휘하고 돌아와 지은 것이 저 유명한 『일동장유가』이다. 이를 기리기 위한 그의 문학비가 전국 국문학 전공자들의 발의로 전막의 금강 변에 세워져 있다.

직간으로 이름 높은 충신

유구읍 추계리에 '고간원'이란 유적이 있다. 고려 시대 의종, 명종 대에 걸쳐 목숨을 걸고 임금의 잘못을 간했던 문극겸이 만년에 살다가 운명한 곳이다. 이곳에는 '고간원도'라는 그림이 있었고, 그에 따른 시가 있어 더욱 유명하다.

2. 근현대사의 역사 현장과 공주 인물들

피우지 못한 선각자의 꿈

정안면 소재지에서 천안으로 가는 길에 접어들어 다리를 건너면 오른쪽으로 잔디가 잘 정비된 곳에 비석이 하나 서 있다. 여기가 바로 한말 개화파의 중심인물인 김옥균의 생가 터다. 그는 나라의 힘이 약해진 한말, 당시 정계의 실력자 김병기의 양자로 들어가 출세의 길에 들어서게 된다. 그러나 기울어 가는 나라를 바로잡고자 하는 과정에서 방법론상 대원군으로 대표되는 수구파와 대립, 신문물을 받아들일 것을 주장하는 개화파의 선두에 서게 된다. 개화당을 조직하여 근대 자주 독립 국가를 건설하려는 그의 노력은 현실의 벽에 부딪쳐 실패로 돌아가고(삼일천하로 끝난 갑신정변), 그는 끝내 암살자(홍종우)에 의해 피살된다. 이곳에서 차령고개를 넘어가면 바로 그 아래에 그가 성장했다는 유적이 남아 있기도 하다. 전문가들 사이에서는 그의 출생지가 어머니 은진송씨의 친정인 대전이라고 하는 분들도 있으나 정안에는 그의 선대 조상들의 묘소 여러 기가 남아 있어 앞으로 더 따져보아야 할 문제다.

순교의 현장

유교를 통치 이데올로기로 했던 조선조에서 서학(천주교)은 마땅히 배척의 대상이었다. 공주는 호서 지방의 행정 중심지답게 충청도에서 손가락에 꼽힐 정도로 서학의 정착이 빨랐던 곳이다. 따라서 그에 따른 박해도 가장 심하게 이루어졌다. 그 박해의 현장이 지금 교육청 앞의 '황새바위'라는 곳이다. 충청도 땅의 천주교도들은 체포되는 대로 감영이 있던 공주로 압송되어 이곳에서 배교(背教)를 강요당했고, 거절하면 곧 바로 처형되었다. 이도기, 이존창, 이국승, 문윤진 등을 포함하여 기록에 남겨지지 않은 수많은 교인들이 여기서 참수되었다. 특히 이곳에서 순교한 분 가운데 손자선은 성인으로 추존되기도 했다. 최근 천주교 교단과 공주시에서 많은 예산을 투입하여 이곳을 성지로 만드는 작업을 진행한 결과 천주교인들이 찾는 대표적인 성지 순례 장소가 되었고, 또 많은 관광객들도 찾는 명소가 되고 있다.

보국안민의 횃불

공주 시내에서 부여 쪽으로 넘어가는 고개 마루턱에 위령비 하나가 덜렁 서 있다. 그 이름이 '동학혁명군위령탑'이다. 1894년 애초에는 탐관오리의 학정에 항거하여 일어난 농민군은, 곧바로 '척양척왜', '보국안민', '광제창생' 등의 기치를 내걸고 내정 개혁의 요구를 하게 되었고, 이의 실현을 위해 남북접이 대대적으로 연합하여 서울 진격의 관문인 공주를 공격하게 된다. 이 싸움에는 농민군 최고지도자 전봉준을 비롯하여 동학의 우두머리 손병희, 그리고 손화중을 비롯한 용장들이 모두 참여하였고, 공주 사람 이유상도 이 전쟁에 동참하여 큰 역할을 수행하게 된다. 그러나 우금티 전투에서 이들은 신식 무기를 앞세운 일본군과 관군의 저항으로 뜻을 이루지 못하고 패퇴하게 된다. 이 과정에서 공주의 많은 사람들이 직간접적으로 참여하였을 것은 자명하다. 우여곡절 끝에 이곳을 정부에서 사적지(387호)로 지정하였고, 성역화 사업이 진행 중이다. 이로 인해 이곳에서 산화한 분들의 원혼이 조금이라도 달래질 수 있으면 좋으련만 아직도 사업은 지지부진이다. 그들은 왕조에 항거한 역도들일 뿐이라는 식민사관의 인식이 아직도 엄존하고 있으며, 그것은 이 고개 넘어 이인에 유림에서 세운 의병정난비가 잘 말해 주고 있다. 국회에서 동학 관련자들의 명예회복에 관한 법을 제정해 시행하고 있으나 여전히 그 후손들이 신고조차 잘 안 하고 있는 사실 또한 이를 대변한다 할 것이다.

신교육의 요람

공주 시내의 한 복판 언덕에 높이 서 있는 학교가 영명학교다. 이 학교는 백여 년 전 미국인 선교사가 설립한 것인데, 우리나라 개화기 공주 지역의 교육에 큰 기여를 한 유서 깊은 학교다. 이 학교를 거쳐 간 인물들 가운데는 독립운동가, 예술가, 정치인 등 수없이 많은데, 그 가운데 3.1운동의 주역인 유관순, 근대 정치인 조병옥, 신문학 초창기의 소설가 방인근 등이 있다. 이들은 물론 공주 출신은 아니나 젊은 시절 한때 공주에 살면서 그들의 꿈과 이상을 키웠던 분들이다. 공주의 산과 들에는 아직도 이분들의 자취가 배어 있을지도 모른다. 학교 앞 속칭 앵산공원(정식 명칭은 중앙공원)에는 해방 후 잠시 도지사를 지내기도 했던 이 학교의 중흥자인 황인식 선생의 공적비가 서 있기도 하다.

박동진과 박찬호, 그리고 박세리

공주에서는 요즈음 '삼박(三朴)'이라는 이야기가 있다. 판소리 인간문화재인 '박동진 옹'과 미국 메이저리그의 코리안 드림을 실현시킨 야구 선수 '박찬호', 여기에 프로골퍼 '박세리'를 지칭하는 말이다. 박동진 선생은 고향 공주를 위하여 무릉동에 판소리 전수관을 짓고 후학들을 양성하다가 세상을 떠났으나 그 전수관에서 여전히 그 유지가 전해지고 있으며, 박찬호와 박세리도 공주의 발전에 많은 기여와 관심을 보여주고 있다. 그런가 하면 민속학자이자 민속극의 1인자인 심우성 선생도 고향 공주에 박물관을 건립, 새로운 문화·관광의 명소로 부각되게 하였다.

우금티의 한과 꿈

1. 우금티 이야기

'우금티'는 공주시 남쪽, 부여로 넘어가는 길에 있는 고개 이름이다. 그런데 이 고개 이름을 우금치라고 부르는 사람도 많이 있다. 그래서 혹자는 혼동 끝에 어느 게 맞느냐고 묻기도 한다. 결론적으로 말해 둘 다 쓸 수는 있다. 하지만 지명의 역사성을 고려하면 하나로 통일해 쓰는 것이 옳다.

우리 역사에서 순수한 우리말을 대대적으로 한자어로 바꾸어 표기한 적이 두 번 있었다. 한 번은 당나라 문물을 수용한 신라 진흥왕 때고, 또 한 번은 일제가 세밀한 측량을 거쳐 지도를 새로 만들면서 모든 지명을 한자로 표기할 때였다. 그런데 우리말을 한자어로 바꾸면서 원래 이름과는 전혀 다른 뜻의 글자가 사용되기도 했다. 크다는 뜻을 가진 우리말 '마'를 그 발음이 같다는 이유로 가축 '말'(馬)을 뜻하는 글자로 바꾼 것이라든지, '위'를 뜻하는 우리말을 가축 '소'(牛)를 뜻하는 글자로 바꾼 것들이 그 예다.

원래 고개를 뜻하는 순수 우리말은 '티'나 '재'다. 그런데 한자에는 '티'를 적을 수 있는 글자가 없다. 그래서 '치(峙)'라는 한자를 빌려 표기했다. 또한 순수한 우리말에서는 '치'는 '티'의 구개음화된 발음이다.

'같이'라는 단어가 '가티'가 아니라 '가치'로 발음되는 게 그 예다. 그런데 고개 이름을 뜻하는 '티'는 원래 '틔'였기 때문에 구개음화가 되지 않는다. 그래서 혼동이 생겼다. 같은 이름을 놓고 우리말로 할 때와 한자로 쓸 때 발음이 다른 두 말이 혼용되기 시작한 것이다. 공주 주변의 몇 예를 들어보면 공주에서 논산 가는 길에 있는 '널(늘)티'와 '판치(板峙)', 반포 가는 길에 있는 '마티'와 '마치(馬峙)', 청양 가는 길에 있는 '한티'와 '대치(大峙)'가 그 예들이다.

지명은 보수성이 강해 새로운 이름을 만들어져도 옛 이름이 쉽게 사라지지 않는다. 그래서 지금도 한자 이름과 우리말 이름이 함께 사용되는 것을 많이 볼 수 있다. '우금티'와 '우금치'도 이 같은 경우에 해당한다고 할 수 있을 것이다.

재미있는 것은, 대개 지명에는 그 유래에 얽힌 전설이 있게 마련인데, 우리말 지명이 한자로 바뀌면서 엉뚱한 이야기가 만들어지기도 한다는 것이다. '큰 고개'를 뜻하는 '마티'에 말(馬)과 관련된 전설이 생겨나는 것에 그런 예에 속한다. 조심스럽긴 하지만, 널리 알려진 우금티 전설도 이와 관련하여 다시 생각해 볼 필요가 있지 않나 한다. 만약 '우금티'가 순수한 우리말이라면 이를 한자로 바꾸는 과정에서 이런 오해로 인해 '소'와 관련된 전설이 만들어졌을 가능성이 있다.

필자의 은사이신 동초 선생은 우금티를 원래 '윗곰티'였을 것으로 추정한다. 이 추정이 맞는다면 '도적이 많아 소를 끌고 늦게 가지 말라고 해서 우금(牛禁)이라 했다'는 전설은 그야말로 엉뚱한 조작이 아닐 수 없다. 또 이 전설의 신빙성이 문제되는 것은 조선시대 일부 문헌에 이 고개 이름의 한자 표기가 우금치(牛金峙)라고 된 것에서도 다시 확인된다.

본디 지명은 특정한 땅을 가리키는 고유명사지만 이 이름에 역사성이 덧붙으면 그 이상의 의미를 생성해 내기도 한다. 아인슈타인은 이런 시간과 공간의 불가분성을 '스페이스타임'이라는 용어로 정리했고, 미하일 바흐찐은 '크로노토프'라는 개념으로 재정립했다. 예를 들어보자. '청산리'는 저 북녘 땅의 작은 마을 이름이지만 우리에게는 김좌진 장군의 통쾌한 항일 전투 승리를 떠올리게 한다. '황산벌'은 논산 지역의 작은 들이지만 그 이름을 듣는 순간 우리는 결사 항전하던 계백 장군을 떠올린다.

우금티는 고개 이름이면서 동시에 역사적 장소이기도 하다. 그 역사는 두말할 필요 없이 동학농민전쟁이다. 그로 인해 이곳은 국가 사적지(제387호)로 지정되었다. 또 특별법에 의해 이곳에서 산화한 분들의 명예회복과 서훈도 추진되고 있다. 그럼에도 아직까지 동학농민전쟁에 대해 부정적 인식을 하고 있는 분들도 있다. 반면 자발적으로 나서 이 역사적 사건의 의미를 계승하고 확산시키고자 하는 시민 단체도 있다. 한 세기 전 처절한 전투 끝에 스러져 간 무명 농민군들의 구호(자주, 평등, 대동)는 지금도 여전히 유효하다. 치열한 세계화 경쟁 시대에 우리가 살아남을 길은 그것밖에 없기 때문이다.

동학농민전쟁기념사업회 사람들은 이 고개 이름을 줄곧 '우금티'라고 불러왔다. '우금치'라고 해서 어학적으로 틀리는 것은 아니지만, 지명의 역사성을 감안한다면 반드시 그 고유성을 살려 불러야 할 것이다. 따라서 시청을 비롯한 여러 자료에 '우금치'라고 표기된 것은 '우금티'로 통일하여 혼동을 줄여야 한다. 이제부터는 '우금치'가 아니라 '우금티'라고 제대로 불러주자.

2. 우금티 영령 추모 제례 고축문

단기 사천삼백삼십이년 동짓달 열나흗날, 갑오농민혁명계승사업회, 동학농민전쟁우금티기념사업회, 전국농민회총연맹 전북도연맹, 전국농민회총연맹 충남도연맹 대표와 회원 일동은 백여 년 전 갑오년에 이곳에서 억울하게 산화하신 영령 앞에 삼가 아뢰나이다.

예로부터 농민들은 땅을 일구고 거름 주며 곡식을 가꿔 사람들을 기르는 일을 천직으로 알고 살아왔습니다. 일한 만큼 정확히 되돌려 주는 대자연의 진리에 따라 남을 속일 줄도 모르고, 부귀영화를 탐하지도 않으며 정직하게 살아왔습니다. 그러나 그런 순박한 농민들도 나라의 위태로움과 위정자들의 탐학이 계속되자 일하던 손에손에 괭이와 낫을 들고 떨쳐 일어섰습니다. 그분들의 싸움은 출세와 명예를 위한 것이 아니었습니다. 일 안하고 잘 살자는 욕심도 없었습니다. 사람이 사람답게 살아야 한다는 것과, 모든 사람이 다 같이 잘 살아야 한다는 그 한 가지 소원밖에는 없었습니다.

들불처럼 타오르며 번지는 그 함성에 온 나라의 농민들이 다 합세했습니다. 그리하여 저 간악한 탐관오리를 몰아내고, 바람 앞의 등불처럼 꺼져 가던 나리를 건져내기 직전까지 갔습니다. 그러나 하늘도 무심하시어, 최후의 진격지로 가는 길목인 이곳 공주 우금티에서 영령들의 발길은 더 나가지 못하고 말았습니다. 사심 없는 우국충정과 자신을 지키려는 의지는 무자비한 신식 무기와 잘 훈련된 직업 군인들에 의해 무참히 꺾이고 말았습니다. 사랑하는 아내와 자식들 이름을 부르며 저 산봉우리와 골짜기에서 마지막 숨을 거두었던 영령들의 아우성이 지금도 생생하게 들려오는 듯합니다.

오랜 기간 동안 역사에서는 영령들을 역도라고도 했고, 폭도라고도 했습니다. 가족들을 남겨두고 먼 타향에까지 와서 죽은 것만도 억울한데, 거기다가 폭도와 역도라는 누명까지 씌워 두 번 죽이는 그 만행에 영령들은 제대로 눈도 감지 못하셨을 것이고, 명부에도 들지 못하셨을 것입니다. 하지만 진리와 정의는 아무리 파묻으려 해도 묻히지 않습니다. 영령들의 대의와 명분을 위한 희생은 고귀한 교훈으로 다시 살아나 우리 후손들이 이렇게 기리고 있지 않습니까.

그 동안 우리 공주에서는 뜻 있는 몇몇 사람들이 먼 객지에 오셔 억울하게 희생되신 영령들을 위로하는 위령제를 조촐하게나마 해마다 치러 왔습니다. 그것으로 어찌 영령들의 하늘에까지 사무친 억울함이 달래질 수 있겠습니까마는, 그래도 이 시대를 살아가는 우리들에게 말없이 크나큰 가르침을 내려 주고 계신 영령들에 대한 최소한의 예의라고 알고 해 왔습니다. 그러면서 늘 안타까웠던 것은 이 행사에 영령들의 직계 후손들이 참여하지 못하는 것이었습니다.

다행스럽게도 이런 뜻이 널리 알려져 올해에는 우선 전라북도와 충청남도의 몇 단체가 뜻을 합쳐, 당시의 행군 행렬을 재현하는 행사를 겸해 이 위령제를 같이 치르게 되었습니다. 늦기는 했으나 지금 영령들 앞에 함께 꿇어앉아 한마음으로 올리는 정성을 기쁜 마음으로 받아 주옵소서. 내년에는 더 많은 지역과 단체가 동참하여 가히 전국의 모든 영령들 후손이 한 자리에 하게 될 것입니다.

영령들이시여. 세월이 많이 지나기는 했으나, 아직도 우리나라와 겨레는 그 당시의 고통에서 벗어나지 못하고 있습니다. 잘못된 정치와 탐욕스런 지도자들로 인해 나라는 분단된 지 반 세기가 넘고, 빈부의 격차는 더욱 벌어져 불평등이 극에 달하고 있으며, 사회 곳곳에 고통의 신음 소리가 끊이지 않고 있습니다. 멀쩡한 가장이 하루아침에 직장에서 쫓겨나고, 죄 없는 청소년들이 떼죽음을 당하는가 하면, 어여쁜 처녀들은 유흥가에서 마음에도 없는 웃음을 팔아야 합니다. 농가마다 부채는 산더미처럼 늘어나고, 젊은이들이 다 떠나버린 농촌에는 아이 울음소리도 들려오지 않습니다. 땀 흘려 농사를 지어도 품삯도 안 나오는 지경이 되었습니다.

이런 사정들을 굽어 살피시어, 분단된 겨레가 통일되고, 국론이 하나되어 부강한 나라가 되도록 도와주시옵소서. 모든 사람들이 보람으로 일하고, 일한 만큼 그 보상이 따르는 정의로운 사회를 이룩하도록 보살펴 주옵소서. 모든 사람들이 웃으면서 서로를 이해하고, 나보다 남을 위할 줄 아는 세상이 되도록 힘을 보태 주옵소서.

영령들의 숭고한 뜻을 기리고 계승하고자 이 자리에 모인 전북과 충남의 기념사업회와 농민회 회원 모두는 삼가 간절히 아뢰오며, 작은 정성으로 마련한 간소한 제수를 올리오니 마음껏 드시기 바랍니다. 특히 올해 제상에는 저 전라도에서 영령들의 후손들이 손수 재배한 제수를 멀리서 가지고 와 함께 올리오니 즐거운 마음으로 흠향하시옵소서.

3. 소설 속의 우금티 전투

역사소설은 역사에서 소재를 택하여 그 역사적 의미와 가치를 탐색하는 장르다. 물론 과거의 역사를 단순히 흥미 위주로 각색하여 독자들을 끌어 모으려는 상업적 역사소설도 있긴 하지만, 또 우리 주위에는 그런 소설이 널려 있지만, 진지한 역사소설은 항상 그 역사적 사건의 현재적 의미를 찾으려고 노력하는 점에서 이와 구별이 된다. 따라서 역사적 사건이 과거의 사실 재현으로 그치고 만다면 그 소설은 좋은 작품으로 평가하기 어렵다 할 것이다.

120여 전에 있었던 동학농민전쟁은 여러 작가에 의해 소설로 다루어졌다. 그런데 그것이 문학작품으로 다루어지는 시각은 시대별로 차이가 있었다. 개화기 소설에서는 아주 부정적으로 묘사되었고, 일제강점기의 소설에서도 긍정적으로 다루어진 것은 찾기가 힘들다. 당시의 정치적 영향으로 동학농민전쟁이 부정적 평가를 받았던 것과 관련이 있을 것이다. 해방이 되고 나서야 비로소 이를 긍정적 시각으로 본 작품이 나오기 시작했다.

동학농민전쟁을 다룬 소설은 어떤 작품 속에서 부분적으로 다루어진 것이나 단편으로 창작된 것을 제외하고 장편소설만 해도 약 30여 편에 이른다. 특정한 역사적 사건이 이처럼 여러 작가에 의해 작품화된 예도 그리 많지는 않다. 그만큼 그 역사적 사건을 해석함에 폭이 크다는 의미일 수도 있고, 소설로 취급하여 그 현재적 의미를 새롭게 제시할 가능성이 크기 때문이라고 할 수도 있을 것이다.

30여 편의 장편에서는 예외 없이 당시 공주에서 진행되었던 농민군과 관군(일본군 포함)의 전투 장면이 나온다. 그런데 작품마다 내용이

다르게 나온다. 참전했던 농민군의 숫자, 관군의 규모, 전투가 이루어진 장소, 전투의 전개 과정, 전투가 이루어진 횟수, 농민군의 피해 상황, 패퇴의 경과 등등이 작품마다 들쭉날쭉하다. 당연히 당시의 역사 기록과도 어그러질 수밖에 없다. 실제 필자가 8종의 역사자료를 수집하여 분석해 본 바로는 참전 농민군의 숫자는 1만에서 최대 20만 명까지, 관군의 숫자는 800에서 1만 명까지, 일본군의 숫자는 200에서 2천 명까지, 전투에서 희생된 농민군의 숫자는 43 명에서 10만까지 차이가 있다.

이런 사실은 소설을 쓰는 작가에게도 고민이었을 것이다. 어느 자료를 참고했느냐에 따라 작품의 내용이 달라질 수밖에 없는 일이니 말이다. 몇 작품을 예로 들어 소설에서 다루어진 공주 전투 장면이 실제의 역사적 사실과 얼마나 부합하는가 여부를 설명해 보겠다.

『회천기(回天記)』는 1949년에 발표된 윤백남의 작품이다. 이는 장편으로 동학농민전쟁을 다룬 최초의 작품이며, 윤백남은 논산 출신으로 이 지역의 사정에 밝은 분이기도 하다. 그런데도 이 작품 속의 공주전투는 역사적 사실(2차의 대규모 전투와 소규모의 여러 차례 전투가 있었음)과 동떨어지게 1회로 서술되고 있으며, 특히 노성산에 매복했던 관군과 봉황산에 매복한 관군이 동시에 읍내로 유인당한 농민군을 공격하는 등 지리적 조건이 맞지 않게 서술되고 있다.

『들불』은 유현종에 의해 1972년부터 3년에 걸쳐 월간 ≪현대문학≫에 연재되어 발표된 작품이다. 이 작품은 유랑농민 조직인 명화적과 농민군의 관련성을 내세우는 등 민중 의식을 드러내는 점에서 차별성이 있으나, 역시 공주전투를 1회로 처리한 점, 일본군의 숫자를 7천까지 과장한 점, 김개남이 공주전투에 참전했다고 한 점, 우금티에 공주의 남문이 있었다고 한 점 등 역사적 사실과 동떨어진 서술을 하고 있는 점에서 문제가 있다.

『갑오농민전쟁』은 박태원이 쓴 것으로 15권 분량의 대하소설이다. 박태원은 1930년대 구인회 회원으로 모더니스트였으나 해방 후 월북하여 북한에서 숙청당하지 않고 작가 생활을 하다가 생을 마감한 특이한 이력의 소유자다. 특히 만년에 완전실명에 반신불수의 몸으로 이 작품을 구술하고 그의 아내가 대필하여 마무리했다는 일화가 있다. 이 작품은 북한의 역사 해석과 밀접한 관련을 갖는다. 즉, 이 역사적 사건에서 동학이라는 종교적 색채를 완전히 빼고, 외세(일본이나 서양)와의 대결이라는 점을 강조하기 위해 이 작품의 제목과 같은 용어를 사용하는 것이다. 하지만 이 작품에서도 공주전투 장면은 역사적 사실과 거리가 멀게 서술되고 있다. 참전한 일본군 숫자의 과장을 비롯해서 농민군 수천 명이 자살했다는 것은 역사와 아무 연관성이 없는 상상력의 소산이고, 말을 타고 다니며 초인적인 활약을 하는 처녀 영아의 설정, 상민의 어머니가 밤에 물을 길어다 적군의 대포 아가리에 부었다는 서술도 비현실적인 데가 있다. 북한 쪽의 역사의식을 무리하게 반영하다 생긴 일로 볼 수 있다.

『녹두장군』은 송기숙이 쓴 12권 분량의 대하소설이다. 여러 해의 작업을 거쳐 동학농민전쟁 100주년을 맞아 1994년에 완간된 기념비적인 작품이다. 자료의 수집이나 활용에 있어 여타 작품을 압도하는 느낌을 줄 정도로 역사적 사실에 접근해 있고, 그 사실성에 있어서도 리얼리티가 살아 있어 생동감을 준다. 공주전투 장면도 330여 페이지에 이를 만큼 자세하고, 공주의 지리적 조건도 여러 차례의 답사를 거쳐 공주 사람보다 더 세밀하게 묘사하고 있다. 또 그 문학성이나 역사소설로서의 가치도 여러 연구자들이 인정할 만큼 뛰어나다.

우리 지역에서 있었던 전투의 실체가 무엇이고 그 경과가 어찌되었는가를 아는 것은 교양인으로서 필요한 덕목일 것이다. 특정 소설 속에 묘사된 공주전투 장면을 보고 역사적 사실을 잘못 알고 있는 사람을 교정해 주는 것 또한 교양인이 갖춰야 할 자세가 아닐까 한다.

4. 동학란인가, 동학혁명인가

1894년에 동학교도들을 중심으로 하여 일어났던 일련의 역사적 사건을 가리키는 명칭이 여러 가지로 혼용되고 있어 이 방면에 관심이 별로 없는 사람들에게 적잖은 혼란을 주고 있다. 심지어는 학교 교육에서조차 정치적 이해관계에 따라 명칭이 여러 차례 바뀌어 왔다.

먼저 '동학란'이라는 명칭이다. 이는 동학을 믿는 사람들이 왕조의 정통성을 부정하고 일으킨 난리라는 뜻이다. 당연히 예전 왕조 시대의 역신들이 일으킨 난리와 그 뜻을 같이 한다. 이 용어는 조선조 왕실에서 볼 때, 또는 조선조 왕실을 병합한 일제강점기 식민 통치 기구에서 볼 때 성립할 수 있는 용어다. 이 시기의 동학교도들은 '동비'로 일컬어졌다. 동학을 믿는 비적(匪賊)이라는 뜻이다. 개화기 소설이나 일제 강점기 문헌에 자주 등장하는 용어다. 그런데 이 용어가 우리나라가 독립한 이후에도 대략 1960년대까지 계속 사용되었다. 식민 잔재를 청산하지 못한 탓이거나, 혹은 역사 인식의 부재에서 온 결과일 것이다.

한편 유가적 국가 질서를 신봉하는 사람들 편에서 보면 어떤 경우에도 왕은 지존이고 백성은 지배를 받는 신하로서 그 지위가 정해진다. 그리고 왕에 대한 충성은 부모에 대한 효와 함께 가장 중요한 도덕적 가치로서 존중된다. 이를 부정하거나 저항하는 것은 무슨 명목으로도 용납될 수 없는 일이다. 따라서 특정 종교를 믿는 사람들이 왕정에 반대해(비록 폐정이라 할지라도) 개혁을 운운하며 떼를 지어 일어난 것은 용서할 수 없는 반란 행위라고 할 것이다. 그래서 그들은 사재를 털어 소위 '의병'을 모아 동학교도들을 토벌하는 일에 앞장을 섰던 것이다. 우금티 넘어 부여로 가는 이인의 도로변에는 공주 유림에서 세운 이를 기념하는 비석이 있다.

1970년대 들어 느닷없이 '동학혁명'이라는 용어가 사용되기 시작했다. 이는 철저하게 정치적 이유에서 기인한 것이다. 박정희정권에서는 집권 이래 자신들의 군사 쿠데타를 혁명이라고 정당화하기 급급했는데, 마침 동학 교단에서 이를 혁명이라고 하면서 기념사업을 계획하자 그 역사적 의미나 내용을 따지지 않고 단지 용어의 동일성만을 생각하면서 이를 덜컥 수용한 것이다. 사실 박정희의 군사 쿠데타나 정권 운용의 지향점은 당시 동학교도들이 내세웠던 가치나 구호와 거리가 멀어도 한참이나 먼 것이다. 여하튼 그 결과의 하나로 세워진 것이 현재의 우금티에 있는 기념탑이다. 기념탑 뒷면에 있는 건립자 대표(동학교단) 최덕신은 추후 자진 월북했기에 그 이름이 쪼아지는 게 당연하지만 도움을 준 박정희의 이름이 누군가에 의해 쪼아진 것은 혁명이라는 용어의 아이러니를 증언한다 할 것이다.

'동학운동'이라는 용어는 1980년대에 사용된 용어다. 이는 역사에서 가치나 의미를 철저하게 배제하고자 하는 의도에서 채택된 용어라고 해야 할 것이다. 얼핏 가치중립적인 것같이 보이지만 여기에도 당시 정치적인 고려가 개재되어 있다는 것이 중론이다. 정당하지 못한 방법으로 정권을 잡은 측에서 볼 때 동학이 내세웠던 가치들은 전혀 수용하기 어려운 것이었다. 특히 체제 저항적인 무리들이었던 동학교도를 용인하면 당시 반정부 시위를 막을 명분이 없는 일이니 용어에서의 이런 탈색은 당연한 일이었을 것이다. 정말 희화적인 일은 당시 실세였던 전두환이 단지 성이 같다는 이유 하나로 전봉준 생가를 복원하고 성역화 하는 데 앞장섰다는 일이다. 희대의 코미디가 아닐 수 없다.

1990년대 들어 '동학농민운동', '동학농민혁명', '동학농민전쟁' 같은 용어가 본격적으로 사용되기 시작했다. 이는 민주화된 정부의 영향이기도 하지만 여러 학자들이 많은 연구 결과를 생산해 내면서 이 역사적 사건에 대한 실체가 드러나기 시작했기 때문이다. 즉, 여기에는 동학교도들만의 움직임이 아니라 대다수 '농민'이 동참했다는 사실, 그들이 주장하고 달성하려 했던 것이 부패한 관료를 몰아내고 깨끗한 정부를 실현하려 한 '혁명'적 성격을 가졌다는 사실, 특히 2차 봉기에서 부당하게 우리 정부에 개입하고 있는 외세(일본과 서양)를 물리치려 했다는 데서 '전쟁'의 성격을 갖는다는 사실 등이 드러나면서 이런 용어들이 사용되기 시작한 것이다. 따라서 어떤 용어를 선택하여 사용하는가는 이 역사적 사건을 어떤 시각에서 바라보느냐의 문제가 걸려 있다. 다시 말해 역사의식과 사관의 문제라는 것이다.

참고로 북한에서는 사회주의 정책에 따라 종교를 배제하는 원칙이 시행되고 있는 바, 동학도 이 범주에서 예외가 아니므로 동학이라는 용어는 사용하지 않고 있다. 갑오년에 일어난 사건이므로 그 간지를 따서 '갑오농민전쟁'으로 부르고 있다. 여기에는 철저하게 기층 민중인 농민이 중심이 되어 외세와 싸우는 자주적인 의미를 강조한 의미가 담겨 있다. 북한의 역사의식을 엿볼 수 있는 단면이라 할 수 있을 것이다.

공주의 시민단체인 우금티동학농민전쟁기념사업회의 명칭이 왜 그렇게 정해졌는가는 위의 설명으로 충분히 납득되었으리라고 본다. 우리 근대사에서 역사적 가치가 대단한 우금티가 있는 공주에 사는 사람들은 최소한 그 명칭만이라도 왜 그렇게 정해져 사용되는지 정확히 알고 외지인들에게 당당하게 설명할 수 있었으면 좋겠다.

5. 사람이 곧 하늘

동학의 가르침 가운데는 종교와 상관없이 주목할 내용이 많습니다. '인내천(人乃天)'이라는 말도 그 중의 하나입니다. 이 말은 사람이 곧 하늘이라는 뜻입니다. 달리 인본주의, 인간 중심주의쯤으로 바꾸어 말할 수도 있을 것입니다. 주지하듯 이는 근대민주주의의 최고 가치, 바로 그것을 의미합니다. 그렇습니다. 사람은 사람으로 태어난 그 자체만으로 존중받아 마땅합니다. 어떤 경우에도 사람이 가장 중심이고 핵심이어야 합니다. 사람은 누구나 하늘처럼 존중되어야 합니다. 이는 변할 수 없는 진리입니다. 움직일 수 없는 이치입니다.

백여 년 전에 우리 고장 우금티에서 있었던 동학농민군의 싸움도 사람이 곧 하늘임을 알리고, 또 지키기 위한 것이었습니다. 그들은 그것을 위해 이 낯선 땅에 와서 피를 뿌렸습니다. 날이 선 추위도 그들의 뜨거운 열망을 꺾지 못했습니다. 비록 현실적으로 그들의 소망이 달성되지는 못했지만, 사람이 곧 하늘임을 널리 알리는 출발점이 되는 소중한 성과를 거두었습니다.

요즘 영원한 제국일 것 같던 미국에서 시작된 금융위기가 전 세계를 강타하고 있습니다. 굴지의 금융회사가 넘어지고, 굴욕적인 구제 금융을 받아 연명하는 초라한 신세가 되었습니다. 미국과의 전략적 동맹을 외치며 미국 따라잡기에 골몰하던 우리 정부로서는 곤혹스럽지 않을 수 없을 것입니다. 이명박 정부에서 선택한 신자유주의가 그 발원지에서 흔들리고 있는데, 우리 정부는 아직도 작은 정부, 규제완화, 감세, 민영화 등을 외치며 747 정책을 고수하고 있습니다. 그 신자유주의 소용돌이 속에 인간은 없습니다. 오직 비정한 경쟁과 효율성, 그리고 돈 지상주의의 시장만 나부끼고 있습니다.

그래서 다시 인내천입니다. 사람이 하늘인 세상을 만들자던 우금티의 함성을 오늘 다시 외쳐야 합니다. 그게 우리가 가야 할 길입니다. 역사의 가르침입니다. 거스를 수 없는 흐름입니다. 세상에 사람보다 더 소중한 것이 어디에 있겠습니까.

2008 우금티예술제가 진행될 수 있도록 예산 지원을 해 주신 공주시와, 후원을 해 주신 여러 기관과 단체, 그리고 직접 행사에 참여해 주신 시민과 우리 사업회 회원 여러분께 고마운 인사를 드립니다. 감사합니다.

(사단법인) 동학농민전쟁우금티기념사업회 이사장 조동길

6. 우금티 영령 추모예술제 인사말

가을이 깊어 가고 있습니다.

해마다 가을걷이가 끝날 이맘때쯤이면 우리 우금티기념사업회에서는

1894년 초겨울에 우금고개를 넘어 새로운 세상을 열고자 싸우다 산화하신 동학농민군 영령을 위한 추모 예술제를 열어 왔습니다. 우리가 그 분들을 위한 행사를 계속해 오고 있는 이유는 단순히 비극적인 과거를 되새기고자 하는 것이 아닙니다. 또 억울하게 희생되신 분들을 위한 추모의 마음 때문만도 아닙니다.

115년 전 그분들이 넘고자 했던 우금고개는 반외세, 반봉건의 거대한 봉우리였고, 평등과 대동 세상을 구현하기 위해 반드시 넘어야 했던 험준한 고개였습니다. 그 고개를 넘어야만 사람이 사람답게 사는 새로운 세상이 열릴 수 있었던 것입니다. 그러나 안타깝게도 그분들은 이 고개를 넘지 못했습니다. 따라서 우금티는 거대한 한과 슬픔이 뭉쳐 쌓인 고개이기도 합니다.

그분들이 이루고자 했던 새로운 세상은 아직도 진행형이고 미래형입니다. 우리 주변을 살펴보면 당시와 비슷한 무분별한 외세의 범람과 사회 양극화를 대변하는 불평등의 문제가 심각하게 대두되고 있습니다. 환경 파괴와 생명 경시의 풍조도 일상화되어 있습니다.

올해는 예상치 못한 신종플루라는 괴질이 유행하고 있어서 사람들이 많이 모이는 예년과 같은 추모 행사를 할 수 없게 되었습니다. 그래서 손석춘, 홍세화 선생님 초청 강의로 이루어지는 인문학 강좌와 김철규 교수의 지역 먹거리 순환운동 강좌, 우금티 문학상, 공주의 근현대역사 유적지 답사와 추모제례 등으로 행사를 축소하여 치르려고 합니다. 옛일을 교훈삼아 새로운 미래를 열고자 하는 생각을 가지신 모든 분들의 적극적인 참여를 기다리고 있습니다.

끝으로 행사가 치러질 수 있도록 예산 지원을 해 주신 충청남도와 공주시에 감사드리며, 후원을 해 주신 여러 언론기관과 지역시민단체 관계자에게도 고마운 인사를 드립니다.

사) 동학농민전쟁우금티기념사업회 이사장 조 동 길

공주대 교명 변경 반대 운동

1. 기본 합의서에 의한 교명 변경의 부당성

공주대 교명 변경 문제가 좀처럼 해결의 기미를 보이지 않고 있다. 해결되기는커녕 오히려 악화되고 있는 상황이다. 학교에서는 교육부에 교명 변경 승인신청서를 제출했고, 반대 측에서는 연일 단식과 상경 투쟁을 멈추지 않고 있다. 급기야 천안에서는 28일 공주대 교명 변경을 촉구하는 대규모 시위를 계획 중이라고 한다. 학교 문제가 지역 대결의 양상으로 치달아 최악의 파국을 향해 돌진하고 있는 느낌이다. 이유 여하를 막론하고 미숙한 일 처리와 밀어붙이기 식 강행으로 상황을 이렇게 만든 공주대 총장과 집행부는 책임을 통감해야 할 것이다.

현임 총장과 공과대학 교수님들, 그리고 교명 변경을 찬성하는 분들이 한결같이 내세우는 근거와 논리는 오로지 통합 당시 작성된 기본 합의서라는 문건이다. 거기 첫 항에 '통합 교명은 양교의 합의에 의해 제3의 교명으로 한다.'라고 명시되어 있으니 약속을 지키라는 것이다. 이는 교육부에 제출된 신청서의 첨부 문서인 의견 수렴 결과 책자 첫 페이지에도 나오고, 지난 12일자로 공과대학 교수님들이 전체 교수에게 보낸 메일에서도 첫 항으로 제시되고 있다. 얼핏 보아 이런 주장은 매우 합리적인 것처럼 보인다. 또한 총장이 문서로 약속한 사항이니 그것을 이행하라는 요구는 정당한 것이라 생각할만하다.

그러나 이런 주장과 요구는 매우 불합리하며 상식에도 맞지 않는다. 왜 그런가. 당시 공주대 총장과 천안공대 학장이 작성한 합의서는 권한 밖의 사항을 문서로 작성하였고, 그것을 사후 추인도 받지 않았으므로 무효라는 주장이 백 번 사리에 맞는 일이지만, 백 보 양보하여 그것을 인정한다 해도 현재로서는 그 실효성을 인정하기 어려운 내용일 수밖에 없다. 필자는 법률가는 아니지만 그 조항을 보통 사람의 상식에 비추어 해석해 보면 그 답이 바로 나온다.

첫째, 합의서 첫 항에 '양교의 합의에 의하여'라는 문구가 있는데, 여기서 '양교'라는 것의 실체에 대한 문제다. 양교라 함은 당연히 공주대학교와 천안공업대학(통합이전, 이하 '천안공대'라 칭함)임은 아무도 이의가 없을 것이다. 공주대학교는 60년 전통을 가진 학교다. 백 번 양보하여도 종합대학으로 승격된 지 16년이나 되는 학교다. 천안공대도 역사가 깊은 학교다. 두 학교 대표가 2004년 통합하기로 합의서를 작성했고, 2005년에 통합을 했다. 2005년 3월 1일자로 천안공대가 공주대학교 공과대학이 된 것이다. 따라서 2005년 3월 1일 이후 천안공대는 없어지고 공주대만 남았다. '양교'의 한 쪽 주체가 이 세상에서 사라진 것이다. 그 날 이후 천안공대 교수들은 전원 공주대 공과대학 교수가 되었다. '양교'라는 말의 정신을 살려서 말하면 공주대 공과대학 교수들은 교명 변경을 요구할 권리가 없다. 오직 천안공대 교수만이 할 수 있는 일이다. 합의서에 의해 교명 변경을 요구하려면 통합 이전인 2005년 3월 1일 천안공대 교수 신분으로 했어야 하고, 그것이 관철되지 않으면 통합을 거부했어야 마땅하다. 교명 변경이 이루어지지 않은 상태에서 통합을 수락했다는 것은 이미 그 권리를 포기한 것이나 다름없다고 해석할 수 있다.

둘째, '합의'라는 용어의 해석 문제다. 학교는 인격체가 아니므로 '학교'가 합의를 할 수는 없다. 따라서 학교를 구성하는 '사람'들이 합의를 해야 한다. 그 '사람'들은 누구인가. 가장 직접적인 '사람'은 교수와 학생과 직원들이다. 좀 더 범위를 넓히면 동창회와 학부모와 지역사회가 포함될 수 있을 것이다. 총장이나 학장은 '학교'가 아니다. 그들은 학교를 대표하는 사람일 뿐이다. 따라서 '학교 대표'가 합의한 것은 '학교'가 합의한 것으로 볼 수 없으며, 이를 근거로 제3의 교명을 사용해야 한다는 것은 당연히 이치에 맞지 않는 주장이다. 다시 말해 이 조항이 '양교 대표의 합의에 의하여'라고 되어 있지 않고 '양교의 합의에 의하여'라고 되어 있는 것을 주목해야 한다. '합의'의 사전적 의미는 '서로의 의지나 의견이 일치하는 일, 또는 일치된 의견'이다. 통합 이전의 천안공대 측 교수, 학생, 직원, 동창회, 지역 사회가 제3의 교명에 찬성하였다면 이는 '양교 합의'의 절반에 해당된다. 그런데 공주대 측의 구성원들에게는 한번도 '합의'를 물은 적이 없다. 최근 교수들만의 부재자 투표도 원천적으로 보아 '합의'를 물은 것이 아니라 교명에 '공주'를 사용하지 않기 위한 술책에 가까운 일이었다. 학생과 교직원 대상의 선호도 조사는 말 그대로 '합의'라는 말을 붙일 수가 없는 일이다. 동창회와 지역사회는 말할 것도 없다. 이렇게 보면 공주대 측의 '합의'는 단 한번도 시도된 적이 없고 당연히 이루어진 적도 없다. 합의서의 정신에 충실하자면 총장이 이견을 조정하는 충분한 시간을 갖고 구성원의 '합의'를 도출하여 화합과 축제 속에 교명 변경을 시도했어야 한다. 그런 과정이 생략된 채 진행되는 절차는 정당성도 없고 설득력도 없다. 따라서 합의서를 바탕으로 한 교명 변경 시도는 애초에 성립될 수가 없는 일인 것이다.

사리가 이러함에도 불구하고 총장과 집행부는 교명 변경 절차를 강행하여 학교를 혼란과 갈등으로 몰아넣고 있다. 심지어는 지역 대결까지 불러와 학교의 범위를 넘어선 민심까지 갈라놓았다. 예전 덕망 있는 군주는 비가 오지 않는 자연 재해에도 본인의 부덕을 탓하며 음식을 들지 않고 비가 내리기를 기원하였다. 소위 지도자라는 사람이 학교와 지역 사회에 인위적으로 재앙 수준의 갈등과 혼란을 조성해 놓고도 이를 반성의 계기로 삼기는커녕 일부 이기주의자들의 주장일 뿐이라고 폄하한다면 그를 과연 덕망 있는 지도자라고 할 수 있겠는가.

2. 가장 어리석고 무능한 선택

사람이 모여 사는 곳에는 늘 갈등과 충돌이 있기 마련이다. 때론 그것이 조직을 활성화하여 발전의 원동력이 되기도 한다. 따라서 그것이 없는 것이 낫기는 하나 그렇다고 회피하거나 물리칠 일은 아니다. 우선 당장 골치가 아프다고 해서 그것을 외면하면 잠시 화평은 올지 모르나 미래의 발전은 기약하기 어렵기 때문이다.

문제는 그런 상황이 발생했을 때 지도자와 구성원이 어떻게 대처하느냐에 있다. 극한대립을 하여 어느 한 편이 완전하게 죽을 때까지 싸운다면 승리한 쪽이나 패배한 쪽이나 둘 다 지는 꼴이다. 그 폐해는 조직 전체에 미쳐 심한 후유증을 남길 것이다. 어리석은 지도자는 자신의 판단을 과신하거나 구성원 어느 한쪽의 편을 들어 일을 해결하려고 한다. 그 과정에 다수결이라는 야만적인 폭력을 동원하여 합리적인 것으로 포장하기도 한다. 그럴 경우 이긴 쪽은 상처뿐인 영광이요 진 쪽은 승복 아닌 한이 쌓이게 된다. 결국 조직의 결속력은 와해되고 성장 동력은 고갈되고 만다. 결과적으로 양쪽 모두 패배하게 되는 것이다.

현재 공주대 교명 변경 문제로 찬반양론이 첨예하게 대립하고 있다. 예산이나 천안 캠퍼스의 요구, 또는 전임 총장의 합의 이행이라는 명분도 있지만, 그에 못지않게 공주캠퍼스 다수 교직원과 학생, 동창회, 시민들이 격렬하게 반발하는 현실도 무시해서는 안 된다. 이렇게 의견이 대립할 경우 현명한 지도자라면 우선은 멈추는 게 상책이다. 진정 교명 변경이 학교 발전을 위한 유일무이한 대책이라고 생각한다면 최소한 총장직은 물론 교수직까지 걸고 반대론자들을 설득해야 한다. 그럴 수 없다면 학교 발전을 위해서 교명 변경을 한다는 말은 립 서비스에 불과하다. 교명 변경 찬성론자들은, 되면 좋고 안 되면 할 수 없는 그런 문제겠지만 반대론자 입장에서는 뿌리가 없어지고 근본이 바뀌는 생사의 문제인 것이다.

예산과 천안(찬성)의 불만을 공주(반대)로 옮겨 놓는 것은 문제의 해결이 아니라 이동에 불과하다. 제대로 된 지도자라면 이런 어리석은 선택을 하지 않을 것이다. 또한 슬기로운 참모들이라면 지도자가 이런 최악의 선택을 하도록 침묵해서는 안 된다. 그것은 무책임하고 비겁한 자리보전일 따름이다. 무리한 일을 강행하여 구성원들을 반목으로 몰아가는 집행부의 무능과 협량으로 대학 발전의 길이 가로막히고 있다. 이 '비극적 소모'를 누가 책임질 것인가.

3. 얻는 것보다 잃을 것이 더 많은 교명 변경 논의

신자유주의 여파로 대학 간 통합을 강제하는 구조조정 논의가 한창이다. 교육부에서는 예산 지원이라는 칼을 들이대며 언제까지 대학 몇 개를 없애겠다는 목표를 정해놓고 군사 작전하듯 밀어붙이고 있다. 그런데 사실 이처럼 '방만한' 대학 시장을 형성해 놓은 '주범'은 교육부 자신이다. 스스로 수행하는 정책의 효과를 전혀 예상치 못하고 마구잡이식으로 대학 설립 인가를 내 주고 나서, 이제는 통합이나 구조조정에 이의를 제기하는 대학은 마치 시대에 뒤떨어진 기득권 세력이 반발하는 것처럼 내몰고 있다. 힘을 가진 자들의 횡포라 아니할 수 없다.

1) 천안공대와의 통합이 정착하기 위해서는?

우리 대학은 '발 빠르게' 교육부의 정책에 따라 천안공업대학과의 통합을 이루어냈다. 인근의 여러 대학으로부터 경쟁적인 조건으로 러브콜을 받았던 천안공대는 결국 공주대학을 선택하여 통합을 성사시켰다. 중간에 우여곡절은 있었지만 양 대학의 경영자들은 자신의 임기 중 중요 치적으로 이 통합을 내세우고 있으며, 대학 입학 자원의 감소로 인해 위기에 처한 상황에서 공대 관계자들은 수도권으로의 진출에 매우 고무되어 있는 현실이다.

그러나 이 통합이 시너지 효과를 극대화하는 성공적인 모델이 될 것인가는 좀더 지켜보아야 할 것 같다. 과연 우리의 희망대로 이 통합 공과대학에 수도권의 우수 인재가 구름처럼 몰려올 것인가. 지역적으로 수도권에 근접해 있다는 조건 하나가 그런 장밋빛 꿈을 담보해 주지는 않는다. 결국 수도권의 우수 인재는 기존의 관성대로 당연히 수도권의 명문대학으로 갈 것이다. 그리고 그 나머지 이하 학생들이 지망할 가능성이 크다. 그런데 이 통합공과대학과 비슷한 조건을 갖춘 대학은 수도권 근처에 여러 개가 밀집해 있다. 이들 선발 대학과의 경쟁에서 이길 수 있는 비교 우위 조건을 개발해 내지 않으면 학생들의 선택을 받기 어렵다. 어떤 교육과정으로, 어떻게 교육을 해서, 어떤 인재를 길러낼 것인가에 대한 목표와 내용이 확실하게 마련되지 않으면, 학생들은 '신설 공과대학'에 지망하는 모험을 하려 하지 않을 것이다. 따라서 기존의 여타 공과대학을 따라잡으려는 정책보다는 변별력 있고 차별화된 프로그램으로 학생들에게 신뢰와 확신을 심어주는 준비가 절대적으로 필요하다. 이것이 통합 공과대학의 성공을 위한 첫걸음이라고 생각한다.

2) 얻은 것과 잃은 것을 계산해 보면?

두 대학의 통합으로 양 대학이 얻은 것은 무엇이고 잃은 것은 무엇일까? 우선 공주대학은 숙원이던 수도권으로의 진출을 이루어냈고, 대학의 외형적인 몸집 불리기에 성공했으며, 앞으로 신입생 모집에 결정적으로 유리한 조건을 얻게 되었다. 반면 그 동안 많은 예산을 투자하여 키워 온 공과대학을 천안에 '빼앗기게' 되었으며, 상당수의 교직원과 학생이 공주 캠퍼스를 빠져나가는 손실을 입게 되었다.

천안공대는 어떤가. 원래 있던 대학 그 부지를 그대로 유지하면서, 기존의 교수와 직원도 그대로 신분을 유지하고, 2년제 대학에서 4년제 대학으로 승격되는 '경사'를 맞게 되었다. 그 대신 오랜 전통과 역사를 자랑해 오던 '학교 이름'을 더 이상 사용할 수 없게 되는 불운을 감수하지 않으면 안 되게 되었다.

이런 여러 조건들의 크기가 서로 다르기 때문에 통합으로 어느 쪽이 더 많이 얻어냈고 어느 쪽이 더 많은 손해를 봤는가는 명확히 계산하기 어렵다. 문제는 더 이상 손익을 따지지 말고 서로에게 이익이 되는 조건을 찾아내 상생하는 발전으로 가는 게 급선무라 할 수 있다. 흔히 두 이질적인 사물의 통합에서 물리적 통합보다 화학적 통합을 더 중시하는 경우도 있으나, 서로 다른 정서와 역사 속에 오래 지속된 두 대학이 단기간 내에 화학적 통합을 이루어낸다는 것은 상식적으로도 불가능한 일이기 때문에, 무리한 감정 대립을 자제하면서 서서히 현 단계의 물리적 통합으로부터 완전한 화학적 통합을 지향해 나가야 할 것이다.

3) 교명 변경이라는 뜨거운 감자

통합의 막판까지 진통을 겪었던 것은 통합 대학의 교명이었다. 듣기에 천안 쪽에서 집요하게 요구했던 사항도 바로 이것이었다고 한다. 천안 쪽에서 볼 때 천안은 충남의 가장 큰 도시이며, 수도권에 인접해 있는 유리한 조건이 있기 때문에 공주라는 조그만 도시는 감히 자신들과 상대되지 않는다고 판단했을 수도 있다.(천안의 인구는 60만이 넘고 공주는 11만 정도밖에 안 된다) 또한 오랜 전통을 가진 자신들의 학교 이름이 없어지는 것에 대한 섭섭함 때문에 이왕이면 새로운 이름으로 새 출발을 하는 것이 좋겠다고 생각했을 수도 있다. 이는 보통의 자존심을 가진 사람들이라 해도 당연한 요구할 수 있는 상식이라 할 수 있다.

하지만 공주에서 보면 꼭 그렇지만은 않다. 비록 인구는 적지만 공주는 천안과 비교될 수 없는 역사와 지명도를 가진 도시다. 특히 공주사대를 모태로 하는 공주대학의 이름은 그 브랜드 가치가 가격으로 따지기 어려울 만큼 큰 이름이기도 하다. 더욱이 공주대학교는 엄연히 학생

수 1만 명을 넘는 국립대학 서열 10위권의 종합대학이고, 천안공대는 학생 수 기천 명 수준의 단과대학이었다. 이들 두 대학이 일대일로 대등하게 통합을 한다는 것 자체가 공주대학으로서는 자존심에 손상이 가는 일이 아닐 수 없다.

그러나 양 대학은 서로의 필요성 때문에 통합으로 가지 않을 수 없었고, 이 과정에서 공주대 총장과 천안공대 학장은 교명 변경 추진(제3의 교명 사용)이라는 조건에 합의서에 서명을 했다. 그래서 지금 교명 변경에 관한 논의가 현안으로 대두되었고, 이 문제는 두 대학의 교직원과 학생뿐 아니라 동문회와 지역 사회에까지 초미의 관심사가 되고 있다.

4) 이름을 바꾸어야 잘 된다는 미신

교명 변경을 강력하게 요구하고 있는 사람들 중에는 우리 대학의 이름이 소규모 도시 이름으로 되어 있어 경쟁에서 불리하니 좀 더 큰 스케일의 학교 이름을 정해야 한다고 주장한다. 이는 두 대학의 통합 이전인 종합대학 개편 때도 제기되었던 문제다. 또한 기관장이 서명한 공식 문서에 나와 있는 약속 사항이니 당연히 추진되어야 할 일이라고 내세운다. 표면적으로 보아 지극히 타당한 의견들임에 틀림없다.

가벼운 우스갯소리 한 마디 하자면, 젊은 남녀가 연애를 할 때 거의 불가능할 것 같은 약속을 많이 하지만 일단 결혼에 성공하고 나면 그 약속들은 거의 무용지물이 되고, 당사자들은 또 그것을 당연시하는 게 사회의 우리 사회의 풍속이다. 그런 점에서 보면 연애(통합 과정) 때 했던 약속(교명 변경)을 끝까지 지키려고 노력하는 우리 대학 총장은 참으로 '신사중의 신사'이신 것 같다.

원래 사람의 이름을 포함하여 사물의 이름이라는 것은 그 본질적인 기능이 '구별'에 있다. 나와 너, 그 등 대명사로 지칭하기 어려울 때 별명(키다리, 점박이 등)이 생기는 것이고, 그 별명도 구별성을 상실했을 때 요즘 같은 이름이 나타난 것이다. 따라서 이름이라는 것은 유사한 다른 것과의 구별만 정확히 될 수 있으면 훌륭한 이름이 되는 것이다. 그런데 의미 있는 글자로 이름을 짓기 시작하면서 그 이름을 가지고 그 사람의 운명을 논하는 '기술'이 개발되었고, 이는 요즘 세상에서도 큰 위력을 행세하고 있다. 그래서 심지어 '성명학'이라는 학문까지 생겨날 정도가 되었다.

사람 이름이나 학교 이름, 상품 이름 등을 잘 지으면 그 사람이나 학교가 훌륭하게 되고 그 상품이 잘 팔려 성공한다는 것은 결코 진리일 수 없다. 그쪽 방면의 전문가들조차 종국에는 이름을 잘 지어서 훌륭하게 된 것이 아니라 그 사람이 훌륭하게 되었기 때문에 그 이름이 좋은 이름이 된다는 식으로 말한다. 이는 마치 명당에 조상을 모셔 후손이 잘 되는 게 아니고 후손이 잘 되었기 때문에 그 산소가 명당으로 인정된다는 것과 똑 같은 이야기다.

학교 이름이 스케일이 작아 학교가 발전 못한다는 주장은 결국 미신을 믿는 것에 지나지 않는다. 이는 세계적으로 유명한 외국 대학들이나 국내 대학들의 이름을 보아도 금방 알 수 있는 일이다. 시대에 맞는 커리큘럼으로 열심히 인재를 많이 길러 그들이 국가와 사회를 위해 탁월한 업적을 냈을 때 그 학교가 명문 대학이 되는 것이지, 학교 이름을 잘 지었다고 해서 그 대학이 결코 명문대학이 되는 것이 아니다. '삼성'이란 회사 이름은 '오성'이나 '백성' 또는 '천성'이나 '만성'보다 훨씬 작은 이름이지만 지금 국내를 넘어 세계적인 기업이 되었다. 이름의 크기를 따지는 것은 실패를 떠넘기려는 나약한 변명에 지나지 않는다.

5) 교명 변경 논의는 과연 실익이 있는가?

최근 교명준비위원회 위원장 명의로 보내온 메일에 의하면 교명 변경을 위한 로드맵이 어느 정도 완성되었다 한다. 그리고 엊그제 그에 따라 찬반 의견 개진과 토론을 하는 공청회도 개최되었다. 앞으로 이 결과를 토대로 하여 학교 구성원들의 의견 수렴 절차를 거치고, 또 경우에 따라 전국적인 교명 공모도 할 수 있다고 한다. 그리고 최종적으로 선정된 교명을 놓고 공주대학 전체 가족들의 투표를 거쳐 그 채택 여부를 확정한다고 한다.

일단 정해진 스케줄대로 일이 진행된다고 가정해 보자. 그래서 공주대학 아닌 어떤 교명이 선정되었다고 하자. 과연 투표 과정에서 그것이 통과될 가능성이 큰가, 부결될 가능성이 큰가. 필자는 당연히 후자 쪽이라고 믿는다. 어떤 새로운 이름이 나와도 기존의 공주대학 이름을 포기하고 새 이름으로 학교 이름을 바꾼다는 데 찬성할 사람은 공주대학 구성원 가운데 그리 많지 않으리라 생각한다. 흔히 변화와 개혁은 젊은 사람들의 특권이라고 하지만 아무 때나, 아무 것이나 다 바꾸는 것이 능사가 아니다.

공주대학의 정체성은 반세기 넘게 사용해온 그 이름에 상당 부분 들어 있다. 어떤 사물의 아이덴티티(정체성)는 일관성, 동일성, 지속성 등을 그 속성으로 한다. 이것의 형성은 많은 시간과 노력을 필요로 한다. 긴 시간과 많은 힘을 들여 구축한 정체성을 포기하는 것은 어리석은 일이다. 최근 LG 그룹에서 분리된 GS 그룹에서는 새로운 이름을 홍보하고 전파하기 위해 천문학적인 비용을 들여 광고를 하고 있는 예를 보더라도, 공주대학이 새 이름을 정하여 기존의 수준까지 끌어올리려면 계산하기 어려울 만큼 비용과 노력이 들어갈 것이고, 그렇게 해도 성공할 확률은 그리 크다고 볼 수 없다. 그렇다면 실익 없는 논의를 과연 계속 해야 하는가.

6) 미래를 생각해야 한다.

필자는 공주사범대학 출신으로 모교에서 20년째 교수 노릇을 하고 있다. 혹자는 이런 신분 때문에 교명 변경에 관해 부정적인 이런 글을 쓰는 것이 아닌가 하고 의혹의 눈길을 보내실 줄 안다. 솔직히 그런 점이 아주 없는 것은 아니다. 그러나 단언컨대 그것 때문에만 이 글을 쓰는 것은 아니다. 지금 공과대학이 천안으로 이전 통합되었다고 해서 공주대학이 안고 있는 모든 문제가 해결되는 것은 아니다. 우리 앞에는 참으로 어려운 문제들이 산적해 있다. 흔히 말하는 것처럼 무한 경쟁 앞에 바람 앞의 촛불처럼 위기인지도 모른다. 학생이 없어 문 닫을 학과가 생겨나지 말란 법도 없고, 국립대학 교수 신분도 더 이상 '철밥통'이 아닌 시대가 되었다. 다 같이 머리를 맞대고 위기 탈출을 위해 고민해야 할 시점이다. 물론 교명 변경 문제도 그 위기 탈출의 한 방법이라고 생각해 볼 수 있다. 그게 확실한 길이라면 마땅히 따라야 할 것이다. 그러나 흐릿한 가능성만 믿고 섣불리 결정했다가 돌이킬 수 없는 후회를 할 수도 있다는 점을 잊어서는 안 된다.

필자는 교명 변경 논의가 실익 없는 소모적인 논쟁이라고 생각한다. 이름을 바꾸어 성공한 기업이나 상품 몇 개를 들어 그보다 몇 십 배, 몇 백 배 이름 바꾸지 않으면서 성공하고 오래 지속된 기업이나 상품도 많다는 사실을 망각해서는 안 된다. 위험한 모험은 종종 큰 성공을 가져다주기도 하지만 대개는 도박꾼처럼 패가망신할 확률이 더 큰 것이다.

우리 대학 인근에 행정복합도시가 건설된다고 한다. 그와 맞물려

분명 우리 대학에 어떤 형태로든 변화가 올 것이다. 집권 여당은 물론 그에 반대하는 야당에서조차 2011년을 목표로 현재의 도청을 폐지하는 행정구역 개편을 계획하고 있다 한다. 그 때가 되면 상황이 어떻게 변할지 아무도 모른다. 우리 대학의 운명을 포함한 교명 변경은 그때 가서 논의해도 충분하다. 천안공대와의 통합이라는 조건은 교명 변경 명분으로는 너무 미약하다. 교명 변경 논의는 현재 수준에서 동결하고 유보해 두는 것이 좋겠다.

4. 천안호두과자를 한국호도과자로 바꾸자고 한다면

천안 지역의 소위 '공주대 교명 변경 추진위원회'에서 대규모 시위를 한다고 한다. 공주에서는 근 한 달 동안 단식과 농성이 멈추지 않고 있다. 일이 참 난감하게 되었다. 한 대학의 이름을 놓고 지역 사회에서 편을 갈라 싸움을 하게 되었으니 말이다. 이 모든 일의 근원은 두 대학의 통합에서 비롯된 것이니 차라리 원점으로 돌리자는 주장까지 들린다. 대학 구성원들의 합의를 도출해 내지 못하고 졸속으로 일을 추진하여 이 지경으로 만든 집행부는 정치권에서 흔히 하는 말대로 석고대죄를 해도 모자랄 판이다.

두 대학의 통합으로 얻은 것과 잃은 것을 계산해 보면, 아무래도 천안 쪽이 공주보다는 얻은 게 많은 것으로 보는 게 맞을 것이다. 우선 2년제 대학이 4년제 대학으로 승격하였다. 국립대학으로서 통합을 거치지 않고 단독으로 그런 수혜를 본 경우는 드물다. 또한 수 천 명의 학생과 최신 지식과 기술을 보유한 교수가 백 명도 넘게 천안으로 넘어

갔다. 그뿐 아니다. 공주대의 예산 가운데 상당액이 천안에서 집행되고 있다. 잃은 것은 단지 이름 하나뿐이다. 반면 공주 쪽은 수 천 명의 학생과 수 백 명의 교수, 그리고 공주에서 집행되어야 할 수십, 수 백 억의 예산을 빼앗겼다. 그리고 얻은 것은 외형적인 학교 규모 확대와 공주대라는 이름을 지킨 것뿐이다. 이제는 그 이름까지 내놓으라고 한다. 과연 수혜자는 누구인가.

공주대 집행부에서는 교명 변경의 이유로 공주대라는 이름 때문에 천안 지역 지자체로부터 지원을 받지 못한다는 것을 내세운다. 만약 천안시에서 공주대라는 이름 때문에 지원을 못하고 한다면 이는 참으로 어처구니없는 모순이자 망발이 아닐 수 없다. 그 논리라면 천안에서는 '천안' 이외의 그 어떤 지명도 이름으로 사용되어서는 안 될 것이다. 현재 천안에 있는 '전주' 비빔밥이나 '춘천' 닭갈비는 '전주'나 '춘천' 것이 아니라 천안의 것이다. 천안에 위치해 있고, 천안에 세금을 내고, 천안 사람이 이용하는 식당이면 당연히 천안 식당이지 어찌 전주나 춘천 식당일 수 있겠는가. 마찬가지로 공주대는 공주에 있는 공주만의 대학이 아닌 독립된 이름인 것이다. 그 이름이 무엇이 됐든 천안에 있으면 천안의 대학인 것이다.

하나의 상품이 명품 반열에 이르려면 많은 투자와 세월이 필요하다. 예컨대 예산사과나 천안호두과자는 전 국민이 인정하는 브랜드가 되었다. 전국의 어느 휴게소, 정거장, 관광지에 가도 호두과자가 팔리고 있다. 만약 어떤 도지사 후보가 나와 천안은 좁은 지역의 이름이니 이제 전국을 아우르는 이름으로 바꾸자고 해서 '충청호두과자'나 '한국호두과자'로 바꾸자고 선거 공약을 했다고 해 보자. 그 공약에 천안 사람들은 당연히 반대하겠지만 당진이나 서산, 또는 공주나 논산 사람이 많이 찍어 그가 당선될 수도 있다. 그 도지시가 선거 공약을 실천하겠다며 천안과 다른 지역과의 갈등이 있는데도 불구하고 명칭 변경을 강행한다고 하면 천안 시민들은 가만히 있겠는가.

공주대라는 이름은 단지 공주에 있는 작은 지역 대학의 명칭이 아니다. 대한민국의 수립과 함께 설립되어 우리나라와 교육의 발전에 중추적으로 기여한 대학으로 많은 사람들이 기억하고 인정하는 고유 브랜드다. 공주대 이름을 지키자고 하는 것은 이해 당사자들의 단순한 이기주의가 아니다. 수많은 시행착오와 장구한 역사를 거쳐 오면서 한 조직의 생존은 물론 발전을 가져오는 가장 근본적인 힘이 무엇인가를 잘 알고 있는 사람들의 상식적이고 원론적인 지혜의 축적이자 발현인 것이다. 천안 시민들에게 제발 일시적인 감정을 자제하고, 합리적이며 상식적으로 판단하고 행동하실 것을 간곡히 권유 드린다.

5. 공주대의 이름값은 얼마나 될까

모 방송국의 인기 드라마 '해를 품은 달'에 세자빈을 간택하는 장면이 있었다. 내로라하는 집안의 소녀 셋을 앞에 놓고 왕은 최종 관문의 질문을 한다. 왕은 자기 자신을 금전으로 환산했을 때 그 값어치가 얼마나 되겠느냐고 묻는다. 한 소녀는 황당한 질문에 우물쭈물 답을 못하고, 또 한 소녀는 왕은 지존이시기 때문에 그 값을 매길 수 없으나 굳이 답한다면 하늘보다 높고 바다보다 깊으니 그것을 잴 수 있는 척도를 주시면 대답하겠다고 말한다. 그런데 주인공인 마지막 소녀는 왕의 값은 한 냥이라고 하면서 부자들에게 한 냥은 하찮은 돈이겠으나 서민들에게는 그 한 냥이 목숨보다 귀하므로 그렇다고 대답했고, 왕은 만족한 얼굴로 그 소녀를 며느리로 결정한다. 꾸며낸 이야기겠으나 사람의 값을 돈으로 계산하는 게 가당찮은 일임을 뜻하는 에피소드라고 할 수 있겠다.

물론 지금은 자본주의 시대이다 보니 사람의 값도 돈으로 계산되는 경우가 있다. 예컨대 사고가 나서 천명을 다하지 못하고 떠난 사람들의 여명을 계산하여 생애 소득을 산출하는 공식이 있다. 호프만 식이니 라이프니츠 식이니 하여 보험 업계에서는 이에 따라 보험금을 지급한다. 그러나 그렇게 계산된 액수가 자신의 진정한 값이라고 생각하는 사람은 아무도 없을 것이다. 생명이라는 것은 이 세상 모든 재화를 합한 것보다 더 귀할 수도 있기 때문이다.

그런데도 요즘 사람들은 자신을 값으로 계산해 보는 경향이 많다. 회사에 취직할 때 연봉을 따지는 것이나 어떤 조직에서 자신의 위상을 나타내는 중요한 기준으로 돈의 액수를 먼저 생각한다. 운동선수나 연예인들은 아예 몸값이라는 말로 연봉이나 출연료를 협상하기도 한다. 사람의 능력이나 가치를 금전의 많고 적음으로 따지는 것은 분명 비극이겠으나 그게 자본주의 시대의 삶의 방식이고 기준이니 어쩌겠는가.

그런데 우리말에 '이름값도 못한다.', '나잇값도 못한다.' 하는 말이 있는 걸로 보아 선인들은 이름에나 나이에도 값이 있다고 생각해온 것 같다. 나아가 이런 이름이나 나이의 값뿐만 아니라 우리 주변에서 모든 것이 값으로 얘기되는 걸 흔히 목격할 수 있다. 그 가운데 산업사회의 특징이라 할 수 있는 회사나 상품 이름의 값은 때로 엄청난 가치를 보유하기도 한다. 해마다 발표되는 전 세계 브랜드 가치 순위는 해당 기업이나 소비자들의 지대한 관심의 대상이 되는데, 최상위를 다투는 코

카콜라, 아이비엠, 구글, 애플 등의 브랜드는 약 천 억 달러 내외의 가치를 갖는 걸로 발표되곤 한다. 천 억 달러라면 우리나라 일 년 예산의 약 3분의 1에 해당하는 금액이다. 우리나라의 삼성이나 현대도 100위권 안에 들어 막대한 가치가 있는 것으로 평가된다. 그에 미치지 못하는 여러 기업체나 상품의 유명 브랜드도 상당한 가치를 갖고 있기 때문에 국가가 그 독점권을 행사하도록 보호하고 있다.

몇 년 전에 공주대 이름을 변경하려는 움직임이 있었고 공주시민과 동문들이 힘을 모아 교육부에까지 제출된 한국대로의 변경을 어렵게 무산시킨 바 있다. 그 갈등의 여진이 아직 아물지도 않았는데 최근 또 다시 새로운 교명을 만들어 변경하려는 계획이 추진되고 있다. 천안공대와의 통합 당시 약속 사항이니 반드시 이행해야 한다는 그쪽의 강력한 요구가 있기 때문이다.

안성유기나 천안호두과자처럼 공주대는 백제와 함께 공주를 대표하는 브랜드의 하나다. 이 브랜드는 어느 한두 사람이 만든 게 아니라 오랜 세월과 많은 시민, 그리고 공주대 동문과 교직원들의 노력이 축적되어 형성된 것이다. 교명 변경을 우려하는 것은 '작은 지역 이름'을 고수하려는 고집이 아니다. 이만한 브랜드를 대체할 수 있는 이름이 현재로서는 거의 없다는 게 그 이유다. 대학 이름쯤 계기가 되면 얼마든지 바꿀 수 있다. 다만 공주대의 브랜드 가치를 금액으로 환산해 보고, 그에 버금가거나 능가할 수 있는 브랜드를 만들 수 있다면 나부터 앞장서서 공주대 이름을 바꾸자고 주장할 용의가 있다. 이는 감정의 문제가 아니라 자본주의 시대의 기초 상식이다.

6. 공주대학교 이름의 처량한 신세

공주대 출신뿐 아니라 공주 시민의 자랑이던 공주대학교의 이름이 처량한 신세에 처하게 되었다. 이른바 공주대학교 교명 재창출위원회라는 기구에서 우여곡절 끝에 3차에 걸친 선호도 조사를 한 결과 '한국대학교'라는 이름이 1위를 차지했고, 이제 그 이름과 '공주대학교'를 1대1로 투표에 붙여 그 중 하나를 선택하게 된다고 한다. 만약 '한국대학교'가 이기게 되면 곧 그 이름으로 교육부에 변경 신청을 하게 되고, '공주대학교'가 이기게 되면 계속 그 이름을 사용하게 된다는 게 그 기구에서 마련한 로드맵이다.

잘 알다시피 몇 년 전에도 공주대는 이 문제로 단기간에 치유하기 어려운 큰 상처를 입었다. 총장실이 한 달 넘게 점거되고, 몇 분의 생명을 건 단식 투쟁은 물론 1만 5 천명이 넘는 시민들이 공주대 교명 변경 반대 시위를 벌인 바 있다. 또한 교수와 학생, 시민 대표들은 세종로 정부 청사까지 버스를 타고 달려가 반대의 구호를 외쳤다. 그 와중에 몇 분은 사법 처리까지 당하기도 했다. 그 결과 학교 당국에서 새로운 교명으로 신청했던 '한국대학교'라는 이름은 수용되지 않고 반려되었다.

교명 변경을 추진하는 측의 핵심 주장은 예산농업전문대학과 천안공업대학의 통합 조건으로 교명 변경이 들어 있으니 그것을 지켜야 한다는 것과, 이 문제로 세 개의 캠퍼스 간 갈등이 지속되는 것을 해결하여 대학 발전을 도모해야 한다는 것이다. 반면, 변경을 반대하는 측의 주장은 지금까지 축적하고 이어져 온 공주대라는 이름의 브랜드 가치를 대체할 만한 이름이 없어 교명 변경으로 얻을 이익보다는 손실이 훨씬 크다는 점과, 새로운 이름이 정해졌을 때의 엄청난 홍보비용이나 이 일을 추진하는 측의 납득키 어려운 추진 절차를 문제점으로 지적하기도 한다.

이러한 두 측의 주장은 하도 날카롭게 대립하고 있어서 투표로 어느 하나가 결정이 된다 해도 상대편에서 순순히 수용하지 않을 것임을 쉽게 집작케 한다. 즉, '한국대학교'로 결정되었을 때 공주시민이나 공주대 졸업생, 재학생 중 반대자들이 격렬하게 반발할 것이 뻔하고, 반대로 '공주대학교' 이름 계속 사용으로 결정이 되었을 때 천안시민을 비롯한 교명 변경을 강력히 주장하는 분들이 그것을 아무 이의 없이 수용할 리가 없을 것이기 때문이다. 결국 어느 쪽으로 결정이 되던 갈등은 봉합되는 게 아니라 재연될 가능성이 더 크다는 것이다.

대학의 생존 환경이 점점 악화되어 가는 상황에서 각 대학은 활로를 찾기 위해 고심에 고심을 거듭하고 있다. 캠퍼스 이전, 학과와 기구를 포함한 대대적인 구조 조정, 서비스 경쟁, 경쟁력 있는 새로운 학과의 신설, 우수 교수 영입, 세인의 이목을 끄는 홍보 전략 등 그야말로 전방위적인 전면전의 경쟁을 벌이고 있다. 교수와 직원, 학생, 동문, 지역사회 주민 등이 총력을 결집해 노력을 해도 부족할 판에 학교 이름을 가지고 학교 구성원 간에 새로운 갈등을 조성하는 카드를 불쑥 들고 나온 집행부의 저의가 무엇인지 궁금하기만 하다. 백 번 양보하여 새로운 학교 이름으로 대학 발전을 꾀하겠다는 의중이 있는지는 모르겠으나 만일 그게 사실이라면 그것은 하책 중의 하책일 게다. 이름이 안 좋아 대학 발전이 되지 않는다는 발상은 어리석은 사람들이나 믿는 미신이기 때문이다.

대학 구성원 다수가 '공주대학교'라는 이름이 안 좋다고 한다면 학교 이름쯤 얼마든지 바꿀 수도 있다. 또 이름을 바꾸어 대학이 발전하고,

경쟁력이 높아진다는 확신만 있다면 이름 바꾸는 게 뭐 어렵겠는가. 하지만 현재로서는 그 어느 것도 희미한 가능성뿐이다. 그 불투명한 가능성을 믿고 덜컥 이름을 바꾸었다가 바꾸지 않았을 때가 더 좋았다는 결과에 도달한다면 그 책임은 누가 지는가. 총장을 비롯한 보직자는 임기가 끝나면 제 자리로 돌아간다. 추진위원들 모두 마찬가지다. 상처와 피해는 두고두고 이어질 것이고, 결국 그 피해는 아무 잘못도 없는 공주대학교가 고스란히 받게 된다.

대한민국 발전의 원동력은 교육에 있었다고들 말한다. 그 한 축을 자랑스럽게 담당했던 공주대학교의 이름을 더 이상 처량하게 해서는 안 된다. 역사와 전통이 깃든 그 이름에 무슨 죄가 있어 그리 하찮게 취급하는가. 수많은 사람들이 겉으로 말은 안 해도 눈에 불을 켜고 지켜보고 있다.

7. 갈등의 고개를 넘는 지혜

갈등은 인간이 사는 세상이면 어디에나 존재한다. 아무리 피하고 싶어도 살아 있는 한 피해 갈 수 없는 것이 바로 갈등이다. 이 갈등에 대해 많은 사람들은 흔히 그것을 부정적인 것으로 보고 가급적 빨리 없애거나 치유해야 한다고 생각한다. 그리고 평화나 화해를 추구하며 아무리 어려운 상황에서도 그 쪽으로 지향하는 것이 옳다고 진리처럼 믿고 있다.

하지만 갈등이 꼭 그리 부정적인 것만은 아니다. 갈등을 통해 의식의 성장이 이루어지며 지혜의 영역이 확장되는 긍정적인 측면도 있다.

사실 우리가 산다는 것 자체가 갈등의 연속이다. 죽음의 세계에 들어서지 않는 한 갈등을 떠날 수가 없다. 다시 말해 갈등이 없다는 것은 죽음과 다름없는 삶인 것이다. 생명이 정지된 죽음, 거기서 얻는 평화가 과연 의미 있는 것인가. 평화라는 것도 결국은 더 잘 살기 위해 애써 구하는 것 아닌가.

인류의 교육은 압축된 체함의 전달에서 발생한 것으로 추정해 볼 수 있다. 그 체험의 전달이란 것이 애초에는 당연히 매우 엉성하고 거친 형태였을 것이다. 그러나 반복된 연습과 훈련을 통해 점차 내용과 형식이 세련되고 발전하게 되는데, 그렇게 해서 생긴 것이 서사 양식이다. 우리가 잘 아는 신화나 전설 같은 것이 거기에 해당된다. 예전에 신화나 전설이 담당하던 기능을 오늘날에는 소설이나 드라마 같은 것이 대체하고 있다. 물론 그 영향력은 많이 약화되었지만 말이다. 따라서 서사 양식은 역사적으로 꾸준히 그 모습을 바꾸어 오긴 했지만 본질적으로 그 기능은 처음과 동일하게 유지되고 있는 것을 부정할 수 없다.

서사 양식의 핵심 요소가 바로 갈등이다. 갈등이 없는 서사 양식은 존재하지 않는다. 서사 구조에서의 갈등은 같은 방향으로 진행하는 두 개의 힘이 서로 교차할 때 발생하는 것으로 정의된다. 즉, '가'라는 힘과 '나'라는 힘이 각각 위와 아래 방향으로 진행하게 되면 서로 만나 각을 이루게 되는데 이 상황이 바로 갈등인 것이다. 그 각의 크기가 클수록 갈등의 크기가 커지며 반대로 각의 크기가 작으면 갈등도 작아진다. 큰 갈등은 사람들에게 호기심과 흥미를 불러일으키긴 하지만 개연성은 떨어진다. 반면 작은 갈등은 개연성은 높지만 지나치게 일상적이고 다반사여서 식상함만 줄 뿐 관심거리가 되기 어렵다.

그런데 '가'와 '나'의 힘이 서로 교차하지 않고 평행을 이루며 진행하면 어떻게 될까. 또 그 두 개의 힘이 완전히 하나가 되어 같은 속도로 동일한 위치에서 진행하면 어떻게 될까. 평행을 이루며 진행하는 두 힘은 아예 갈등이 될 수 없다. 그것은 갈등 영역 밖의 일이다. 완전히 일치가 되어 진행하는 두 개의 힘 역시 갈등이라고 볼 수 없다. 그것 또한 갈등 영역 밖의 일이다. 다만 이 두 경우의 차이점은 전자가 애당초 갈등이 아니었던 데 비해 후자는 갈등이었던 것이 갈등이 아닌 것으로 바뀐 것이란 데 있다.

갈등이었던 것이 갈등 아닌 것으로 바뀌었다는 말은 두 가지의 해석이 가능하다. 하나는 존재하던 갈등이 완전무결하게 해소되었다는 뜻이고, 다른 하나는 언젠가 갈등으로 분화될 가능성이 잠복하고 있다는 의미다.

살아 있는 존재에게 갈등은 필수불가결한 요소다. 그리고 갈등은 끊임없이 조성되고 해소되어야 한다. 그 과정에서 생명성이 유지되고 발전이 온다. 다만 얼마나 진지하게 그 갈등을 조성하고 또 현명하게 해소할 수 있는가가 문제라 할 수 있다. 여기에는 사람들의 문화 의식과 지성, 합리적 이성과 논리적 사고가 관건이 된다. 무작정 생떼를 쓰듯 달려들어 일으키는 갈등은 야만성을 드러낼 뿐이다. 반대로 상생을 위한 지혜로운 갈등의 조성은 상호간의 발전을 가져오게 된다.

요즘 우리대학은 개교 이래 가장 큰 갈등에 봉착해 있는 듯하다. 아직 취임하지도 않은 총장 당선자의 교명 변경과 천안으로의 대학 본부 이전 공약을 놓고 공주 시민들이 엄청난 기세로 학교를 압박하고 있다. 이 갈등이 대학과 공주 발전을 위한 상생의 지혜로운 갈등이 될지, 아니면 일방적이고 저돌적인 공격의 부정적 갈등이 되고 말지 두 눈 부릅뜨고 지켜 볼 일이다.

공주대와 대학의 나아갈 길

1. 공주대학 60년, 60년 후의 공주대학

올해 우리 대학이 개교 60주년을 맞았다. 우리나라의 2백여 개가 넘는 대학 가운데 60년의 역사를 가진 대학은 그리 많지 않으니 이제 말 그대로 '유구한 역사'를 가진 대학이 된 것이다. 물론 일부 사립대학 중에는 개교 100주년을 넘긴 곳도 있지만, 국립대학의 역사는 대한민국 정부 수립의 역사와 함께 갈 수밖에 없으니 이 60년은 우리나라 정부 나이와 맞먹는 자랑스럽고 소중한 역사임을 누구도 부인할 수 없을 것이다.

그런데 축하해 마지않는 이 60이라는 숫자에는 어떤 뜻이 담겨 있을까? 우리는 예로부터 생후 60주년(61세)을 회갑(환갑)이란 명칭으로 부르며 대단한 의미를 부여하였다. 왜 그런가? 먼저, 의료시설과 수준이 부족하여 평균수명이 짧았던 시기에 60년을 무사히 살았다는 사실 자체가 축하를 받아 마땅한 일이었고, 또 효를 중시하는 유교적 관점에서 보면 회갑 잔치는 축하와 함께 부모의 은혜에 대한 보답이라는 교육적 기능을 수행하는 복합적인 행위였기 때문에 이를 중시했던 것으로 짐작해 볼 수 있다. 따라서 그 자손들은 빚을 내서라도 큰 잔치를 베푸는 것을 도리로 알았던 것이다. 그러나 그보다 더 중요한 의미는 '회갑'이라는 명칭에 있을 것이다. 태어난 해와 같은 60갑자의 원래 시작한 곳으로 다시 돌아온다는 뜻을 가진 이 단어에는 한 사람의 삶을 정리하고 제2의 새로운 삶을 시작한다는 뜻이 들어 있다. 즉, 열심히 일하던 현역에서 은퇴하여 유유자적하며 또 다른 삶을 출발하는 그런 뜻이 들어 있기에 이 숫자가 특별 취급을 받아 온 것으로 생각해 볼 수 있겠다.

이런 생각의 비유적 연장선에서 사람이 아닌 단체나 기관의 60주년도 축하의 대상이 되는 것일 텐데, 따라서 단순히 이를 기념하고 축하하는 것만으로는 제대로 된 60주년 행사라고 보기 어려울 것이다. 지나온 과거를 냉철하게 분석하고 반성하는 바탕 위에서 계승할 것과 버려야 할 것을 추려내고, 이를 토대로 삼아 그 단체나 기관이 나아갈 길을 모색하는 데에 60주년의 진정한 의미가 있을 것이다. 물론 이런 일은 평상시에도 꾸준히 해야 하지만, 특히 60주년 같은 계기를 맞아 평소하기 어려웠던 개혁 조치를 단행하여 획기적인 변화와 발전을 꾀할 수도 있을 것이다. 60주년은 구성원들의 갈등을 봉합하고 합의와 공감대를 끌어내기 위한 좋은 명분이 될 수 있기 때문이다.

현재 우리 대학에서는 개교 60주년 행사가 다양하게 벌어지고 있다. 그런데 아쉬운 것은 60주년을 기리고, 축하하고, 기념하는 행사는 많은데, 앞으로 우리 대학이 어디로 가야 할지를 고민하고 성찰하는, 제2의 개교와 같은 새 출발에 대한 의식은 좀 부족한 것 같다는 느낌이 든다. 즉, 미래에 대한 비전이나 전망에 대한 구성원들의 합의와 준비가 다소 모자라지 않는가 하는 아쉬움이 든다는 말이다.

공주대학 60년 역사의 3분의 2 정도는 공주사대의 역사다. 과거 수십 년 동안, 공주사대라는 이름은 고유명사지만 보통명사처럼 사용되었을 만큼 그 이름이 높았다. 지금도 그 전통과 명성은 상당 부분 이어지고 있다. 나라가 어려울 때 교육 구국의 신념으로 헌신했던 공주사대 출신 교육자들의 힘이 우리나라 경제 기적을 이룬 원동력의 일부가 되었음은 움직일 수 없는 사실이다. 그러나 언제까지 과거의 그 명성에만 매달려 있을 수는 없다. 그것은 그것대로 이어가되 종합대학으로 새 출발한 공주대학교가 가야 할 새로운 길을 닦아야 한다.

공주대학은 여러 대학을 통합하여 만들어진 특수한 사정 때문에 캠퍼스가 분산되어 있고, 또 구성원들의 화학적 결합이 안 되어 불안한 분위기를 갖고 있다. 서로 지향하는 목표가 달라 갈등이 잠복해 있기도 하다. 올해 학내를 달구었던 교명 변경 문제 같은 것이 대표적인 예라 할 수 있다. 그런데 이런 조건은 생각하기에 따라 다른 대학이 갖지 못한 장점이 될 수도 있다. 유능한 리더가 나와 캠퍼스 간의 갈등을 수습하고 구성원의 힘을 모으기만 하면 그 부정적 요인이 어느 대학도 따라오기 어려운 폭발적인 에너지로 변환될 수도 있다는 말이다. 미래 공주대학의 운명을 가름할 열쇠가 여기에 있다고 생각한다.

앞으로 60년 후인 2068년, 그때 현재의 우리 대학 교수나 직원들은 어떻게 되어 있을까? 상당수는 이 세상 사람이 아닐 것이다. 그때도 공주대학이 남아 있을까? 남아 있다면 어떤 모습일까? 우리의 소망은, 혹 학교 이름은 바뀌어 있을지 모르지만, 그 때도 공주대학이 그대로 남아 있었으면 하는 것이고, 또 현재 공주대학 학생들의 손자 손녀들이 우리 대학 학생이 되어 할아버지 할머니의 대학 생활을 자랑스럽게 떠올리며 공부하고 있는 모습일 것이다. 그렇게 되기 위해 현재 우리는 무엇을 어떻게 해야 할까?

우리 미래는 현재 우리가 어떻게 하느냐에 따라 달라질 것이다. 60년 후에 공주대학이 남아 있느냐, 없어지느냐는 현재의 우리 생각과 활동이 결정한다. 휴정 스님이 지으시고 백범 선생이 좌우명으로 삼으셨다는 한시 한 수가 이를 잘 말해 주고 있다. "눈을 밟고 들판 길을 갈 때 발걸음을 어지럽게 하지 말라. 오늘 내가 가는 발자국이 뒷사람들의 이정표가 되리라." 오늘 내가 걷는 발걸음이 미래의 공주대학 60년을 좌우한다. 어찌 한 발자국인들 허튼 걸음을 할 수 있으랴.

2. 교수 수난 시대

요즘 교수라는 명칭은 이중적인 의미로 사용되고 있는 것 같다. 해당 분야 전문가로서 사회적으로 존경을 받는 뜻으로 쓰이기도 하고, '철밥통'이라는 말에서 보듯 기득권을 고수하려는 부정적 의미로 통용되기도 한다. 시간이 지날수록 전자의 의미는 점차 퇴색되고 후자의 아집이나 고집불통 이미지는 점점 강화되고 있는 것 같다.

대략 1980년대를 기준으로 그 이전에는 대학도 많지 않았고, 당연히 교수라는 직업도 희소성이 있었다. 그러나 살인적 대입 경쟁을 해소한다는 군사정권의 정책으로 인해 대학 설립이 급증하면서 교수 숫자도 급격하게 증가되었다. 숫자가 늘어나다 보니 개중에 충분한 자격을 갖추지 못한 교수들도 양산되었고, 희소성이 사라지게 되자 자연히 교수에 대한 인식도 달라지기 시작했다.

또한 권위주의적 정권은 자신들의 정당하지 못한 권력에 대한 부정적 여론을 희석하기 위해 대학 총장이나 교수들을 총리나 장관, 국회의원으로 차출함으로써 교수에 대한 사회적 인식에 많은 변화를 가져오게 되었다. 강단에서 진리와 정의를 가르치던 교수들의 청렴성과 신선한 이미지는 상당 부분 비민주적 정권의 치부를 가리는 데 기여를 한 게 사실이다. 이 과정에서 일부 정치적 욕망을 가진 교수들의 자발적이고 적극적인 참여로 인해 우리 사회에 '폴리페서'라는 부정적 신조어를 탄생시키기도 했다.

교수의 역할과 기능으로 흔히 교육, 연구, 봉사의 셋을 꼽는다. 교수(敎授)라는 문자에서 보듯 교수의 가장 본질적이고 핵심적인 역할은 교육이다. 미래의 인재에게 지식과 기술을 가르쳐서 인격과 품성을 갖춘 차세대 지도자를 양성하는 게 교수의 기본적 사명이다. 그 직무를 잘 수행하기 위해서는 끊임없는 연구가 필요하다. 고금의 선학들이 축적해 놓은 지식을 섭렵하고, 그것이 현재에 어떤 가치와 의미를 갖고 있는지 비판적 판단을 하며, 미래에 어떤 길로 나아가야 할지 그 방향을 제시하는 게 바로 제대로 된 연구라고 할 수 있다. 따라서 연구와 교육은 상보적인 관계라고 보아야 한다. 또 봉사라는 개념은 전문가로서 습득하고 창출한 새로운 지식과 기술을 상아탑 안에 사장하지 말고 사회와 소통하면서 공동체 발전을 위해 활용해야 한다는 뜻일 것이다.

그런데 일부 교수들은 이 봉사의 개념을 오해하여 현실 정치나 사회 변혁 운동에 참여함으로써 자신의 개인적 욕망을 실현하는 계기로 삼는 경우도 적지 않다. 특히 총선이나 대선 등 주요 정치적 계기마다 본인이 직접 교수의 역할은 뒷전으로 밀어놓고 참여하는가 하면, 유력한 후보의 캠프에 정책 개발이라는 미명으로 대거 합류하는 경우도 많다. 교수의 기본적 직분에 비추어 보면 분명 일탈이고 비정상이다. 심지어는 교수직을 유지한 채 정계나 관계에 들어가 학생들에게 피해를 주는 일을 자행하는 사람들도 있다. 대다수 본분에 충실하고 있는 교수들에게까지 덤터기를 씌우는 정치 행태라 하지 않을 수 없다. 이런 일들은 교수에 대한 사회적 인식이나 부정적 이미지를 강화하여 전체 교수들을 더욱 부끄럽게 만드는 결정적 역할을 하고 있다.

한편, 교수의 연구에 대한 정책 또한 교수들을 피곤하게 하는 것을 넘어 교수직에 대한 회의까지 불러오게 하고 있다. 어느 새 우리 사회에 확고하게 뿌리내린 신자유주의적 사고와 정책이 교수의 연구 영역까지 점령하여 연구의 내용이나 질을 따지지 않고 계량적 수치로 연구 능력과 교수의 수준을 가늠하는 지경에까지 이르렀다. 교과부 행정 직원들의 아이디어 수준으로 제기된 연구 정책, 예컨대 연봉제, 성과급, 선별 지원 등이 대학 사회에 강압적으로 적용되다 보니, 교수들은 본연의 연구가 아니라 단기간의 숫자 채우기 논문 작성에 매달릴 수밖에 없다. 일선 교수들의 자조적인 말에서 보듯 이건 연구가 아니라 논문 작성 기계에 의한 논문 제조에 가깝다.

그뿐인가. 요즘 대부분의 대학에서는 검증되지도 않은 강의 평가를 통해 교수들을 서열화하고, 제자들의 취업률까지도 교수의 능력을 측정하는 척도로 사용하고 있다. 마땅히 정부와 사회에서 해야 할 청년 취업까지 교수들에게 책임을 전가하다 보니 교수들은 잘 가르치는 교수의 본분은 팽개쳐 두고, 쓸모없는 논문 제조나 취업 부탁, 신입생 유치를 구걸하러 다녀야 하는 초라한 신세가 되고 말았다.

교수라는 이름만으로도 존경과 신뢰의 대상이 되었던 시대로 되돌아가는 것은 불가능한 지경이 되었다. 말 없는 다수의 교수들은 과거의 그런 교수 시절을 그리워하기는 할망정 그 시절로 회귀해야 한다고 생각하지는 않을 것이다. 다만, 묵묵히 연구실에서 책을 읽고 강의실에서 학생들을 가르치면서 여유가 있다면 사회를 위해 자신의 전문적 지식으로 봉사하며 살아가기를 원하고 있을 것이다.

교수에게 특별한 혜택이나 특권을 줄 수도 없고 주어서도 안 된다. 다만 교수 본연의 직무에 충실할 수 있도록 최소한의 여건과 분위기를 만들어 줄 필요는 있다. 많은 교수들의 이런 바람이 실현된다면 그것은 교수에게뿐 아니라 나라와 인류를 위해서도 바람직한 결과로 작용할 것이다. 제발 교수들을 더 이상 흔들지 말고 조용히 연구하고 강의할 수 있도록 좀 가만히 놔두시라. 그게 교수들을 위한 최대의 예우이자 희망 있는 미래 사회를 만드는 지름길이다. 자유방임의 분위기인 일본 교토대에서 일곱 명의 노벨상 수상자가 나왔다는 보도도 있지 않은가. 교수들이 의욕을 잃고 무기력해지면 그 사회는 정체되어 썩어갈 수밖에 없다. 교수들이 정상적 역할을 수행할 수 있는가의 여부는 한 사회의 건강성을 재는 척도이자 그 사회의 미래를 가늠하는 기준이다. 동서고금의 대학 역사가 그것을 뚜렷이 증명하고 있지 않은가.

3. 대학신문의 나아갈 길

시대 변화에 따른 매체의 부침은 인류 역사의 본질이자 축도다. 새로 출현한 매체가 인류의 역사를 바꾸어 놓기도 하고, 매체의 지배력이 권력의 향배를 좌우하기도 한다. 우리는 매체 없이 하루도 세상을 살 수가 없다. 대부분의 사람들은 매체 속에서 태어나, 매체와 더불어 살다가, 매체와 함께 죽는다.

21세기 매체의 총아는 단연 영상과 디지털이다. M. 맥루한이 말한 쿨미디어(인쇄매체)는 점점 설 땅이 좁아져 가고 있다. 이는 누구도 부인할 수 없는 이 시대의 풍속이자 거스를 수 없는 대세이기도 하다.

과거 대학신문은 저널리즘과 아카데미즘의 '황홀한 만남'이었다. 새로 창출된 지식과 기술이 대학신문을 통해 발표되었고, 한 국가의 지성을 대표하는 최고의 시대적 화두가 제시되었으며, 난마처럼 얽힌 현실을 풀어내는 지혜가 베풀어지기도 했다. 그러나 이런 대학신문의 기능은 요즘 거의 퇴색되어 버렸다. 대학 구성원이 자기 생각을 발표할 매체가 널려 있고, 실시간으로 정보가 유통되는 상황에서 주간이나 격주간의 인쇄 매체는 더 이상 매력이 없어졌기 때문이다. 대부분의 대학신문이 인터넷 신문을 병행하면서 이런 상황은 심화되었다. 대학신문 무용론이 나오는 게 하등 이상한 일이 아니다. 이제 대학신문도 자구책 내지 변신을 모색해야 한다. 과거의 명성과 현상 유지에 급급하다가는 언제 고사할지 모른다.

그렇다고 허겁지겁 남의 흉내나 내는 변화를 해서는 곤란하다. 변화하되 대학신문의 본질과 품위는 지켜야 한다. 독자들의 기호에 영합하거나 대학신문의 정체성을 망각한 변화는 죽는 길을 재촉할 뿐임을 명심해야 한다. 그러면 대학신문이 나아갈 길은 무엇인가.

첫째, 기사나 내용 구성에서 아카데미즘의 본질을 지키는 성격을 유지해야 한다. 대학신문이 다른 신문과의 차별성과 특화를 위해 이것만은 포기할 수 없는 마지노선이다. 화장만 잘한다고 미인이 되는 게 아니다. 본바탕이 중요하다. 그 바탕을 바꾸면 아이덴티티가 날아가고, 그나마 남아 있던 소수의 독자마저 떠날 것이다.

둘째, 독자들의 요구 수준을 끊임없이 파악하여 그들의 욕구를 충족하고 불만을 해소해 주는 신문이 되어야 한다. 독자 없는 신문은 존재가치가 없다. 교직원이나 대학생은 최고 수준의 독자다. 대학신문의 기자나 편집인이 우월적 위치에서 그들을 계도하고 선도한다는 오만을 버려야 한다. 그리고 그들의 사소한 문제에서부터 우리 사회와 국가의 거대한 담론에 이르기까지 그들이 관심을 갖고 있는 문제들을 철저하게 분석하고, 의제를 설정하고, 대안을 모색하는 심층적인 기사를 작성해야 한다. 수요에 따른 공급을 해야 소비자가 만족한다는 건 상식이다. 수요자를 고려않는 공급은 자기도취이자 자독행위다.

셋째, 하드웨어적인 쇄신도 필요하다. 총장-주간교수-편집국장-학생기자의 구조로 된 오랜 관행도 변화를 모색해 볼 필요가 있다. 경영과 제작의 분리는 언론의 본질 구현을 위한 최소 조건이다. 이는 위기 타개와 경쟁력 확보를 위해서도 고려할 일이라 생각된다. 또 지면 쇄신도 필요하다. 무사안일한 반복은 정체를 의미한다. 독자의 선호를 바탕으로 과감한 판형 변화나 획기적인 지면 구성도 모색해야 한다.

공주대신문은 창간 60년이 넘은 매체다. 요즘 추세대로라면 이런 장구한 전통도 하루아침에 무너질 수 있다. 위기의 대학신문이 살아남기 위해서는 최소한의 본질만 놔두고 모든 것을 쇄신하고 변화시키지 않으면 안 된다. 그리하여 교직원과 학생, 동창회원뿐 아니라 지역사회 주민들까지 일부러 찾아 읽는 신문이 되어 우리 대학과 함께 더욱 발전하기를 바란다.

4. 대학의 신자유주의 물결을 애탄(哀歎)함

불과 몇 십 년 전까지만 해도 한국의 자랑거리로 '따뜻한 인정'이 손꼽혔다. 예컨대 '이웃사촌'끼리는 애환을 같이 하며 피붙이 못지않은 정을 나누었고, 같은 동네는 물론 인근 마을의 혼례와 상례까지 나의 일을 젖혀놓고 함께 모여 치르는 게 당연했다. 좀 거슬러 올라가면 나그네가 길을 가다가 저녁 무렵 생판 모르는 사람 집에 찾아가 '하룻밤 유숙하고 갑시다.'했을 때 대개 아무 조건 없이 잠자리와 끼니를 제공해 주는 게 보통이었다. 만약 그런 나그네를 매몰차게 물리치면 인정머리 없는 집이라고 손가락질을 당했다. 다른 나라에서는 찾아보기 어려운 아름다운 풍경이 아닐 수 없다.

그러나 지금은 어떤가. 인근 마을은 고사하고 같은 마을에 누가 사는지도 모른다. 심지어는 같은 아파트의 앞집에 사는 사람이 누구인지도 모른다. 관심을 가져 보려고 하면 오히려 이상한 눈으로 바라본다. 이웃에 사람이 죽어 누워 있어도 며칠이 지나도록 모르는 세상이다. 남아서 내다버리는 음식이 지천인데 없어서 굶는 사람이 바로 이웃에 있다. 살벌하다. 참으로 살천스럽기 그지없는 세태다.

비록 경제적으로는 보릿고개를 넘어서 선진국 문턱에 다다랐다고 하지만 삶의 윤기나 행복 지수는 많이 후퇴한 것을 부정하기 어렵다. 그렇다고 과거로 돌아갈 수는 없다. 또 그래서도 안 된다. 흔히 추억은 아름답다고 하지만 그것만 가지고 세상을 살아갈 수는 없는 노릇이다.

그 동안 우리는 '잘 살아 보자'는 구호를 외치며 수단 방법을 가리지 않고 달려왔다. 원칙은 외면당하고 실종됐다. 온갖 편법을 동원해서라도 정해 놓은 수치 달성에만 매달려 왔다. 어떤 학자의 표현대로 '걸인의 철학'에 모든 것을 건 것이다. 그 결과 우리는 지금 총체적으로 심각한 위기에 부딪쳐 있는 것이다.

현금 우리 시대의 화두는 단연 '변화와 개혁'이다. 무엇을 위한 변화와 개혁인가. 살아남기 위한 유일한 대안이라고 한다. 그를 위해 우리 삶의 모든 면에 경쟁과 효율이 강조된다. 경쟁에서 도태되어 낙오되는 건 능력 부족 때문으로 치부된다. 효율이 없는 것은 아무 쓸모도 인정받지 못한다. 개인 기업에서 국가기관에 이르기까지 경쟁이 일상화되어 있다. 기관끼리, 개인끼리 바라보이는 모두가 경쟁자이자 적이다.

경쟁을 강화하기 위해서는 필연적으로 평가를 해야 한다. 그러다 보니 전 방위로 평가가 만연한 세상이 되었다. 어디로 눈길을 돌려도 온통 평가뿐이다. 심지어는 평가를 위한 평가까지 있다. 평가만능주의, 평가지상주의가 판을 치고 있다.

발전을 위해 평가는 반드시 필요하다. 그러나 평가 결과의 활용을 어떻게 하는가는 전혀 다른 문제다. 평가를 오로지 서열을 매기는 것으로 보는 것은 야만이고 폭력이다. 강한 자에게 상을 주고 약한 자에게 불이익을 주는 것은 전형적인 적자생존의 법칙을 따르는 것이다. 거기에 인간은 없다. 약자에 대한 배려도 없다. 오직 동물세계의 냉엄한 법칙만이 있을 따름이다. 인간의 존엄성이나 위엄은 실종되고 효율과 경쟁만 있을 뿐이다.

신자유주의라는 '괴물'이 우리 사회를 점령한 지도 꽤 되었다. 당연히 진리와 정의의 보루라는 대학도 예외 없이 이 괴물에 완전히 점령되어 버렸다. 대학평가, 학과 평가, 교수 평가가 일상화되었다. 평가 결과에 따라 우수 대학, 우수 학과, 우수 교수가 가려진다. 거기에 돈도 따라다닌다. 자본주의사회에서 능력 있는 사람이 더 많은 돈을 받는 것은 누구도 시비하지 못할 일이다. 그러나 질을 따지지 않는 양 위주의 연구 실적, 벌건 도장이 찍힌 봉사활동확인서, 학생들의 비위를 맞추고 받은 강의 평가 점수 등이 과연 우수 교수를 판별하는 기준에 적합한 것인지는 모를 일이다.

행복의 조건으로 '지혜'를 꼽는 학자가 있다. 그것은 대학 생활에서 공부해야 할 핵심 주제라고 생각된다. 훌륭한 교수는 학생들에게 경쟁해서 이기는 법을 가르치기보다 지혜를 얻는 법을 가르쳐야 한다. 교수가 단순한 지식 기능공이나 지식 장사꾼에서 벗어나는 길은 바로 여기에 있을 것이다. 많은 '훌륭한 교수'를 강제로 '우수 교수'로 몰아가는 신자유주의 대학 현실이 안타깝기만 하다.

5. 오아시스 없는 사막

'앙꼬'는 일본 말인데 '빵 속에 넣는 팥으로 된 소'라는 뜻이다. 국어순화 차원에서 '팥소'로 고쳐 쓰자는 의견이 나온 지 오래 되었다. 그런데도 아직 우리는 현실적으로 이 말을 많이 사용하고 있다. 그런데 이 '앙꼬 없는 찐빵'이란 말은 다 알다시피 신파극 대사에 나오던 말이다. 사랑하는 사람과 헤어진 뒤의 상황을 비유하기 위해 '그대 없는 세상은 불 꺼진(없는) 항구요, 앙꼬 없는 찐빵이요, 오아시스 없는 사막'이란 식으로 열거되던 말인 것이다. 한 마디로, 이 말은 어떤 것에 중요하고 핵심적인 것이 빠져 있는 상태를 가리키는 말이다.

공주대학교는 반세기 전 중등교사 양성을 목적으로 설립된 공주사범대학이 그 모체다. 국립사범대학으로 전국적인 명성을 얻던 공주사범대학은 1990년 일반대학으로 전환했고, 그 다음 해 종합대학으로 체제를 개편하였다. 따라서 약 20년 남짓한 역사밖에 갖지 못한 후발 종합대학인 것이다. 그럼에도 그 동안 비약적인 성장을 하여 지금은 국공립대학 중 10위권 대학이라고 자타가 공인하고 있다.

10위권 대학이라는 것은 무얼 말하는가. 주로 외형적인 학과 수, 학생

수, 예산 규모를 기준으로 한 서열인 것 같다. 내용과 질을 가지고 대학을 서열화 한다면 우리 대학은 과연 몇 등이나 할 수 있을까. 물론 어떤 기준에서건 등수가 앞서는 것은 좋은 일이다. 특히 학생 수 감소로 각 대학이 경쟁을 하고 있는 작금의 현실에서 보면 학생 유치에서도 결코 나쁜 조건은 아닐 것이다. 그러나 대학이 언제까지 전근대적인 크기 자랑이나 하고 있어야 하는가. 대학의 구조나 효율성 등, 질적인 면을 따져 등수가 앞서는 것은 분명 자랑할 일이나, 단지 그 외형적 기준으로 덩치 자랑이나 하던 시대는 이미 지나 버렸다. 앞으로는 큰 덩치가 오히려 부담으로 작용할지도 모른다.

이와 관련하여 공주대의 부끄러운 모습 하나를 따져 보기로 하자. 현재 우리 대학은 7개의 단과대학에 12개 학과군(25학과), 25학과, 15학부(36전공)로 구성되어 있다. 예전 기준으로 하면 약 90개 가까운 학과로 구성되어 있는 것이다. 그 가운데는 특성화된 학과도 있고, 경쟁력이 높은 학과도 있어서 다른 대학과 차별되는 우리 대학만의 자랑이라고 할 수 있다.

그런데 아무리 눈을 씻고 보아도 종합대학에 당연히 있어야 할 몇 개의 학과가 누락되어 있어 학교의 위상을 이상하게 만들고 있다. 집을 지을 때 그 근본 구조를 형성하는 몇 개의 요소를 빼고 지으면 결과적으로 어찌 되겠는가. 가령 대들보가 없다던가, 중심을 버티는 기둥 하나가 빠져 있다면 겉으로 아무리 화려하고 멋있어 보이는 집도 오래 지탱하기가 어려울 것은 자명한 일이다.

그 몇 개의 학과 중에 '국어국문학과'를 예로 들어 생각해 보자. 역사가 오래 된 대학이건, 최근에 새로 생긴 대학이건 종합대학에 국문과가 없는 대학이 얼마나 될까. 필자가 조사해 본 바로는 전국 4년제 종합

대학에 국문과가 없는 대학은 우리 대학 빼고는 거의 없는 것 같다. 특수목적 대학이나 특성화를 표방하는 대학을 제외하고 일반 종합대학 약 100개 이상의 대학에는 빠짐없이 국문과가 설치되어 있다. 우리와 위상이 같은 국립대학만을 대상으로 했을 때 26개의 국공립대학 중 해양대나 체육대 등 특수한 10개 대학을 제외하고 나머지 16개 대학에 모두 국문과가 설치되어 있다. 특히 우리와 위상이 비슷한 소위 후발대학이라고 일컫는 7개의 대학(요즘 공동논문집을 간행하는 대학들) 중 공주대와 순천대만 국문과가 없는데, 순천대학에는 국립대학 중 유일하게 문예창작학과가 설치되어 있다. 또한 국어교육과가 설치되어 있는 국 사립 29개 대학 중 공주대와 순천대, 한국교원대에만 국문과가 없다.

물론 단순하게 다른 대학에 국문학과가 있으니 우리 대학에도 설치해야 한다는 논리는 성립할 수 없다. 왜 이렇게 거의 모든 대학이 국문학과를 설치하고 있는가, 그 본질적인 이유를 생각해 보아야 한다. 흔히 국문학과는 기본 학과라고 한다. 모든 학문의 기초를 이루는 도구학과라는 뜻이다. 우리말이나 글이 제대로 구사되지 못하면 어떤 학문도 수행할 수가 없다. 초중등학교에 국어 교과가 중요하게 취급되어 많은 시간(단위)을 배정하는 이유도 여기에 있다. 그렇기 때문에 모든 대학이 설립 초기에 '별 생산성도 없는' 국문과를 만드는 것이다. 영악한 사립학교 재단에서 필요하지도 않은 학과를 무엇 때문에 만들겠는가. 이는 대학을 설립하고 운영하는 모든 사람들에게 국문학과는 대학이 필수적으로 갖추어야 할 학과라는 상식이 있기 때문이다.

우리 국어교육과 교수들은 그 동안 인사대에 국문학과를 설치하기 위해 많은 노력을 기울였다. 사실 국어교육과 교수가 이 일에 나서는 것은 자칫 학과 이기주의로 비칠 우려가 있어 자제했어야 하나, 대학 경영자들이 '상식'을 실천해 주지 않으니 부득이 나설 수밖에 없었던 것이다. 역대 총장님들 중 국문학과 설치의 당위성에 대해 부정하는 분은 한 분도 없었다. 모두 당연한 일이라고 말씀을 하셨다. 그런데도 10년 넘게 이 문제는 해결되지 않고 있다. 때로 교수 전원이 총장님을 면담하기도 했고, 그 당위성을 문서로 만들어 일일이 도장을 찍어 올리기도 했다. 심지어 얼마 전에는 국어교육과 정원을 감축해서라도(지금 국어교육과는 시쳇말로 '잘 나가는' 경쟁력 있는 학과임에도) 설치를 해 달라는 의견을 내기도 했었다. 그럼에도 불구하고 결과는 다시 원점이었다.

이런 결과에 대해 대학 경영하시는 분들의 한결같은 답변은 '교육부에서 승인을 하지 않는다, 취업도 안 되는 학과를 어떻게 만드느냐.' 이런 식이었다. 전임 모 총장님께 필자는 이 문제로 의견을 개진했다가 개인적으로 호된 질책을 받은 바도 있다. 필자가 알기에 몇 해 전 우리와 유사한 한 대학에서는 철학과를 신설한 예가 있다. 그 논리라면 '취업도 안 되는 학과'를 교육부에서 어떻게 '승인'해 줬단 말인가. 문제는 총장님의 의지와 사고방식이다. 이를 마땅히 해야 한다는 의지만 있으면 벌써 해결되었을 문제다. 막말로 하면 국어교육과 교수가 총장을 했거나, 적어도 학교의 주요 보직을 맡았으면 이는 진즉에 해결되었을 것이라는 말이다.

필자는 국어국문학 관련 학회 10여 개에 가입하여 활동하고 있다. 전국의 국어국문학 학자가 모인 자리에 가면 대개는 필자를 국문과 소속 교수로 알고 있는 경우가 많다. 학교로 배달되는 내 우편물에도 가끔 국문과라고 표기된 것이 있다. 공주대에 국문과가 없다는 필자의 설명에 그들은 한결같이 의아해 하고 납득을 못한다. 특히 필자가 지도하는 국문과 대학원생들과 함께 참석했을 때는 더욱 난감하다. 학부에 없는 국문과가 대학원에는 석사, 박사 과정이 설치되어 10여 년째 '뿌리 없는 나무'로 운영되고 있다. 그래도 밖에 나가 우리 대학을 욕할 수는 없어 '아마 대학 경영자들에게 무슨 특별한 사정이 있었겠지요.'라고 변호를 해 보지만, 낯 뜨겁고 궁색한 변명이 될 수밖에 없다. 정말 상식도 실천할 줄 모르는 대학에 소속되어 있다는 게 창피스러울 때가 한두 번이 아니었다.

끝으로 이 문제와 연관하여 우리 대학 소속 교수님들이 보인 두 가지 사례를 소개하며 글을 마무리하겠다. 하나는 몇 해 전 인사대 교수님들께서 국어교육과와 '사전 협의도 없이(?)' 인사대에 국문과 설치를 정식 요청한 일이다. 다른 하나는 최근 우리 대학 장기발전계획을 입안하고 계신 교수님들께서 정식 회의를 거쳐 계획 속에 들어 있던 국문과 설치 요청 안건을 부결시킨 일이다. 들려오기로는 학과 신증설에 관한 일관된 기준과, 다른 학과와의 형평성 문제가 부결의 주요 이유였다고 한다. 필자는 학과장 자격으로 교무처장님을 면담하여 이 문제를 제기했었고, 교무처장님은 장기발전계획 속에 들어가야 학교에서 추진할 수 있는 근거가 된다는 조언을 해 주었다. 그 후 일을 담담한 교수님께 정식으로 요청하였는데 결과가 이렇게 되어 버렸다. 그분들의 일 처리 방식에 관해 섭섭하다거나 불만은 없다. 당연히 나름대로 기준과 원칙을 가지고 처리하셨으리라 믿기 때문이다.

마음을 가다듬고 진지하게 생각해 보자. 이 두 가지 사례 중에 어느 것이 정도고 상식인가. 단순히 학과 하나 있고 없고의 문제가 아니다. 계획 속에 들어간다고 해서 곧 성사되는 것도 아니다. 지난번에 만들어진 장기발전계획 중에 제대로 실현된 것이 얼마나 되는가. 흔히 대학은 시대의 양심이고 지성의 전당이라고 한다. 정의와 진실은 움직일 수 없는 대학의 표징이다. 새삼 말하건대 국문과 신설은 국어교육과 교수들만의 문제가 아니며, 국어교육과 교수들 좋으라고 하는 것도 아니다. 이는 결코 학과 이기주의가 아니며, 국어교육과 교수들이 나서서 애걸할 성격의 일도 아니다. 비정상을 정상으로 돌려놓는 지극히 상식적인 요청이고, 부끄러운 공주대학교의 위상을 바로잡는 상징적인 사례라고 할 수 있는 것이다. 제발 총장님을 비롯한 경영자들께서 상식적으로 판단하시고 결단을 내려서, 정의와 양심이 살아 있는 대학의 모습을 당당하게 보여 주셨으면 한다. 그래서 우리 대학이 '앙꼬 없는 찐빵'의 신세를 하루속히 벗어났으면 한다.

6. 세종시의 국립대학은 낭비인가

얼마 전 보도에 의하면, 세종시(행정도시)에 들어가고자 하는 대학으로부터 제안서를 받아 심사한 결과 학부는 고려대와 한남대, 대학원은 카이스트가 선정되었다고 한다. 그런데 세종시에 학부를 설치하겠다고 신청한 대학은 위의 두 대학뿐이었고, 대학원을 설치하겠다고 신청한 곳도 카이스트와 배재대학 두 곳이 전부였다니, '엄정한 심사'를 거쳤다는 말이 무색할 정도다.

작년에 행정도시건설청(이하 건설청)이 전국의 190여 개 4년제 대학에 입지 희망을 조사했을 때는 수도권 4개 대학을 포함한 13개 대학이 의향서를 냈었다. 그러나 중간에 교육부에서 국립대학은 대상에서 제외해 달라는 공문을 건설청에 보냄으로써 일이 꼬이기 시작했다. 교육부에서 그런 공문을 보낸 이유는 간명하다. 현재 어렵게 국립대학의 구조조정이 진행되고 있는데 새로 국립대학을 설립하는 것은 그에 역행하는 것으로, 국립대학을 이전 또는 설립하는 데 드는 막대한 비용은 중복투자이며, 기존의 국립대학 시설과 인프라가 낭비될 수밖에 없다는 것이다. 교육부의 이 공문을 근거로 건설청에서는 국립대학의 제안서 제출자격을 박탈하고 사립대학에게만 기회를 부여했다. 이런 이유로 국립대학은 아예 사업 제안서 자체를 낼 기회조차 갖지 못했다. 특히 몇 년 동안 특별 팀을 만들어 사업 계획을 면밀하게 구상했던 세종시 인근의 국립대학들은 교육부의 공문 한 장으로 막대한 인적 물적 손실을 고스란히 감당해야 했다.

건설청에서 이번에 발표한 2개 대학과 하나의 대학원은 입주 확정이 아니라 우선 협상 대상자일 뿐이다. 따라서 앞으로 상황 전개에 따라서는 변동 가능성도 있다고 본다. 예컨대 일부 언론에 보도된 바 있지만, 교육부에서는 통폐합과 법인화를 전제로 세종시 인근 국립대학들의 진입 가능성을 흘리기도 했다.

이 시점에서, 교육부가 미래의 세종시민 뜻과 상관없이 보낸 해당 공문이 과연 정당했던 것인지 따져보자. 일단 국가의 대학 교육 정책을 기획하고 집행하는 기관으로서, 그 효율성만을 고려할 때 이는 당연한 의견 제출이자 고유의 임무라고 볼 수 있을 것이다. 하지만 한 국가의 대학 교육 정책이 오로지 효율성, 실용성, 경쟁력, 이런 것만을 절대 가치로 하는 신자유주의 일변도로 흘러가는 것은 분명 문제가 있다. 대학 운영에서 효율성과 경쟁력의 강조는 누구도 부인하지 못할 옳은 방향이지만, 반면 비효율과 경쟁력이 떨어지는 분야도 미래를 위해서는 버릴 수 없어야 하는 게 대학의 사명이다. 이를 부인하는 것은 독선이거나 비민주적인 사고일 수밖에 없다.

행정도시 건설은 대한민국 건국 이래 가장 획기적인 실험이며, 국가의 미래를 좌우할 큰 의미를 갖고 있다고 생각한다. 또한 행정도시는 그 동안 우리가 축적한 지식과 경험이 총체적으로 반영되는 인위적 '유토피아'이니만큼, 여기의 모든 것은 대한민국의 표준이 되고 모범이 되어야 한다. 따라서 여기에는 우리가 가진 모든 역량과 지혜가 모두 총동원된다. 만약 이것이 실패한다면 국가적인 망신일 뿐 아니라 대외 신인도도 급락할 게 뻔하다.

국립대학과 사립대학은 설립 주체만 다를 뿐 대학 교육을 수행하는 것은 동일하다. 그러나 국립대학 설치령에 규정된 설립 목적과 사립대학 정관에 규정된 건학 이념은 엄연히 다르다. 국민들은 이를 보고 자유롭게 대학을 선택할 수 있어야 한다. 그 누구도, 그 어떤 이유로도 국민의 대학 선택의 자유는 제한하거나 방해할 수 없다. 따라서 새로 조성되는 세종시에는 국립대학과 사립대학이 동시에 들어가야 이상에도 맞고 현실에도 부합한다.

교육부에서 걱정하는 재원 마련이나 중복 투자 우려는 이런 원칙론에서 볼 때 부차적인 문제다. 그런 문제는 입주를 희망하는 대학에게 해결책을 만들도록 하여 풀어갈 수도 있다. 미리 걱정하고 처음부터 길을 막을 필요는 없다. 그런데도 이런 식의 일 처리를 반복해 왔기에 교육부 관료들이 독단적이라고 그 동안 욕을 먹어 온 것 아닌가.

당사자인 건설청은 교육부의 공문 한 장에 중대한 정책을 내맡겨서는 안 된다. 거기에 국립대학이 필요하다고 판단되면 교육부와 싸워서라도 반드시 돌파해야 한다. 반대로 필요 없다면 어느 부서에서 압력을 가해도 물리쳐야 한다. 이게 백년대계를 내다보는 교육 정책이고 가장 이상적인 행정도시를 건설하는 철학이다.

또한 공주대와 공주시도 새로운 대책으로 돌파구를 찾아야 한다. 교육부에서 하는 일이니 어쩔 수 없다고 체념한다면 눈 번히 뜨고 당하고 만다. 우리 옆 동네에 거대한 몸집의 '공룡'이 들어와 위협하는 상황인데도, 팔짱 끼고 구경만 하다간 우리 동네가 곧 초토화될지도 모른다. 쌍수를 들어 환영했던 행정도시가 결과적으로 공주시와 공주대를 고사시킨다면 그 얼마나 안타까운 일인가.

7. 충남대의 사범대학 설립과 공주대의 대응

인근 충남대에 사범대학 설치가 인가되었다는 보도가 된 지 20여 일이 지났지만 우리 대학에서는 아직 아무런 움직임이 없는 듯하다. 이미 '엎질러진 물'이니 어쩔 수 없는 일이라는 자포자기인지, 아니면 구성원들 모르게 치밀한 대응을 준비 중인지는 알 수 없으나, 거의 '위기 수준'이라 할 이 사태에 대해 이렇도록 조용한 것은 지극히 이례적이라 하지 않을 수 없다. 이 문제는 당장 임용시험을 치러야 하는 학생들뿐 아니라, 사범대학 소속 교수, 공주대학교 구성원, 수 만 명에 이르는 공주사대 동문, 수십만 명의 공주 시민에 이르기까지 직간접적으로 연관되어 있는 시급한 현안 문제다. 수많은 학생들의 진로와 대학 경쟁력에도 적지 않은 영향을 미칠 수 있는 중차대한 문제이기도 하다.

아마도 지금까지 이 문제에 대한 우리 대학의 공식적인 대응은 지난주에 열렸던 사범대학 전체교수회의에서 이를 논의한 것이 처음이자 전부인 것 같다. 거기서 여러 가지 대응 방안이 논의되었지만, 이는 잘 알다시피 사범대학 교수회의 차원에서 논의되거나 해결될 성질의 문제가 아니다. 울분을 토로하거나 학교 경영진을 질타하는 것으로 풀릴 문제도 아니다. 교육부를 성토하고, 항의 방문하고, 성명서를 발표한다고 해서 원상회복될 가능성도 없다. 차근차근 원인을 분석하고, 경과를 역추적하여 책임 소재를 분명히 하고, 향후 우리가 입게 될 피해를 계산해 내고, 그런 바탕 위에 우리가 당장 해야 할 일과 시간을 두고 해야 할 대책을 강구해 내야 할 것이다.

그런 차원에서 이 문제가 안고 있는 근본적인 문제점을 몇 가지 따져 보기로 하자.

첫째, 교육과학기술부의 정책 일관성이나 명분을 잃은 일 처리 문제를 지적하지 않을 수 없다. 주지하듯 교육부에서는 오랜 세월 동안 특정 직종의 대입 정원을 사실상 특별 관리해 왔다. 의대나 한의대를 비롯하여 최근 확정된 로스쿨의 정원 같은 것이 그 예다. 의대의 신설 및 증원은 의사협회의 의견을 수렴한 보건복지부의 동의 없이 교육부에서 승인할 수 없다. 법조계의 동의 없는 로스쿨 정원 조정도 불가능에 가깝다. 사범대학 정원도 이와 유사하게 규제를 받아왔다. 과잉 공급으로 인한 낭비를 막기 위한 불가피한 조치라는 공감대가 있었기에 가능한 일이었다. 교사 양성 인원의 과다로 인한 폐해를 줄이기 위해 교육부에서는 끈질기게 관리 가능한 국립 사범대학의 구조조정을 요구해 왔고, 인텐시브를 줘 가면서 사범계 학과의 일반학과 전환을 유도하는 정책을 사용해 왔다. 당연히 사범대 증원은 꿈도 꾸지 못할 일이었다.

이랬던 정책이 하루아침에 바뀌었다. 사대 학장의 공식석상 발언에 의하면 교육부 담당자조차 자신의 손을 떠난 문제라고 답변했다 한다.

정부 정책은 신뢰성을 바탕으로 한다. 일관성은 신뢰를 이루는 기본 요건이다. 누구나 예측 가능해야 하고 누구에게나 고른 기회가 주어져야 한다. 그것이 무너지면 무정부 상태가 된다. 달라진 것은 아무 것도 없고 대통령 하나 바뀐 것밖에 없는데, 그로 인해 수십 년 유지해 오던 정책이 흔들린다면 어느 누가 국가와 정책을 신뢰하겠는가.

충남대 사대는 기존에 있던 7개 학과와 국어, 영어, 수학의 3개 학과를 포함하여 10개 학과 200명으로 인가되었다. 7개 학과로의 사범대 설립은 법대 폐지로 인한 대체로서 일말의 명분이라도 있지만, 나머지 3개 학과(정원 각13명씩 39명) 신설은 명분도, 논리도 없는 억지나 다름없다. 해당 학과 교직과정의 폐지라는 변명을 늘어놓았지만 그것이 얼마나 공허한 자기모순인지는 그들 자신이 더 잘 알 것이다.(정원의 10%만 가능한 교직과정 이수를 적용하면 이들 3개 학과 정원이 390명이 되어야 하나 이 대학의 2010년 모집 정원에 의하면 280여 명에 불과하다. 국어교육과의 경우 13명이 승인되었으나 국문학과 정원은 44명이다. 들리는 말에 의하면 내년에 이들 3개 학과 정원을 30명으로 늘리고 교수도 곧 증원할 계획이라고 한다.)

이런 명백한 사실에 대해 교육부는 어떤 입장을 가지고 있는가. 우리가 공식적으로 묻지 않았으니 답변을 할 필요가 없다고 생각할는지 모르나, 그 전에 국민이 납득할 수 있는 입장을 내 놓는 것은 공무를 담당한 사람들의 기본 책무일 것이다. 이제 우리는 다음과 같은 사태에 대한 교육부의 대응을 눈을 부릅뜨고 지켜볼 것이다. 앞으로 법대를 폐지한 다른 대학의 숙원사업인 단과대학 설립을 다 인가할 것인가. 교직과정을 폐지하는 다른 대학에도 사범계 학과 신설을 모두 인가해 줄 것인가. 또한 의대나 한의대 설립을 바라는 여러 대학의 요구를 무슨 명목으로 막을 것인가. 이런 혼란은 교육부가 자초한 것이니 그 감당도 스스로 해야 할 것이다.

둘째, 당사자인 충남대 측이 보인 금도(襟度)를 넘어선 태도다. 아마 충남대 총장은 지금 역대 총장 그 아무도 해 내지 못한 일을 성취시킨 자신의 역량에 대해 자부심을 느끼고 있을지도 모른다. 구성원들로부터 지지와 성원도 적지 않았을 것이다. 그것이 로비에 의한 것이었든 정당한 절차에 의한 것이었든 사범대 설립은 현임 총장의 능력이나 수완으로 인정받아 마땅한 일이다.

그러나 그들이 축하해 마지않는 이 일은 이웃 대학의 피해를 전제로 한 것이다. 공주대학은 사범대를 모체로 하여 종합대로 승격된 지 채 20년도 안 된다. 몇몇 학과들은 생긴 지 얼마 안 되어 신설 대학이나 다름없는 열악한 형편이다. 이처럼 새로 생긴 학과들의 낮은 경쟁력, 인근 대학 통합으로 인한 캠퍼스 분산 등의 악조건을 기존 사범대학의 명성과 인지도로 근근이 메워 가고 있는 중이다. 공주대보다 종합대의 역사가 길고, 여러 학과들의 경쟁력에서도 앞서고, 무엇보다 대전이라는 대도시에 위치해 있는 등 도저히 경쟁 상대라 할 수 없는 충남대가 유일한 비교 우위의 사범대마저 가져간다면 공주대는 적 앞에서 무장해제를 당하는 것이나 다름없다. 이런 사실을 누구보다 잘 알기에 역대 총장들은 사범대 신설에 적극적일 수가 없었을 것이다. 그것은 이웃에 대한 최소한도의 예의이고, 많이 가진 사람들의 금도이기 때문이다. 대기업이 중소기업의 영역까지 세력 확장하는 것을 많은 사람들이 비난하는 이유가 여기에 있는 것 아니겠는가.

공주대와 충남대는 이웃에 위치해 있는 국립대학으로 서로 협력하고 상생해야 할 관계이지 적대적으로 싸워야 할 사이가 아니다. 선의의 경쟁은 해야겠지만 그것이 반칙이나 야비한 방법으로 이루어져서는 곤란하다. 양교의 전임 총장들은 두 대학의 통합에 관한 양해각서에 서명한 바 있다. 현임 총장들도 두 대학의 통합에 대해 공식적으로 찬성하고 있다. 후임 총장으로 거명되는 사람들도 이 문제에 대해 이의가 없는 것으로 알려져 있다. 국가에서도 국립대학의 통폐합을 포함한 구조 조정을 강력하게 요구하고 있다. 사정이 이렇다면 비록 사범대 설립이 숙원 사업이라 할지라도 상황의 추이를 좀 지켜보면서 했어야 한다. 몇 년 늦는다고 해서 생사가 달라지는 일이 아니지 않은가.

셋째, 공주대 총장을 비롯한 보직자들의 안이하고 무능한 일 처리를 따져 묻지 않을 수 없다. 앞에서 말한 바와 같이 이 문제에 대해 공주대 측의 공식 입장은 아직 나오지 않은 것으로 알고 있다. 사태가 발생한 지 근 한 달이나 지났는데 아직 아무 입장 표명이 없다는 것은 이 문제를 기정사실로 인정한다는 의사 표시나 다를 바가 없다는 해석을 가능케 한다. 잘 모르긴 해도 교육부나 충남대 측에서 가장 신경을 쓰는 부분은 공주대의 입장일 것이다. 공주대가 결사적인 반대 의사를 표명하거나 철회 투쟁을 벌인다면 그들도 적지 않게 부담이 될 것이다. 내심 그에 대한 대비책 개발에 고심하고 있을지도 모른다. 그런데 '고맙게도' 공주대에서 아무 말이 없다면 이들은 어떻게 생각할까. 조용히 지나간 것에 대해 공주대에 정말 고마워할까. 그렇지 않을 것이다. 겉으로는 '역시 공주사대답다!'하고 추켜세울지 모르나 속으로는 '촌놈들이라 할 수 없군!'이라 할 공산이 크다.

이런 점 말고도 이번 사태에 대해 학교 경영진이 책임을 느껴야 할 일은 정보 부재에 대한 심각한 반성일 것이다. 보도에 의하면 이미 5월에 충남대에서는 사범대학 설립을 공언하고 보도 자료까지 배포한 바 있다. 이런 사실은 인터넷 검색에서도 보도 기사로 확인이 된다. 그런데도 학교 경영진에서는 충남대 사범대 인가 보도가 나오기까지 결과적으로 이 사실을 까맣게 모르고 있었다. 정말 모르고 있었다면 이는 정보력 부재에 대한 심각한 문제일 것이요, 혹시 알고도 모른 척했다면 양심을 속이는 것은 물론 경영 능력의 부족을 자인하는 일이라 하지 않을 수 없다. 우리 대학 총장에게는 1천 명이 넘는 교직원과 2만여 명에 이르는 학생들의 명운이 달려 있다. 그의 판단 여하에 따라 수많은 사람들의 미래가 좌우될 수도 있다. 학교의 운명에 영향을 미칠 일에 대한 정보 수집과 대처는 경영자의 책무이자 능력을 재는 바로미터라 할 수 있다. 총장의 정보력이 이 정도라면 앞으로 누가 총장의 말을 믿고 따르겠는가.

그렇다면 현 시점에서 우리가 할 일은 무엇인가. 교육부나 총장의 잘못을 탓하고만 있어야 하나. 지금이라도 속히 학교의 입장을 결집해서 그 부당성에 대한 강력한 의사 표명을 해야 한다. 그러기 위해서는 먼저 당사자인 교육부에 이 문제에 대한 공식 질의를 해야 할 것이다. 그 답변을 바탕으로 문제점을 조목조목 짚어 그것을 여러 사람에게 널리 알려야 한다. 그래야 이런 무원칙한 일이 재발되지 않을 것 아닌가. 그 일에 우리가 앞장서야 한다.

다음으로는 이 일로 인해 우리가 받게 될 피해를 계산해 내야 한다. 어떤 일의 미래 예측을 하는 도구와 방법이 있는 줄 안다. 전문가에게 맡겨 여러 조건을 투입한 시뮬레이션으로 우리에게 미치는 영향을 다각도로 검출하여 그에 대한 장단기 대책 마련을 서둘러야 한다. 이런 통계 수치와 증거를 가지고 대응을 해야 설득력 있는 대처가 가능할 것이다.

끝으로 강조하고 싶은 것은 이 문제에 대처하면서 감정을 앞세워 누구를 탓하거나 비난하는 일은 삼가자는 것이다. 그것은 화풀이는 될지언정 문제 해결에 도움이 되지 않는 일이다. 사태의 정확한 인식과 대처를 위해 잘잘못은 철저하게 따지되 냉철하고 이성적인 대책 마련이 우선되어야 한다. 이는 이왕지사의 잘못을 덮어 두자는 것과는 전혀 다른 이야기이다. 이해하고 용서하되 잊지는 말자는 명언이 있지 않은가.

8. 인문학을 살려야 할 이유

옛 어른들은 사람이 사는 데 꼭 필요한 것으로 의식주를 들었다. 이 말을 보면서 왜 그 순서가 옷, 밥, 집으로 되었을까 고민해 본 적이 있었다. 밥을 먹지 않으면 죽을 수밖에 없으니까 밥이 가장 먼저여야 하지 않을까. 옷이야 안 입어도 죽지는 않으니까. 그러나 밥이나 집이 동물들에게도 해당된다면 옷은 사람에게만 있는 것이라는 생각, 옷을 벗은 인간은 동물과 구별이 잘 안 된다는 생각, 인간의 행위 중에 가장 동물적이라 할 성행위시에 옷을 입지 않는다는 생각, 그러니까 옷은 사람을 사람답게 해 주는 장치라는 생각, 그런 생각들을 하면서 옛 어른들의 지혜에 고개를 끄덕인 적이 있다.

예수는 사람이 빵만으로 살 수 없다는 것을 가르쳤다. 사람이 되어 배부른 돼지의 행복을 추구해서는 안 된다고 설파한 철학자도 있었다. 그런데 인류의 근대는 먹는 문제, 사는 집 문제의 상승과 확대에 집착하여 발전하여 왔다고 해도 과언이 아니다. 자본의 축적에 의해 상품의 확대 재생산이 이루어지고, 모든 거래가 화폐의 교환가치로 수행됨에 따라 사람들의 가치에 대한 관점이 자본 쪽에 편중되지 않을 수 없게 되었다. 황금만능주의, 물신숭배주의, 심각한 부의 불균형의 폐해가 자본주의의 그림자로 지적되어 온 지 이미 오래다. 우리나라도 앞서 간 나라들의 전철을 밟으며 근대화를 겪고 있는 중이다. 이 과정에서 보리 고개를 없앴다는 한 지도자의 위상을 놓고 논쟁이 치열하기도 하다. 최근엔 주식 시장과 기업의 구조 조정을 놓고 나라가 온통 난리법석이다. 경제라는 단어의 뜻도 모르는 사람들조차 경제 때문에 시국과 나라를 걱정하지 않을 수 없는 지경에 이르렀다. 국민 모두가 어려운 나라 사정에 영향을 받게 되니 당연한 일이라 할 것이다.

사정이 이렇다 보니, 사람들의 모든 관심사는 '의식주' 가운데 '식'과 '주'에만 쏠려 있다. 좋은 대학에 가고, 좋은 직장을 갖고, 돈을 많이 벌어 남들보다 더 좋은 집과 더 좋은 음식 먹고사는 일에 모든 초점이 맞추어져 있다. 그리고 그것을 삶의 당연한 목표로 여기는 풍조도 널리 퍼져 있다. 사람을 사람답게 해 주는 '의'도 이제 도를 넘어 본래의 의미를 상실해 버렸다. 옛 사람의 말대로 살이나 가리면 될 것을, 기괴한 디자인과 살 내놓기 경쟁하는 옷이 날개 노릇을 하게 되었으니 말이다.

문제는 인간의 지적 영역에조차 이런 흐름이 보편화되고 있다는 점이다. 지금 우리 주변에서는 돈과 직결되는 학문, 더 많은 부를 창출할 수 있는 학문이 위세를 떨치고 있다. 정부에서도 그런 방향으로 직·간접적인 유도를 많이 하고 있다. 단적인 예로 대학 교수들의 연구비 수혜 상황을 살펴보면, 이공계가 압도적으로 많아 인문 사회계의 몇 배를 넘고 있다. 학문 후속세대 양성이라는 기치 아래 실시되고 있는 두뇌한국이라는 사업도 이공계 위주로 되어 있다. 그러다 보니 배고픈 학문,

돈이 되지 않는 학문은 속된 말로 찬밥 신세가 되지 않을 수 없다. 이런 상황은 가속화되어 갈 조짐이다.

새삼스레 말할 것도 없지만, 세계 문명 흥망사에서 물질(돈) 위주의 세상이 멸망을 가져왔다는 평범한 진리를 되새겨 볼 필요가 있다. 새로운 문명을 창출하고 인간을 구원할 학문은 인문학이다. 물질 위주의 학문이 우리를 편리하게 해줄 수는 있지만, 물질로 인한 행복이 영원할 수는 없다. 21세기를 코앞에 둔 지금, 우리는 경제 난국이라는 발등의 불 때문에 자칫 중요한 것을 잊고 있지는 않은지 되새겨 볼 일이다. 그리고 거시적인 안목으로 인문학에 대한 투자와 관심을 촉구하며, 정책 당국자들의 숙고를 기대한다.

대추골의 추억

1. 대추골의 추억(1)

옥룡동에 대추골이라는 마을이 있다. 대추나무가 많아서 그런 이름이 붙여졌다고도 하고, 먼 옛날 큰(大) 도둑의 우두머리(酋)가 살아서 그런 이름이 붙었다고도 한다. 어떤 것이 맞는지는 모르겠다. 이 마을은 20여 가구가 사는 전형적인 도시 변두리 마을이었다. 그래서 자연환경이 농촌과 진배없었다.

지금은 마을 가운데를 흐르는 하천을 복개해서 도로로 사용하고 있지만, 복개되기 전의 그 작은 내는 아주 맑고 깨끗한 물이 흘렀다. 물론 현재처럼 집이 많지 않았던 예전 얘기다. 필자가 중·고등학교에 다니던 1960년대의 그 시내는 산간벽지의 냇물처럼 맑았다.

당연히 마을에는 수도 시설이 안 되어 마을 공동우물을 사용하던 때라 물이 귀했다. 아침이면 동네 사람들과 하숙하는 학생들이 수건을 목에 두르고 이 냇가로 양치와 세수를 하러 나왔다. 세수를 하다가 그냥 그 물을 마시기도 했다. 여름이면 인가가 먼 상류에는 마을 여자들이 목욕을 했고, 아래에서는 남자들이 미역을 감았다.

어느 가을 이른 아침, 벼가 누렇게 익어가는 그 즈음에 냇가에 일찍 세수를 하러 나갔다가 커다란 참게 한 마리가 돌 밑에 엎드려 있는 걸

발견하여 잡아다가 그 날 저녁 찌개를 끓여 먹은 일도 있었다. 지금은 까마득한 옛날이야기가 되어 버렸다.

2. 대추골의 추억(2)

대추골에서 수원골로 넘어가는 고개 못 미쳐 작은 방죽이 있다. 이 방죽 왼쪽으로 밭이 있고, 그 밭 북쪽으로 가면 작은 골짜기가 있다. 인적이 드문 곳이라 땔나무를 하러 가는 사람들이나 가끔 발길을 두는 곳이다.

이 골짜기 입구에는 여름 장마철이면 비가 온 후 물이 흐르고, 그 가장자리에 산딸기나무가 많았다. 필자의 집에서는 마을에서 유일하게 소를 키우고 있었기 때문에, 학교 공부가 끝나면 이곳으로 소가 먹을 풀('꼴', 충청도에서는 '깔'이라고 함)을 베러 자주 갔다. 꼴 베러 가서 배고픈 김에 달콤한 산딸기를 많이 따 먹었다.

그런데 밭에서 일하던 마을 어른이 거기 산딸기를 먹지 말라고 하는 분이 있었다. 왜 그러냐 했더니 바로 위 골짜기에서 많은 사람들의 학살되어 미처 찾아가지 못한 시체가 산딸기 거름이 되었을 거라는 것이었다.

실제로 이곳에서는 육이오 전쟁 때 좌익과 우익이 번갈아가며 상대편을 학살했다고 한다. 그 현장에서 천행으로 살아 나온 사람도 있다고 한다. 가족들이 시체를 찾기 위해 몰려들었고, 가족이 없거나 그 소식을 모르는 사람들의 시신은 그대로 방치되었다는 것이다.

간혹 후미진 그 골짜기에 올라가 보면 다른 곳과 달리 억새나 물이

유난히 거무스레하게 자라고 있는 걸 볼 수 있었다. 아마도 그 시체들의 영향이 아니었나 싶다.

그 어른의 말을 듣고 난 이후에는 거기 탐스럽게 익어가는 산딸기를 먹지 않았다. 그런데 지금 생각해 보면 어찌 그 산딸기뿐이겠는가. 지금 우리가 먹는 음식 중에는 남의 시신의 흔적이 안 들어 있다고 누가 장담하겠는가. 어찌 보면 우리가 먹고 사는 일이 그런 자연스러운 자연의 순환의 연속인가도 싶다. 그게 바로 역사이고 우리 삶 자체가 아니겠는가 하는 생각이다.

3. 대추골의 추억(3)

도시 변두리였던 대추골은 반은 농촌, 반은 도시의 마을이었다. 따라서 대부분의 마을 주민들은 소규모 농사를 자영 혹은 소작으로 짓거나 아니면 시내로 나가 허드렛일로 생계를 이어가는 분이 많았다.

그 중에 마을에서 제일 연세가 많으신 김 씨 할아버지는 특이한 일을 하셨다. 평생 노동으로 허리가 굽은 그 할아버지는 아침이면 거름지게를 지고 시내로 나가서 주택의 인분을 치워 주는 일을 하셨다. 그리고 담뱃값 정도의 사례비를 받으셨다.

그 인분을 통에 담아 힘겹게 지고 마을로 오셔서 미리 부탁받은 집의 밭에 뿌리셨다. 물론 밭주인으로부터 약간의 수고비를 받았는데, 그 액수는 미미했던 것 같다. 인분을 치워주는 집과 밭주인으로부터 수고비를 받으니 양쪽에서 받는 셈인데, 그 분의 살림살이는 늘 쪼들리는 느낌이었으니 말이다.

요즘은 거개가 수세식 화장실로 바뀌어 예전 인분 치워주던 일은 까마득한 얘기가 되고 말았다. 그러나 그게 불과 40여 년 전 일이다. 우리 삶이 짧은 시간에 엄청나게 변화되고 있는 걸 이런 데서도 실감하게 된다.

늦게 얻으신 아들 하나를 키우며 남들이 꺼려하는 일을 하며 살아가시던 그 할아버지의 굽은 허리와, 인분이 가득 찬 통 두 개를 지고 비틀거리며 발걸음을 옮기시던 모습이 지금도 눈에 선하다. 그 분의 아드님은 지금 시내에서 자영업을 하며 살고 있다.

4. 대추골의 추억(4)

대추골 사시던 분들 가운데 토박이처럼 오래 그곳에서 거주하시는 분들이 있었다. 지난 글에서 썼던 김 씨 할아버지를 비롯하여, 전 씨 아저씨, 나 씨 할아버지, 황 씨 아저씨, 반장을 하셨던 임 씨 아저씨, 그리고 필자의 선친 등이 그런 분들이다.

지금은 다들 돌아가셨지만, 그 분들은 새로 이사 오는 동네 사람들을 따뜻하게 대해 주셨고, 마을 발전을 위해 늘 궂은일을 마다하지 않으셨던 분들이다. 그 중에 전 씨 아저씨는 마음씨 좋고, 우스갯소리도 잘 하시고, 요즘 말로 하면 분위기메이커쯤 되셨다.

그 분 역시 집안이 넉넉하지 못해, 아침이면 지게를 지고 버스터미널(지금 안경나라 있는 곳, 예전 이학 식당 자리 옆)에 나가셔서 차에서 내리는 사람들 가운데 짐이 있는 사람들의 물건을 져다 주고 수고비를 받는 일을 하셨다. 지금처럼 택시 같은 게 보편화되지 못했던 시절에 무거운 짐을 들고 갈 수는 없었기 때문이다.

그런 일을 하시면서도 늘 여유가 있으셨고, 마을에 새로운 일거리가 생기면 항상 앞장을 서시곤 했다. 또한 자녀들을 잘 키우셔서 현재는 그분 자제 분이 시내에서 꽤 규모가 있는 업체를 운영하고 있다.

경제적으로 그때보다 여유가 몇 갑절 더 좋아진 요즘에 오히려 사람들이 더 각박해지고, 여유가 없이 쪼들리며 사는 걸 보면 전 씨 아저씨 같은 여유를 가진 분들이 더 생각난다. 역시 돈 많은 것이 사람을 행복하게 하는 절대적 조건은 아닌가 보다.

5. 대추골의 추억(5)

60년대 대추골은 스무 가구쯤 되는 작은 마을이었다. 그리 큰 마을도 아니고, 큰 공장이나 업체가 있는 것도 아니어서 대부분은 소규모의 농사를 짓거나 학생들 하숙을 치며 살았다. 자연히 마을의 주거 환경은 그다지 좋은 편이 아니었다.

전기 사정도 안 좋아 대부분의 가정에는 일반선이라고 하는 전기를 썼는데, 밤 12시만 되면 전기가 나갔다. 부잣집에서 쓰는 특선은 밤새도록 전기가 들어왔다. 학생들은 12시 이후에도 공부를 해야 했기 때문에 대부분 석유 등잔이나 램프 불을 사용했다. 그렇게 늦게까지 공부를 하고 아침에 일어나면 대개는 콧구멍에 검정 그을음이 남아 새카맣게 되곤 했다.

마을 진입로도 좋지 않아 역사박물관에서 들어오는 길은 시내 양 옆으로 논과 밭이 이어지고, 그 논둑길을 걸어 들어와야 했다. 비라도 내려면 논두길이 젖어 운동화에 진흙이 달라붙곤 해서 집에 와 그걸 빨아 말리기 위해 애를 먹었다. 당연히 자동차는 들어오지 못했다.

마을 반장이었던 임 씨 아저씨와 필자의 선친 등 대표들은 그 논의 소유주인 황 교장님 댁을 찾아가 사정을 해서 토지 일부를 희사 받아 길 확장 공사를 했다. 토목공사를 할 수 있는 장비가 없던 때라 마을 사람들이 부역 형식으로 지게를 지고 나와 도로를 넓히는 일을 하였다.

시내 사람들이 먹는 수돗물 또한 마을에는 들어오지 않아 마을 대표들이 상의하여 수원골 넘어가는 곳에 샘을 파고, 길을 따라 플라스틱 관을 묻어 자연적인 고도 차이를 이용한 간이 상수도를 설치하였다. 이로 인해 새벽마다 수량이 부족한 마을 공동 우물을 두고 벌어졌던 물 긷기 경쟁이 사라질 수 있었다.

몇몇 어른들의 이런 앞서가는 생각이 마을 사람들의 삶을 편하게 주었는데, 혹 착오가 있을지도 모르겠으나 이게 아마도 새마을 사업이 본격화되기 이전의 일이었던 것으로 기억된다.

6. 대추골의 추억(6)

20여 가구의 대추골 집들은 대개 초가집이었다. 그 중에 딱 한 집이 기와로 지붕을 해서 그 집과 거기 사는 박 씨를 기와집이라고 지칭했다. 마을 입구 시내의 왼쪽에 있었는데, 최근 가서 보니 그 집은 헐리고 주차장으로 변해 있었다.

그 집 바로 옆에는 작은 연못이 있었다. 물론 지금은 매립이 되어 흔적조차 없고, 그 위에 주택이 들어서 있다. 그 연못에 여름이면 연꽃 몇

송이가 피었고, 그 연못에 이어져 있는 낡은 가옥에 사는 분은 집안이 매우 어려워서 그 가족 중에 어느 분이 작고했을 때 마을 사람들이 추렴으로 고마나루 쪽 공동묘지에 장사를 지내주기도 했다.

나 씨 아저씨 댁은 검은 콜타르를 칠한 함석지붕이었는데, 일자집으로 집터가 매우 넓어서 집안에 밭을 일구어 채소와 약초를 길렀고, 과일 나무도 여러 그루가 있었던 것 같다. 그 집의 한쪽에 돌아가며 방을 몇 개 만들어 월세를 주기도 했다. 거기 사글세방에 살던 설 씨 아저씨는 외지로 나간 아들을 대신해 가족을 건사하시며 며느리와 어렵게 사셨다.

동쪽 골짜기 맨 꼭대기 집에는 이 씨 성을 가진 당시 공주사대 서무과장이 살았다. 나름대로 마을에서는 유일한 고위 공직자였기 때문에 그 집은 꽤 고급스러운 양옥이었고, 꽃을 많이 길러서 밖에서도 그 꽃들을 구경할 수 있어 부러움을 샀다.

그 아래 집에는 임 반장님이 살았고, 그 아래 집에는 애국자로 불리는 노부부가 살았다. 문홍범 선생과 이 씨 성을 가진 할머니(성함은 잘 기억 안 남)가 그분들인데, 3.1절 같은 때 여러 사람이 모여 마당에서 태극기를 걸어 놓고 행사를 했던 걸 본 기억이 있다.

7. 대추골의 추억(7)

전형적인 도시 변두리 마을이었던 대추골은 반농반도의 복합형(요즘 말로 하면 융복합형) 마을 공동체였다. 도시 기반 시설이 안 돼 있고, 주요 생업이 농업이었고, 그러면서도 생활 근거는 도시에 두고 있는 그런 마을이었던 것이다.

지금은 많이 변했지만 60년대 대추골은 차량 통행도 안 되는 오지와 마찬가지였다. 마을 밖으로 나가는 중심 길은 현재 개울을 포장하여 진입로로 사용하는 도로였다. 그 외에 동쪽으로는 수원골로 넘어가는 작은 고갯길이 있었고, 서쪽으로는 현재 영명고 교정을 가로질러 의료원으로 넘어가는 고갯길이 있었다. 그 고개가 꽤 가팔라서 겨울에 눈이 오면 미끄러워 아랫길로 우회해야 했다.

그 고개 마루(지금 영명고 건물이 있는 곳)에는 해방 후 충남 도지사와 영명고 교장을 지낸 황인식 교장선생님댁이 있었다. 큰 나무 속에 서양식 구조로 된 그 집에는 사나운 개가 있어 지나는 동안 늘 조심해야 했다.

남쪽으로는 작은 샛길이 있었는데, 그 길을 넘어 선교사들이 살았던 붉은 벽돌 건물을 지나 중학동 쪽으로 갈 수 있었다. 그 건물은 이후 공주교대 여학생 기숙사로 사용되다가 한때 공주사대 교수들의 숙소(운하대라고 호칭되었음)로 사용되기도 했다. 필자는 주로 그 길을 이용하여 당시 공주고와 함께 있던 공주중학교를 다녔고, 저녁 무렵 밭둑에 난 소먹이용 풀을 베러 다니기도 했다. 그 길은 지금은 복토되어 흔적조차 없고, 영명고 체육관과 운동장으로 사용되고 있다.

복동쪽으로는 산비탈에 있는 밭을 경작하는 동네 사람들이 사용하는 작은 샛길이 있었다. 그 산길을 넘어서면 현재 공주대 옥룡캠퍼스로 이어지는데, 당시에는 거기가 모두 논이나 밭이었다. 그 논가에 타이어를 태워 그 그을음으로 먹을 만드는 공장이 있어 가끔 대추골까지 그 연기가 넘어오기도 했었다.

8. 대추골의 추억(8)

대추골에 사시던 어른 가운데 황 씨 아저씨가 있었다. 이 분은 황 교장 선생님과 가까운 집안 분이신데, 마을 한가운데 집을 짓고 사셨다. 또 주변에 토지를 많이 소유하고 있어서, 필자의 집에서도 그 분 소유 땅에 집을 짓고 1년에 얼마간의 사용료(도조, 혹은 도지)를 지불하며 살았다.

이 분은 자신 소유의 밭에 곡식을 심고 가꾸는 일을 하셨는데, 대부분 마을 사람들이 지게로 짐을 져 나르며 농사를 짓던 시기에 세 발 달린 수레를 이용하여 밭에 거름을 내거나 수확물을 운반하곤 하셨다. 우리들 눈에는 그게 매우 신기해 보였다.

그 분 자녀 중에 외지에 나가 공부하는 분이 있어 그 분이 귀가하게 되면 바로 옆집이었던 필자의 집에서도 빤히 보이는 야외에서 고기를 굽고 밥상을 차려 회식을 하는 걸 보며 부러워하기도 했다.

동네 반장 일을 하셨던 임 씨 아저씨는 자그만 키에 다부지게 생긴 분이셨다. 늘 낡은 자전거를 타고 현재 옥룡 삼거리 쪽에 있던 동사무소를 오가며 마을 사람들 일을 처리해 주셨는데, 어느 날인가 그 자전거와 자동차가 충돌하여 운명하셨다.

임 반장 어른의 큰 자제는 필자와 함께 고등학교와 대학을 다닌 동문 친구다. 현재는 서울에서 고등학교 국어 교사를 하면서, 시를 쓰고 낭송하는 유명한 시인으로 활동하고 있다. 그의 시에 곡을 붙인 가곡을 방송에서도 가끔 들을 수 있다.

9. 대추골의 추억(9)

지금은 텔레비전과 인터넷 등 디지털 매체가 일상화되어 아침에 눈 뜨면서부터 잠자리에 들 때까지 그런 것들이 일상생활의 필수품이 되어 있는 시대이지만, 60년대 대추골에는 당연히 텔레비전이 있는 집이 한 집도 없었다.

동네 부잣집으로 알려진 김 씨 할아버지 네를 비롯해서 몇 집에 라디오가 있었을 뿐인데, 그 라디오라는 것도 몸체보다 큰 배터리를 검정 고무줄로 묶은 그런 것들이었다. 최신식이라고 하는 소형 트랜지스터 라디오는 당시 쌀 두 가마 값에 육박했으니 웬만한 집에서는 구입할 엄두도 내지 못했다.

그래서 라디오가 없는 집을 위해 일명 '스피커'라고 불리는 게 있었다. 삐삐선이라고 하는 전깃줄로 연결하여 방송을 중계해 주는 시설이었다. 기둥에 그 스피커를 매달아 놓고 가족들이 모여 앉아 중계되는 방송을 들었는데, 볼륨 조절 장치만 있어 원하는 방송국 선택은 할 수가 없었다.

당시 임택근 아나운서나 이광재 아나운서가 중계하는 축구 경기 중계방송이나 김일이 출전하는 레슬링 경기가 있을 때면 모든 사람들이 숨죽이고 앉아 들었다. 연속방송 드라마도 기다렸다가 듣는 인기 프로였다. 그때 최고 인기 프로는 명사들이 출연하여 진행하는 '재치문답'이나 '백만 인의 퀴즈' 등이었다.

스피커는 국영방송만 나오기 때문에 민간 방송에서 중계하는 스포츠 경기를 듣기 위해서는 라디오가 있는 집에 가야 했다. 동네 사람이 많이 모여 마루와 마당에 앉아 프로 권투 경기중계를 들으며 같이 흥분하기도 했었다.

10. 대추골의 추억(10)

필자가 학창 생활을 하던 시기는 경제적으로 궁핍한 사람들이 꽤 많았다. 대추골에 사는 사람들도 대부분 그랬다. 그래서 생계 대책으로 외지에서 온 고등학교나 대학생들을 하숙생으로 받아 호구지책을 삼는 경우가 많았다.

당시 하숙비는 쌀로 받았는데, 대개는 한 달에 다섯 말 정도가 기준이었다. 필자의 집에도 여러 명의 하숙생이 있었는데, 옛 고향 사람들의 자제나 친인척 등의 인간관계가 있을 때는 한두 말씩 감해 주기도 했다. 하숙생들이 집에 갔다 올 때 무거운 쌀자루를 직접 메고 오는 게 상례였다.

당시 하숙했던 사람들은 당연히 필자와 선후배 되는 사람들이 많았는데, 그들과 함께 밥을 먹고 놀이도 하면서 가족처럼 지냈다. 선배들은 자연스럽게 내 공부를 보아 주기도 했고, 소작 농사를 지으시며 소를 이용해 다른 사람의 밭을 갈아주는 일을 하셨던 선친을 도와 농사일을 거들어 주기도 했다.

특별한 생계 대책이 없던 이유로 하숙생을 받는 일은 필자의 대학생 때까지 이어졌다. 필자와 같이 문학 활동을 했던 친구들 몇은 대학 졸업 때까지 한 방에서 지내기도 했는데, 그러다 보니 하숙생 아닌 친구들이 자주 찾아와 그 방이 아지트처럼 이용되기도 했다. 자취하는 친구들은 양식이 떨어지면 스스럼없이 찾아와 밥을 먹고 가기도 했다. 이처럼 그들과는 형제처럼 가까이 지내며 살았다.

당시 하숙생 가운데 현재 대도시의 큰 교회 목회자가 되신 분도 있고, 교장으로 재직하다 퇴직하신 분도 있고, 크게 자영업을 하시는 분도 있다. 지금도 가끔씩 그들과 연락이 이어지고 있다. 지금은 거의 사라져 가는 하숙이라는 독특한 문화가 만들어준 소중한 인연이 아닐 수 없다.

11. 대추골의 추억(11)

필자의 중등학교 시절 대추골에는 학생들이 즐길만한 오락거리가 거의 없었다. 간혹 학교에서 공주극장과 호서극장에서 상영되는 영화를 이삼십 원씩 내고 단체로 관람을 하거나 학교 대항 운동 경기, 혹은 5일만에 서는 시장을 가서 구경하는 게 고작이었다. 연예인이 와서 하는 '쇼'라는 건 학생과 선생님들이 단속을 해서이기도 했지만 돈이 없어 볼 수가 없었다.

너나없이 가난한 학생들은 호주머니 사정이 여의치 않아 군것질 같은 걸 할 수가 없었고, 하숙 밥 이외에 먹는 것이 시원찮았다. 그래서 남녀 대학생들이 대추골 초입에 있던 딸기밭 원두막에 와서 딸기나 참외를 먹으며 즐기는 모습을 선망의 눈으로 바라보며 침을 삼키기만 해야 했다.

학생들은 공부를 하다가 지치거나 긴 밤에 출출할 때면 모여 앉아 '나이롱뽕'이라는 화투 놀이를 했다. 화투 패를 나누어 갖고 같은 짝을 갖고 있다가 누가 그것을 내면 '뽕'이라고 소리를 치며 화투 패를 덜어

내고, 최종적으로 두 장 남은 패 중 가장 낮은 숫자의 패를 가진 사람이 승리하는 게임이었다. 그것을 여러 번(보통 10회나 20회) 반복하여 합계를 내서 최후로 점수가 낮은 사람부터 순위를 매겨 1등은 면제, 2등부터 꼴찌까지는 차등을 두어 얼마씩의 돈을 추렴했다.

그렇게 마련된 돈 몇 십 원을 가지고 시내에 나가 풀빵(국화빵)을 사다가 나누어 먹었는데, 추운 날씨에 가로등도 없는 캄캄한 밤길을 걸어 그걸 사오는 일도 내키지 않는 일이라 아예 순위를 정할 때 그것까지 함께 정하는 게 보통이었다. 손을 호호 불며 빙판 길을 걸어 따뜻한 풀빵 봉지를 들고 올 때, 또 팥이 들어 있는 그 달콤한 빵맛이 입안에서 퍼질 때 왜 그리 행복했던지, 모든 게 풍요로운 요즘 학생들은 그 행복감을 짐작도 하지 못할 것이다.

공주의 현재와 미래

1. 공주학연구원에 거는 기대

대학의 전통적인 학과 명칭인 영어영문학과, 불어불문학과, 독어독문학과 중어중문학과 등이 어느 사이엔가 미국학과, 프랑스학과, 독일학과, 중국학과 등으로 바뀐 곳이 많다. 수천 년 역사를 가진 철학, 수학, 과학 등의 학문 영역과 큰 나라 이름 뒤에 '학'을 붙인 이 '신학문'들이 어떻게 병립할 수 있는지 필자로서는 가늠할 수 없지만, 위기 상황의 대학으로서는 불가피한 자구책일 수도 있겠다. 그렇게 이름이 바뀐 학과에서는 과거 언어와 문학 중심 커리큘럼에서 문화와 비즈니스 등 취업에 유리한 내용으로 교육 내용도 변화할 수밖에 없을 것이다.

이런 변화는 비단 외국어문학 관련 학과에만 나타나는 현상이 아니다. 거의 전 방위적으로 대학의 모든 학과들이 공통적으로 당면한 문제이기도 하다. 취업에 유리하기만 하다면 학과의 통폐합과 명칭 변경은 물론 교육 내용도 과감하게 뒤집어 버리는 게 작금의 대학 현실이다. 대학의 이념과 본질마저 위협하는 이런 실용 위주의 신자유주의적 변화로 인해 대학이 취업 준비 기관으로 전락할 거라는 우려가 적지 않다.

그런 가운데도 일말의 희망을 엿볼 수 있는 움직임 가운데 하나는 지방 자치와 맞물려 지역 사회의 문제를 학문화하려는 경향이 나타나고 있다는 사실이다. 여러 해 전부터 몇몇 대학에서 자신이 위치한 지역의 명칭을 붙인 강좌가 생겨나기 시작했다. 교양 강좌로 설강된 곳도 있고, 특정 학과의 전공과목으로 개설된 대학도 있다. 이런 강좌는 대개 그 지역의 명칭 뒤에 '학'을 붙여 명명되는 경우가 많다. '충청학'이니, '영남학'이니 하는 게 그 실례다. 이런 강좌를 통괄하는 이름으로 '지역학'이라는 용어도 사용되고 있다.

지역학 강좌가 발전하여 정식 대학의 학과로까지 이어진 곳은 아직 없지만, 이 낯선 새로운 학문은 양적 팽창에 몰두하던 대학이 위기를 벗어나는 데 하나의 탈출구로 작용할 수 있다고 생각된다. 시군 지역까지 난립한 대학들이 경쟁에서 살아남기 위해 치열한 생존 싸움을 하고 있는 현실에서 특성화 내지 차별화된 학과나 교육 내용을 개발하는 것은 이제 필수적인 일이 됐기 때문이다.

앞으로 대학과 그 대학이 위치한 지방자치단체 및 지역 주민들과의 상호 협력 내지 상생 전략은 더욱 증대되고 심화될 것으로 예측된다. 그렇게 하지 않으면 대학이 생존하는 데 장애가 될 수밖에 없고, 동시에 지역 사회도 대학으로부터 고급 정보와 지혜를 빌려야 발전해 나갈 수 있기 때문이다. 다시 말해 지역학은 대학과 지역사회를 연결하는 매개체인 동시에 공멸을 막는 장치일 수도 있다는 것이다.

최근 공주대학에 공주시의 지원으로 공주학연구원이 설립되었다. 한옥으로 건축된 사무실도 문을 열었다. '공주학'이라는 이름이 다소 생소해 보이기는 하지만, 공주의 역사와 문화적 배경을 생각할 때 전국 어느 지역보다도 그 명칭의 적합성은 빼어나다고 생각된다. 문제는 이 연구원의 성격 정립과 운영을 어떻게 하는가에 있다.

이 연구원에 대한 공주시의 행·재정적 지원은 소모적인 낭비가 아니라 공주의 미래를 위한 적극적인 투자로 보아야 한다. 이는 시장의 호불호에 따라 달라질 문제가 아니다. 연구원 또한 공주에 대한 고답적인 학문적 연구에 머물 것이 아니라 공주시의 장·단기적인 발전 전략 내지 현안 해결을 위한 정책 개발 및 제안에 적극적으로 나서야 할 것이다.

공주대학은 70년 역사를 가진 전통 명문 대학이다. 공주시 또한 옛 백제의 수도에서 고려, 조선 시대 내내 지역의 중심 수부 도시의 위상을 갖고 있었다. 그러나 공주대는 최근 장기적인 총장 공백 상태와 함께 위기를 맞고 있다. 공주시 또한 인근 세종시의 안정적 정착과 연관하여 인구 감소는 물론 여러 면에서 도청 이전 시절 못지않은 위기에 직면해 있다.

이 위기 해소를 위한 여러 대책들이 백가쟁명 식으로 난무하고 있지만 시민 모두가 공감할 수 있는 뚜렷한 합의점은 아직 없는 것 같다. 공주시와 공주대학이 손을 잡고 공주의 위기를 극복할 수 있는 정책을 개발해야 한다. 공주학연구원이 그 연결점 역할을 수행해야 한다는 면에서 연구원의 설립은 매우 시의적절한 일이라고 볼 수 있다. 공주시는 물론 시민들의 열정적 참여, 공주대학의 오랜 연륜에서 우러나는 지혜의 산물인 아이디어와 정책이 만나면 공주대와 공주시의 위기는 충분히 극복되고 나아가 더욱 발전할 수 있으리라 믿는다. 이런 점에서 새로 출범한 공주학연구원에 거는 기대가 크다.

2. 기차, 공주역, 그리고 미래

대부분의 농촌 출신 중장년들의 어린 시절, 기차는 꿈과 선망의 대상이었다. 검은 연기를 뭉게뭉게 내뿜으며 칙칙폭폭 선로 위를 달리는 기차는 낯선 곳으로 떠나는 상징이었고, 좁은 지역에 갇혀 살던 사람들을 대도시와 연결해 주는 해방의 도구이자 새로운 시각을 열어주는 대표적인 장치였다. 그래서 아이들은 실제 한 번도 보지 못한 기차를 교과서의 그림과 노래로 일상화하여 마치 지금 바로 옆에 있는 사물처럼 친근하게 여겼는지도 모른다. 동네 아이들 여러 명이 모여 새끼줄로 긴 타원형을 만들고 그 속에 들어가 함께 달리며 기차놀이를 즐겼던 게 그 증거 아니겠는가.

우리나라 철도는 일제의 대륙 침략 야욕과 자원 수탈의 통로 목적으로 개설되었다. 그러나 일단 개설된 철도는 사람의 이동과 물류 수송의 본래의 단순한 목적 외에도 근대 문명의 토대로서, 또 문화 확산과 발전의 통로로서 획기적인 역할을 담당했다. 철도가 지나가는 도시와 그렇지 않은 도시가 발전 속도나 질적인 면에서 엄청난 차이를 보이는 것은 이를 명징하게 보여준다.

공주는 오랜 동안 지역의 핵심 도시였음에도 불행하게 철도와 인연이 없는 도시였다. 그 이유에 대해 이런저런 말들이 많지만 분명한 것은 지정학적인 위치로 보아 충분히 철도가 지나가야 하고, 또 역이 있어야 했음에도 그렇게 되지 않았다는 사실이다. 지금 그 책임을 따지는 것은 부질없는 짓이지만, 오랜 세월 공주 사람들은 철도가 지나가는 도시를 부러워하며 언젠가 공주에도 역이 생기기를 갈망하며 살아왔다.

그런 염원이 결실을 맺어 드디어 공주에 철도가 개설되고 공주역이 탄생했다. 말 그대로 역사적인 순간이고 고대하던 희망이 현실로 다가오게 된 것이다. 거리에 내걸린 철도 개통 축하 현수막의 글귀 중에는 ‘백 년을 기다린 공주 철도’란 표현도 있다. 정말 그 절실함이 절절히 녹아 있는 표현이다.

하지만 이 역사적인 철도 개통을 마냥 축하만 하고 있기에는 뭔가 좀 찜찜한 구석이 남아 있다. 무엇보다 공주역의 위치 문제다. 정치적인 이유로 경제성이나 효율성 면에서 문제가 많은 노선이 결정되고, 동시에 공주역의 위치가 현재의 곳으로 선정됨으로써 공주 사람들은 기차를 이용하는 데 많은 불편을 겪을 수밖에 없게 되어 있다. 당국에서는 부랴부랴 교통 대책이니, 활성화 대책이니, 관광 상품 개발이니, 하여 문제 해결을 서두르고 있으나 현재로서는 장밋빛 미래를 기약하기 어려운 상황인 것 같다.

현재까지 나와 있는 대책이나 공주역 주변의 여건과 상황을 종합해 보면 단기간 내에 공주역이 사람들로 북적이는 중심 역이 될 가능성은 그리 커 보이지 않는다. 아주 극단적인 비관론의 관점으로 보자면 장차 이용객이 적어서 무정차역이 될 확률도 전적으로 부정할 수만은 없다는 의견도 있는 것 같다. 그렇게 되면 공주는 철도가 지나가는 땅만 제공했을 뿐 철도로 인한 문화 발전과 경제적인 혜택을 누리기 어려울 수도 있다.

어떻게 해야 하나. 공주역을 살리고, 나아가 철도를 이용해 공주를 발전시키기 위해 몇 가지 생각해 보기로 하자. 우선 내적으로는, 좀 불편한 점이 있다 하더라도 공주와 인근 주민들이 적극적으로 공주역을 많이 이용해야 한다. 그래서 한산한 시골역의 이미지를 불식해야 한다. 또한 외적으로는, 외지인을 많이 유치할 수 있는 매력적인 상품을 많이 개발해야 한다. 지금 제시되어 있는 특화된 백제 고도 관광 상품은 물론이고, 현대인들이 선호하는 레저, 휴양, 오락 등의 시설 개설과 대대적인 홍보가 필요하다. 필자는 사석에서 이 문제와 관련하여 농담조로 공주역 근처에 특급 호텔과 카지노 같은 걸 만들면 어떻겠느냐는 얘기를 한 바 있다. 물론 이에는 관련 법령의 탄력적 적용이나 공주 사람들의 부정적 정서 같은 걸 완화하는 문제가 선결되어야 하겠지만 그런 발상의 전환이 필요하다는 말이다.

시간이 지나다 보면 어떻게 되겠지, 하는 소극적인 자세, 혹은 다른 지역에서 이미 모두 다 하고 있는 그런 사업 아이템으로는 공주역을 살릴 수가 없다. 제일 먼저 각계의 전문가와 시민, 다양한 계층의 사람들로 몇 개의 대책 팀을 만들어 대응할 필요가 있다. 합의만 된다면 국내외에 현상금을 걸고 아이디어를 공모하는 방법도 생각해 볼 수 있다.

이와 관련하여 필자의 개인 의견으로 공주와 공주역을 문화와 예술의 중심축으로 만드는 사업을 제안하고 싶다. 공주는 충분히 그럴만한 여건과 배경을 갖추고 있는 도시다. 다른 도시가 갖지 못한 그런 특징을 잘 살려서 공주를 배경으로 한 영화, 문학 작품, 만화, 노래, 연극 등 다양한 예술 작품들이 생산될 수 있도록 다양한 지원 대책을 세우자. 또 어린이, 청소년, 노인 대상의 특화된 전시와 공연을 할 수 있는 프로그램을 만들어 대대적으로 홍보하자. 그 중에 한두 가지만 성공해도 자발적인 관광객이 저절로 늘어나리라 믿는다.

기차를 타고 공주에 가면 즐거움이 있고, 배우는 게 있고, 흐뭇한 행복감이 되살아난다는 입소문이 나야 한다. 그래서 한번 왔던 사람들이 다시 가고 싶은 그리움 넘치는 그런 공주를 만들어야 하다. 한번 탄력이 붙으면 그 다음부터는 어렵지 않다. 그러기 위해서는 공주를 상징하는 대표적인 이미지의 상품을 몇 개 선정하여 차별화하고 집중하는 노력을 아끼지 말아야 한다.

한산한 시골의 공주역이 유명한 영화의 배경으로, 또 문학 작품이나 다른 예술 작품의 무대로, 인기 드라마를 촬영한 명소로 각인된다면 공주는 백 년의 꿈에서 깨어나 철도와 함께 새로 태어나는 계기가 될 수 있으리라 확신한다. 공주역이 사랑과 추억의 장소로 거듭나서 공주 사람들은 물론 공주를 찾는 수많은 내외국 사람들에게 행복과 즐거움을 선사하는 명소가 되기를 간절히 염원한다.

3. ≪백웅≫ 기념사업을 제안하며

공주는 복합적이고 중층적인 성격의 도시다. 왜 그런가. 공주는 백제와 고려, 조선 시대 내내 중추적인 행정 도시였으며, 근대에 들어서도 오래 도청 소재지로서 지역의 핵심적인 기능을 수행했다. 이런 이유로 공주는 늘 권력을 산출하고 유지하는 현장의 성격을 갖고 있었다. 반면 권력이 있는 곳에 항상 존재하기 마련인 핍박당하던 사람들 또한 공주에 적잖게 있었을 것인데, 이들의 반체제적인 투쟁이 김헌창이나 망이 망소이 등의 역사적 사건으로 현실화된 것이라 볼 수 있다. 이처럼 공주는 권력의 차원에서 양면성을 갖고 있는 도시다.

이런 현상은 인문, 문화 차원에서도 동일하게 나타난다. 즉, 공주의 문화는 기득권을 지키려는 보수적인 것과 새로운 것을 수용하여 변혁을 도모하는 이중성을 갖고 있다. 흔히 양반도시 공주라고 말할 때, 거기에는 전통적인 것을 고수하려는 속성이 내포되어 있다고 보아야 한다. 그러나 행정 수부 도시였던 공주는 필연적으로 새로운 문물이 가장 먼저 도착하고 활착을 시도하는 운명을 피할 수 없었다. 공주에서 천주교의 순교자가 많이 나온 사실이나 동학농민전쟁의 격전지가 되었던 사실은 이를 증명하고도 남는다.

이렇게 이중적인 문화의 성격을 갖고 있는 공주에서 근대문학을 살필 때는 의아함을 넘어 도저히 이해가 되지 않는 현상을 목격할 수 있다. 대부분의 전문가들이 공주의 근대문학의 출발점을 말할 때 예외 없이 해방 후 공주사대의 설립과 함께 그 교수와 학생들에 의해 시작되었다고 언급하고 있다. 이와 같은 단정의 근거는 거기 관련된 인물들의 증언이나 활동 결과물이며, 현존 자료들이 그 결정적 증거로 제시되고 있어 꽤 설득력을 갖고 있다.

하지만 과연 그 이전에 공주에는 근대문학이 없었을까. 신식 교육을 담당하던 여러 학교의 교사들이나 서울에서 발간되던 일간 신문의 상주 기자들이 활동하고 있던 공주에서, 특히 영화나 연극 등 여러 근대적 문화가 활발히 통용되던 상황에서 유독 문학만이 없었다고 하는 것은 상식적으로 납득이 되지 않는 일이다.

필자는 이런 의문을 풀기 위해 백방으로 탐문하던 중에 1928년 공주에서 발행된 전문 문학 종합잡지 ≪백웅≫이 존재한다는 걸 알게 되었다. 그렇지만 그 자료를 구하는 일은 쉽지 않았다. 워낙 희소한 잡지이다 보니 그 소장자를 알 수 없었고, 어렵게 수소문하여 소장자를 확인했어도 열람하는 일은 또 다른 어려움이었다. 그러던 중 2011년에 연세대 도서관에 기증된 지 얼만 안 된 자료 가운데서 창간호를 구하여, 그 내용을 분석한 논문을 전국 규모 학회지에 발표했다. 그 작업 과정에서 창간호가 곧 종간호가 되었다는 기존 학자들의 소개와 달리 2호 잡지가 있다는 사실을 알게 되었다. 그 무렵 다행히도 웅진교육박물관을 운영하는 분이 그 자료를 소장하고 있다는 '금강뉴스'의 보도가 있었다. 현재는 강원도 영월로 이전된 초등교육박물관장 이재우 관장님과 연락이 닿아 고맙게도 2호 잡지를 열람할 수 있게 되었고, 금년 9월 그 내용을 분석한 학술 논문을 전국 규모 학회지에 발표할 수 있었다.

두 논문에서 밝힌 대로 이 잡지는 단순한 동인지가 아니다. 논문을 통해 이미 그 문학사적 의미와 가치를 살핀 바 있지만, 이 잡지는 우리 문단 초창기의 주요한 자산이 될 수 있다는 점, 공주(충남)의 근대문학 출발점을 앞당길 수 있는 자료적 가치가 크다는 점, 중앙 집중의 문단 현실에서 지역 문학의 거점 내지 균형적 역할을 수행하고 있다는 점 등을 주요 의의로 꼽을 수 있다. 동시에 보수적이라고 알려진 공주에서 근대문학에 대한 관심 자체가 진보적이라 할 수 있는 시기에 이런 성향의 잡지가 발행될 있었던 사실은 공주의 근대를 더욱 풍요하게 만드는 중요한 가치가 있다고 볼 수 있다.

공주에서 이 잡지가 발행될 수 있었던 데는 발행인 윤상갑, 인쇄인 배상인, 원고 수집과 편집을 담당한 윤귀영과 강운곡, 후원자 김종국 등을 비롯한 공주 유지 집단의 헌신적인 노력이 크게 작용하였다. 이 분들에 대한 자료 발굴과 연구를 통해 공주의 자긍심을 높이고 근대를 풍요롭게 한 ≪백웅≫에 대한 관심과 더불어 이를 기념하는 사업이 전개되기를 간절히 촉구한다. 공주를 상징하는 곰 상을 여기저기 많이 만드는 것도 필요하지만 '흰곰(백웅)'을 공주 문화의 상징으로 내세우는 일 또한 멋있는 일 아닌가. 이는 공주의 또 다른 자랑거리가 되리라고 확신한다.

4. 고마나루에 곰 박물관을

공주의 옛 이름은 '웅진' 또는 '웅천'이었다. 웅진이라는 말은 한자의 '곰'(혹은 고마)과 '나루'를 뜻하는 글자가 결합하여 만들어졌다. 그러니까 '곰나루' 혹은 '고마나루'는 바로 공주를 뜻하는 말인 것이다. 여기서 '곰'이 동물의 곰을 말하는 것인지, 아니면 '신성성'을 뜻하는 고대어인지, 그도 아니면 '뒤'나 '굽이'를 나타내는 말인지는 학자들마다 의견이 다르다. 이 문제는 워낙 견해차가 크기 때문에 선뜻 어느 한 주장을 받아들이기 어렵다.

그러나 대부분의 공주 사람들이나 공주를 알고 있는 많은 사람들은 고마나루의 곰이 동물의 곰을 뜻한다고 생각하고 있다. 이는 아마도 그곳에 얽힌 애절한 전설의 영향이 크게 작용한 결과일 것이다. 전설 속에서 여자 곰의 소망은 남자의 '배신'으로 말미암아 산산조각이 났고, 곰은 그에 대해 목숨을 버리는 자해 행위로 저항을 했으며, 그 원혼은 이 강을 지나는 많은 사람들의 생명을 위협했다. 결국 사람들은 곰을 배신한 '남자'를 대신해 진혼의 예를 갖추어야 했고, 그제야 그 원혼은 사람들과의 화해와 공존을 허락했던 것이다. 이 전설에는 인간이 자연을 대하는 자세와 태도가 어찌해야 하는가를 보여주는 원형적 이미지가 잠재되어 있다. 또한 인간과 자연 어느 한쪽이 일방적으로 상대를 능멸했을 때, 균형과 조화가 깨져 마침내 불행이 온다는 교훈을 던져주기도 한다.

이런 고마나루는 오랜 동안 공주 사람들의 정신적 구심점이자 마음의 안식처로 작용해 왔다. 학생들의 봄가을 소풍 장소로, 여름날의 피서 공간으로, 연인들의 애틋한 사랑을 키워주던 곳으로, 이 고마나루는 또 하나의 정신적 고향 역할을 해 온 것이다. 노란 장다리꽃이 피던 밭두렁, 키 큰 호밀 밭에서 물결치던 녹색의 파도, 과수원의 사과나무 사이를 떠돌던 연한 사과 꽃향기, 어미 곁에서 부드러운 풀잎을 뜯던 송아지의 크고 순했던 눈망울, 아름드리 소나무 사이를 지나가던 한가하고 여유 있던 바람 소리……. 이런 것들은 살림살이는 고단했으나 마음만은 평화스러웠던 시절의 풍경들이었다.

하지만 불행하게도 현재의 고마나루는 삭막해지고 살벌해졌다. 평화스러웠던 마음의 고향 풍경들이 다 사라져 버린 것이다. 잘 닦인 도로는 그의 팔다리를 절단해 버렸고, 토실토실했던 고운 모래밭은 몽매한 정책으로 그 살을 몽땅 발린 채 앙상한 몰골을 하고 있으며, 그 피와 같던 깊고 푸른 물은 인간들의 욕심에 더럽혀져 죽어 가고 있다.

따라서 오늘의 고마나루는 '국민관광단지'라는 이름만 겨우 살아 있을 뿐 관광객은 거의 없다. 계획만 거창했을 뿐, 기반 시설이나 유인 요소도 없는 곳에 관광객이 올 리 만무하다. 공주의 정체성에 관해 논의가 무성하지만 가장 현실성 있는 대안은 역사와 문화의 도시로 가꿔 가야 한다는 공감대일 것이다. 역사와 문화의 도시를 제대로 살리려면 관광 사업은 필수적인 항목이다. 공주에 오는 대부분의 관광객은 무령왕릉과 공산성을 찾는다. 이들이 공주를 대표하는 관광 상품임에는 틀림없다. 그러나 이들만으로는 한계에 부딪치고 만다는 게 우리들의 오랜 경험상 증명이 되었다. 몇 시간 '스쳐 가는 관광지'로서는 관광 사업이 될 리 없다. '머물고, 즐기고, 체험해 보는 관광지'로 바꿔야만 관광 사업이 본연의 기능을 발휘할 수 있다. 이는 상식 중의 상식이다.

고마나루로 국립공주박물관이 이전하였고, 인근에 한옥마을도 조성되었다. 국내외의 많은 사람들이 이 박물관을 찾아 우리 역사와 선인들의 앞선 생각 및 삶의 지혜를 공부한다. 공주 사람들로서는 분명 자긍심을 느낄 일이다. 그런데 사람들이 박물관만 보고 휑하니 떠나 버린다면 공주의 관광은 예나 지금이나 하등 달라질 게 없다. 그 많은 사람들의 발걸음을 붙잡아 두기 위해 우리는 무엇을 해야 할까. 현란한 조명 아래 먹고 마시는 퇴폐 유흥 시설을 해야 할까, 아니면 천문학적 투자비가 들어가는 대규모 놀이공원 같은 것을 만들어야 할까. 한 마디로 이런 것은 가당치 않은 일이다. 그런 걸로 돈을 벌어들이는 것이 공주의 경제에 어느 정도 도움이 된다 해도 이는 우리의 자존심에 상처를 내고 말 것이다.

이곳은 이미 예전의 낭만적인 고마나루로 되돌릴 수는 없게 되어 버렸다. 이 상황에서 생각할 수 있는 방안 중의 하나로 곰 박물관 건립을 제안하고 싶다. 공주가 박물관 도시로 특성화되고 있다는 걸 많이들 이야기한다. 이는 정말 공주의 성격에 걸맞은 일이라 할 수 있다. 그 일환으로 고마나루에 곰 박물관을 만들어 보는 건 어떨까. 갖가지 종류의 곰을 모아 사육하며 보여 주는 것은 물론, 곰의 생태와 습성 등을 학습하는 교육의 장으로 만들고, 곰과 관련된 각종 캐릭터 상품을 개발하여 공주의 새로운 이미지 창출과 함께 수입원으로 삼고, 주말이면 종합운동장에서 곰 달리기 대회, 곰 재롱대회 등 여러 이벤트를 정기적으로 개최하여 곰 애호가들과 구경꾼을 대대적으로 불러 모으는 것이다. 곰을 학술적으로 연구하여 상품화하는 방안도 있을 것이고, 품종을 개량하여 애완용 곰을 만들어 볼 수도 있을 것이다.

물론 시행 과정에 제일 중요한 것은 환경 친화적인 고려일 것이다. 개발이라는 미명 아래 마구 파헤치는 것은 금물이다. 모든 계획은 세심하고 치밀한 예측과 평가를 거쳐 입안되어야 할 것이다. 이것은 저

고마나루 전설이 우리에게 가르치고 있는 교훈이기도 하다. 자연(곰)과 인간이 상대에게 일방적인 폭력을 가하면 반드시 재앙이 오지만, 상대를 배려하며 접근한다면 엄청난 이익과 즐거움을 받을 수 있다.

고마나루 살리기 시민운동이 조용히 전개되고 있다. 하지만 어떻게 살릴 것인가는 아직 합의가 없는 듯하다. 공주의 정체성과 현실적인 관광 사업의 구체적 대안을 고민하며, 역사와 문화가 어우러지는 고마나루의 성격을 감안하여 고마나루 곰 박물관 건립 사업이 공론화되었으면 한다. 저 하늘에서 전설 속의 곰이 우리들이 어떻게 하는가를 빤히 내려다보고 있을 것만 같다. '곰(자연)'과 사람이 조화를 이뤄 공생하는 고마나루를 보고 싶다.

5. 곰나루에 곰은 없어도……

나는 간혹 외지에 사는 분이 공주에 들러 안내를 부탁하면 맨 먼저 곰나루로 향한다. 지금은 왕릉과 문예회관, 종합운동장, 실내체육관 같은 것이 잘 정비되어 있지만, 전에는 햇살을 받으며 옹기종기 누워 있는 공동묘지의 무덤, 거름 냄새에 섞여 풍기던 엷은 사과 꽃향기, 껑충하게 키가 큰 호밀이 자라던 밭, 게을리 풀을 뜯던 송아지 거느린 어미소, 낮게 엎드린 초가집의 지붕……, 그런 것들 사이로 먼지 나는 길을 걸어야만 했던 곳이다. 그렇지만, 그곳에는 공주의 모든 것이 담겨 있다 해도 과언이 아니다. 저 애처롭게 죽어간 곰 전설이야 그렇다 쳐도, 사람이 살기 시작한 이후 이 곰나루는 역사의 현장이면서 공주 사람의 정서를 가장 잘 포괄하고 있는 곳이라고 여겨지기 때문이다.

다 아는 얘기지만, 공주의 옛 이름은 '웅진(熊津)'이다. 그런데, '웅진'은 '곰나루'를 한자로 직역한 말이다. 그러니까 공주의 원이름은 '곰나루(고마나루)'인 셈이다. '곰나루'의 '곰'이 무슨 의미인가에 관해서는 대체로 '신(神), 신성(神性)'의 뜻을 갖고 있다고 보는 것이 보편적인 해석이다. 짐승 '곰'도 그런 원시 신앙의 대상으로서 동일한 차원으로 인식되고 있다. 한 걸음 더 나가 '공주'의 '공'이나, '금강'의 '금'도 모두 '곰'과 연관 있는 것으로 보기도 한다. 이 말의 어원에 대해서는 학계에 이견이 분분하지만, 원시 신앙의 한 표현이라는 점에는 의견이 일치한다. 다시 말하여 이 지역은 오랜 세월 동안 신성한 공간이었다는 말이다. 그것이 정치적 지배 집단에 의한 인위적 조작의 결과인지, 역사적 사실을 바탕으로 한 전승의 귀결인지는 잘 알 수 없으나, 국가적 제사 처였다는 역사 기록을 볼 때 보통 공간이 아니었음은 분명하다 하겠다. 공주가 역사의 전면에 등장하기 이전부터 아마도 이곳은 버려진 쓸쓸한 곳은 아니었을 성 싶다. 왜냐하면 이곳의 입지 자체가 워낙 절묘하기 때문이다. 이곳은 공주로 들어오는 관문이면서 대처로 나가는 요충이고, 수상 교통의 중심지로 물류 교역의 현장이며, 배후에 광활한 농경지를 끼고 있는 풍요의 앞머리에 해당된다. 따라서 이곳은 운명적으로 사람들이 모여들 수밖에 없는 곳이고, 필연적으로 애환이 교차하는 곳이 되지 않을 수 없었을 것이다. 공주라는 곳이 금강과 계룡산 없이 성립할 수 없는 그런 곳이라면, 곰나루는 그것을 더욱 강화하는 요소였다고 할 수 있는 것이다.

역사 기록을 중심으로 곰나루가 어떤 곳이었는가를 살펴보면 이곳의 성격을 보다 자세히 알 수 있을 것이다. 백제 시대에는 이곳이 서민들의 집단 거주지였던 것으로 보인다. 아마도 현재의 공주 시내는 왕이나 귀족들의 거처였을 것이고, 홍수가 나서 민가가 많이 떠내려갔다는 삼국사기 기록을 볼 때 일반 백성들은 이곳을 중심으로 살지 않았을까 한다. 또한 백제 말기에 나당연합군이 사비성을 함락하고 왕이 공주로 피신했을 때 소정방이 대군을 이끌고 와 진을 쳤던 곳이 바로 이곳이기도 하다. 최근까지도 소정방 펄이니 하는 이름은 물론, 장대터라고 하는 곳이 홍수 후에 드러나기도 했다 한다. 고려 시대에 거란족의 침략이 있었을 때 현종이 공주로 피난하여 지은 시가 있는데, 당시의 교통로로 보아 분명 이 곰나루를 통해 왔을 것이다. 또한 백제와 고려를 통틀어 보아 이곳은 국제 무역항의 역할을 수행했을 것에 틀림없다. 중국을 비롯한 일본 등의 배가 수로를 통해 이곳에 이르러 많은 물건을 교역했을 것이다. 이곳은 명실 공히 국제 무역항이었던 것이다. 조선시대에도 이곳은 여전히 한양과 호남지방을 잇는 주요 교통로였다. 인조 임금이 이괄의 난을 피해 파천했을 때도 이곳을 통과했을 것이고, 해산물과 소금을 실은 배는 이곳을 지나 훨씬 상류까지 오르내렸으니, 분명 번화한 내륙 항구 역할을 담당했을 것이다. 한말 동학농민전쟁이 일어났을 때는 충청 서부 지역의 농민군들이 공주 공략의 전초지로서 이곳을 거쳤을 게고, 공주가 도청 소재지였을 때는 충청도의 서부 지역으로 나가고 들어오는 길목이었을 것이다.

또한 이곳은 이러한 교통 요지로서만이 중요한 게 아니다. 기록에 보면 이곳은 국가적 제사 처이기도 했다. 그 이름에서부터 신성성이 있었으니, 나라에서 산천에 제사를 올릴 때 그 후보지로서 적격이었을 것이다. 이곳에서 출토되어 지금 공주박물관에 보존되어 있는 돌로 된 곰상은 그런 역사적 사실을 증언해 주는 유물이라 할 수 있다. 그런 의미에서 지금 그 모조품을 모셔 놓은 '웅신단(熊神壇)'은 공주의 상징이자 얼이 배어 있는 곳이라고 할 수 있을 것이다. 웅신단에 가 그 투박하게 생긴 곰 상을 보고 있노라면, 마치 우리나라 곳곳에 널리 분포되어 털털한 이웃 사람 모습을 하고 있는 미륵상을 보는 듯한 착각에 빠져들기도 한다. 곰은 단순히 국가적 제사 대상으로서의 신앙물일 뿐이 아니라 민중 속에 깊이 뿌리 내리고 있는 미륵과도 같이 서민들의 믿음의 대상이기도 했던 것이다. 조선 중기의 다른 기록을 보면 가뭄이 들었을 때 충청도의 관헌이 모두 모여 이곳에서 기우제를 지내기도 했는데, 그 때 나라에서는 제수를 보내오기도 했다 한다. 그만큼 비중이 큰 제사였던 것이다. 또한 감영이 공주에 있어 당연한 일이기도 하겠으나 이곳에서는 대규모 군사 훈련이 벌어지기도 했다. 도내 군인들 일만여 명이 모여 훈련을 했다 하니 대단한 국가의 행사요 장엄한 광경이었을 것이다.

이처럼 곰나루는 역사적으로 보아 오랜 세월 동안 교통의 요충이었으며, 때로는 신앙의 신성한 공간이었고, 간혹 군사 훈련장이 되기도 했다. 그러면서 공주의 많은 사람들에게 경제적 이득을 가져다주기도 했고, 정신적 위안과 의지처가 되어 주기도 했다. 요즘에는 일에 지친 공주 사람들의 몸과 마음을 쉬게 해주는 편안한 휴식처로서 생활에 필요한 활력을 재충전시켜 주는 역할을 단단히 해 내고 있는 곳이기도 하다.

엄밀히 말해 지금 곰나루는 나루로서의 기능은 사라져 버렸다. 금강에 여러 개의 다리가 놓이고 도로가 잘 발달되어 나루가 필요 없게 되었기 때문이다. 행정 당국에서는 이곳 일대를 곰나루라는 이름으로 국민관광지로서 지정해 놓았다. 그리고 백제문화권 개발 사업의 일환으로 이곳에 대규모 휴양·위락 단지를 조성하기 위한 계획을 세워 놓고 있다. 머지않아 관광호텔, 콘도미니엄, 놀이 시설, 각종 오락장 등이 들어설 것이다. 그렇게 되면 공주를 찾는 많은 관광객들이 이곳에 머물면서 유람선을 타고 금강의 뱃놀이도 즐길 것이고, 가까이에 있는 문화 유적을 보며 공부도 하게 될 것이다. 당연히 공주의 경제적 이득도 적지 않게 올라갈 것이다. 그러나 그런 것들과 함께 잃어 버리는 것도 있을 것이 뻔하다. 이곳에 수천, 수만의 사람들이 복작거리게 되면 우선 공주 사람들의 곰나루에 대한 아련한 정서, 석양 아래 조용히 사색하며 걷던 고운 흙모래 길, 봄이면 아지랑이 아래 나풀대며 아우성치던 보리 밭, 아름드리 소나무 사이로 스쳐 지나가던 바람 소리, 고즈넉한 달밤이면 물 위로 튀어 오르던 싱싱한 물고기들…. 그런 것들은 이제 영원히 추억 속으로 잠들어 다시는 깨어나지 못할 것이다. 그렇다고 개발을 하지 말자는 얘기가 아니다. 어떻게 하면 자연을 살리고 조화를 이루면서 공주 사람들의 정서에 상처를 덜 남길까 고민해 보자는 것이다. 단순히 경제적 이윤만을 목표로 일을 추진했다가 낭패한 사례가 얼마나 많은가. 공주보 건설과 백제 큰길을 내면서 이 곰나루가 얼마나 상처를 받았는가. 문화유산이란 한 번 훼손되면 돈으로도 해결이 불가능하다. 옛말에, 양반은 아무리 추워도 곁불은 쬐지 않는다 하였다. 호랑이는 배가 고프다고 해서 결코 풀을 먹지 않는다. 이것은 무엇을 말하는 것인가. 바로 자존심이다. '반향(班鄕) 공주(公州)'라고 하는 말이 있는데, 양반인 공주 사람의 자존심을 지켜 가면서 서서히 개발을 추진했으면 한다. 30년이면 어떻고 백년이면 어떤가. 곰나루가 어디로 갈 것도 아니고, 우리가 당장 굶는 것도 아니지 않는가.

공주의 상징이자 얼이 오롯이 깃들어 있는 곰나루는 오늘도 불안한 마음으로 누워 있을 것 같다. 그러면서도 지치고 아픈 자식을 따뜻이 품어 안는 어머니처럼 공주 사람 누구라도 찾아오면 그 넉넉한 가슴으로 감싸 안을 준비를 하고 있을 것이다. 공주의 어머니, 곰나루를 이젠

제발 그만 괴롭혔으면 한다.

6. 공주의 정체성

현대를 일컬어 혼돈과 불확실성의 시대라 한다. 우리 삶에 예측 불가능의 돌발 변수가 너무 많이 잠재해 있다는 뜻이다. 지금도 우리 주변엔 시시각각으로 엄청난 변화의 소용돌이가 휘몰아치고 있으며, 대량의 의견들이 자유자재로 우리 사이에 소통되고 있기 때문에 정신 차리기가 어려울 지경이다.

이렇게 자의와 상관없이 휘둘리다 때때로 우리는 스스로의 위치를 잃어버리고 남의 생각에 함몰되는 경우를 종종 경험하게 된다. 텔레비전에 나오는 사람 이야기를 듣다 보면 그 말이 옳은 것 같고, 신문에 난 기사를 읽다 보면 그 주장도 옳은 것 같고, 동료와 이야기를 나누다 보면 그 생각도 맞는 것 같고, 책을 읽다가 보면 그 견해가 더 타당한 것 같기도 하다. 이 사람 저 사람 이야기를 듣고 나서 과연 내 생각은 무엇인가, 나의 진정한 모습은 무엇인가에 대해 생각할 수 있다면 그 사람은 최소한 자신을 어느 정도는 지켜갈 수 있는 사람이다. 이 사람은 바로 자신의 정체성에 대해 자각하고 있는 사람인 것이다.

우리가 살고 있는 공주에 대해 많은 수식어들이 있다. '백제의 고도', '옛 백제의 수도'라는 역사적 사실을 강조하는 것에서부터, '충청도의 중심도시', '충청도 행정의 요충지' 등 지리적 환경을 강조하는 것, '역사와 문화의 도시', '관광 도시' 등 문화적 특성을 강조하는 것, '반향 공주', '개명(감영) 공주' 등 공주의 정신적 자긍심을 내세우는 것, 단위 인구 당 최고 수준의 학교 수와 학생 수를 내세우는 '교육 도시' 등 공주를 규정하는 말들은 이루 열거하기 어려울 정도로 많다. 대체로 외지 사람들은 공주를 '점잖은 양반의 도시', '교육과 역사와 문화의 도시'로 인식하고 있는 사람들이 많은 것 같다.

이런 많은 수식어들은 분명 공주의 자랑이 아닐 수 없다. 또 공주의 특성을 특정한 시각에서 잘 부각시켜 주기도 한다. 그러나 한 도시의 성격에 이렇게 여러 개념들이 혼재하고 충돌하는 양상은 요즘의 시대적 환경에서는 역작용을 할 우려도 없지 않다고 생각된다. 다양성은 어떤 조직을 유연하게도 하지만, 개성이 발휘될 영역을 박탈하기 때문이다. 특히 현대 사회는 상상키 어려울 만큼의 양과 속도를 자랑하는 정보의 시대이기 때문에, 어떤 조직이나 집단의 특성을 간명하고도 반복적으로 제기하지 못하면 경쟁에서 살아남기 힘든 시대다. 따라서 어떤 도시든 많은 사람에게 뚜렷하게 각인될 수 있는 대표적인 이미지를 만들기 위해 노력하고 있다.

과연 공주의 정체성은 무엇이라고 할 수 있는가. 역사 도시인가, 문화 도시인가, 관광 도시인가, 교육 도시인가. 그 모두라고 하기엔 공주는 너무 작은 도시이다. 또 그런 욕심은 자칫 전근대적인 낭만일 수도 있다. 공주를 대표할 수 있는, 누구나 공주하면 금방 떠올릴 수 있는 그런 이미지를 속히 만들어야 한다. 무령왕릉, 공산성, 무슨 대학, 몇 개의 박물관, 밤, 무슨 술, 무슨 절, 그런 것들을 몇 가지 들어봤자 그게 공주를 대표하는 것이 되기에는 실효성 면에서 부족하다고 생각된다. 경주나 가까운 부여에 비해도 관광 자원은 열세고, 특산물도 전국적인 세력으로 자리하기엔 힘에 버겁고, 문화적 시설이나 행사 내용도 타 지역에 비해 우세하다고 보기엔 어려우며, 교육 기관도 옛 단설 사범대학 시대의 전국적인 지명도를 잃은 지 오래다.

사람을 불러 모아 수입을 늘리려면, 지명도를 높여야 하고, 매력적인 유인책을 제시해야 한다. 그리고 지속 가능한 방책이어야 한다. 여기에 기상천외한 방법은 있을 수 없다. 우선적으로 고려하고 실천할 일은 공주의 정체성을 확실하게 하는 일이라고 생각된다. 여러 가지를 늘어놓는 것보다는 비교 우위에 있는 한두 가지를 집중적으로 내놓는 책략이 필요한 것이다. 그것은 바로 공주의 정체성을 살리는 데서 출발해야 한다.

7. 내가 바라는 공주시장

6월의 지방 자치단체 수장과 의원을 뽑는 선거를 앞두고 우리 공주 지역에도 수십 명이 넘는 후보가 예비 후보 등록을 한 상태에서 열심히 운동을 하고 있다. 그 중에 시장을 하시겠다고 나선 분들만 해도 열 분이 넘는다. 물론 여당의 후보들은 당의 공천 결과에 따라 한 분으로 정리될 테니 결국 여당 후보 한 분과 나머지 몇 분들의 대결이 될 듯하다.

과거 공주시장 선거에서는 인물이나 정책의 내용보다는 지역 기반의 특정 정당 후보들이 당선되는 현상을 보였다. 그래서 정책 개발이나 비전 제시보다는 그 정당의 공천을 받는 데 몰두했고, 거기에 약간의 학연이나 혈연 등의 요소가 당락에 영향력을 미치는 결과로 귀결되었다. 이번 선거도 크게 다르지 않을 것 같다. 대부분의 예비 후보들이 내세운 정책이나 공약들이 큰 차이가 없고, 따라서 개인적인 친분에 따른 조직력 여부가 가장 큰 득표력으로 연결될 것 같기 때문이다.

실제로 후보들이 내세운 정책을 보면 세종시 출범에 따라 조성된 공주의 위기감에 대부분의 후보가 공감을 하고 있다. 그리고 그 타개책으로 역사 문화 도시로의 발전이나 교육, 관광 등을 주요 방안으로 제시하고 있다. 따라서 어느 후보가 당선되더라도 향후 공주의 미래에는 별 차이가 없을 듯하다. 그 밖의 소통이니 화합이니 하는 것들이야 여야를 떠나 어느 누가 시장이 되더라도 기본적으로 실천해야 할 덕목들이니 큰 고려 사항이 되지는 못할 것이다. 이런 상황에서 우리 시민들은 어떤 시장을 뽑아야 하는가. 대체로 다음과 같은 조건을 갖춘 분이 시장에 당선된다면 공주의 미래가 좀 더 희망적이지 않을까 한다.

첫째, 역사의식이 투철한 분이어야 한다. 이는 역사 전공 여부를 말하는 게 아니다. 주지하듯 공주는 구석기, 백제, 고려, 조선, 근대의 주요 유적들이 골고루 갖춰져 있는 특별한 도시다. 이 유적들은 공주의 자산일 뿐 아니라 국가적으로, 나아가 세계적으로 보아도 그 가치가 뛰어난 것들이다. 그러므로 이런 도시의 행정을 책임진 분은 임기 중의 성과나 차기 당선을 목적으로 함부로 이들을 파헤치거나 훼손하는 일을 하지 말아야 한다. 시민들의 현실적 욕구에 타협하여 어설프게 개발이니, 관광객 유치니 하여 손을 대지 않을 각오가 되어 있어야 한다. 임기 중에 좀 욕을 먹더라도, 인기가 좀 떨어지더라도 흔들리지 않고 우리 후손들을 위해 막아서겠다는 굳건한 의지가 있어야 한다. 그리고 본인의 임기 중이 아니라 백 년 앞을 내다보는 장기적 관점의 계획을 세워 차근차근 실천하고, 그 나머지는 후임자에게 넘겨주겠다는 포부를 실천할 수 있어야 한다.

둘째, 상식을 깨는 과감한 사고방식을 갖춘 분이었으면 좋겠다. 당선되는 시장은 누가 되었든 공주에서 학교를 다니고, 오래 살아온 분들일 것이므로 여러 시민들과 직간접적인 인연을 맺고 있을 것이다. 또 선거

과정의 크고 작은 도움으로 인해 소신 있게 행정을 수행하는 데서 자유롭지 못할 수 있다. 게다가 시장의 임기에 상관없이 시청에서 업무를 담당하고 있는 공무원들은 시장의 획기적인 정책 혹은 관행에 반하는 지시에 반발할 가능성도 있다. 이런 상황을 과감히 떨쳐내지 못한다면 기존의 시장들과 하등 다를 바 없는 평범한 시장이 될 수밖에 없다. 이런 견고한 틀을 깨는 결단과 뚝심이 있어야 한다. 그래야 특정한 공주 시민이 아니라 전체 공주 시민의 앞날이 밝아질 수 있기 때문이다.

셋째, 모험과 도전 정신을 발휘할 수 있는 분이면 더욱 좋겠다. 오래전에 미국 어느 작은 도시에서는 선거를 통해 여러 출마자 중에서 고등학교 재학생을 시장으로 선출한 바가 있다 한다. 그 고교생은 오전에는 학교에 가서 공부를 하고, 오후와 야간에 시장 업무를 수행했는데, 그는 어른들이 해 낼 수 없는 기발한 아이디어로 그 도시를 완전히 바꾸어 놓았다고 한다. 거창한 시장실에 앉아 직원들이 가지고 온 결재 서류에 도장이나 찍고, 여기저기 행사장에 가서 얼굴이나 내밀고, 끼리끼리 모여 밥이나 먹는 그런 시장은 공주의 위기를 극복할 수도 없고, 더 이상 시민을 행복하게 해 줄 수도 없다. 세대별, 분야별로 시장과 전혀 연고가 없는 분들의 모임을 만들어 공주의 현실을 진단하고 대책을 강구할 그들의 생생한 목소리를 들으며 수시로 대화하고, 토론해야 한다. 고등학생, 시골 농부, 외국에서 온 결혼 이주자, 시장 상인, 식당 종업원 등의 목소리가 어쩌면 교수나 전문가의 의견보다 더 공주를 발전시키는 데 현실적으로 유용할 수도 있다. 전임 시장의 정책을 창조적으로 계승하면서 이러한 신선한 아이디어를 시정 운영에 반영한다면 여타 지자체와는 분명 차별화된 도시를 만들 수 있을 것이다. 여기에는 당연히 실패를 두려워 않는 모험과 도전 정신이 필요하다.

현재 활동 중인 시장 후보들은 모두 훌륭한 인품과 경륜을 갖춘 분들이다. 아마도 지금 심정으로는, 자신이 시장으로 당선된다면 모든 기득권을 내려놓고 공주 시민을 위해 4년 동안 무한 봉사할 각오를 하고 있을 것이라고 믿고 싶다. 그래서 공주의 위기를 극복하고, 시민들이 만족하며 행복하게 사는 도시를 만들어 역사에 기록되는 명시장이 되고 싶은 마음뿐일 것이라고 굳게 믿는다. 이런 분들 중에서 어느 분을 선택할 것인가. 그런 고민을 하고 계신 시민들께서는 잠시 학연이나 지연이나 개인적 인연을 접어두고, 공주의 현실을 걱정하며 사랑하는 이런 의견을 한 번쯤 다시 생각하시면서, 진정 누가 그런 조건에 가장 가까울까 하는 마음으로 선택의 도장을 들었으면 한다.

8. 지역 신문, 제대로 하고 있나

신문 값 얘기를 좀 해 보자. 신문 값은 신문을 보며 내는 돈을 말하는데, 이 글이 실리는 신문을 비롯한 대개의 지역 신문들은 월 4천 원에서 5천 원씩 돈을 받고 있다. 일주일에 한 번씩 발간되니 한 달에 네 번 또는 다섯 번 발행되는 셈인데 그렇다면 한 부당 가격이 천 원이라는 말이다. 이 값이 비싼 건지, 싼 건지, 아니면 적정한 것인지는 쉽게 단정해서 말하기 어렵다.

매일 배달되는 일간지의 한 달 구독료는 1만 8천 원이다. 일요일을 빼고 한 달에 최소 24일 이상 발간된다고 보면 한 부당 가격은 7, 800원 정도가 된다. 또한 일간지는 대개 한 부에 50면 내외가 배달되니, 지역 신문의 20면 내외에 비하여 볼 때 두 배 이상의 분량이 되는 셈이다.

이런 단순 비교를 통해 보면 지역 신문은 일간지의 네 배 이상의 값이 매겨져 있다고 볼 수 있다.

물론 대량 제작되어 유통되는 신문과 소량 제작되어 특정한 소비자에게만 전달되는 신문의 가격이 같은 기준으로 정해질 수는 없을 것이다. 또한 일간 신문과 지역 신문은 각각 그 기능과 역할이 다르고 또 나름대로 존재해야 할 이유가 있다. 따라서 상대적으로 좀 비싼 가격이라 하더라도 꼭 필요하다면 독자들은 기꺼이 그 값을 지불하고 신문을 구독하게 될 것이다.

문제는 지역 신문들이 그 값에 걸맞은 역할을 제대로 하고 있느냐에 있다. 만약 지역 신문이 그 책임을 제대로 수행하고 있지 못하다면 독자들은 구독료를 내는 게 아까울 뿐 아니라 그 값이 비싸다고 느낄 것이고, 반대로 이 신문들이 그 할 바를 잘 실천하고 있다면 오히려 신문값이 저렴하다고 생각할 것이다.

그렇다면 그 역할이라는 게 무엇일까. 지역 신문이 담당해야 할 역할은 대략 다음 세 가지 일 것이다. 지방자치제를 맞아 지역 행정기관이 일을 잘 하고 있는가 여부를 감시하고 비판하는 언론 본연의 일, 중앙 일간지에서 다루기 어려운 지역의 소식을 구체적이고 생생하게 전하는 일, 지역의 여론을 선도하면서 건전하고 생산적인 문화를 가꿔 가는 일이 그것이다.

전국의 시군 단위 중 현재 그 지역 신문이 없는 곳은 거의 없을 것이다. 그런데 그 신문사들 중에 흑자 경영이 가능한 곳은 별로 없다고 한다. 대부분 적자 상태로 운영되며 당연히 해당 신문 종사자들은 그 노동의 대가에 못 미치는 임금을 받으며 고생하고 있는 것이 현실이다. 그러기에 지금은 사라졌지만 과거 지역 신문 가운데는 지자체의 보조금을 받아 운영하면서 비판 기능이 작동되지 않았던 적도 종종 있었다. 이런 것은 신문이라고 할 수도 없고 존재해야 할 이유도 없다. 그런 것은 시나 군청에서 발행되는 홍보용 인쇄물로 충분하기 때문이다.

우리 공주에는 현재 몇 종류의 지역 신문이 발행되고 있다. 순수하게 공주 지역만 대상으로 하는 것도 있고, 인근 몇 개 시군을 대상으로 발행되고 있는 신문도 있다. 몇 년 전에는 획기적인 구상과 깔끔한 내용으로 독자들의 관심을 모았던 신문이 있었는데 결국은 운영난을 버티지 못하고 문을 닫고 말았다. 어쨌든 현재 발행되는 몇 개의 신문은 결호 없이 매주 발간되고 있는 것으로 보아 상당한 힘과 위상을 가지고 있다고 보아야 할 것이다.

그런데 이 신문들을 다 구독하고 있는 필자의 눈에는 이 신문들이 제 역할을 충분히 다하고 있다고 보이지 않는다. 우선 지자체의 행정 행위에 대한 비판과 감시 기능이 부족하다. 지역 신문들이 빠지기 쉬운 함정 가운데 하나는 바로 인정주의다. 좁은 지역에서 얼굴을 마주하고 살다 보니 행정기관 사람들이 다 아는 이웃 사람들이고, 또 이러 저런 인연으로 얽혀 있어 기사가 나간 이후의 사정을 고려하며 쓰지 않을 수 없을 것이다. 일종의 자기 검열인 셈이다. 여기에는 언론의 비판을 비판으로 받아들이지 못하는 속 좁은 사람들 탓도 있지만, 본질적으로는 지역 신문 스스로 설정한 한계가 더 큰 이유로 작용한다.

다음으로는 신문에 거론되는 인물과 사건의 내용이다. 대체로 힘이 있고 지위 높은 사람들이 자주 다루어지는데, 이는 누구 말대로 '그들만의 리그'를 연상시키다. 언론에서 다루어 주어 지명도를 더 높여 주고, 지명도가 높아지면 또 다루어주는 이런 악순환적인 일종의 카르텔은 우리 사회의 후진성을 반영하는 대표적 사례라 할 것이다. 지역 신문은 진정 그 창간 명분에 따라 힘도 없고 지위도 없는 사람들에게도 대등하게 다가가야 한다. 유행과 이슈만을 따라가는 것은 선정주의와 별로 다를 바 없다.

한 가지만 더 이야기하자면 지역 문화를 가꾸고 이끌어 가는 역할이 부족해 보인다. 물론 해당 신문사에서는 시의에 맞춘 캠페인이나 행사를 기획하여 지역 문화 발전에 적지 않게 기여하고 있으나, 아직은 그 범위나 파급 효과에 있어 충분하다고 보기 어렵다. 지역 발전을 위한 여론을 조성하고 실천에 이르도록 더 열정적인 노력이 필요하다고 본다.

이런 노력들이 실현되어 지면에 반영된다면 독자들은 구독료를 아까워하지 않고 신문을 구독할 것이며, 그것은 지역이나 지역 주민, 지역 신문 모두에게 이익이 될 것이다. 지역 신문들의 활력적인 변화를 기대한다.

9. 관광 사업, 틀 새로 짜야 산다

산과 들의 그 곱던 자태가 시나브로 잦아드는 것과 함께 북적이던 가을 관광 철도 끝났다. 하지만 요새는 봄가을만 관광 철이 아니다. 주5일제 근무와 참살이에 대한 욕구로 사계절 내내 관광이 이어진다. 복잡한 일상을 잠시 벗어나 보는 것은 새로운 에너지의 원천이 된다. 그래서 '집 떠나면 고생'일 줄 뻔히 알면서도 사람들은 길을 나선다.

그래서일까. 주말이면 웬만한 관광지마다 사람들로 넘쳐난다. 정치하는 분들이 먹고살기 어렵다고 입으로만 난리를 치는 게 오히려 무색

할 정도다. 나라가 무너질 정도로 경제가 엉망이라면 '배부른 사치'인 관광이 가당키나 한 일인가.

흔히 관광을 굴뚝 없는 산업이라 한다. 작은 자본으로 고수익을 창출할 수 있기 때문이다. 실제로 많은 나라들이 막대한 국부(國富)를 관광 사업에서 얻고 있다. 국내의 지방자치단체에서도 관광에 승부를 거는 곳이 적지 않다.

공주나 부여는 이 나라의 대표적인 관광지다. 연간 수백만 명의 사람들이 찾아온다. 다른 지역이 갖지 못한 문화재와 역사 유적 때문일 것이다. 그런데 여기 사는 사람들은 불만이 많다. 사람들은 많이 오는데 그에 따른 수익은 별로 없다. 머물지 않고 스쳐 지나가기 때문이다. 심지어는 오줌이나 누고 간다고 자조적으로 말하기도 한다.

왜 그런가. 근본적으로 관광 상품이 한정되어 있기 때문이다. 공주의 무령왕릉이나 박물관, 공산성을 둘러보는 데는 서너 시간이면 족하다. 부여의 부소산이나 궁남지, 박물관, 능산리 고분군을 돌아보는 것도 한나절 정도면 가능하다. 다 보고 나서 왜 여기서 잠을 자는가. 빨리 다른 곳에 가서 더 보거나 집에 가서 쉬는 게 좋지 않겠는가. 그런 관광객을 탓할 게 아니다. 그들이 머물러 쉴만한 관광 상품을 만들어내지 못한 스스로를 반성해야 한다.

진정으로 관광을 지역 특화사업으로 하려면 틀을 새로 짜야 한다. 공주시청을 예로 들면 관광을 담당하는 부서가 '국'이나 '과'가 아니라 두 개의 '계'(관광 기획, 관광 개발)로 되어 있다. 거기에 몇 명의 직원이 배치되어 있는지는 모르겠으나 아마도 시청 전체 직원 수의 10%도 안 될 것이다. 이래가지고는 현상 유지만도 힘에 부칠 정도로 격무에 시달릴 게 뻔하다.

선택과 집중이라는 말이 유행이다. 시의 행정 유지에 필요한 최소 인원을 제외하고는 동원 가능한 모든 인원을 관광 담당 부서에 집중해야 한다. 200명도 좋고 300명도 좋다. 그리고 그 부서를 '국' 체제, 또는 부시장이 책임을 맡는 조직으로 운영할 필요가 있다.

사람만 많다고 일이 저절로 되는 것은 아니다. 업무를 세분하여 조직을 구조화하고, 능력과 적성에 맞는 부서에 인력을 배치해야 한다. 또한 이 조직은 철저하게 성과 위주로 운영할 필요가 있다. 성과가 높으면 보수나 승진에 파격적으로 우대해서 경쟁력을 높여야 한다.

굳이 신자유주의라는 이름을 붙이지 않더라도 경쟁과 효율이라는 것은 생존을 위해 불가피한 일이다. 재정자립도가 20% 남짓한 상황에서 제대로 된 지방자치는 연목구어일 것이다. 모든 수단을 다해서 재정 확충을 도모해야 하는데, 공주나 부여는 다른 지자체가 갖지 못한 엄청난 특혜를 조상으로부터 물려받은 곳이다. 이런 호재를 활용하지 못한다면 이는 행정을 맡은 분만 아니라 주민 전체의 불행일 수밖에 없다.

다른 지역의 절경이나 부러워하고 구름처럼 몰려드는 관광객 숫자만 선망하고 있다가는 그나마 찾아오는 관광객마저 놓칠 가능성이 많다. 관광객들이 밥도 안 사 먹고, 잠도 자지 않고, 물건도 안 사간다고 불평하기 전에 우리가 과연 그들을 위해 무엇을 준비했는지 겸허하게 자성해야 한다.

외지인들이 첫발을 딛는 시외버스 터미널은 공간도 좁은데다 접근성도 떨어지고, 고작 100명 정도의 단체만 되어도 한꺼번에 들어가 편히 밥을 먹을 변변한 식당 하나 없다. 찾아온 손님을 편안하게 모실 숙박시설이 없어 대도시 호텔로 나가 머물게 해야 한다. 이게 이 나라 굴지의 관광지 모습이라 할 수 있는가. 얼굴 뜨겁게 창피한 일 아닌가. 그러고도 머물지 않는다고 불평을 할 수 있는가. 그렇다면 이건 과연 누구 책임인가.

그러나 지자체에만 책임이 있는 것은 아니다. 또한 책임 공방만 해서 될 일도 아니다. 관과 민간단체, 그리고 학계가 함께 나서서 해결책을 찾아야 한다. 그것이 모두가 함께 사는 길이다.

우선 원인 진단과 방향 설정을 위한 솔직한 논의가 필요하다. 체면치레로 해서도 안 되고, 면피용 요식 행위가 돼도 곤란하다. 환부를 과감히 드러내야 아픈 곳을 치유할 수 있듯 냉정하고 정직한 접근을 해야 한다. 다행히 우리 지역에는 각 분야 최고 수준의 전문가들이 밀집해 있다. 이들 자원을 잘 활용하지 못한다면 이는 무능하거나 무책임한 일이다. 이들을 동원하여 분야별로 몇 개의 조직을 만들자. 예컨대 관광자원 개발과 영역별 조직화, 관광 인프라 구축 및 정비, 관광객 유인을 위한 홍보와 정보화 같은 것들이 그것이다. 이 조직에는 전문가뿐 아니라 공무원, 민간단체, 시민 대표들도 함께 참여하도록 해야 한다. 이들이 내부적으로 치열한 토론을 거쳐 정확한 진단을 해 낸다면 해결책을 찾는 것은 그리 어렵지 않을 것이다. 요컨대 각개약진이 아니라 시스템으로 움직이도록 하자는 것이다.

다음으로는 특화된 관광을 만드는 일이다. 그런데 이는 사람에 따라 의견이 다를 수 있는 문제다. 하지만 의견이 다양하다고 해서 현재만 고수한다면 결코 우리가 원하는 것을 얻지 못한다. 변화를 두려워하면서 어찌 발전을 기대할 수 있는가.

필자는 공주나 부여의 특화된 관광 트렌드로 교육관광을 제의하고 싶다. 관광에는 여러 유형이 있다. 아름다운 산천을 찾을 수도 있고, 특별한 문화를 찾는 관광도 있다. 요즘에는 체험 관광도 인기다. 솔직히 공주와 부여에는 설악산이나 지리산, 섬진강이나 낙동강 같은 자연경관이 없다. 웅장한 폭포나 신비한 동굴 같은 것도 없다. 옛 왕도라고 하지만 경주나 서울 같이 문화재가 풍부한 것도 아니다. 이런 것으로 경쟁하려고 해서는 백전백패일 수밖에 없다. 고유한 백제 유적이라고 해 봤자 한 나절 구경거리밖에 안 된다.

있는 자원을 최대한 활용하는 관광 상품으로 교육관광의 가치를 들자. 공주나 부여는 구경하러 가는 곳이 아니라 공부하러 가는 곳이라는 이미지를 확고하게 만들자. 은혜롭게도 우리 지역에는 공부할 거리가 참 많은 곳이다. 선사시대, 백제 시대를 비롯하여 고려와 조선왕조는 물론 동학혁명, 천주교 성지와 불교 유적, 초창기의 개신교, 전통 유학 마을 등 다른 지역이 갖지 못한 유적이 풍부하게 분포되어 있다. 이들을 시대별, 영역별로 분류하고 조직하여 학생들의 현장 학습, 성인들의 평생 교육, 외국인들의 한국 문화 체험 등의 상품을 만드는 것이다. 그래서 한 나절이 아니라 하루나 이틀 동안 이뤄지는 프로그램을 통해 특정 분야의 교육이 완벽하게 수행되도록 하자는 것이다.

이를 위해서는 철저한 준비가 필요하다. 관광지 안내판도 교육에 알맞게 새로 만들고, 문화유산 해설사도 눈높이 맞는 교사 역할을 하도록 수준을 높이고 언제나 동원 가능하도록 인원도 확충하며, 문예회관이나 박물관 강당 등은 상시 교실로 활용될 수 있도록 해야 한다. 또 이런 프로그램은 전국 학교는 물론 각종 문화 단체, 친목 단체에까지 수시로 그리고 지속적으로 전달되게 해야 한다. 서울 등 대도시에 관광 홍보 겸 관광객 유치 사무실을 운영하는 것도 고려할 필요가 있다.

공주나 부여는 술 마시고 노래 부르며 찾는 관광지가 아니라 가기만 하면 조용하고 차분한 가운데 공부가 되는 곳, 교실이나 책에서 배우지 못하는 특별한 교육이 이루어지는 곳이라는 인식을 확고하게 굳힌다면,

우리 지역은 낙후성을 탈피하여 특화된 관광지로 거듭날 수 있지 않을까. 그렇게 되면 우리는 자존심을 상하지 않고도 유명 관광지의 반열에 우뚝 설 수 있을 것이다. 우리에게 백제는 소중한 유산이지만 백제의 고도만 외쳐서는 관광이 되기 어렵다. 현재의 안이함을 버리는 과감한 변화만이 새로운 소득을 가져다 줄 수 있다는 사실을 직시하자.

10. 관광 사업의 시각을 바꾸자

며칠 전 같은 대학에 근무하는 교수님 한 분으로부터 '과학탐방관광'에 관한 연구회를 만들 예정이니 참여해 달라는 부탁을 받았다. 처음에는 무슨 내용인지도 잘 모르는 상태에서 응낙을 하고, 그 교수님의 안내로 토요일 오후에 부여의 문화 유적 몇 곳을 둘러보게 되었다. 뜻을 같이 하는 교수님 몇 분과 함께 부여박물관 주차장에 도착하니 그곳에는 이미 그와 같은 사업을 진행하고 있는 서울대학교의 관계 학자 두 분이 기다리고 있었다. 합류하기로 된 또 한 분을 기다리면서 잠시 쉬는 사이 그분들이 만들어 가지고 온 자료를 볼 수 있었다. 부여 지방의 대표적 문화재들을 과학적으로 어떻게 볼 수 있는가를 잘 정리해 놓은 소규모의 자료집이었다. 그것을 보면서 여러 가지 생각을 할 수 있었다.

관광은 그 목적이 여러 가지로 나뉠 수 있을 것이다. 세상살이에 지친 몸과 마음을 편안히 쉬게 하면서 재충전의 기회로 삼는 것도 있을 수 있고, 새로운 문물과 풍광을 접하면서 몰랐던 세계를 알고 견문을 넓히는 것도 있을 수 있다. 그런가 하면 배우고 익히기 위한 관광도 있을 것이고, 요즘 사회 문제가 되는 쇼핑관광이나 보신관광 같은 것도 있을 것이다. 그러나 관광의 주된 목적은 아무래도 낯선 풍물이나 글로만 대했던 실제의 현장을 답사하면서 자신을 쇄신하고 더 나아가 삶을 확장하고 심화하는 데 있을 것이다. 그런 관광의 대표적 형태가 문화유산을 답사하며 공부하는 것이라는 건 누구나 아는 사실이다.

그런데 우리나라의 대표적인 문화유산의 관광지 어디를 가 보아도 그저 한번 둘러보고, 아 여기가 바로 거기구나, 하는 정도에 머무르고 있다면 지나친 말일까. 오히려 문화유산의 가치를 꼼꼼히 되새겨 보기보다는 그런 것은 대충대충 둘러보고, 술 마시고 노래 부르는 일에 더 열중하는 것이 우리의 세태가 아닌가 싶다. 또한 문화유산에 대한 안내문이라는 것도 대개는 천편일률적인 문구의 나열에 그치기 십상이다. 언제 누가 만들었다, 그 크기가 얼마다, 어떤 정치적인 문제와 관련 있다, 대체로 이런 수준에 머물러 있다. 전문가의 설명이 없이는 아무리 훌륭한 문화재라 하더라도 그저 스쳐 지나가는 하나의 풍물에 지나지 않을 따름이다. 심하게 말하면 이런 관광은 시간 낭비, 돈 낭비에 지나지 않을 것이다. 과거의 것은 단순히 그것이 오래 되었기 때문에 소중한 것은 아니다. 그 속에 담겨 있는 선인들의 지혜, 다시 말해 오늘을 사는 우리에게 뭔가 보탬이 되고 도움이 될 수 있는 교훈과 지침을 담고 있기에 소중하고 가치 있는 것이다. 따라서 조상들이 남겨 주신 문화재를 그냥 구경거리나 관광 상품만으로 인식하는 것은 대단한 잘못이다. 그런 관광 태도 또한 시정해야 할 나쁜 관행 중의 하나다.

우리 공주는 자타가 공인하다시피 문화유산이 풍부한 이 나라의 손꼽히는 관광지다. 해마다 수백만 명의 관광객이 우리 공주를 찾는다. 그 가운데는 외국인도 많고 특히 학업을 수행 중인 학생들이 많다. 그들은 공주에 와서 주로 무령왕릉과 박물관을 보고는 휑하니 떠나 버린다.

조금 관심 있다 하는 사람들이 공산성이나 동학농민전쟁 사적지를 둘러 볼 따름이다. 불과 두 세 시간 정도면 공주 관광은 끝나는 것이다. 그래서 흔히들 공주는 '스쳐 가는 곳'이라거나, 심하게 말해 '오줌이나 누고 가는 곳'이라고 말한다. 공주 사람들은 이것이 불만이다. 관광지라고 해 봤자 남는 것이 별로 없는 것이다. 그들이 머물고, 자고 가야 수입이 늘어날 텐데 밀물처럼 밀려 왔다가 쓰레기만 떨구고 썰물처럼 몰려 나가니 괜히 이름만 거창할 뿐 실질적인 이득은 거의 없음을 한탄하는 목소리들이 나오는 게 당연하다 할 것이다.

왜 이렇게 되었는가. 이에 대한 해결책은 없을까. 지방자치 실시 이후 이 지방 행정을 담당하시는 분들은 이 문제를 풀기 위해 밤낮없이 고심하고 계실 줄 안다. 그리하여 나온 안들도 꽤 있다. 요즘 관광의 추세가 '볼 거리, 먹을거리, 즐길 거리'가 어우러진 종합적이고 복합적인 쪽으로 나가는 것을 감안하여 계룡산의 도예촌을 중심으로 한 도자기 빚기 체험이니, 테마 박물관 설립을 통한 참여하기 관광이니, 폐 도로를 이용한 가로공원 조성 및 문학 체험장 조성이니, 등등 여러 아이디어가 나오고 있다. 이런 안들은 참으로 좋은 발상이라고 생각된다. 앞으로 국민들의 소득 수준이 높아지고 여가 시간이 증대되게 되면 관광에 대한 수요는 점점 늘어날 것이다. 또한 관광 사업은 큰 자본의 투자 없이 달성될 수 있는 고효율의 수익 사업이기도 하다. 따라서 많은 나라에서, 또는 각 지방에서 앞 다투어 관광 사업에 열을 올리는 이유는 자명하다 하겠다.

이제 관광을 단지 '놀고, 마시고, 춤추는' 것으로 인식하는 시대는 서서히 막을 내릴 것이다. 그런 시대를 대비하여 우리 공주도 새로운 관광 상품을 개발하여 손님들에게 제공해야 한다. 그저, 백제의 고도니,

문화관광의 도시니, 하는 것만 내놓고 가만히 앉아 있으면 백년하청 그 모양 그 꼴일 것이다. 스쳐 지나가는 관광객을 원망만 해 봤자 아무 소용이 없다. 그들이 뭔가 배우고 유익한 체험을 하도록 교육적인 관광 상품을 개발해야 한다. 그런 차원에서 맨 앞에서 얘기한 문화재의 과학적 인식과 탐구 거리를 제공해 주는 프로그램의 개발도 중요한 한 대안이 될 수 있을 것이다. 예컨대, 무령왕릉의 유물이 땅 속에서 천 수백 년 동안 부식되지 않고 보존될 수 있었던 이유는 뭔가, 폐쇄된 왕릉의 습기는 현대 과학으로도 제거하기 어려운데 조상들은 어떻게 해결했을까, 공산성 연지 구조의 기하학적 특징은 무엇인가, 탑을 거꾸로 한 연못의 구조는 어떤 이점이 있을까, 백제 사람들의 성 쌓기에서 발견될 수 있는 물리학적 힘의 구조 실체는 무엇인가, 이런 문제들을 과학적으로 탐구할 수 있도록 자료를 만들고 학생들이 현장에서 그런 문제들을 해결하면서 조상들의 슬기를 배우고 과학적 원리를 체험하도록 하는 것도 고려해 볼 만한 한 방안이 될 수 있을 것이다.

이밖에도 다양한 종교 성지의 체험의 장 개발, 전국의 신혼여행객을 위한 전설적인 코스의 개발, 금강을 이용한 민물고기 전시 공간 마련, 동학농민전쟁 현장 탐사 코스 개발, 청정 공간을 이용한 천문 관측소 개설 등을 비롯하여 많은 방안을 생각해 볼 수 있을 것이다. 더 나아가 발상의 대전환을 해 본다면, 우금티에서부터 구금강교까지 전차를 운행해 본다든지, 공주를 대표할 수 있는 운동경기 팀을 창설하여 전시민의 힘으로 세계적 명문 팀으로 키워본다든지, 전국에서 유일하면서도 특색을 갖춘 공연장을 만들어 예술인과 연예인이 연중 공연할 수 있도록 상설화한다든지, 그런 꿈같은 일을 장기적으로 추진해 볼 수 있을 것이다. 그런 장기적인 안은 우리 대에 못하면 자손 세대까지 이어질 수 있도록 한다는 느긋한 생각이 필요하다.

모름지기 공주를 다시 찾고 싶은 관광지로 만들려면, 공주가 단순하게 백제의 고도로서 멈추어 죽어 있는 도시가 아니라 그야말로 과거와 현재가 함께 숨 쉬는 살아 있는 도시라는 이미지를 관광객들에게 강하게 심어줘야 한다. 과거의 문화유산에 덧보태어 현대적인 새로운 관광상품이 공존하는 그런 관광지로 만들어야 한다. 그래서 '조상들이나 팔아먹는' 그런 소극적인 관광지가 아니라 뭔가 체험하고 배울 수 있는 관광지로 떳떳하게 내놓을 수 있어야 한다. 그랬을 때 관광객이 떨구고 가는 푼돈이나 줍는 공주가 아니라 새로운 지식과 가치를 배우고 체험하는 문화와 교육도시로서의 공주의 자존심이 회복될 것이다. 옛 어른들 말씀에 양반은 아무리 추워도 곁불은 쬐지 않는다 하였다. 그것은 바로 양반의 자존심과 체면을 중시한 말이다. 우리는 말로만 양반이라고 할 것이 아니라 진정한 양반의 자존심을 걸고 공주 관광의 관행과 타성을 바꾸어 놓아야 한다. 그 길만이 현재의 우리를 위하고 미래의 우리 후손들을 위하는 길이 될 것이다.

11. 문화가 흐르는 길

금강의 남쪽에 사는 나는 강북에 있는 직장에 가기 위해 거의 매일 강을 가로지른다. 비록 자동차로 다리 위를 지나는 것이긴 하지만 오갈 때마다 강은 나에게 다양한 풍경과 표정을 선사한다. 아침과 저녁의 강이 다르고, 맑은 날과 흐린 날이 다르며, 비 오는 날과 눈 오는 날이 또 다르다. 특히 안개가 자욱하게 낀 강은 상상력의 보고나 다름없다.

하물며 계절에 따른 강의 천변만화야 더 말해 무엇 하랴.

국어사전에 강은 '넓고 길게 흐르는 물줄기'라고 정의되어 있다. 그러나 강의 시작과 끝을 생각하면 좀 부족하다. 깊은 산 속에서 발원한 물이 모여 도랑이 되고, 그게 모여 개울이 되고, 또 다시 시내가 되고, 그리고 마침내 강이 되어 바다에 이른다. 따라서 강은 '물이 흐르는 길'이며, '빗물이 모여 바다에 이르는 경로'라고 정의할 수도 있다.

그런데 강에는 물만 흐르는 게 아니다. 강에는 문화도 흐르고 역사도 흐른다. 아득한 옛날부터 사람들은 강을 중심으로 살아왔다. 강은 사람들에게 먹을 것을 주기도 하고, 침략하는 세력을 막아 주기도 했다. 무엇보다 물자와 인간의 이동을 수월하게 해 주는 막중한 기능을 수행했다.

인류의 4대 문명은 모두 강을 기반으로 발흥했다. 당연히 문명의 집산지인 강을 지배하는 세력이 권력도 차지했다. 그리하여 강을 서로 차지하기 위한 전쟁도 많이 있었다. 이처럼 강에는 승패를 나눠 가진 무수한 생명과 함께 뭇사람들의 회한과 영욕이 점철되어 있다.

이런 사실을 반영하듯 우리의 강들은 그 동안 줄곧 문학의 제재로 사랑을 받아왔다. 한강(조정래), 금강(신동엽), 낙동강(조명희), 두만강(이기영), 섬진강(김용택) 등의 역사와 문화는 시인과 소설가들의 상상력과 결합하여 문학사를 빛낼 작품을 창출하는 원천이 된 것이다.

최근 4대강 개발 사업을 두고 중앙정부와 지방정부 사이에 갈등이 심각하다. 찬성하는 쪽에서는 '강 살리기'라고 강변하고 있고, 반대하는 쪽에서는 '강 죽이기'라고 날을 세운다. 한 가지 사업을 두고 이처럼 극과 극의 입장 충돌이 빚어지는 예는 드물다. 양쪽 다 상대방을 설복시킬 완벽한 논리가 없다는 뜻이다.

하지만 한 가지 분명한 것은 있다. 정부와 건설사 등 찬성하는 측은

이 사업과의 이해관계가 크고, 종교계나 시민단체 등 반대하는 측은 비교적 이해관계가 적다는 점이다. 어느 쪽이 옳고 그른지는 시간만이 명백한 답을 내려줄 수 있을 것이다. 양쪽 모두 단순히 개발의 찬반만 따질 게 아니라, 강은 '문화가 흐르는 길'이라는 역사성과 문화의식을 논리의 바탕에 깔고 다시 한 번 신중하게 생각해 보았으면 한다.

12. 문화의식이 실종된 문화제

10일간 공주를 떠들썩하게 했던 54회 백제문화제가 끝났다. 예년에 비해 기간도 늘었고, 예산도 대폭 증액되어 여로 모로 화제가 되는 행사였다. 올 문화제는 보는 시각에 따라 도약과 전환의 계기가 되었다는 긍정적 평가를 할 수도 있겠고, 과연 공주의 정체성과 미래를 위해 무슨 기여를 했느냐는 비판도 나올 수 있을 것 같다. 세부적인 행사 내용이나 진행 방식 등에 대해서는 전문가들의 종합적인 평가가 있을 것이고, 그를 바탕으로 해서 앞으로 더 나은 문화제를 치를 수 있는 바탕이 마련되기를 바라는 마음이다.

그런데 시민의 입장에서 행사를 지켜보며 아쉬웠던 점이 몇 가지 있다. 문화제의 정체성 혼란, 소모성 행사의 반복, 경제적인 기여의 불확실성, 시민 참여의 한계, 긍지 창출의 미흡 등 성찰해 보아야 할 점이 많지만, 이는 해당 분야의 전문적인 안목을 가진 사람들이 냉철하게 분석하여 대안을 제시해야 할 부분이고, 여기서는 단적으로 공주 사람의 품격 혹은 자존심을 손상한 한 사례를 들어 그 문제점을 지적해 보도록 하겠다.

이번 문화제에 공주에서 치러진 행사는 총 51종목(일부 중복 포함)에 이른다. 그 밖에 함께 하는 프로그램이 5종목이고, 상설 프로그램이 15개였다. 그 가운데 예술 행사는 미술, 음악, 사진, 무용, 연극 등 여러 종목에 걸쳐 다양하게 펼쳐졌다. 특이한 것은 아무리 눈을 씻고 보아도 수십 개의 행사 종목 가운데 문학 관련 행사는 공주나 부여 어디에서도 그 비슷한 것조차 하나도 없다는 것이다. 문학 행사는 백제문화제의 성격과 맞지 않는다는 것인지, 관객을 모을 수 없는 행사라는 판단 때문인지, 그 이유는 알 수가 없다.

도대체 문화제라는 이름의 '문화'라는 것이 무엇인가. 그리고 그 문화를 구성하는 요소는 무엇인가. 이에 대한 기본적인 상식만 있어도 문학 행사가 제외되는 무지함은 피할 수 있었을 것이다. 문학이라는 것이 이렇게 푸대접을 받아도 되는 것인지, 다른 예술 행사들이 즐비하게 진행되는 뒷전에 있어도 괜찮은 것인지 묻지 않을 수 없다.

러시아의 망명 작가였던 솔제니친은 '위대한 문학 작품은 또 하나의 정부'라고 말한 바 있다. 한 편의 문학 작품이 한 개인의 평생을 좌우하는 영향력을 행사한다거나 한 민족의 운명을 결정할 수도 있다는 사실은 새삼스럽게 거론할 필요가 없을 것이다. 그러기에 지구상에 존재하는 어느 나라도 모국어 교육과 국가 정체성 교육을 위한 제재로 문학 작품을 활용하지 않는 나라가 없다. 우리나라도 국민공통교육기간 10년 동안 의무적으로 국어 과목을 공부하게 되어 있고, 주지하듯 국어교육의 주요 수단은 문학 작품이다. 오래 전에 학교를 다닌 사람들도 학창 시절 배웠던 문학 작품을 기억하고 있고, 그것이 알게 모르게 그 개인의 심성과 감성 활동에 작용하고 있는 것을 부인할 수가 없을 것이다.

우리는 매년 10월 발표회는 노벨상 수상자를 보며 부러움을 느낀다.

그것은 수상자 개인의 영예일 뿐 아니라 그 나라의 경쟁력이자 자부심으로 작용하기 때문일 것이다. 이 노벨상에 다른 예술 종목은 들어가지 않고 유일하게 문학상만 있는 이유를 생각해 보았는가. 그 이유 중에는 문학은 예술이면서 동시에 사람들의 삶에 직접적으로 작용하는 철학적 성격을 가지고 있다는 것도 들어갈 것이다. 이처럼 문학은 읽어도 그만, 안 읽어도 그만인 예술이 아니라 올바르고 진취적인 삶을 위해서는 생략할 수 없는 필수적인 존재인 것이다. 문학을 통해 바람직한 가치관과 세계관을 정립하고서야 비로소 그 개인은 물론 개인이 속한 국가나 집단의 발전과 향상이 가능하기 때문이다.

그러면 백제문화제에 애초부터 문학 관련행사가 없었던가. 그렇지 않다. 1988년 공주에서 치러진 백제문화제에 '웅진문학상'이란 행사가 있었다. 행사 본부에서 예산을 마련하여 공주문인 단체에 그 운영을 맡아 달라고 정식으로 요청함으로써 제1회 행사가 시작되었다. 당시로서는 거금이라 할 200만 원의 상금이 시상되었다. 공주문협에서는 이 행사를 전국적으로 홍보하여 꽤 많은 문인들이 응모하였고, 수상자 결정에 치열한 경합을 있었던 것으로 기억된다. 그 후 격년제로 치러지는 문화제에 이 행사는 한 번도 거르지 않고 시행되었다. 이미 문인들 사이에서는 이 행사의 존재가 널리 알려져 공주 문인들에게 행사 관련 문의를 해 오는 경우도 종종 있었다.

그러던 것이 2006년에 와서 위기에 닥쳤다. 실무자의 실수인지, 아니면 행사 기획하는 사람들의 의도적인 배제인지는 모르나 웅진문학상이 행사 종목에서 제외되었다. 공주 문인들이 모여 대책을 논의한 끝에 상금 액수를 줄여서 회원들의 회비가 주재원인 자체 자금으로 행사를 치르기로 결정해서 그 명맥을 이을 수 있었다. 그리고 여러 경로를 통해 다음 행사에는 이 종목이 꼭 부활되도록 노력하자고 결의했다. 그런데 결과는 앞에서 말한 것처럼 되고 말았다.

행정기관이나 공공단체에서 어떤 행위를 집행할 때 정책의 신뢰성이나 연속성 등은 주요한 원칙일 것이다. 담당자가 바뀌더라도 전임자가 하던 일이 바뀌지 않을 것이라는 신뢰성, 특별한 사정 변경이 있기 전에는 그 정책이 연속될 것이라는 믿음이 없다면 우리가 사는 사회는 혼란에 빠져 버릴 것이다. 수십 년 지속되어 온, 문화의 핵심인 문학 행사가 사라져 버렸는데 그 어느 누구도 이에 대해서 주관 단체에 명확한 이유를 밝힌 바가 없다. 신뢰성이나 연속성에 심각한 훼손이 발생한 것이다.

이로 인해 공주문협 사람들이 고스란히 감수해야 할 불신감, 결과적으로 공주 사람들이 짊어져야 할 문화에 대한 몰지각이라는 수치, 이는 과연 누가 책임질 것인가. 40억을 들인 행사에서 말 한 마리 동원 값, 혹은 밤하늘에서 순간에 사라지는 불꽃 몇 개 값 정도의 돈이 없어 수십 년 이어져 온 행사를 치르지 못한 부끄러움으로 얼굴을 들 수가 없다. 열흘 동안 온통 작은 도시를 뒤집어 놓은 이 행사가 진정 '문화'제가 맞는가. 이러고도 얼굴 두껍게 '문화 축제'라고 말할 수 있는가.

13. 백제문화제와 전국고교생백일장 대회

공주와 부여에서 해마다 열리는 백제문화제가 갑년을 맞았다. 애초 백제 충신들의 충절을 기리기 위한 간단한 추모 제례로 시작된 행사가 이제는 전국 3대 문화제로 손꼽히는 대표적 문화 축제로 크게 성장하였다. 행사의 주체, 내용, 참여자의 면에서 그 동안 많은 변화가 있었지만, 법인 성격의 추진위원회가 구성되고 최석원 위원장이 초대부터 그 책임을 맡아 현재에 이르기까지 꾸준히 노력한 결과 이제는 행사 규모나 수준에서 손색없는 국제적인 축제의 면모를 갖춰 그야말로 괄목할 만한 성장과 발전을 이룩하게 되었다.

백제문화제는 말 그대로 망국의 한과 슬픔으로 점철된 백제의 역사와 이미지를 오늘의 우리 앞으로 불러내서 그 가운데 찬란했던 문화를 계승하고 발전시킴으로써 더욱 풍요롭고 살기 좋은 미래를 건설하자는 취지의 역사 문화 축제다. 따라서 이 축제는 백제와 관련된 고고학적 유물이나 문화만을 조명하는 과거 회귀적인 축제가 아니다. 많은 시민들이 함께 참여하고 즐기면서 공동체적 동질성을 지향하고 확인하는 시민 모두의 현재형 축제라고 할 수 있다.

이런 이유로 이 축제에는 지역 예술인들이 참여하는 행사가 초창기부터 계속 주요 프로그램으로 편성되어 왔다. 음악, 미술, 문학, 사진, 무용, 연극에다 최근에는 과학 분야까지 추가되어 더욱 다양하고 흥미있는 내용으로 시민들의 발길을 끌었다. 그런데 문학 분야의 경우, 문학의 밤 행사로 이어져오던 중 1988년에 웅진문학상으로 바뀌어 잘 진행되어 왔던 것이 2006년에 와서 갑자기 프로그램에서 삭제되어 버렸다. 전국적으로 작품을 공모하여 우수한 작품을 시상하는 이 행사는 우리나라의 많은 문인들이 관심을 갖는 문학상이었는데, 운영상의 물의나 비리 등 특별한 이유도 없이 슬그머니 사라져 버린 것이다. 행사를 주관하여 왔던 공주문인협회는 이에 대해 어떠한 설명이나 해명도 들은 바가 없다. 이유 없이 사라진 이 조치로 인해 전시민의 축제인 백제문화제에서 문학 관련 프로그램은 눈 씻고 보아도 찾을 수 없게 되어 버렸다.

필자는 이에 대한 문제점과 부당성을 알리기 위해 지역신문에 칼럼을 써서 기고하였다. 문학 분야 행사는 다른 프로그램에 비해 예산도 많이 들지 않는데, 이를 없앤 것은 담당자들의 문화의식이 실종되었기 때문이라고 매우 비판적으로 썼다. 이 글을 읽은 최석원 위원장이 어느 날 사석에서 그 문제점 지적에 공감한다면서 문학 행사를 신설해 보는 방향으로 노력해 보자는 제안을 했다. 마침 공주대에서 10년 넘게 이어져 오던 전국고교생 백일장 대회를 학과 간의 형평상 더 이상 지원할 수 없다는 학교 당국의 통보가 와 있던 상황이라 참여자의 숫자 면에서 웅진문학상보다는 그게 낫겠다 싶어 백제문화제 전국고교생 백일장 대회를 하는 것으로 정리가 되었다. 그러므로 이 행사는 전적으로 최석원 위원장의 결단과 배려로 이루어진 일이라 할 수 있다.(참고로 말하자면 웅진문학상 행사는 재작년 공주시장의 특별한 결정에 따라 부활되어 백제문화제와 관계없이 별도 행사로 시행되고 있다.)

제1회 백제문화제 전국고교생백일장은 2011년 10월에 부여 부소산성에서 열렸다. 필자가 추진위원장을 맡아 공주사대 국어교육과에서 주관한 첫 대회는 처음 시행하는 행사라 홍보를 많이 하지 못했는데도 전국에서 천여 명이 넘는 학생들이 참여하여 대성황을 이루었다. 당일 수많은 참여자를 통제하고 관리하기 위해 국어과 학생들이 대거 자원봉사자로 나서 도움을 주기도 했고, 특히 부여 지역 고등학교 교장 선생님들의 배려로 많은 학생들이 부소산에 올라와 가을의 정취를 느끼며 작품을 창작하기 위해 고심하는 모습은 많은 관광객들에게 좋은 인상을 주기도 했다. 다음 날, 국어과 교수들을 중심으로 구성된 심사위원회에서 엄정한 심사를 한 결과 경남에서 참가한 학생의 작품이 장원으로 뽑혔고, 이 작품은 백제문화제 폐막식 행사장에서 시상과 함께 낭송되어 문화제 피날레의 한 장면을 장식하게 되었다. 이로써 백제문화제에서 사라져 버렸던 문학 행사가 부활되었음은 물론 문화제에 명실공히 모든 예술 분야가 망라되는 그림이 완성되었다고 할 수 있다.

다음 해 제2회 행사는 공주 공산성에서 시행되었다. 주최 측과 공주와 부여를 번갈아 가며 행사를 하기로 약정이 되어 있기 때문이다. 주관하는 입장에서 보면 많은 인원이 이동하는 번거로움을 피할 수 있고, 관리하기에도 편한 점이 있어 공주에서 계속 행사를 하고 싶으나 주최 측의 사정도 있으니 고집할 수는 없는 일이다. 약 8백 여 명의 학생이 참여한 제2회 행사도 유사한 다른 백일장에 비하면 규모 면에서 대단한 성황이었다고 할 수 있다. 전년도의 경험이 있어 제2회 행사도 관리와 통제가 잘 이루어졌고, 심사 과정이나 시상 문제도 큰 무리 없이 원활하게 진행되어 좋은 결과를 얻었다.

제 3회 행사는 작년에 부여의 백제문화재현단지에서 열렸다. 마침 행사 일정과 고등학교의 중간고사 기간이 겹치는 바람에 참가자는 전년에 비해 크게 줄어 약 5백 여 명만 참석하여 큰 아쉬움을 주었다. 하지만 전국에서 문학을 좋아하고 사랑하는 실력파 고등학생들만 참여하여 내용 면에서는 오히려 더욱 알찬 행사가 되었다. 예년과 마찬가지로 국어과 학생들과 교수들이 거의 모두 행사에 참여하여 전국 예비 문사들에게 공주대를 널리 알리는 홍보 효과를 크게 거두었음은 물론 백제문화제를 더욱 성공적으로 만드는 데도 일조를 하였다고 할 수 있다.

올해 행사는 공주에서 열릴 예정이다. 지난 세 번의 행사를 바탕으로 앞으로의 발전적인 방향을 생각해 본다면 적정한 예산의 추가 확보와 아울러 행사 장소와 관리에 변화를 줄 필요가 있다고 생각한다. 문화제의 성격상 불가피한 점이 있기는 하나 수많은 관광객이 오가는 혼잡한 장소는 조용히 사색하고 글을 쓰는 백일장의 성격에 잘 맞지 않는다. 또한 많은 시간과 노력이 들어가는 행사 관리에 합당한 추가 예산 지원이 필요하다. 덧붙여 고등학교 중간고사 기간을 피할 수 있는 일정 조정도 고려해야 할 사항이다. 이런 점이 보완되고 조정된다면 이 행사는 더욱 발전하고 성장하여 백제문화제를 한층 더 멋있게 완성 시키는 역할을 담당할 수 있게 되리라고 믿는다.

백제문화제에서 별다른 이유 없이 사라져 일그러졌던 문화 예술 쪽 행사가 이 백일장으로 인해 다시 채워지게 된 것은 최석원 위원장의 균형감 있는 문화의식과 현명한 판단의 결과임은 재언의 여지가 없다. 행사를 주관했던 사람으로서 깊이 감사의 말씀을 드리며, 앞으로 이 백일장이 더욱 내실 있는 전국 최고 수준의 행사가 되어 백제문화제의 성공과 함께 우리 지역의 아름다운 경관과 문화를 널리 알릴 수 있는 계기가 바라는 마음 간절하다.

14. 앵산공원 이야기

공주에는 워낙 오래되고 유명한 역사 유적이 많아 그런지 소소한 문화 유적들은 홀대를 받는 게 적지 않다. 그 중의 하나가 앵산공원이다. 외지 사람들은 물론 공주 사람들도 나이 드신 분들 말고는 이 공원 이름을 기억하는 사람들이 많지 않다.

'앵산(櫻山)'이라는 이름의 공원이 언제 생겼는지는 확실히 알 수 없으나 '벚꽃동산(사쿠라야마)'이라는 이름에서 보다시피 아마도 일본 사람들이 공주에 거주하면서 생겨난 것이 아닐까 추측된다. 공주는 한때 전 인구의 5분의 1이 일본 사람들이었을 정도로 일본인이 많이 거주했던 곳이다. 공주는 구한말의 도청 소재지로 1932년까지 충청도의 중심 도시였기에 일본인이 많이 들어와 일찍이 근대적 도시 계획과 함께 여러 기관이 설립되었다.

일본인들은 자신들이 거주하는 곳마다 신사를 세웠다. 공주의 일본 신사는 처음 이 앵산공원에 세워졌다가 뒤에 봉황산 아래로 이전되었다. 아마도 그 무렵 신사 주변에 자신들의 상징인 벚나무를 많이 심고 그런 연유로 이런 이름이 생겨났을 것으로 추측된다. 1923년 한 신문 기사에 따르면 이 때 앵산공원의 벚꽃나무 가지에 수 백 개의 전등을 가설하여 밤에 벚꽃과 함께 화려한 불빛 축제를 했던 것을 알 수 있다. 그 기사에 '예년이 이어'라는 구절이 있는 것으로 보아 몇 해 전부터 그런 행사를 했던 것으로 짐작해 볼 수 있다.

광복 후 일제 잔재를 씻어내자는 운동으로 이 공원은 '수난'을 당하게 된다. 이곳에 있던 벚나무들을 일본 꽃이라 하여 나무 자체를 훼손하는 것은 물론 그 이름을 '중앙공원'으로 바꾸었다고 한다. 그러나 공주문화대전 자료에 따르면 중앙공원은 옥룡동과 금학동에 걸쳐 있는 약 70만 ㎡의 도시자연공원이고 앵산공원은 중동에 있는 1만 ㎡의 근린공원으로 설명되고 있어 중앙공원의 한 부분으로 앵산공원의 이름이 여전히 사용되고 있다.

또한 앵산공원은 20세기 초 선교사가 들어와 최초로 감리교회를 세웠던 기독교 '성지'이기도 하고, 그 영향으로 이곳에 영명학교가 설립되기도 한 곳이다. 또한 이곳은 공주 사람들은 물론 공주에서 학창 시절을 보낸 많은 청춘 남녀들의 애틋한 만남의 장소이기도 했고, 패기

넘친 젊은이들이 힘자랑을 했던 추억의 공간이기도 했다. 1930년대 말에 공주박물관이 처음 자리를 잡았던 곳도 바로 이 공원이고, 현재도 봄꽃이 피는 시절에는 오래된 나무에서 피어나는 새하얀 꽃을 즐기는 인파가 운집하는 문화의 현장이기도 하다.

현재 앵산공원에는 산성공원에서 이전해 온 4월학생의거기념탑과 공주의 근대 인물 황인식 교장의 공덕비만이 쓸쓸하게 서 있다. 사람들도 별로 찾지 않는다. 시에서도 다른 비중 있는 문화역사유적에 비해 신경을 많이 쓰지 않는 것 같다. 그렇게 근대역사 문화 유적으로서의 앵산공원은 방치되어 있는 것이나 다름없다.

이름마저 잊혀 가는 앵산공원을 역사박물관과 연계하여 그 의미에 걸맞게 정비했으면 좋겠다. 접근성 있는 진입로 정비와 벚나무 식재, 그리고 역사적 의미를 되새길 수 있는 표지석 설치 등으로 시민의 문화향유 기회를 제공하고, 공주에서 학창 시절을 보낸 분들의 추억을 되새길 수 있는 공간으로 만들면 또 하나의 관광자원으로 공주의 명소가 될 것이라 생각한다. 참고로 '중앙'이라는 이름은 일제 잔재를 씻어내기에 적절치 않은 명칭이며, 그 뜻으로 보아도 적합하다고 보기 어렵다. 벚꽃은 즐기면서 그 이름은 없애야 한다는 주장 또한 이치에 맞지 않는 일이다.

15. 품격 있는 운전 문화의 도시

불과 2, 30년 전만 해도 자가용 자동차는 부의 상징이었다. 그러나 이제는 집집마다 자동차가 없는 집이 없는 시대가 되었다. 나아가 두세

대씩 가족마다 차를 보유한 집도 많다. 자동차가 부의 상징이 아니라 생활필수품처럼 되어 버린 요즘, 집은 없어도 차는 있어야 한다는 게 이 시대 젊은이들의 사고방식이라 한다.

차가 많아지다 보니 그에 따른 여러 문제점들도 늘어나고 있다. 도로 시설비용 증가, 주차 공간 문제, 배기가스로 인한 환경오염 등의 문제들뿐만 아니라 교통사고에 따른 인명과 재산상의 손실, 차의 종류에 의한 사회적 위화감 조성 등 많은 문제들이 야기되고 있다. 오죽하면 서양 어떤 사람이 계산해 보았다는, 자동차로 인한 이익과 손실이 거의 비슷하다는 우스갯소리가 회자되고 있을까.

새로 나오는 자동차가 아무리 편리한 기능을 가지고 있다 해도 결국 자동차는 사람에 의해 움직이는 기계일 뿐이다. 따라서 자동차로 인한 편리함과 이익을 제대로 누리기 위해서는 운전하는 사람의 양식과 품격이 절대적으로 필요하다. 순간의 방심과 자만심이 되돌릴 수 없는 피해를 만들어 내는 게 바로 자동차 운전이다.

단기간에 국민 두 명당 한 대 꼴의 자동차 보유국이 된 우리나라는 자동차 운전 문화로 볼 때 유감스럽게도 아직 선진국이라 보기 어렵다고 생각된다. 음주 운전이나 주의 태만으로 인한 교통사고가 상대적으로 많이 일어나는 게 그 증거다. 특히 이런 사고로 애꿎은 어린이나 노약자들이 희생되는 건 어떤 이유로도 설명되기 어려운 부끄러운 일이다.

몇 년 전에 호주에 가서 1년을 살다 온 적이 있다. 그 나라에서 가장 부러웠던 것 중의 하나가 자동차 운전문화였다. 우리나라와 반대 방향으로 통행하게 되어 있는 도로와 운전석이 오른쪽에 있는 자동차를 운전하는 일은 운전을 꽤 한 경력자에게도 용이치 않다. 그럼에도 내가 그곳에서 별 문제 없이 자동차를 운전하며 생활했던 것은 그 나라의 자동차 운전 문화 덕이라고 생각된다. 예컨대 고속도로나 일반도로에서 차선 변경을 위해 깜박이를 켜면 거개의 자동차는 속도를 줄여 끼어들게 해 준다. 또한 학교 주변 스쿨존에서의 제한 속도는 거의 예외 없이 준수된다. 신호등이 없는 횡단보도에 사람이 서 있으면 당연히 사람이 지날 때까지 멈춘다. 물론 그 나라에도 이런 것을 지키지 않는 운전자들이 있고, 또 규정 위반 때 엄청난 액수의 벌금이 물려지기 때문이기도 하겠지만, 모든 것에 여유 있는 그 나라 사람들 특유의 느긋함에 그 이유가 있지 않을까 한다.

공주의 정체성을 말할 때 흔히 역사도시, 교육도시, 문화도시 등을 든다. 다 좋은 말이고 긍지를 느끼게 해 주는 의미도 있다. 필자는 여기에 추가하여 공주를 운전문화의 품격이 가장 높은 도시로 만들자는 제안을 하고 싶다. 이는 돈이 들어가는 일도 아니고, 준비하는 시간이 많이 필요한 일도 아니다. 그저 운전대를 잡은 사람들의 의식과 마음가짐을 조금만 바꾸면 되는 간단한 일이다. 그리고 이는 운전하는 모든 사람이 반드시 지켜야 하는 당연한 일이기도 하다. 잘 알고 있으면서도 무심히 지나쳤던 일, 위반했을 때 범칙금이나 과태료가 물려지는 일임에도 사문화되다시피 한 일을 원칙과 양심에 따라 제대로 지키자는 것이다.

우선 학교 근처의 도로에서 제한 속도를 지키는 일이다. 특히 학생들이 등하교하는 시간만이라도 교사나 자원봉사자들이 필요 없게 운전자들이 자진해서 속도를 줄이거나 멈춰서 학생들이 통행하도록 하면 된다. 다음으로 신호등이 없는 횡단 도로에서 보행자가 보이면 무조건 사람이 지날 때까지 멈추는 일이다. 물론 보행자도 조심을 해야 하지만 차보다 사람이 우선이라는 마음가짐이 절대로 필요하다는 말이다. 여기에다 몇 해 전에 '양심냉장고'로 유명했던 정지선 지키기가 보태진다면 금상첨화일 것이다.

이 세 가지만 잘 지켜진다고 해도 공주는 전국에서 가장 모범적인 교통문화의 선진지가 될 수 있을 것이다. 공주의 이런 운전문화가 정착이 되고 널리 알려지게 되면 아마 다른 지자체에서도 경쟁적으로 이런 제도를 도입할 것이고, 국가적 차원에서도 이런 문화가 확산되리라 예상된다. 그렇게 된다면 공주는 역사도시나 교육도시의 명성 못지않게 품격 높은 선진 운전문화 출발지가 되어 그 이름을 더욱 드높이게 되지 않을까 하는 상상을 해 본다. 지금도 핸들을 잡고 운전하고 계신 시민들의 많은 참여와 아울러 관계기관의 적극적인 관심을 기대한다.

*최근 공주경찰서에서 이와 유사한 캠페인을 시행하고 있어 시민의 한 사람으로 반가운 마음이 크다.

16. 백성을 구제하는 하천이 되게 하라

들려오는 소문에 의하면, 공주시를 남북으로 관류하는 제민천의 일부를 복개하여 주차장으로 사용하자는 계획이 추진되고 있다고 한다. '제민천'이라는 이름이 언제, 어떤 이유에서 붙여진 것인지는 잘 모르겠으나, '백성을 도탄에서 구해 줌'이라는 의미를 가진 이 하천은 오랜 세월 공주 사람들의 애환을 지켜보며 공주 사람들과 역사를 함께 하고 있는 시민의 젖줄이다. 생각해 보라. 공주 시내에 이 하천이 없었다면 상류에서 흘러내리는 물이 어디로 갔을 것이며, 또 시민들에 의해 배출되는 물이 어디로 갔겠는가. 어디 그뿐인가. 불과 이삼십 년 전만 해도 이 물에서 빨래도 하고, 물고기도 잡고, 미역도 감던 그런 곳이 아닌가. 또한, 건물에 의해 막힌 꽉 막힌 시가지의 공기 순환 역할에서, 천변에 자라는 풀과 나무들로부터 얻는 산소 공급 기능에 이르기까지 우리가 눈에 보이게, 혹은 보이지 않게 이 하천으로 인해 얻은 혜택이 얼마나 큰가. 그야말로 제민천은 그 이름 그대로 백성을 구제해 주는 그런 일을 긴긴 세월 묵묵히 수행해 온 우리 생명의 뿌리이다.

최근 들어 이 하천이 오염되다 못해, 물이 사라져 건천으로 바뀌면서 하천 본래의 역할이 퇴색되고 있다. 앙상하게 드러난 바닥의 돌무더기를 보고 있노라면 안타까움을 금할 수 없다. 이제 제민천은 하천이 아니라 비가 많이 내려야 겨우 물이 흘러내리는 '와디'로 바뀌고 말았다. 도대체 누가 이렇게 만들었는가. 개발과 편익만을 앞세운 인간의 욕심이 아닌가. 하천을 죽게 만든 우리들의 이기심을 저 속살을 드러낸 메마른 돌멩이들이 원망하고 있는 것만 같다. 밤에 곁을 지나다 보면 알몸을 드러낸 채 부끄러워 울고 있는 자갈과 모래들의 숨죽인 흐느낌이 들려오는 것만 같다.

이제 하천 역할도 제대로 못하는 이 부끄러운 모습의 하천을 아예 콘크리트로 덮어 그 위에 자동차를 세워 두자는 주장이 나오고 있다. 깨끗하고 맑은 물로 된 제격의 옷은 못 되지만, 시멘트로 된 옷이라도 입혀 주자는 주장인 모양이다. 그러나 이런 제안에 제민천은 과연 감격하여 고마워할까.

복개를 주장하는 사람들이 내세우는 이유는 대체로 두 가지인 것 같다. 하나는 시내의 만성적인 주차난 해소를 위한 대안이라는 것이고, 또 하나는 도로망의 확충과 대형 할인매장의 등장으로 급격하게 쇠락한 산성시장의 활성화 대책이다. 원체 좁은 도시의 부지에 급격하게 증가한 차량 숫자는 필연적으로 주차난을 가져올 수밖에 없다. 차를 가지고 있는 사람치고 시내에 나와 주차할 곳을 찾지 못해 짜증스러운 경험을 해보지 않은 사람은 없을 것이다. 그런 사람들에게 바짝 말라 버린 제민천의 텅 빈 공간은 틀림없이 아까운 자원의 낭비로 보일 수도 있을 것이다. 또한 오랜 세월 장사를 하며 살아온 산성 재래시장의 영세한 상인들 입장에서 보면, 얼마 전까지만 해도 인파로 북적거리던 시장이 썰렁하게 변해 사람들이 찾아오지 않는 게 야속하기도 하고 서운하기도 할 것이다. 생계 자체를 위협받는 위기감이 느껴지기도 할 것이다. 그렇게 된 큰 이유 중의 하나가 시민들이 시장을 보러 오려 해도 차를 주차할 곳이 없어서라면, 어떤 수단을 써서라도 주차장을 만들어야 한다는 생각을 하는 게 당연하다 할 것이다.

공주시의 정책을 입안하는 분들이나 행정을 담당한 분들 처지에서 보면, 이런 상황에서 제민천의 일부를 복개하여 주차장으로 사용하자는 일부 시민들의 의견을 수렴해서 집행하고자 하는 것이 조금도 이상할 것이 없다. 오히려 그분들의 임무에 충실한 모습일 것이고, 그렇게 하지 않는다면 직무 태만이 될지도 모른다.

그러나 이 문제는 그리 간단한 게 아니다. 우리 인간들이 하는 일들 가운데는 우선 당장 눈앞의 이익을 도모하다가 돌이키기 어려운 더 큰 화를 불러오는 경우도 많이 있다. 어떤 일을 할 때는, 특히 공공의 이익과 관련되는 큰일을 할 경우에는 적어도 십 년, 이십 년, 아니 더 먼 미래를 내다볼 줄 아는 지혜가 필요하다. 작은 이익을 취하려다가 더 큰 재앙을 불러오는 수도 있기 때문이다.

공주녹색연합에서는 지난 17일 자연천으로 복원된 수원의 수원천을 견학하는 행사를 가졌다. 수원은 잘 알다시피 세계문화유산으로 지정된 수원성(화성)이 있는 도시다. 수원 시내에는 시내를 가로지르는 네 개의 하천이 있는데, 그 가운데 가장 길이가 길고, 수원성 내부를 남북 방향으로 흘러 남북에 수문이 있는(남수문은 복원 예정) 수원천이 중심을 이룬다. 그곳 '수원천 되살리기 시민운동 본부' 관계자가 나와 상세한 경과 설명과 함께 친절하게 안내를 해 주었다. 설명을 듣다가 깜짝 놀란 일이 있었다. 수원천 복원 전의 사진을 보여 주는데, 어쩌면 현재의 우리 제민천의 모습과 그리 흡사하던지. 시멘트로 물이 흐르는 가장자리를 막고 그 옆에 잔디를 심어 놓은 모습이 혹시 제민천의 모습을 찍어 놓은 게 아닌가 할 정도로 비슷했다.

이곳 수원에서도 만성적인 주차난 해결과 상권 회복을 위해 수원천의 일부를 복개하였고, 또 2단계 공사를 하기 위해 시의회의 만장일치 의결을 거쳐 예산 확보까지 되었었다고 한다. 시민운동본부에서는 시민들을 대상으로 그 부당성을 홍보하며 서명운동을 하고, 시장에게 항의하는 방문을 하고, 시민토론회를 개최하고, 시장과 시의회 관계자를 형사 고발하고, 심지어는 시장 모의 장례식까지 계획했었다고 한다. 초기에는 일부 시민들까지 이에 거세게 반발하며 복개를 찬성하였으나, 차츰 여론이 복개 반대쪽으로 돌아가자 결국 시장이 복개 공사 철회를 발표하게 되었다고 한다. 그러면서 복개 대신 수원천을 자연천으로 복원하는 계획이 수립되어 구간별로 나누어 공사가 진행되었는데, 복원된 곳을 본 하류 쪽의 시민들이 그쪽도 복원을 해 달라고 강력하게 요청할 정도가 되었다고 한다. 그리하여 현재는 유역 연장 16km 중 시내의 약 6km 구간이 자연 상태로 복원되었다. 실제로 답사를 해 본 결과 아직 겨울임에도 아이들이 나와 놀고 있었고, 맑은 물에는 1급수 지표종인 다수의 다슬기가 서식하고 있는 것이 목격되었다. 흙으로 조성된 산책로에는 시민들이 걷거나 자전거를 타고 있었으며, 자갈과 모래가 어우러진 곳에는 물고기들이 헤엄치고 있었고, 가장자리에는 겨울이라 마르기는 했으나 수초와 버드나무들이 무성하게 자라는 모습이 보였다.

그간의 이런 추진 상황과 경과는 모두 세밀한 자료로 정리되어 있었고, 일본에서 열렸던 자연천 복원 세계유산대회에서 수원천이 당당하게 세계문화유산으로 지정되기까지 하였다고 한다.

제민천과 수원천. 그들은 똑 같은 자연 하천이다. 역사와 문화를 자랑하는 도시 한 복판을 흐르고 있는 것도 동일하다. 그런데 한 곳은 자연 상태로 복원되어 시민들의 휴식과 교육을 위한 살아 있는 생태 교실 역할을 하고, 또 한 곳은 지금 막 죽음의 복개를 앞두고 있다. 일부 복개된 수원천에도 가 보았는데, 당연히 시멘트 기둥 사이로 시커먼 죽음의 냄새를 풍기고 있었다. 제민천이 복개된다면 그 전철을 밟지 말라는 법이 없다.

지금 선진국에서는 막대한 비용을 들여가며 댐을 허물고, 복개되었던 하천을 뜯어내고, 오염된 하천을 살려내는 일을 하고 있다. 인위적으로 자연에 가했던 억압과 파괴를 원 상태로 돌려놓으려는 안타까운 노력들이다. 그들이 어리석은 바보들이어서 그런가. 아닐 것이다. 뭔가 그만한 이유가 있고, 필요가 있기 때문일 것이다. 우리는 그것을 잘 헤아려야 한다.

나는 바둑을 잘 두지는 못하지만, 거기에서 사용하는 격언 하나를 말하는 것을 이 글을 맺고자 한다. '어려우면 손 빼라.' 제민천 복개를 하는 것이 공주 시민들에게 꼭 필요한 일이라는 주장도 있고, 그렇게 해서는 안 된다는 주장도 있다. 두 주장이 팽팽히 맞설 때에는 힘으로 밀어 붙여서는 안 된다. 그 결정은 최소한 뒤로 미루는 것이 현명하다. 이렇게도 저렇게도 하기 어려우면 손을 빼는 것이 최선이다. 결코 급히 서두를 일이 아니다.

그리고 욕심 같지만 제민천이 반딧불과 잠자리가 날고, 붕어와 송사리가 헤엄치며, 풀과 나무가 어울려 공주 시민들의 휴식과 낭만의 장소로 거듭나, 이름 그대로 생활에 지친 그대로 시민을 구제하는 그런 하천으로 되살아났으면 하는 꿈을 그려본다.

* 최근 수백원원의 예산을 들인 제민천 정비 사업이 완료되었다.

17. 토요문학 50년, 공주의 자랑

공주에는 역사, 교육, 문화 등 자랑거리가 참 많지만 반면 다른 지역에 비해 취약한 부분도 있다. 그 중 하나가 근대문학 분야이다. 물론 최근에는 교과서에 작품이 수록된 나태주 시인을 비롯한 몇몇 문인이 공주의 근대문학을 널리 알리는 역할을 하고 있지만, 일찍이 도청 소재지라는 여건과 근대 교육의 유서 깊은 학교들이 많았음에도 불구하고 공주의 근대문학은 화려한 꽃을 피우지 못한 것으로 알려져 있다. 아마도 보수적 색채가 강한 도시였다는 조건이나 그나마 있었던 자료조차 제대로 전승되지 못한 게 그 이유들일 것 같다.

실제로 필자는 오랜 탐문 끝에 1928년에 공주에서 발행된 종합 문예지 ≪백웅(白熊)≫을 발굴하여 분석한 논문을 발표한 바 있다. 그 논문에서 말한 대로 도청 소재지의 근대 학교 기관에 근무했던 교원이나 학생들 가운데 근대문학에 관심을 갖고 활동한 사람들이 꽤 있었을 것임은 자명한 일이다. 그러나 안타깝게도 그런 자료는 현재까지 알려진 게 거의 없다. 우리 근대문학의 초창기인 1920년대에 공주에서 근대 문예 월간 종합 잡지가 출간될 수 있었던 것은 공주의 근대문학이 탄탄한 토대를 갖고 있었다는 실증적 증거가 된다 할 수 있을 것이다.

하지만 이런 자료는 아직까지 널리 알려지지 못한 현실이고, 또 그 이후 그런 활동이 계속 이어지지 못한 채 광복될 때까지 공주의 근대문학은 공백기로 남아 있을 수밖에 없었다는 게 통설이다. 그래서 공주의 근대문학은 대체로 광복 이후 1948년 공주사대가 개교하면서 그 학생들과 교수들에 의해 시작되었다고 보는 게 일반적이다.

공주사대 교수와 학생들은 한국전쟁 와중에 피난 차 내려와 대학에서 잠시 교편을 잡았던 몇몇 문인들과 함께 1950년대에 <시회>라는 모임을 만들어 정기적으로 작품 합평회를 갖고 활동했는데, 이것이 공주 근대문학의 본격적인 시발점이 되었다고 할 수 있다. 그 이후 문학에 뜻을 둔 학생들은 여러 모임을 만들어 동인지를 간행하고, 문학의 밤을 여는 등 활동을 이어갔다. 당시 공주사대에는 전국에서 교사를 지망하여 학생들이 몰려들었는데, 이들에 의해 ≪시맥≫, ≪과수원≫ 등의 동인지가 만들어졌고, 1960년대 들어서면서 <수요문학동인회>가 생겨났다. 또 공주교대에는 <석초문학동인회>가 만들어져 활발하게 활동했다.

대학에서의 이런 활동에 영향을 받아 공주사대부고에서 1963년 3월 <토요문학동인회>가 창립되었다. 초대 회장이었던 이종국(혜천대 교수), 성낙수(교원대 교수), 유좌선(중등교장)등이 초창기 주요 회원이었다. 이름을 '토요문학회'라고 붙인 이유는 고등학교 학생들의 특성상 주중에는 시간을 내기가 어려워 토요일에 모여서 작품 합평과 토론을 했기 때문이지만, 뒤에서 든든하게 힘이 되어 준 수요문학회 회원들의 영향도 일부 있지 않나 생각한다. 당시 공주사대와 공주사대부고는 봉황산 아래 같은 캠퍼스 안에 있었기 때문에 선배들의 후원을 자연스럽게 받을 수 있었기 때문이다.

<토요문학회>가 정착하는 데는 초대 이창섭 선생님과 그 뒤를 이은 조재훈 선생님의 지도가 크게 작용했다. 두 분 모두 나중에 공주교대를 거쳐 공주사대로 자리를 옮기셨지만 문학회 회원들의 삐딱한 행동을 너그럽게 포용해 주셨고, 문학회 활동이 공부에 방해된다고 하는 시선에서 든든하게 지켜 주셨다.

그 뒤로 여러 지도교사와 선배 동인들의 지도로 <토요문학회>는 몇 차례의 존립위기를 잘 극복하고 올해 창립 50주년을 맞았다. 그 동안 약 300여 명의 회원들이 문학회를 거쳐 명예동인이 되었고, 전국에서도 그 유례를 찾아보기 어려운 장수 동인회가 되었다. 시간과 비용이 자유로운 어른들이 만든 문학회도 50년을 넘어 존속하는 게 쉽지 않은데, 고등학교 학생들이 이를 이어가고 있다는 것은 단순한 자랑을 넘어 역사적 의미가 있다고 생각한다. 공주의 다른 고등학교에 있었던 여러 문학회들이 적극적으로 활동했던 학생들의 졸업과 함께 사라진 사실이 이를 뒷받침한다고 볼 수 있다.

50년 동안 매주 합평회가 계속되었음은 물론 동인지 ≪로드≫ (20집부터 제호가 ≪토요문학≫으로 바뀜)가 한 해도 거르지 않고 발간되었고, 문학의 밤 또한 매년 열렸다. 고등학교 학생들이 이런 활동을 통해 자신의 정체성을 확고하게 하고, 학과 공부에도 간접적으로 도움을 받는 한편, 학교를 졸업한 후 어느 곳에서 어떤 일을 하더라도 문학회에서 갈고 닦은 창의성과 상상력으로 남의 앞을 설 수 있는 힘이 되었다고 생각한다.

토요문학회 50년은 비단 이 문학회만의 경사가 아니다. 이런 활동이 공주의 근대문학을 이어가는 한 축이 되었음은 명백한 사실이고, 따라서 이 문학회는 한 고등학교의 자랑일 뿐 아니라 공주의 자랑거리로 자리매김하게 되었다고 할 수 있다. 단순히 숫자적인 50년을 축하하는 것을 넘어서는 이유가 여기 있다. 거듭 토요문학 50년을 축하하며, 더욱 튼실하게 앞으로 백 년, 이백 년 이어가며 공주의 자랑을 넘어 한국의 자랑거리가 되기 바란다.